政府绩效评价导论

郑方辉　卢扬帆　张　兴　编著

新华出版社

图书在版编目（CIP）数据

政府绩效评价导论 / 郑方辉，卢扬帆，张兴编著 . — 北京：新华出版社，2021.9

ISBN 978-7-5166-6045-4

Ⅰ . ①政… Ⅱ . ①郑… ②卢… ③张… Ⅲ . ①国家行政机关－行政管理－评价－研究 Ⅳ . ① D035

中国版本图书馆 CIP 数据核字（2021）第 193730 号

政府绩效评价导论

作　　者	：郑方辉　卢扬帆　张　兴　编著		
责任编辑	：张　程　蒋旻歌	封面设计	：博克思文化

出版发行：新华出版社

地　　址：北京石景山区京原路 8 号　　邮　　编：100040

网　　址：http://www.xinhuapub.com

经　　销：新华书店、新华出版社天猫旗舰店、京东旗舰店及各大网店

购书热线：010- 63077122　　中国新闻书店购书热线：010- 63072012

照　　排：北京博克思文化发展有限公司

印　　刷：三河市华东印刷有限公司

成品尺寸：170mm x 240mm

印　　张：18.25　　　　　　　　　字　　数：312 千字

版　　次：2021 年 9 月第一版　　　印　　次：2021 年 9 月第一次印刷

书　　号：ISBN 978-7-5166-6045-4

定　　价：88.00 元

目 录

第一章 绪 论

现代意义上的政府绩效评价源于西方，至今逾百年历史。作为提高行政效率和执行力、夯实政治信任和公信力的价值工具，政府绩效评价既是政府管理创新的产物，又推动了政府创新管理和体制改革，并成为现代公共管理研究的重要领域。尽管迄今为止，学界对于政府绩效评价的内涵理解迥异，各国及各地的实践模式亦差异明显，但不可否认，20 世纪 80 年代之后在全球兴起的以"评估国家"来代替"管制国家"的改革浪潮，[1] 印证了"没有评价，就不能管理"的经典论述。[2]本书基于作者十几年来在此领域开展学术研究和实证实践的积累与思考，尝试为公共管理研究生、本科学生教学提供一部可选择的参考读物。

第一节 政府绩效评价概念简述

一、政府绩效评价概念内涵

"绩效"源自于英文"Performance"，意为"履行""执行""表现""行为"等意，可引申为"成就""业绩""成果"等。[3] 绩效的概念源自投资项目管理，后延伸至人力资源管理、组织管理等领域。20 世纪 30 年代，西方国家公共行政管理领域开始使用"绩效"，形成"政府绩效"概念。所谓政府绩效，也称为"国家生产力""公共生产力""政府业绩"等，是指政府在社会经济管理活动中的效率、效果、效益和效能，亦是政府在行使其职能、实施其意志过程中所体现出的管理和服务能力。一般而言，政府绩效评价是指对一定时期内特定政府的投入、过程、产出和影响的测量和评判活动。

审视历史，学术界对绩效评价研究始于 20 世纪 40 年代，克莱伦斯·雷德和

---

1 陈振明，薛澜 . 中国公共管理理论研究的重点领域和主题 [J]. 中国社会科学 ,2007(3).

2 Magretta J. Managing in the New Economy [M]. Boston Cambridge: Harvard Business Press, 1999: Introduction Ⅷ .

3 范柏乃 . 政府绩效评估的理论与实务 [M]. 北京 : 人民出版社 ,2005:212.

赫伯特·西蒙合著的《政府工作衡量——行政管理评价标准的调查》被认为是"开山之作",但系统性研究则是启于 20 世纪 70 年代。由于政府组织、行为及目标的复杂性,长期以来,有关"政府绩效"概念界定始终存在着争论。谢尔登·西尔弗和马蒂·卢斯特指出,"绩效评价是一个适用于为评价政府活动、增强为进展和结果负责的一切有系统的努力的术语"。[1]菲利普·J. 库珀认为,政府绩效评价是一种市场责任机制,具体而言:一是"经济学的效率假设";二是"采取成本—收益的分析方式";三是"按投入和产出的模式来确定绩效标准,注意对产出的评价";四是"以顾客满意为基础来定义市场责任机制",这种定义实质上将公民视为消费者。[2]Donald Moynihan 从管理信息系统的角度,认为政府绩效评价是"一个通过战略计划与绩效测量生成绩效信息的系统",绩效信息与决策过程关联密切,评价旨在改善政府决策和管理能力。这一定义区分了绩效信息(评价结果)与政府决策(结果应用),因为后者可能是"政治性"的。[3]

与此同时,各国政府及组织也对政府绩效评价有了更实证性的定义。20 世纪60 年代,美国会计总署率先建立以经济性(Economy)、效率性(Efficiency)和效果性(Effectiveness)为主体的"3E"结构,被公认为政府绩效结构的典型范式,之后加入公平性(Equity),形成所谓"4E"要素结构,并成为"分析绩效的最好出发点,因为它们是建立在一个相当清楚的模式之上,并且这个模式是可以被用来测评的"。[4]1983 年公布的《英国国家审计法》将政府绩效审计(或评价)定义为:"检查某一组织为履行其职能而使用所掌握资源的经济、效率和效果(3E)情况"。1993 年,美国《国家绩效评论》把政府绩效评价界定为:政府官员对结果负责,而不仅仅是对过程负责;1997 年出版的《美国标杆管理研究报告》将政府绩效评价定义为:"评价达到预定目标的过程,包括资源转化为物品和服务(输出)的效率、输出的质量(提供给顾客的效果,顾客满意程度)和结果(与所望目的相比项目活动的后果)、政府在对项目目标特定贡献方面运作的有效性等信息"。[5]

1　范柏乃 . 政府绩效评估的理论与实务 [M]. 北京:人民出版社 ,2005:32.

2　朱火弟 ,蒲勇键 . 政府绩效评估研究 [J]. 改革 ,2003(6).

3　Moynihan D P. The Dynamics of Performance Management [M]. Georgetown University Press, 2008: 5–7.

4　于军 . 英国地方行政改革研究 [M]. 北京:国家行政学院出版社 ,1999:183.

5　范柏乃 . 政府绩效评估的理论与实务 [M]. 北京:人民出版社 ,2005:32.

从"绩效"形成机理来看，政府绩效评价具备以下核心特征：一是绩效属性。绩效反映的是组织或个人在履行职责的过程中，通过主观努力实现特定的产出结果。换言之，绩效是主体履职的过程与结果。二是绩效主体，涉及被评价对象。一般而言，针对政府组织的评价称之为政府绩效评价，针对个体的评价称之为公务员绩效考评。政府绩效评价的对象必须是"可履行职能或产生绩效"的责任主体。三是绩效周期。绩效是时间的函数，从决策、投入到产出、影响的全过程即为绩效周期，绩效评价针对的是周期增量并非存量。四是绩效测量。绩效的结果包含质与量两个方面，涉及过程控制与结果导向的关系，涵盖所有主体的作为，不论过程还是结果都可以被测量。

二、政府绩效评价理念导向

服务取向是政府绩效评价最重要的价值理念和价值目标。自 20 世纪 80 年代以来，席卷西方国家的"政府再造"运动将政府定位为服务者，公众为政府的"顾客"。这一理念即承诺制度的内涵是：首先，坚持以公众需求为中心，根据实际情况，区分公众的不同需求，提供多元化服务。尤其是重视公众的抱怨和建议，对此做出迅速回应。其次，以公众满意度为服务标准，全面提升服务品质，推行服务质量管理。针对公众需求，制定、公告和实施顾客服务标准与申诉处理标准，提供便捷的服务方式和申诉渠道，改善服务态度，树立全新的服务形象。最后，努力创造政府服务品牌。政府绩效评价者认为，政府可借鉴企业营销理念和策略，树立品牌意识，创新服务内容，完善服务方式，保障服务质量，形成核心的服务能力，塑造公众可依赖的"政府品牌"。

政府绩效评价指向政府"应该干什么"，而不是"正在干什么"，涉及政府法定或承诺的服务内容、服务标准、服务程序、时期限度、违诺责任等。同时，强化市场取向，引入竞争机制，"把评价权放在公民手中让其使用"。[1] 本质上，服务取向是政府绩效评价的内在要求，从理念价值角度理解政府绩效评价，大体可以分为四种类型：

一是强调绩效的"结果导向"。《改革政府》一书直陈政府应该"讲究效果""以顾客为导向"。[2] 詹姆斯·Q.威尔逊也认为评价政府绩效应该着眼结果而不是投入。美国联邦政府的《政府绩效与结果法案》（Government Performance and Result

---

1　［美］戴维·奥斯本，特德·盖布勒．改革政府[M]．上海：上海译文出版社，2006:163.

2　［美］戴维·奥斯本，特德·盖布勒．改革政府[M]．上海：上海译文出版社，2006:96,119.

Act，GPRA）将政府绩效的重点放在关注结果、服务质量和公民满意度上。该法案认为，政府绩效关注政府为履行其职责做了什么（output）、成效如何（outcome）、是否实现公民满意（satisfaction）。经济与合作发展组织（OECD）认为，绩效包含政府的产出（output）、成效（outcome）、服务质量（service quality）和顾客满意度（customer satisfaction）。[1] 在国内，也有一些学者强调政府绩效的结果导向。如倪星认为，政府绩效是"在管理社会公共事务、提供公共服务过程中所取得的成绩和效益"。[2]

二是强调绩效的"过程导向"，即政府绩效注重政府履行其职责过程的效率性与规范性。换言之，绩效管理有着优化过程管理和强化内部控制的作用。早期绩效评价研究文献中，部分西方学者强调绩效的过程。如坎贝尔（Campbell）等人认为，绩效不是活动的结果，而是活动本身。国内部分学者也持这一观点，如包国宪认为政府绩效评价可以实现"把对政府的内部控制和外部监督结合起来，提高政府运作效率"。[3]

三是强调绩效的"能力导向"。将政府绩效视为政府进行社会管理和供给公共产品的能力。如经济与合作发展组织曾在 2000 年将绩效界定为组织在资源获得与使用方面的能力，是"一个机构或政府可以廉价地获取资源并能够高效率'投入—产出'（input－output）和高效益'投入—成效'（input–outcome）的利用资源从而实现绩效目标的熟练程度"。[4] 中国行政管理学会联合课题组认为，政府绩效是政府在行使其职能、实施其意志过程中所体现的管理和服务能力。基于管理的逻辑，政府履行职责的结果反映了其管理水平与能力。

四是强调绩效的"综合导向"，即政府绩效是一个具有多维度、综合性的概念，包含投入、过程、结果和能力。如英国地方政府绩效评价的 3E(经济、效率和效果)，美国学者詹姆斯·Q.威尔逊的责任、回应、公平、效率与成本，以及美国政府生产力研究中心的生产力、效果、质量与及时等内容均体现这种认识。在国内，卓越认为，政府绩效是"政府在积极履行公共责任的过程中，在讲求内部管理与外部效应、数量与质量、经济因素与伦理政治因素、刚性规范与柔性机制相统一

1　OECD. In Search of Result: Performance Management Practice [M]. Paris: OECD Publications. 1997: 18.

2　倪星．中国地方政府治理绩效评估研究的发展方向 [J]．政治学研究,2007(4).

3　包国宪．绩效评价：推动地方政府职能转变的科学工具 [J]．中国行政管理,2005(7).

4　OECD. Working Definitions [EB/OL]. http://www.oecd.org.2000.

的基础上，为获得公共产出最大化的过程"；[1]桑助来等认为，政府绩效包含行政理念、制度模式与管理工具等三个方面的内涵。[2]

三、政府绩效管理与评价

管理和评价是不可分割的概念，存在多维与复杂的关系。针对政府内部管理，评价是管理的核心环节和功能发挥的重要手段。但政府绩效涉及政府内部与外部（公众、企业、社会组织等）关系，由此，政府绩效管理与绩效评价并非简单地包含与被包含、整体与部分的关系。管理活动中，如果以测量为起点，根据测量结果的应用范围和方向，对应于政府系统外部和系统内部两种环境。[3]

尽管存在异议，学界普遍认为，政府绩效管理是指改进政府管理组织和管理项目的生产力、质量、时效性、响应性以及有效性的综合系统；美国国家绩效评价小组（Performance Measurement Study Team）的定义是："利用绩效信息协助设定同意的绩效指针，进行资源优先级的安排，已告知管理者维持或改变既定目标计划，并且报告成功符合目标的管理过程"；[4]也有学者认为，政府绩效管理是"指政府在积极履行公共责任的过程中，在讲求内部管理与外部效应、数量与质量、经济因素与伦理政治因素、刚性规范与柔性机制相统一的基础上，获得公共产出的最大化"。[5]简单而言，政府绩效管理是一种正式的制度安排，它以促进持续改进政府绩效为目的，以评价政府组织运行过程的行为状态和结果为手段，以绩效计划、执行、评价与回馈为循环来实现特定目的。

管理与效率关联密切，政府绩效管理的首要目的在于提升行政效率。但同时，绩效相比于效率的内涵更丰富，外延更为广泛。尼古拉斯·亨利指出："效率指以最少的可得资源来完成一项工作任务，追求投入与产出之比的最大化。而有效性则是指注重所预想的结果。"[6]比较政府绩效与行政效率，首先，行政效率指向政府内部组织、领导、人事、体制等内部机制，而政府绩效更加关注政府与社会、公民的关系；其次，效率源于经济学，具有明显的数量特征，绩效既要求数量指

---

1 卓越.政府绩效管理概论[M].北京：清华大学出版社.2007:1.

2 桑助来等.中国政府绩效评估报告[M].北京：中共中央党校出版社.2009:7.

3 吴建南，阎波.政府绩效：理论诠释、实践分析与行动策略[J].西安交通大学学报（社会科学版），2004(3).

4 王谦.政府绩效评估方法及应用研究[D].西南交通大学，2006.

5 卓越.政府绩效管理导论[M].北京：清华大学出版社，2006:2.

6 [美]尼古拉斯·亨利.公共行政与公共事务[M].北京：中国人民大学出版社，2002:284.

标，又重视价值属性；最后，效率提高主要依靠制度等刚性规范，而绩效提升还涉及管理作风、态度等柔性机制。"大多数人在同政府打交道的经验中，最大的刺激是官僚政治的傲慢"[1]简言之，效率是单向度概念，而绩效具备综合性内涵。

置于民主化、全球化和数字化背景下，和传统行政管理比较，政府绩效管理的特点：从发展过程来看，政府绩效管理将绩效作为管理的目标，重视价值取向和社会诉求，关注管理过程的环境因素和心理因素，致力激发管理者的使命感和责任感，突出回应性，可视为一种新的治理模式。从运行方式来看，行政过程，如领导、沟通、协调等离不开具体手段，政府绩效管理更加重视管理方法与技术的全面运用。

四、政府绩效评价作用及功能

（一）政治功能

一是提升政治合法性。政府的存在很大程度依赖于"政绩合法性"。[2]政绩合法性包含客观政绩与主观政绩。客观政绩是指可量化衡量的绩效，如经济增长率、就业率、义务教育入学率等。主观政绩是指公民对政府绩效的主观感受及评价，如公民对政府服务态度与效率的满意度。政府绩效评价提升政治合法性主要表现为：第一，绩效评价作为政府回应社会需求的监测器，可为政府部门提供绩效信息，并进行绩效反馈，助推绩效改进。第二，公民参与政府绩效评价体现政府绩效的公民导向，有助于推进政务公开，提高政府的回应性。主观政绩评价要求不断提升公众对政府的满意度，夯实执政基础。第三，绩效评价因强化与社会绩效沟通，有助于赢得群众的理解、支持和配合，构筑公众与政府的和谐关系。

二是夯实政治监督。首先，夯实行政权之间的内部监督，包括上级政府对下级职责履行和目标完成成效的监督，同级政府部门之间互相监督和下级政府对上级政府政策制定有效性的监督。其次，促进了立法权对行政权的监督。立法机构对行政机构职责履行和政策执行的绩效评价，以及对行政机构财政支出的绩效评价，以实现民意机构对行政机构在权力运用和资金使用的监督。再次，加强了社会公众的民意监督。公众参与政府绩效评价是对其工作过程的有效性、公开性、效率性与服务性的有力监督。最后，促进了第三方评价机构的专业监督。由于第三方机构的专业性与独立性，第三方评价可以较为客观、科学地反映政府履行职

1 [美]戴维·奥斯本,特德·盖布勒.改革政府[M].上海:上海译文出版社,1996:340.
2 倪星.政府合法性基础的现代转型与政绩追求[J].中山大学学报（社会科学版）,2006(4).

能的成效，对政府形成一定的监督压力。

三是强化公共责任。首先，绩效评价的公开性有助于强化政府的公共性，表现为绩效评价指标确定、绩效评价过程和绩效评价结果的公开。其次，绩效评价的激励性有助于强化政府的公共性。绩效评价结果可成为部门预算和人事调整的参考依据，促使政府部门"眼睛向下"，关注公共意志和公共利益，切实履行公共责任。再次，绩效评价的约束性有助于强化政府部门的公共性。绩效评价程序与规则的约束可消除评价过程中的信息不对称，强化外部评价主体对评价过程的控制。最后，绩效评价的民主性有助于强化政府部门的公共性，体现在评价主体多元性和评价导向的公民性。

（二）行政功能

一是提高行政效率。一方面，在绩效评价的推动下，政府部门推行标杆管理，为政府部门的行政效率设定改进的标准，如规定办事、审批时限等。如英国的"下一步行动方案"的执行，使办理驾驶执照的等候时间由过去的 13 周减少到少于 6 周，申请护照的时间由 24 天减少到 7 天。[1] 另一方面，绩效改进的压力促使政府积极寻求各种方法以提高行政效率。如电子政务实质是政府基于信息化与数字化，利用网络技术、通信技术，对政府机关、社会组织、企业及公民之间的关系进行系统整合，实现政府的网络办公，从而构建一个高效、灵活和无缝隙的管理体系，达到提升政府行政效率的目的。

二是简化行政流程。强调结果导向和公众满意的绩效评价要求政府内部的规则和流程设置必须有利于提高内部的行政效率和外部的服务效率，以最少的程序和最短的时间为社会和公民创造最大的产出。如 20 世纪 90 年代，美国政府改革以简化流程为核心，发布《从繁文缛节到以结果为本——创造一个运行更好而花费更少的政府》报告，[2] 谋求"有使命感的政府"，建立"花费更少，管理更好"的新型治理模式；而英国更是首创"一站式"服务模式，简化公民的办事流程，优化政府的后台管理，重塑政府运转流程。

三是提升政府形象。首先，提升政府的"公益"形象。绩效评价的核心理念是结果导向和公民满意，公民满意度是衡量政府绩效的终极标准，此种理念强有

1　HMSO Document. Raising the Standard: Britain's Citizen's Charter and Public Service Reforms [D]. London, 1994.

2　Argüelles A. From red tape to results: Creating a government that works better and costs less [J]. Journal of Plant Nutrition & Soil Science, 1994(3).

力地促进了政府的公益形象建设。其次，提升政府的"公开"形象，主要指向政府信息公开和公众参与。信息公开是政府绩效评价的前提条件，公民参与是政府绩效评价的核心内容。最后，提升政府的"公平"形象。公平性是政府绩效评价的主要标准之一，政府绩效的公平性评价可以促使政府的财政支出以民生为重，进而增进社会公平。

（三）经济功能

一是节约政府成本。经济性是政府绩效评价的主要标准，如 1993 年，美国联邦政府推行绩效评价提出建立"少花钱多办事的政府"。此外，政府绩效评价的硬性预算约束可以控制政府成本。通过政府财政支出绩效评价，强化了对政府资金使用的监控，而绩效评价结果直接与部门预算、官员前途挂钩，从而产生硬性预算约束的效果。例如，自从开展绩效评价以后，英国政府开支逐年减少，政府支出占名义 GDP 的比例从 1985 年的 44% 下降到 1999 年的 39%，政府雇员在全部雇员中的比例也从 1985 年的 21.7% 下降到 1996 年的 13.8%。[1]

二是提高财政支出效率。首先，评价强化资金使用的效率意识。政府绩效评价的效率指标直接或间接驱动政府人员对资金使用的效率意识提升和效率文化培育。其次，绩效评价确立了资金运用效率提高的标准。通过建立"投入—产出"的效率标准，引导政府加强资金管理，力争以最少投入获得最大产出。最后，绩效评价的反馈与问责机制有助于财政资金使用的效率提升。评价将诊断结果反馈到政府及其部门，有助于发现问题和解决问题，进而提高资金使用效率。

三是增强市场与社会活力。在美国，存在一种私人企业的效率与效能天生就高于政府部门的信念。[2]绩效评价的压力传导要求政府需寻求更有效率的公共服务方式，如供给外包给企业或非政府组织，并由其进行监管的新公共服务模式。这种外包模式催生了各种承接服务商兴起，增加了社会就业机会，激发了有效竞争，增强了市场与社会的活力。

第二节　政府绩效评价理论研究

自 21 世纪初起，我国引入政府绩效评价，至今已走过二十年的历程，学界

1　Pollitt C, Bouckaert G. Public Management Reform: A Comparative Analysis[J]. Oup Catalogue, 2004(6).

2　[美]尼古拉斯·亨利. 公共行政与公共事务 [M]. 北京：中国人民大学出版社,2002.

的研究形成了较丰富的成果。如果以 2011 年（监察部牵头成立全国政府绩效管理试点部际联席会议）为节点，大致分为两个阶段。2011 年之前的研究主要关注两个方面：一是借鉴西方国家经验，介绍政府绩效评价理念、体系和各国的实践；二是结合国情开展本土化研究，构建政府绩效评价体系，推动地方政府绩效评价实践。2011 年至今，政府绩效评价研究热度不减，并且呈现出新的态势，主要表现为评价理念进一步深化，评价方法进一步拓展，评价内容更加系统化和多样化，以及评价技术手段进一步创新。立足于基本面，国内外政府绩效评价研究主要涉及理论、方法和实践三个层面，本节主要针对理论和方法的研究文献进行概述。

一、关于政府绩效评价理念

对于政府绩效评价理念及取向，"多元化价值"是国外学者的一般取向，[1] 强调在追求经济和效率的同时，应将公平、正义等价值纳入政府绩效评价当中，[2] 并应顺应社会发展的大趋势。[3] 如：奥斯本等在《改革政府》中概括了评价的基础作用——测定效果、确定奖励、激励学习、纠正失败、展示成果；[4] 彼得斯在《政府行政的未来：四种模式》中，从分析传统行政模式出发，提出了政府再造的四种模式：市场化政府、参与式政府、弹性化政府、解制型政府；[5] 威廉姆斯在《组织绩效管理》中指出，"在评价组织绩效的过程中，必须采用各种不同的方法；绩效是多方层面的，所以应该采用多种评价方法，以综合反映组织绩效的全貌"；[6] 威尔逊在《美国的官僚政治：政府机构的行为及其动因》中认为，在政府绩效评价制度框架下"以取得结果而不是以投入要素作为判断政府部门的标准"；[7] 荷兰学者索比尔提出，开展政府绩效评价时可以使用不同的业绩测评；[8] Alshawi 与

1　Dooren W V, Bouckaert G, Halligan J. Performance Management in the Public Sector [M]. Routledge, 2015.

2　Furubo J E. Evaluation: Seeking Truth or Power?[M]. Routledge, 2017.

3　Kroll A, Moynihan D P. The Design and Practice of Integrating Evidence: Connecting Performance Management with Program Evaluation[J]. Public Administration, 2018(2).

4　[美] 戴维·奥斯本, 特德·盖布勒. 改革政府 [M]. 上海：上海译文出版社,1996.

5　[美] 盖伊·彼得斯. 政府行政的未来：四种模式 [M]. 北京：清华大学出版社,2002.

6　[美] 理查德·威廉姆斯. 组织绩效管理 [M]. 北京：清华大学出版社,2002.

7　[美] 詹姆斯·Q.威尔逊. 美国的官僚政治：政府机构的行为及其动因 [M]. 北京：中国社会科学出版社,1995:444.

8　[美] 阿里·哈拉契米. 政府业绩与质量测评 [M]. 广州：中山大学出版社,2003.

Alalwany 基于互联网背景下创建了一个更为全面的政府绩效评价系统标准，帮助政府评估其绩效。[1]

与此同时，中国学者将生态文明、法治政府、满意度及幸福感等新元素融入政府绩效评价，并视为促进政府内部管理改革和完善外部社会公众关系的措施，[2]进一步丰富政府绩效评价的内涵。如：陈晓春将低碳元素引入政府绩效评价；[3]江永清提出绿色政府绩效评价的概念；[4]王玉君等人分析环境治理绩效的客观指标、公众对空气污染严重程度的主观感知以及公众对地方政府环保工作评价之间的关系；[5]郑方辉基于广东的抽样调查数据，分析法治政府建设绩效对于公众幸福感的影响；[6]陈磊从绩效评价的视角提出了关于提升建设法治政府公众满意度建议；[7]李晓燕从居民幸福感入手探讨政府绩效评价指标建立。[8]

二、关于政府绩效评价方法

早先的绩效评价方法大致可分为比率分析法、回归分析法及超越对数生产函数法。比率分析法计算方便，但仅适应单一的投入产出组织，难以比较一组被评价的对象，亦不能显示改善绩效的信息；回归分析法将所有变量纳入回归模型中，比较评价对象与回归方程式的残差项大小及判定系数高低，确定被评价对象之间效率，但无法提供个别决策单位改善绩效的信息；超越对数生产函数适用于组织长期成本分析，简单明晰，但事先需假设生产函数型态，及投入产出项可量化等。随着科技的发展，学科交融和交叉的趋势明显，政府绩效评价引入创新方法，包括：定性评价法、技术经济分析法、多属性决策法、运筹学方法、统计分析方法、对话式评价法、模糊综合评价法、标杆管理法、平衡记分卡法、双基点法等。具体来说，胡淑晶对"3E"评价法、标杆管理法、平衡记分卡法、层次分析法等进

1 Alshawi S, Alalwany H. E-government evaluation: Citizen's perspective in developing countries[J]. Information Technology for Development, 2009(3).

2 蔡立辉. 政府绩效评估的理念与方法分析 [J]. 中国人民大学学报 ,2002(5).

3 陈晓春，王小艳. 低碳视角下政府绩效评价体系研究 [J]. 中国行政管理 ,2012(10).

4 江永清. 绿色政府绩效研究：逻辑起点、模型构建与技术路径——基于绿色 GDP 核算的相容性设计 [J]. 南京社会科学 ,2014(1).

5 王玉君，韩冬临. 空气质量、环境污染感知与地方政府环境治理评价 [J]. 中国软科学 ,2019(8).

6 郑方辉，谭玮. 法治政府建设绩效对公众幸福感的影响——基于广东省的抽样调查 [J]. 广东社会科学 ,2016(3).

7 陈磊，廖逸儿. 提升法治政府绩效满意度的思路建议 [J]. 中国行政管理 ,2017(12).

8 李晓燕，黄建. 居民幸福感视角的政府绩效评价研究 [J]. 学术论坛 ,2012(2).

行初步比较分析；[1]吴建南等借鉴绩效管理工具——平衡积分卡的基本思想，设计反映政府内部管理能力和为公众提供服务的"内外兼具"的绩效评价模型；[2]包国宪提出了针对政府绩效治理的"公共价值"模型。[3]此外，基于数字化时代背景，部分学者开始采用定量分析的方法来研究电子政务的绩效问题，如 Tsohou基于对土耳其 13 个政务服务平台的实证调查，运用 DEA 数据分析法对政府绩效进行了定量分析；[4]Irani 则系统梳理了 2000 年至 2012 年 114 项政务绩效评估研究的设计、方法和路径选择。[5]

三、关于政府绩效评价指标体系

指标体系是政府绩效评价的核心问题。西奥多在《公共与非营利绩效考评：方法与应用》中提出，政府绩效评价的主要绩效指标类型包括产出、效率、生产力、服务质量、效果、成本效益和客户满意度等；[6]基利介绍了包括经济、教育、环境、市民参与、社会支持、公共安全、社区发展等 7 个领域共 158 个具体指标的美国俄勒冈州政府绩效评价体系；[7]哈拉契米在《政府业绩与质量测评》中，介绍了美国全国绩效评估委员会提出的政府绩效评价指标体系，包括投入、能量、产出、结果、效率和成本效益、生产力等 6 个方面，并细分为 150 到 1500 种不等的评价指标。[8]在国内，吴建南等人指出，政府运行过程存在明显的因果关系路径，其关键节点都可能成为绩效评价指标，不同节点分别对应了利益相关者满意、关

1 胡淑晶 . 政府绩效评估的理论和方法 [J]. 甘肃社会科学 ,2005(6).

2 吴建南 , 孔晓勇 . 地方政府绩效评价指标体系的构建：以乡镇政府为例 [J]. 理论与改革 ,2005(5).

3 包国宪 , 王学军 . 以公共价值为基础的政府绩效治理——源起、架构与研究问题 [J]. 公共管理学报 ,2012(2).

4 Tsohou A, Lee H, Irani Z, et al. Proposing a reference process model for the citizen-Centric evaluation of e-government services[J]. Transforming Government: People, Process and Policy, 2013(2).

5 Irani Z, Weerakkody V, Kamal M, et al. An analysis of methodologies utilised in e-gvernment research: A user satisfaction perspective[J]. Journal of Enterprise Information Management, 2012(3).

6 [美] 西奥多·波伊斯特 . 公共与非营利绩效考评：方法与应用 [M]. 北京：中国人民大学出版社 ,2005.

7 [美] 帕特里夏·基利 . 公共部门标杆管理 [M]. 北京：中国人民大学出版社 ,2002.

8 [荷] 阿里·哈拉契米 . 政府业绩与质量测评 [M]. 广州：中山大学出版社 ,2003.

键议题解决和组织管理状况三类绩效维度；[1]卓越将指标体系分为三个层级架构，一级指标为评价纬度，二级指标关注组织内部职能结构，三级可分为要素指标、证据指标和量化指标。[2]基于政治合法性转型所带来的新的价值标准，倪星从"投入—管理—产出（结果）"的框架出发，尝试设计一套全新的地方政府绩效评价指标体系；[3]彭国甫基于"绩效维度—层级特征—样本属性"三维逻辑框架，认为指标体系应反映政府绩效的全部信息，关注政府工作重点，体现政府历史基础和发展潜力；[4]范柏乃以行政管理、经济发展、社会稳定、教育科技、生活质量和生态环境为领域层，设计了涵盖37项指标的政府绩效评价体系；[5]孙荣从经济发展、社会管理、生活水平、人口素质和资源环境五个方面构建我国政府绩效评价体系；[6]唐任伍等提出了涵盖公共服务、公共物品、政府规模及居民经济福利等4个领域共47项指标的中国省级政府效率测度指标体系。[7]

四、关于政府绩效评价趋势和热点

从历史来看，政府绩效评价与时俱进，与政府改革及社会转型息息相关。在过去一段时间里，我国政府绩效评价的关注点聚焦于不同时期下党和政府的中心工作，如政府财政绩效评价，[8]包括财政收入绩效评价[9]与财政支出绩效评价，[10]政府公共服务项目的绩效评价，[11]建设服务型政府的绩效评价，[12]对政府与社会组织

1　吴建南，杨宇谦，阎波.政府绩效评价：指标设计与模式构建[J].西安交通大学学报（社会科学版），2007(5).

2　卓越.政府绩效评估指标设计的类型和方法[J].中国行政管理,2007(2).

3　倪星.地方政府绩效评估指标的设计与筛选[J].武汉大学学报（哲学社会科学版）,2007(2).

4　彭国甫，盛明科.政府绩效评估指标体系三维立体逻辑框架的结构与运用研究[J].兰州大学学报（社会科学版）,2007(1).

5　范柏乃.政府绩效评估理论与实务[M].北京：人民出版社,2005:228.

6　孙荣，周晶.以提高生活质量为目标 构建我国政府绩效评估体系[J].中国行政管理,2006(9).

7　唐任伍，唐天伟.2002年中国省级地方政府效率测度[J].中国行政管理,2004(6).

8　郑方辉，廖逸儿，卢扬帆.财政绩效评价：理念、体系与实践[J].中国社会科学,2017(4).

9　郑方辉，费睿.财政收入绩效评价：兑现减税降费政策目标的价值工具[J].中国社会科学,2019(6).

10　郑方辉，刘国歌.论财政支出绩效评价结构体系[J].中国行政管理,2020(7).

11　马亮，于文轩.第三方公共服务绩效评价的评价：一项比较案例研究[J].南京社会科学,2013(5).

12　王海峰.政府绩效评估与地方服务型政府之构建[J].学习论坛,2014(6).

合作绩效评价，[1] 政府购买服务绩效评价，[2] 法治政府的绩效评价，[3] 廉政建设的绩效评价，[4] 国家治理的绩效评价。[5] 此外，基于数字化时代背景，绩效评价技术手段运用亦成为研究热点。王学军指出，推动我国政府绩效评价与数字政府结合，需要从政府绩效评价和管理体系本身的技术优化寻找策略；[6] 李文彬等人强调，运用大数据可以提升政府绩效数据的公信力、解释力和分析的深度；[7] 马亮认为，与数字政府相结合的政府绩效管理实现了以民为本和数据驱动，将有助于推动政府绩效持续改进。[8] 事实上，从发展趋势来准确测量绩效、提高绩效信息的真实性和可靠性是政府绩效评价的基本问题，要想实现政府绩效评价在技术手段上的创新，提高绩效信息获取的效率，与数字政府相结合是不可避免的发展趋势。

五、文献简析

首先，理念上，国内外政府绩效评价呈现多元化的价值取向，强调"3E"理念，也格外重视公平正义、生态环境及可持续性发展。在西方，政府绩效评价大都指向公共部门，评价内容一般针对公共服务项目，其公共性价值取向明显。我国的体制具有特殊性，转型背景下，一方面，政府绩效评价助推政府内部管理改革，体现结果导向和过程控制的管理理念；另一方面，评价作为改善公共部门与社会公众关系的工具，折射顾客至上的服务理念。

其次，方法上，西方国家已形成较为成熟和规范的政府绩效评价模型、方法及适用环境。近二十年来，国内不同知识和学科背景的学者尝试从不同的切入点构建具有本土特色的政府绩效评价技术方法体系，产生不少有价值的成果，但受制于多种因素影响，普遍认同的研究范式与技术体系尚待形成。相关的研究要么

1　史传林.政府与社会组织合作治理的绩效评价探讨 [J].中国行政管理,2015(5).

2　王克强,马克星,刘红梅.政府购买社会组织服务项目的绩效评价经验、问题及提升战略——基于上海市的调研访谈 [J].中国行政管理,2019(7).

3　郑方辉,尚虎平.中国法治政府建设进程中的政府绩效评价 [J].中国社会科学,2016(1).

4　柳建坤.从严反腐与中国政府绩效评价的优化——来自准自然实验的证据 [J].公共行政评论,2019(4).

5　郑方辉,刘畅.国家治理绩效：概念内涵与评价维度——兼议新冠肺炎抗疫中的国家治理体系和治理能力 [J].理论探讨,2020(3).

6　王学军.我国政府绩效管理的治理转型 [J].理论探索,2020(6).

7　李文彬,陈晓绚.大数据背景下提升财政支出绩效评价数据质量的路径研究 [J].学习论坛,2021(1).

8　马亮.大数据时代的政府绩效管理 [J].理论探索,2020(6).

简单移植西方的"经验",脱离国情及实际;要么基于现有的做法,为地方实践做诠释,偏离绩效内涵。

最后,针对评价指标体系,国内学界高度关注政府绩效评价指标体系的研究开发,基于现行的体制条件,评价维度涵盖了社会、经济、科教、环境,以及政府内部管理等各个层面,力图将政府运作的过程与结果结合起来。但囿于理念、文化、体制等各种原因,指标体系构建区分度不足,"存在片面性甚至误导性",[1]指标权重和评分标准存在较大的随机性,科学性和合理性有待提升。同时,尽管大数据、云计算和人工智能等新兴技术为政府绩效评价提供广阔的发展空间,但这方面研究成果不多,深度和广度有限。

第三节　政府绩效评价发展历程

作为新公共管理运动的一面旗帜,政府绩效评价的产生和发展有着深刻的历史背景和社会原因,历经了若干阶段,表现出不同的特征,对推进政府改革及创新发挥了重要作用。从历史进程、价值导向与技术标准来看,对政府的评价由来已久,并呈现出代际演进特点,"评估是对人民和进步的投资。"[2]埃贡·G.古贝和伊冯娜·S.林肯将对政府的评估划为"四代",即从"第一代评估"到"第四代评估"。"第一代评估"指向1930年代以前,旨在对政府活动或公共项目(政策)的经济性或效率性进行单维度"测量";"第二代评估"大体指向1930—1940年,评价凸现经济性、效率性平衡与叠加分析,也可称为"描述"评价;"第三代评估"指向1950—1960年代,更加关注有效性(目标实现质量),蕴含了"价值判断";"第四代评估"指向1970年代以后,更加凸显政府行为的公平性与回应性,以及评价主体多元化,可视为一种"治理"机制。由此,从本义上看,现代意义上政府绩效评价与治理关联密切。本节对发展历程介绍大体对应于"第四代评估"。

一、西方现代政府绩效评价历程

（一）第一阶段:导入期

西方政府绩效评价的推进始于20世纪70年代,克莱伦斯·雷德和赫伯特·西蒙出版的《市政工作衡量——行政管理评估标准的调查》一书奠定了政府绩效评

1　倪星.地方政府绩效评估指标的设计与筛选[J].武汉大学学报(哲学社会科学版),2007(2).
2　[美]埃贡·G.古贝,伊冯娜·S·林肯.第四代评估[M].秦霖,译.中国人民大学出版社,2008:1.

价的基础。由于政府管理集权化导致垄断加剧、效率低下，与过度注重公共政策经济取向导致机构臃肿、政府失灵等问题，衍生出政府财政、管理和信任危机。戴维·奥斯本指出："它们（政府）在公共教育上花的钱越来越多，但学生考试分数差和退学率几乎没有改变。它们在警察和监狱上花的钱越来越多，但犯罪率继续上升"。[1]1973 年，为缓解各种社会矛盾和政治危机，尼克松政府颁布了《联邦政府生产率测定方案》，包含 3000 多个绩效指标，力图确保对政府机构评价的有效性和全面性。1976 年，科罗拉多州通过第一部《日落法》，此后有 36 个州先后通过类似的法案。这一时期，美国政府绩效评价主要以内部评价方式进行，以预算绩效评价为中心推行计划—执行—预算制度（PBS）、目标管理（MBO）、零基预算（ZBB）等模式，目的是减少财政支出，提高行政效率，摆脱财政危机。此外，各地逐步开始以立法推动公众参与评价活动，标志着政府绩效评价在美国步入法制化阶段。[2]

（二）第二阶段：成长期

20 世纪 80 年代，政府绩效评价经历了理念、方法、模式的调整与过渡。这一时期，受企业管理中"绩效评价"核心理念和技术方法的影响与启发，西方各国政府进一步改革传统官僚体系，借鉴新公共管理思想，力图以政府绩效评价为推手，直面困扰已久的机构臃肿、效率低下、思想僵化、规制繁杂、公权异化等公共领域问题。英国的政府绩效评价变革较具有代表性，自 20 世纪 60 年代开始对公共生产力进行评定起，往后的 20 年里，中央和地方各部门持续推行"雷纳评审"，并建立了"部长管理信息系统"，将目标管理与绩效评价融为一体，内含 140 个绩效指标，及时、全面、规范地提供行政产出信息，以提高行政效率、强化组织效益为目标。以此为基础，英国各级政府部门都建立起比较完善的绩效评价体系。[3]而由于缺乏信息技术支持与法律保障，[4]美国的 PBS 改革推进并不理想，目标管理与零基预算也因同样原因逐渐落寞，在 20 世纪 80 年代即将结束之时，美国《时代》周刊封面以"政府死亡了吗"为题，展示出社会"对政府信任一再降到创纪录的最低点"的严峻问题。[5]但这也为美国政府绩效评价的进一

1 [美] 戴维·奥斯本, 特德·盖布勒. 改革政府 [M]. 上海：上海译文出版社,1996:121.

2 周凯. 政府绩效评估导论 [M]. 北京：中国人民大学出版社,2006:6.

3 周凯. 政府绩效评估导论 [M]. 北京：中国人民大学出版社,2006:7.

4 张强. 美国联邦部门绩效管理：观察与思考 [J]. 西北师大学报：社会科学版,2010(4).

5 [美] 迈克尔·巴龙. 美国世纪 [N]. 参考消息,2000-1-5.

步改革埋下关键的"种子",政府开始关注社会的认可度与满意度,逐步以立法等形式强化公民参与政府绩效评价的地位,旨在构筑政治信任,以提高公信力。

表 1-1　美国政府绩效评价的阶段划分及依据

阶段	萌芽时期	绩效预算时期	全面发展时期	现代化与法制化时期
时间	1900—1940	1940—1980	1980—2000	2001—至今
内部评价	● 提高政府效率 ● 加强成本核算 ● 推进政务公开	● 第一届胡佛委员会 ● 计划—执行—预算制度 ● 目标管理 ● 零基预算	● 政府绩效与结果法案 ● 国家绩效审查委员会 ● 国会和相关部门支持	● 联邦政府 PART ● 政府绩效战略管理 ●2010 年 GPRA 修正案
	政府内部管理的重要手段			
外部评价	● 国家权力机关介入,通过立法确保评价进行,公众直接参与评价活动 ● 社会公众或民间机构对政府绩效评价(第三方评价) ● 监督政府,作为体现民主、驱动政府绩效提升的有效途径			

资料来源:郑方辉,张文方,李文彬.中国地方政府整体绩效评价:理论方法与"广东试验"[M].北京:中国经济出版社,2008:14.

（三）第三阶段：成熟期

这一时期,政府绩效评价体系和方法更加完善。1993 年,美国第 103 届国会颁布了《政府绩效及结果法案》(GDRA),以立法的形式确定了政府绩效评价的法律地位,同年成立了全国绩效审查委员会(NPR),要求所有的公共机构针对自身开展绩效评价,将评价结果如实地向美国人民报告,并接受人民的监督。[1]2002 年,小布什政府颁布《总统管理议程》,借助项目评价评级工具(PART)、计分卡评级等方法。[2]从多层次、多方面优化政府绩效评价,将预算与绩效一体化,提高财政透明度,公开绩效信息,兼顾结果导向、使用与配置效率。除美英之外的其他国家,丹麦、挪威、芬兰、加拿大、德国、法国、新加坡、新西兰、荷兰、瑞士、澳大利亚等国家,依据各自国情大力推进政府绩效评价,以至于有西方学者宣称"评估国"已屹立于世界之林。背后的动因在于"一场全球性的革命已经开始,以知识为基础的经济全球化时代到来,并正在世界各地破坏种种陈旧的现

1　周凯.政府绩效评估导论[M].北京:中国人民大学出版社,2006:7.

2　鲁清仿,王全印,赵光辉.美国联邦政府预算绩效管理及其对中国的启示[J].中国软科学,2019(12).

实存在"。[1] 经济全球化和知识经济对政府管理的影响和挑战，推动了重塑政府的改革运动，政府绩效管理和评价成为重要的工具，以此重构以实现经济目标、效率目标和效益目标等的政府治理新模式。这一时期，就政府内部而言，更加关注重塑政府管理形象和运行模式，凸显绩效导向；从外部环境来看，由社会公众和民间组织组成的第三方评价主体出现，"体制外"评价成为潮流。

西方政府绩效评价发展的直接动因缘于政府信任度的持续下降。公民作为纳税人，有权监督税费流向；作为公共服务的接受者，有权评价政府。美国是策源地，基于"政府是不可避免的罪恶"的传统理念思维，监督政府是公民应有的权力和责任。"美国民间机构率先公开考评政府绩效，进而促使政府主动开展绩效考评活动，社会公众与政府绩效存在较大的利益相关性，具有较强的评价动因"。[2] 应该说，20世纪渐次或交叠出现的政府效率、成本、质量、公信力危机构成政府绩效评价不断演进的内动力，公民社会日益成熟与治理民主化则提供其扩张的拉力和土壤。

二、我国政府绩效评价实践探索

应该说，现代意义上源自西方的政府绩效评价有着特定的内涵和指向，与国内冠以"政府绩效评价"的各种考核评价活动存在差异。如果说，始于2000年福建省推行机关效能建设为中国特色的"政府绩效管理与评价"的始端，那么，之后十余年，从目标考核到科学发展观考评，再到政府绩效管理试点、财政预算绩效评价、驱动高质量发展政绩考核等，折射了我国政府管理创新的历程，触及到行政体制改革的中枢。

在我国，政绩考评有着渊源的历史传统。为约束和督促政府官员，历代统治者都重视考评制度的建设与完善。"绩效"概念可以追溯到中国古代的选官。如《后汉书·荀彧传》中提到的"原其绩效，足享高爵"，意思是绩效为考察高官是否胜任的依据。新中国成立后，我国政绩考评工作起始于干部人事制度的改革。1949年的《关于干部鉴定工作的规定》，1964年的《关于科学技术干部管理工作条例试行草案》，1979年的《关于实行干部考核制度的意见》，1984年的《关于逐步推行机关工作岗位责任制的通知》，1993年的《国家公务员暂行条例》等法规文件成为体制内自上而下的政绩考评的重要依据和历史见证。

1　张国庆. 行政管理学概论 [M]. 北京：北京大学出版社 ,2000(8):649.
2　母天学. 对美国政府绩效考证活动的考察 [J]. 行政论坛 ,2001(47).

自 1980 年代以来，与政绩考评相关的地方实践可视为我国政府绩效评价本土化探索，代表性考评活动如岗位责任制、地方人大考核、效能监察、社会承诺制、效能建设、地方领导班子实绩考核、公众对政府满意度评价、公共支出评价、电子政务绩效评价、环境绩效评价等，呈现所谓"绩效评估演化树"特征。[1] 1994 年，中国行政管理学会组织编译的英国学者大卫·伯宁翰和约翰·鲍恩两篇短文，被学界视为我国政府绩效管理理论研究的始端，随后涌现一系列介绍西方经验，包括评价体系建构、评价实践反思等学术成果。1998 年，中共十五届二中全会通过《国务院机构改革方案》，旨在革除行政机构人浮于事、效率低下与政企不分等弊病，一些地方政府开展以提高工作效率为目的的政绩考核。在此基础上，为改善政府及行业服务质量，提升公众满意度，各地又先后引入对政府绩效的"社会评价"模式，包括开展"民主评议行业作风""万人评政府""市民评价政府形象"等活动。[2]

2003 年，中共十六届二中全会通过《关于深化行政管理体制和机构改革的意见》，提出建立"行为规范、运转协调、公正透明、廉洁高效"的行政管理体制。部分地区尝试将目标管理、工作督查、考绩与评人相结合，建立以效能政府为目的、提升政府管理质量的绩效评价体系。之后，《行政许可法》与《全面推进依法行政纲要》出台，法治政府建设考评应运而生。2011 年，经国务院批复，监察部牵头成立全国政府绩效管理工作部际联席会议制度，并选择 8 个地方政府和 6 个国务院部门开展政府绩效管理试点工作。2012 年，党的十八大提出"创新行政管理方式，提高政府公信力、执行力，推进政府绩效管理"。此后不久，为适应新的环境要求，政府绩效管理牵头部门由监察转移到中央编办，同时，相关工作的关注重点主要集中于提高行政审批效率、改善营商环境与加强依法行政社会评议等方面。

2017 年，党的十九大报告提出全面实施预算绩效管理。2018 年，《中共中央 国务院关于全面实施预算绩效管理的意见》颁布，将预算绩效管理视为"是推进国家治理体系和治理能力现代化的内在要求，是深化财税体制改革、建立现代财政制度的重要内容，是优化财政资源配置、提升公共服务质量的关键举措"，要求建立全方位、全覆盖、全过程的预算绩效管理体系。事实上，2014 年通过

1　尚虎平.大国崛起的地方政府激励与效率之路——我国改革 30 年地方政府绩效评估厘清、反思与展望 [J].经济体制改革,2008(3).

2　周志忍.我国政府绩效管理研究的回顾与反思 [J].公共行政评论,2009(1).

并于 2015 年起实施的国家新《预算法》，首次在国家法律层面提出"预算应遵循绩效原则"。新《预算法》文本分别对应预算编制、预算审查与批准、预算执行与监督、决算与问责等条目 6 次出现"绩效"一词。纵观几年来，财政预算绩效评价已成为我国政府绩效评价的主要内容。同时，2020 年 11 月，中共中央组织部印发《关于改进推动高质量发展的政绩考核的通知》，为高质量发展注入体制性动能。

实践为理论研究提供动力和范本。过去二十年，学界对我国政府绩效管理及评价的实践探索进行了较为系统地反思。包国宪[1]和蓝志勇、胡税根[2]等将我国地方政府绩效评价实践划分为1980 年代中至 1990 年代初（服务于目标责任制）、1990 年代（百花齐放）和 21 世纪以来（致力于构建科学体系）等三个阶段。周志忍审视改革开放以来我国公共组织绩效评价历程，认为存在三个较明显的时间段和三种主要类型，具有内向性、单向性、控制取向和自发性等特征。[3]高小平等进一步认为，我国政府绩效管理的宏观环境、制度基础、功能定位和实现机制等与西方存在诸多差异，本质上可归纳为"创效式绩效管理"，表现为体制性、机制性、功能性与辅助性创效，同时应在体系的内在结构、制度供给保障方面不断完善。[4]

应该说，现代意义上的我国政府绩效评价是改革开放的产物。从二十年实践探索的各种特征来看尚处于初期阶段（如图 1-1 所示），虽收效明显，但本质上仍为政府内部的目标性评价，存在着理论悖论和现实矛盾，体现为体制机制不顺畅、目标功能不明确、组织流程不规范、法规依据不充分、技术体系不科学、结果应用不到位，难以形成有效的纠错及监督机制。

1 包国宪,曹西安.我国地方政府绩效评价的回顾与模式分析 [J].兰州大学学报（社会科学版）,2007(1).

2 蓝志勇,胡税根.中国政府绩效评估：理论与实践 [J].政治学研究,2008(3).

3 周志忍.公共组织绩效评估：中国实践的回顾与反思 [J].兰州大学学报(社会科学版）,2007(1).

4 高小平,盛明科,刘杰.中国绩效管理的实践与理论 [J].中国社会科学,2011(6).

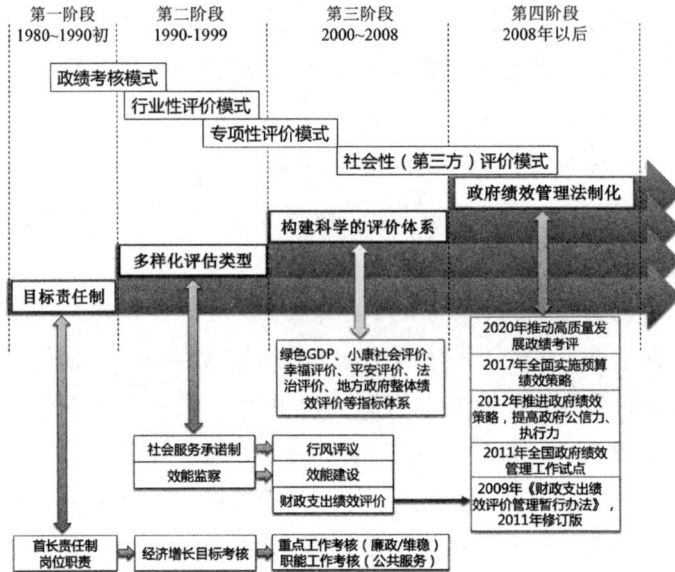

图 1-1　我国政府绩效评价实践历程及阶段划分

第四节　政府绩效评价内容体系

一、政府绩效评价体系构成

政府绩效评价是一个复杂的多维系统。就外部而言，在政府绩效管理与评价的关系中，针对政府内部管理，评价是管理的组成部分。按照卓越等人观点，政府绩效管理主要包括政府绩效目标、绩效信息、绩效预算、绩效合同、绩效程序、绩效规制、绩效审计、绩效评价和绩效申诉等要素。[1]针对政府外部关系，政府绩效评价与政府绩效管理并非简单的被包含和包含关系，甚至二者不是同性质的概念。事实上，政府绩效评价涉及主体、客体、层级、层次、方法、标准等多元和多样性元素，它们之间的组合形成一个矩阵结构。

从系统论的视角，政府绩效评价体系包括理论体系、技术体系、组织体系、制度机制、信息系统等组成部分。理论体系指政府绩效评价所依托的多学科的理论学说，技术体系主要涉及技术路径、方法、规范与标准，制度机制包含法律规章与运行模式，信息系统是实现评价的技术平台，也是数字政府的组成部分。一

1　卓越.政府绩效管理导论 [M].北京:清华大学出版社,2006:12-17.

般而言，技术体系决定评价科学性与合理性，组织体系决定评价的公信力与可行性。运用结构分析方法，立足于实践实证，政府绩效评价大体涵盖五维结构维度，并形成矩阵式体系，主要包括评价体系、评价范畴、评价模式、评价导向和研究类型等，如图 1-2 所示。

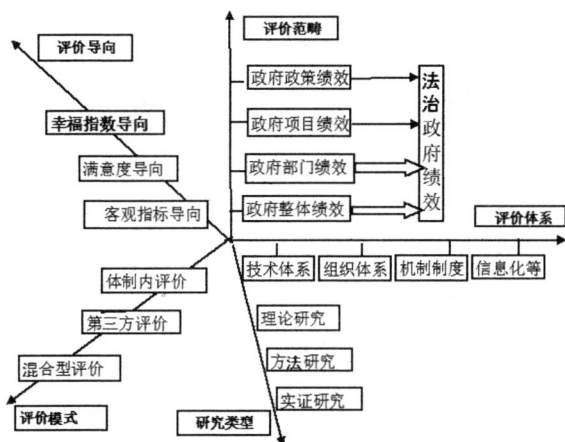

图 1-2 政府绩效评价的五维结构体系

资料来源：郑方辉 .2012 中国政府绩效评价红皮书 [M]. 北京：新华出版社,2013:24.

理论体系围绕"为什么评价""谁来评价""评价谁""评价什么""如何评价"等基本问题和现实需求，依据经济学、政治学、管理学、系统论、信息学等学科知识和原理，构建政府绩效评价的理论框架。从结构来看，政府绩效评价的理论体系可分为概念原理、发展理论、价值理论、功能理论、组织理论、技术理论和应用理论等维度。

技术体系一般包含指标体系、评价周期、技术路径等要素。其中：指标体系居于主体地位，它由指标、权重、评分标准构成。政府绩效评价是关键指标评价，指标体系作为量化手段，是识别政府绩效的方法论。结构化的指标评价为总结成绩与经验，揭示存在问题，辅助政府决策提供了重要依据。政府绩效评价技术体系构建应遵循技术规范,常见的方法如逻辑框架法、平衡记分卡法、层次分析法等。

组织体系涉及政府绩效评价由谁来发起、谁来组织、谁来实施等组织问题，主要包括评价主体、评价对象、评价流程、结果应用等内容。组织体系涉及权责关系，核心指向评价权、评价组织权、评价实施权与评议权。政府绩效评价要求评价主体具有权威性（内部评价）或独立性（外部评价），评价对象为责任主体，并且依据行使职能的不同而区分不同的绩效类型，如，对政府财政支出进行绩效评价，应区分管理绩效、监督绩效与使用绩效。

制度机制包括制度和制度运行的机制。西方国家政府绩效评价制度体系以法律法规为基础，我国目前各级各类评价活动大都依据内部规范性文件，内容包含实施方案、管理办法、标准指南等，其类型庞杂，法制化程度不高，[1]缺乏顶层统一的法律法规。[2]所谓运行机制是指政府绩效评价从发起评价活动到评价结果应用与反馈全过程的动态模式，它是评价功能实现的动态过程。

另外，政府绩效评价体系还可以从其他维度上进行划分。比方说，从评价导向的角度，可划分为客观指标导向、满意度导向、幸福指数导向、高质量发展导向等；从组织模式的角度，可划分为内部评价、委托第三方评价、独立第三方评价，尤其是近几年针对财政支出，以各级人大作为评价主体、第三方作为实施主体的运行模式，有效地增强了评价的公信力、专业性与可操作性；从研究定位的角度，可分为评价的理论研究、方法研究、实证研究等。

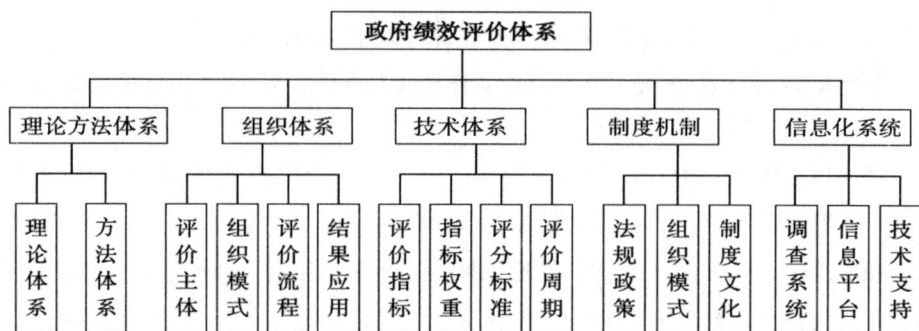

图 1-3　政府绩效评价体系构成

二、政府绩效评价内容划分

政府绩效评价结构维度决定其内容分类的多样性与复杂性，基于对概念的不同理解，学界提出多样性的政府绩效评价内容及范畴分类方法，如臧乃康将政府绩效区分为经济绩效、社会绩效和政治绩效，包国宪概括了政府绩效评价的三方模式，中国行政管理学会课题组依据我国的实践实证历程及特征，归纳出六种型态，即：与目标责任制相结合的绩效评价，以改善政府及行业服务质量提升公民

1　李波，张洪林.财政支出绩效评价法制化建设[J].华南理工大学学报（社会科学版），2015(1).
2　廖鹏洲.地方党政组织考评体系及其法制化研究[D].华南理工大学，2015.

满意度为目的的绩效评价，专业职能部门开展的绩效评价，以效能监察为主要内容的绩效评价，与政务督查相结合的绩效评价和第三方专业评价机构开展的绩效评估。[1]不过，从典型特征、内在逻辑及评价的角度看，以评价对象来区分评价类型更具理论及现实价值，为此，本书将政府绩效评价划分为政府整体绩效评价、政府部门绩效评价、政府财政绩效评价、政府政策绩效评价，以及法治政府绩效评价。

（一）政府整体绩效评价

所谓"整体绩效评价"，是指以一级政府作为被评对象的政府绩效评价活动，评判及测量其在一定时期内（如一年）的总体投入、过程、产出和影响，主要指向效果性和公平性，涵盖政府行使职能的各个方面，如经济、社会、教育、文化等，关注政府管理效率、服务质量、公共责任、公众满意度等要素。依据评价主体的不同，政府整体绩效评价于政府内部而言指上级政府（党委）或部门对下一级政府的评价，主要指向执行力，一般针对经济绩效、社会绩效、环保绩效和政治绩效等。[2]于政府外部而言，独立第三方评价政府整体绩效更加关注政府法定职能的实现程度，本质上指向政府与公众关系。如始于 2007 年由华南理工大学政府绩效评价中心主导（作为评价主体）的针对广东省地方政府整体绩效的实证评价，已连续十三年向社会公布评价结果。该项评价构建了由促进经济发展、维护社会公正、节约政府成本、保护生态环境与实现公众满意组成的评价指标体系，旨在追求政府公信力提升。[3]同时为政府改革及管理创新提供第三方标准。

（二）政府部门绩效评价

一般而言，政府以职能设置部门。按照现代政府学理念，不论从内部管理还是服务于社会来看，政府部门存在明确的服务对象，服务对象满意度是部门绩效评价的终极标准和技术守则。所谓"政府部门绩效评价"，是指以政府部门为被评对象的政府绩效评价活动，评价重点关注部门履行职能以及达到预期效果及目标的情况。学界又将其分为四种类型：一是从内容上来界定，政府部门绩效评价是指对政府部门履行职能的效益、效果、效率、回应性、公平性、质量等方面的评价。二是从方法上进行界定，政府部门绩效评价是指按照结果导向、采用科学的方法对政府部门的绩效进行评价的活动。三是从过程来看，政府部门绩效评价

1　中国行政管理学会课题组,等.政府部门绩效评估研究报告 [J].中国行政管理,2006(5).

2　臧乃康.政府绩效评估及其系统分析 [J].江苏社会科学,2004(2).

3　郑方辉,李振连.论我国地方政府整体绩效评价 [J].当代世界与社会主义,2010(1).

是指遵循科学程序对政府部门绩效进行评价的流程和过程。四是将评价内容与过程相结合，认为政府部门绩效评价包含了绩效内容的界定和绩效测量的过程。同时，依据评价的组织模式，在政府内部，部门绩效评价主体为上级政府，或者是上级主管部门；就政府外部而言，可以是社会组织、机构或个体。值得一提的是，我国实行社会主义制度，党领导一切的体制意味党委可以成为评价主体，党委部门及财政供养的其他机构可以成为被评对象。

（三）政府财政绩效评价

财政绩效评价也可称为预算绩效评价，是指针对政府财政管理及服务活动的评价，包括收入绩效评价和支出绩效评价（目前的研究和实践主要针对支出绩效评价）。评价旨在评估绩效水平、发现存在问题、提出改善建议，尤其是检验支出目标实现程度与资金使用的规范化水平，以优化支出结构，合理配置资源，提高预算资金使用效果、效益、效率、公平，以及公共财政的公信力。财政绩效评价在关注技术导向的同时，更加强调价值导向，背后涉及资金使用绩效、管理绩效与监督绩效的关系，以及过程控制与结果导向的关系。具体而言，评价在宏观层面上指向支出决策的科学性与民主性（决策绩效），中观层面上凸现支出监督的有效性（监督绩效），微观层面上关注支出使用的合法性与合规性（使用绩效）。从发展的视角看，建立财政支出绩效评价结构体系，是实现从项目绩效评价到部门整体支出绩效评价，再到财政政策绩效评价的内在要求。其中，使用绩效评价维度指向资金投入、过程管理、目标实现及社会满意。

（四）政府政策绩效评价

"公共政策是由政治家（具有立法权者）制定的并由行政人员（国家公务人员）执行的法律和法规"，[1] 以及"是一种含有目标、价值和策略的大型计划"。[2] 查尔斯·琼斯（Charles O. Jones）将政策过程划分为问题认定、政策发展、政策执行、政策评价和政策终结等五个阶段。政策评价是对政策执行情况加以说明、检核、批评、量度与分析，旨在为政策改进提供参考。[3] 公共政策涉及政府整体、部门、财政，因此，公共政策评价并非独立于它们之上的特殊评价，它与政府整体、部门、

1 伍启元. 公共政策 [M]. 香港：商务印书馆, 1989:4.

2 [美] 哈罗德·D. 拉斯韦尔. 权力与社会：一项政治研究的框架 [M]. 王菲易，译. 上海世纪出版集团. 2012.

3 Jones, Charles O. An introduction to the study of public policy[M]. North Scituate, Ma: Duxbury Press, 1977: 9.

财政，以及评价的各种维度形成复杂的矩阵式结构。政府政策是公共政策不可或缺的组成部分，所谓政府政策绩效评价是指基于政府绩效的理念和评价方法，对政策投入、过程、产出和影响的综合性评判活动。政府政策绩效评价不局限于执行评价，也不局限于哈罗德·拉斯韦尔（Harold Lesswell）所言"因果关系做事实上的陈述"，[1]它更加关注政策需求及其价值判断。因此，政府政策绩效评价体系、方法、对象、内容更加复杂化和多样性，"条条"和"框框"的矛盾更加突出。在我国，政府政策绩效评价尚处于起步阶段，有关评价实践尚处于探索之中。政府政策绩效评价在平衡必要性与可行性的基础上，应区别对待，循序渐进。体制内部评价可由上级政府作为评价主体，引入第三方实施主体，社会组织（企业）及公众参与评价，行使评议权；对于社会关注度高、影响广泛的重要政策，可由人大主导（作为评价主体）、第三方实施的评价。

（五）法治政府绩效评价

"依法治国，建设社会主义法治国家"是宪法规定的基本治国方略。在依法治国的整体框架中，法治政府建设具有非常重要的意义。法治政府评价是对法治政府建设成效的评价，可视为目标性考评。法治政府绩效评价是基于政府绩效的理念与导向，对建设法治政府的成就与效能的综合测量与评判，评价立足于结果与公众满意度导向，首先审视目标本身的科学性、民主性与法治性，涵盖经济、效率、效果与公平的"4E"结构。逻辑上，构建法治政府绩效评价体系是建设法治政府的内在要求。评价内容包括：一是行政立法绩效。绩效评价指标应考虑是否严格遵守法定权限和程序，公众参与政府立法的制度和机制是否完善等。二是行政决策绩效。主要是指公共决策，尤其指重大公共决策，即行政机关在为本辖区内提供社会公共服务的过程中作出重大决策的行为。三是行政执法绩效。即行政机关执行法律的行为，绩效评价指标应关注执法权限是否合理界定、执法责任是否明确等；四是行政监督绩效。包括了内部监督和外部监督。

三、本书内容结构

过去二十年来，国内学界在政府绩效评价、政府绩效管理方面的研究已产生较丰富的成果，出版有专著、教材及报告。本书定位于公共管理专业的本科生和研究生(包括 MPA)的教学参考读物。从逻辑性、内容的完整性及适用性等方面综

---

1 ［美］哈罗德·拉斯韦尔．政策科学：近来在范畴与方法上的发展 [M].帕洛尔托市：斯坦福大学出版社,1951.

合考虑,全书大体分为三个部分,共十二章。其中:第一部分为理论方法(共5章),包括绪论及政府绩效评价的理论基础、结构体系、方法体系与公众参与。第二部分为内容范畴(共5章),分别介绍政府整体绩效评价、政府部门绩效评价、政府财政绩效评价、政府政策绩效评价,以及法治政府绩效评价。第三部分为报告案例(共2章),包括评价报告和典型案例。这种内容框架,涵盖了政府绩效评价的理论、方法、实践三个层面,力图为读者提供全景式的知识体系(如图1-4所示)。

审视历史,以考评来约束和督促政府官员的做法由来已久,但始终改变不了历史循环。1776年,亚当·斯密在《国富论》中论及中国:"可能远在今日之前,这个国家的法律与组织系统容许它聚集财富的最高限度业已达到。"[1]而当时,中国经济总量约占世界的三分之一,之后两百年间走到"谷底"(1949年仅为全球的1%)。[2]新中国成立以来,尤其是改革开放以来,我国社会经济发生了巨大变化,但发展过程凸显的深层矛盾,如粗放型的经济增长模式,科技创新不足,区域发展失衡,生态环境污染,交易成本居高,贫富分化扩大等客观上要求政府改革与管理创新。坚持党的全面领导,以人民为中心,建立服务型政府,某种意义而言,即是建立现代绩效型政府。基于"没有监督就没有服务型政府"的认识。[3]不论是解决政府改革及管理创新的问题,还是化解社会经济转型过程中的深层矛盾,评价政府绩效成为现实可行的路径。这也是本书出版的意图和初衷。

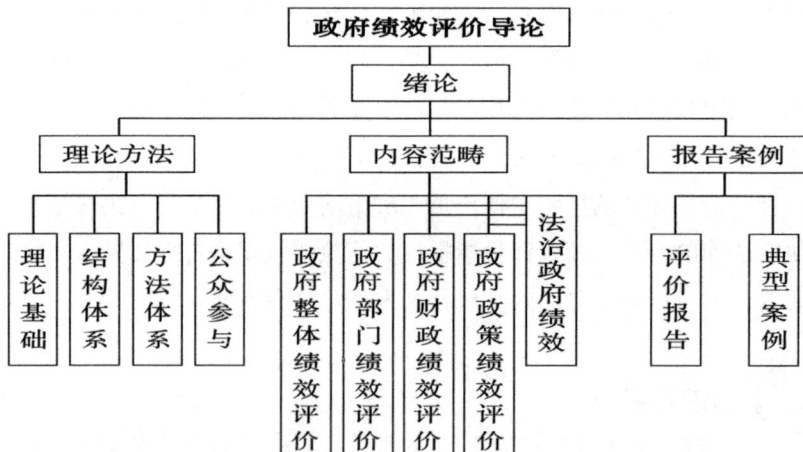

图1-4 本书的内容结构

1　[英]亚当·斯密.国富论[M].郭大力,王亚南,译.北京:商务印书馆,1974.

2　汪中求,王筱.1750-1950的中国[M].北京:新世界出版社,2008:序言.

3　张鸣.没有监督就没有服务型政府[N].南方都市报,2008-3-12.

第二章 政府绩效评价理论体系

罗伯特·默顿曾经指出："理论是指逻辑上相关并与经验相符的一组命题"，[1] 它具有抽象化、主题化、逻辑性、解释性、概括性、独立性、有效性等特征。"理论的作用在于它可以作为一套文化归档系统，用以组织经验材料，并促进我们对经验材料的理解"。[2] 理论的意义在于指导实践，解决实践中提出的问题。围绕"为什么评价""谁来评价""评价谁""评价什么""如何评价"等基本问题，政府绩效评价汲取来自不同学科的理论养分，并形成自己的理论体系。

第一节 政府绩效评价理论框架

政府绩效评价首要问题是评价政府什么，进一步说，政府的职能和价值取向贯穿了行政管理学的脉络，深刻影响着绩效的内涵及其结构，公共行政学兴起后不同的发展流派为政府绩效评价奠定了基础。传统公共行政理论关注行政过程的效率，新公共行政理论强调社会责任，强调公民在政府绩效评价中的地位，拓展了政府绩效内涵结构。

传统公共行政学以管理学为理论基础，弗雷德里克·W.泰勒（Frederick W. Taylor）在对作业过程的动作和时间进行研究的基础上，引进了动作分解、分工协作、作业标准化和严格管理控制等核心概念，形成了著名的科学管理理论。科学管理追求效率，作业分解、标准化和绩效报酬等措施都是为了提高组织效率。另外，理性官僚制在"形式上可应用于一切任务，纯粹从技术上看可以达到最高的完善程度，是实施统治形式上最合理的模式"。理性官僚制是一种理想的组织形态，通过弘扬理性精神、法治精神、科学精神，重视知识和技术，克服经验管理局限性等，从而成为有效的组织形式。韦伯据此断言，在所有领域，现代组织形式的发展就是官僚制组织的发展和不断扩张。传统公共行政学理论着重研究如

1　Robert Merton. On Theoretical Sociology[M]. New York：The Free Press, 1967:39.

2　[美]丹尼尔·豪斯曼. 经济学的哲学 [M]. 丁建峰译. 上海：上海人民出版社，2007:111.

何提高组织过程的效率，认为公共管理是一种以各种管理技术为基础追求组织效率和效益的活动与过程。在美国，许多管理学院将研究范围由企业内部管理扩展到外部的（政府）社会管理，产生了所谓"企业管理型"的公共管理模式，企业管理的技术与方法可以运用到公共部门。公共管理学发展源于行政改革与传统公共行政学发展，为完善政府管理提供有力的理论支撑。这个时期，以效率和效益为导向的技术崇拜是公共行政的标志和追求的目标，政府绩效评价标准即所谓经济、效率和效益的"3E"结构。

以经济和效率为基本目标的传统公共行政理论忽视了公共行政所应负的广泛的社会责任。在经济发展的同时带来更为棘手的社会不公和社会危机，构成对现有政治制度的威胁。20世纪60年代后期，以弗雷德里克森为代表的新公共行政学认为公共行政的核心价值是社会公平，主张将"效率至上"转为"公平至上"，尤其是顾客导向的理论奠定现代绩效评价的基础，因为公共部门提供公共服务，应以公共利益为价值取向，不论是绩效评价的标准还是执行活动，必须体现社会公正性，这也是公共行政的基本价值观。20世纪90年代以来，新公共管理运动主张以私营部门的理念的组织方式改造公共部门，为公共部门引进竞争机制、顾客至上理念、结果导向的评价机制。政府绩效评价强调对结果、质量和效益的评价，评价的重心从经济性转向效率性、效果性，公平性、民主性、责任性被纳入其中。"经济、效率、效果、公平、责任"成了分析政府绩效的基本维度，"经济性、效率性、效果性、公平性"所谓的"4E"成为政府绩效"评价什么"的新范式。1993年，美国率先颁布了《设立顾客服务标准》，而后出版了《顾客至上：为美国人民服务的标准》，其他西方国家亦趋同步。在评价的路径上，由于强调"顾客导向"，公共服务需要对它的使用者做出更好的回应，通过顾客调查、随访、联系、申诉、意见箱等各种途径来聆听"顾客"的声音，进而让"顾客"选择服务提供者。这种改变导致政府绩效的内涵结构变化，也推动了"政府再造"的进程。

政府绩效评价是一个复杂的系统，涉及政治学、经济学、管理学、系统论、控制论、信息学等系列学科的理论体系，并逐渐形成了一个完整的、综合的、跨学科的理论框架。政府绩效评价与公共管理的联系最为直接，从而离不开管理学理论；政府绩效评价以政府职能定位为基础，绕不过政府与市场的关系，必然涉及经济学理论；政府绩效"为谁评价、谁来评价"等问题，需要将民主公平、以人为本的政治理念引入评价体系，从而指向政治学理论；同时，政府绩效评价集设计、采集、分析、评价、结果运用等环节为一体，进而涉及系统理论等。应该说，上述理论交叉融合，形成政府绩效评价的理论基础。

一、政府绩效评价政治学

政治学主要研究国家的基本理论与制度，具有强烈的价值归属。政治学理论主要体现于政府绩效评价的价值取向上，关注经济增长、社会公正、民主、稳定、自由等现代生活方式及核心元素，主要又是增长与公平、民主与秩序两对变量的价值取向上，"在增长与公平的关系上，应当在坚持增长这个价值标准的前提下，以公平作为内在的必要约束；在民主与秩序的关系问题上，应当在坚持民主这个价值标准的前提下，以秩序作为内在的必要约束"。针对地方政府绩效评价，政治学作为理论武器，不仅要回答一般意义上"谁来评价""为谁评价"等核心问题，而且要对我国政府绩效评价功能、意义及必要性做出解释。绩效评价的成功有赖于强有力的政治支持，政府绩效评价对政治学的理论需求，主要表现于为什么要评价政府、谁是评价主体，也就是谁来评价的问题。

作为政治学的重要组成部分，民主行政理论指向在行政领域如何贯彻和保证民主的问题，核心是政府与公民之间的关系。民主行政理论指出：政府的权力来源于公民的委托，这样，理论上，政府与公民之间是一种服务关系和双向合作关系，而非单向管理关系。因此，要实现民主行政则必须开通公民表达利益要求的民主渠道，建立相应的民主行政模式。

宪法的首要原则表现为人民主权原则，以社会契约论为基石。卢梭主张主权在民，并成为其全部学说的核心和归宿。卢梭认为，人们签订契约把自己的权力交给"全体"，使他们个人的意志整合成为"公意"，接受"公意"的领导，"公意"就是主权，同样是人民意志的体现。人民组成国家的目的是"寻求一种结合的形式，使他能够以全部共同的力量来防御和保护每个结合者的人身和财富；而同时又使每一个与全体相联合的人只不过在服从自己本人，并且仍像以往一样的自由"。[1]因此，国家的主权属于人民，而不是统治者的私有财产和物品。卢梭进一步论述人民主权的基本特征及其实现形式。他指出，人民主权是不可转让、不可分割的。政府无论拥有多大的权力也不能代替主权者。由于政府是人民的公仆，决定了负责政府公共事务的个人或组织同样是人民的公仆。"行政权力的受任者决不是人民的主人，而只是人民的官吏；只要人民愿意就可以委任他们，也可以撤换他们。"[2]

1　[法]卢梭.爱弥尔（下卷）[M].李士章译.北京：商务印书馆，1996:20.
2　[法]卢梭著.社会契约论[M].何兆武译.北京：商务印书馆，2002:132.

既然行政权是由委托的官吏执行，就必须受人民的监督。

马克思主义的人民主权观是在对卢梭为代表的资产阶级人民主权观的批判基础上发展起来的。马克思、恩格斯指出，卢梭有关国家起源于社会契约论思想是历史唯心主义的产物，是"十八世纪大踏步走向成熟的'市民社会'的预感"。[1]在阶级社会里体现全体人民的"公意"是不存在的，民主共和国是人民当家作主的形式。列宁也鼓励人民"争得政治自由，即争得法律保证全体公民直接参加国家的管理，保证全体公民享有自由集会，自由讨论自己的事情以及通过各种团体与报纸影响国家事务的权利"。[2]以马克思主义为指导的社会主义国家人民主权观的基本内涵指向国家的一切权力属于人民，人民是国家的主人，依法享有管理国家事务，管理经济、文化、社会等方面事务的权力；国家的权力来自人民，对人民负责，受人民监督。中国特色社会主义理论体系民主思想表明，没有民主就没有社会主义，就没有社会主义现代化，人民民主是社会主义的生命。"中国特色社会主义制度，坚持把国家层面民主制度同基层民主制度有机结合起来，坚持把党的领导、人民当家作主、依法治国有机结合起来，符合我国国情，集中体现了中国特色社会主义的特点和优势，是中国发展进步的根本制度保障。"党内民主是党的生命，增强党的创新活力。坚持和发展党内民主既是加强党的建设、推进全面从严治党的重要内容，也是调动广大党员的积极性、主动性和创造性，激励广大党员干部新时代新担当新作为的必然要求。

二、政府绩效评价经济学

经济学研究个人、企业、政府及其经济单位如何进行抉择，以便决定如何使用稀缺或有限资源，核心理念是理性自利和自由选择。作为经济学的重要分支，政府经济学或公共经济学的研究对象是政府及政府机构（包括国有企业）的经济行为及职责，这些行为和职能与政府职能密不可分。政府绩效评价的对象是政府，政府"正在干什么"和"应该干什么"的依据需要经济学理论做出回答。经济学家沃尔夫曾从反面讨论过绩效评价的重要意义，不进行测定或测定不精确的政府绩效会导致几种消极后果：首先是公共物品的供给过度，造成成本上升和浪费，

1　中共中央马克思恩格斯列宁斯大林著作编译局 . 马克思恩格斯全集第 12 卷 [M]. 北京：人民出版社，1995:733.

2　中共中央马克思恩格斯列宁斯大林著作编译局 . 列宁全集第 2 卷 [M]. 北京：人民出版社，1984:90.

"当不能很精确地测量非市场活动的产出和运行时，非市场活动的总供给，或特定的非市场活动的供给，就会趋向于较高"；其次是鼓励官僚的预算最大化倾向。由于缺乏把利润作为推动或评价其运行的标准，非市场机构"便根据机构成员和下级单位对放大预算和保护其免受消减所做的贡献来对其行为做出评价"；最后，缺乏绩效评价会导致公共机构内部趋向于私人目标，由于缺乏直接的运行指示器，公共机构必须发展它们自己的标准，"用来确立非市场组织内的目标，用以指导、规制和评价机构运行和机构人员的行为"，从而偏离公共机构为公共利益服务的宗旨。[1]事实上，经济学在政府绩效评价中扮演的角色不仅如此，从评价什么的宏观角度，首先要回答的理论问题是：现代市场经济条件下，为什么需要政府？需要什么样的政府？换一个角度而言，现代政府的职能定位是政府绩效评价的前提，涉及经济学的基本原理和主张。

按照古典经济学逻辑，在自由竞争的时代，政府即是"守夜人"。而在现代市场经济条件下，政府的角色应如何定位？履行什么样的职能？或者说，政府干预的依据是什么，成为政府权力边界划分的基石。对于"需要政府"的理由，市场失灵理论有着清晰的逻辑：首先是不完全竞争。现实中的不完全竞争市场与古典经济学的"完全竞争市场"相差甚远，"在现实的资本主义经济中，看不见的手定理一般来说并不成立，帕累托最优状态通常不能得到实现"。[2]其次，无法通过市场机制自身消除外部性效应。阿瑟·塞斯尔·庇古在《福利经济学》中指出，要实现社会福利目标，外部性效应的存在使"边际私人纯产值"与"边际社会纯产值"不均衡，无法令经济资源在国民经济各部门配置达到最优状态。再次，市场经济无法有效提供公共物品。保罗·萨缪尔森对公共产品或服务做出了表述：纯粹的公共物品或服务，即每个人消费这种物品或服务不会导致别人对该物品或服务消费的减少，它们的利益不可分割地被扩散给全体社会成员。公共产品一旦生产出来就无法排斥无须付费的消费者，每个社会成员都可以使用这些公共物品，即"搭便车"行为。最后，信息不完全导致资源配置无效率，以及市场机制固有的分配缺陷容易导致社会不稳定，"竞争性市场并不能保证收入和消费一定有哪些需要或最应当得到的人享有。市场经济的收入分配和消费反映的是所有继承的才智和财富的初等禀赋，但还有系列其他的因素，如种族、性别、地点、努力、

1　[美] 查尔斯·沃尔夫. 市场或政府——权衡两种不完善的选择 [M]. 谢旭译. 北京：中国发展出版社，1994:53.

2　高鸿业. 西方经济学 [M]. 北京：中国人民大学出版社，2005:416.

健康和运气"。[1]

正因如此,政府对市场及社会干预的权力具有正当性。基于权力的有限属性,政府权力作为主体实现利益的手段,存在功能上的限度,权力主体对客体的支配只能达到一定的强度而不可能无限;权力只是维系社会存在和调节社会秩序的手段之一而不是全部,政府权力的有限属性要求在权力的配置上确立相应的权限,或者说政府权力的边界。围绕政府的角色定位,或者说权力边界及其职能内涵,理论界的争论不绝于耳。即便是"市场经济和法治社会的坚定捍卫者"的哈耶克亦认同需要一个"有限的法治政府"。管制与自由之争构成了现代经济学演进的一条主线,其实质就是在政府权力与市场权力之间寻找最佳平衡点。亚当·斯密被公认为自由经济学的开山之祖,但自凯恩斯,甚至比凯恩斯更早的时代以来,即或是西方世界,政府管制被视为天经地义的事情,更不用说社会主义国家。除哈耶克之外,不遗余力捍卫自由经济、反对管制的代表还有弗里德曼、斯蒂格勒、布坎南、贝克等,弗里德曼已成为资本主义和自由经济的代名词;斯蒂格勒的重大贡献当属信息经济学,但他的所有研究指向一个目标,那就是捍卫自由主义,反对政府管制;布坎南因"发展了经济和政治决策的契约和宪法基础"而获得1986年诺贝尔经济学奖;他与米塞斯和哈耶克一样,依靠纯实证的分析有力地发展了有限政府、个人自由及法治的理念;到了科斯的交易成本、产权制度与经济发展的三角关系中,明晰产权便成为经济稳定发展的根本所在,在科斯看来,即便是对付市场失灵的机制,如环境污染治理、广播频道利用,普通法优于直接管制,自由市场的运作比政府管制更有效。自凯恩斯开始,为政府管制或干预经济辩护的经济学家亦大有人在,1970年获诺贝尔经济学奖的萨缪尔森被视为凯恩斯主义的一面大旗,他们相信,基于信息的不对称,经济活动外部性以及规模垄断效益等原因,政府管制是必不可少的。事实上,没有经济学家简单地认为市场经济就不要管制。

三、政府绩效评价管理学

绩效是源自管理学的概念,最早与项目管理及投资管理联系起来,之后再延伸到人力资源管理领域,产生人力资源绩效管理,二战以后开始导入西方国家的政府管理理论体系。应该说,政府绩效与管理学的联系最为直接。

1　[美]保罗·萨缪尔森,威廉·诺德豪斯.经济学[M].萧琛等译.北京:人民邮电出版社,
　　2004:223.

企业管理研究的目标是如何管理和改进企业的经营状况，提升企业效率，实现利润最大化，与此相通，政府绩效评价对管理学的理论需求是"为什么要提升绩效"？对企业来说，绩效的提升意味着效率和效益的提升，也就是利润增加。围绕提升效率和效益，实现利润最大化，企业管理的研究形成完善的理论体系，从方法论的角度，同样适用于提升政府绩效的范畴。甚至一些理论催生了政府绩效评价理论的产生和完善。

在管理理念及手段方面，新的管理理念为政府绩效评价的兴起提供了理论支持。具体来说，一是企业再造思想。再造的目标在于重新设计企业作业流程，增加绩效。高绩效组织理念应运而生，相对于传统组织，高绩效组织倡导"技术创新与冒险，重视学习，组织跨部门团队，以援助者与训练者的角色来代替管理者的角色，能够为员工的表现提供回馈，只有极少的管理阶层，让每一位成员都接近客户，能够提升应变力与平衡力"，[1] 由工作团队、改善团队和整合团队组合建立起来，完全有可能被政府仿效。二是标杆管理。标杆管理为现代企业管理的有效工具，用以衡量组织相对其他组织的绩效。一般认为，大多数企业流程存在相通之处，可以借鉴"标杆企业"在某些方面的绩效优势及其成因，将自身的绩效表现与之相比较，进而拟定提升绩效水准的计划，执行计划并检测结果。三是顾客关系管理（CRM），要求企业以顾客满意为目标，维持竞争力，有效地解决企业面对顾客的复杂繁琐事务，迅速反应顾客需求、回应市场变化，缩短顾客服务时间与流程，增加顾客服务满意度。

在管理学原理方面，首先是公共委托—代理理论。委托—代理制也称为受托责任制，是指通过契约方式，委托人将某方面的工作或事务授权给代理人管理，并且支付相应费用的制度。从历史上考察，委托—代理制是随着股份制而产生的制度，之后延伸到其他领域，包括公共管理领域。公共委托代理理论认为，政府是公共事务的委托人，为完成委托责任，政府必须设置部门，政府与部门既是领导与所属关系，也是委托代理关系。这样，政府将其事务，连同职权委托给部门，部门是受托人，为此必须忠于政府（委托人）的利益，在受托范围内行事，而预算是委托费用，政府应当对委托效果进行监督。同时，部门也可将事务委托给其他单位，形成"多重委托"。将此理论引入政府管理，意味着政府运作可能偏离公众意图，更多地考虑到风险规避和自身利益，甚至利用公众赋予的权力，以损

---

1 周凯.政府绩效评价导论 [M].北京：中国人民大学出版社，2006:45.

害公众利益为代价为自身牟利，产生道德风险和逆向选择的问题。解决代理"风险"的举措是引入激励和监督机制，绩效评价正是这一举措实施的具体体现。

其次是权变管理理论。权变管理学派代表人物卢桑斯强调，管理环境是自变量，管理者的观念和技术是因变量，两者之间存在的函数关系是权变关系，管理者要根据组织所处的内外环境变化而变化，探求不同的最适合的方案、模式或办法。同样，对规模不同、地域各异的政府组织或部门，很难找到一个统一的最优评价体系。所以，绩效评价系统的设计必须建立在政府内、外环境相互平衡的基础之上，因地制宜，并随着环境变化进行调整。

再次是行为科学。行为科学从人群关系论开始，研究人类行为规律，包含了需求层次论、激励模式理论，以及 X、Y、Z 理论。借鉴行为科学原理，政府绩效评价体系设计应该注意，评价系统应当充分与政府组织的经济、社会发展规划相适应，与部门职能、目标相结合；评价指标和标准具有可控性和激励性，可控性使被评价的组织或部门能认识到自身行为对结果的影响，也即充分发挥主观能动性。激励性指评价指标应以平均先进水平为基础，使评价对象感受压力。同时，在评价标准的制定过程中，采用参与式的民主管理方式，广泛征求被评价对象的意见，清楚认识到工作标准及努力方向。

最后是结果—导向管理理论。公共管理可分为过程管理和结果导向管理两类。前者是通过对事件的发生、发展过程的引导和诱导，使之朝预定方向发展的管理模式，后者是将管理过程委托给部门、单位等，其管理重点放在目标的设定和评价上，它是与公共委托代理制相适应的管理模式。此外，在管理技术方法方面，管理学成为二战之后发展最快的学科之一，大量的数学方法被吸收及拓展，形成新的方法，甚至学科分支。政府绩效评价应用了一系列管理学的模型方法，如层次分析法、平衡记分卡法等。

四、政府绩效评价系统论

系统论及控制论源于自然科学，强调系统原理，但作为方法论已广泛应用于社会科学以及跨学科的研究中。系统论及控制论要求从整体、系统、全面的角度去分析和研究问题，充分认识到一个复杂结构事务的各个环节的功能，设计控制节点，实现控制目标。政府绩效评价中，评价对象的复杂性决定了评价系统的结构的复杂性和多样性，从系统论及控制论的视野分析评价各个层级、环节、功能和节点，有助于建立完善的评价体系。

系统论是由美籍奥地利生物学家L.V.贝塔朗菲创立，研究系统的一般模式、结构和规律，研究各种系统的共同特征，并用数学方法定量地描述其功能，寻求并确立适应于一切系统的原理、原则和数学模型。一般认为，整体性、关联性、等级结构性、动态平衡性、时序性等是所有系统的共同特征。控制论是研究各类系统的调节和控制规律的科学，它探讨各种共同具有的信息交换、反馈调节、自组织、自适应的原理和改善系统行为、使系统稳定运行的机制，从而形成了一套适用于各门科学的概念、模型、原理和方法。控制论的奠基人诺伯特·维纳认为，控制论"抓住了当代科学技术发展的特点，认识到各门学科之间的相互渗透是一种潮流"。[1] 如果说信息论是基础，控制论是方法手段，那么，系统论则是信息论和控制论的基石，三者之间相互影响，相互联系与作用，构成相对独立的理论体系与方法论。"系统论的创立是二十世纪以来人类思维方式上一次根本性的革命，是伴随着突飞猛进的新技术革命而产生的人类在体力和智力解放的又一次重大的、划时代的突破"。[2]

作为方法论科学，系统论的基本思想是将研究和处理的对象视为系统整体看待，按照事物本身的系统性，以系统的视野加以考察分析，也即是从事物的整体性出发，着眼于整体与部分、整体与层次、整体与环境的相互联系和相互作用，以求得最优化的整体效益。系统论的基本原则是：（1）整体性。整体性原则是系统论的核心，贯穿系统方法始终。系统论认为，要素的相互作用决定整体的性质和规律。世界上的各种事物和过程，不是杂乱无章的偶然堆积，而是一个合乎规律的由各种要素组成的有机整体，正如贝塔朗菲提出著名的定律那样："整体大于各孤立部分的总和（1+1 > 2）。"（2）目标性。人类任何一项活动都是在意识的指导下有计划、有目的行为，系统由若干相互依赖和相互作用的部分，为一个预定的共同目标融合到一起，各部分为了达到系统的共同目标而协同运作。（3）层次性。指人们按照系统中各要素的联系方式、运动规律的类似性，或是人类认识尺度的大小、系统能量变化的范围和功能等特点，把复杂的系统划分为若干等级层次。（4）结构性。指系统中各要素相互联系和相互作用的一种形式，是系统内部各要素的排列组合方式。系统论认为，当系统的要素处于有序状态和结构合理时，才能形成系统的整体，实现整体功能大于部分之和的功能。（5）相关性。指系统内部各要素之间、系统与系统之间都是相互联系、相互依存、相互

1　转引杜栋.控制论与控制理论是一回事吗 [J].河海大学机械学院学报,1999(1):57-61.

2　李继跃.试述系统论在高校图书馆管理中的应用 [J].萍乡高等专科学校学报,2007(5):98-100.

制约的，没有绝对孤立的"纯粹"现象，也不存在个别规律的"纯粹"作用。

政府绩效具有复杂的内涵结构，评价政府绩效是一个复杂的系统，各种变量不仅繁杂多变，而且存在数量关系，因此，评价这一系统应建立能反映主要变量的模型，从完整、系统、全面的角度去分析模型中变量的关联性，包括评价程序、各个环节功能、控制节点设计、评价路径、指标体系、获取信息等。系统论原则对政府绩效评价方法及模型建立有着更加直接的作用，如按层次性及结构性原则，可将指标体系依目标导向设计为三个层级，"一级指标为纬度指标，体现战略思路和理念；二级指标侧重于策略目标，关注被评价组织的内部结构；三级指标为具体指标"；[1] 相关性原则要求评价系统既要考察系统内部诸因素的相互关系和相互作用，又要考虑系统与外部环境之间的相互作用和相互关系。

五、政府绩效评价文献信息学

与系统论、控制论三位一体的信息论在政府绩效评价中具有基础性作用，从某种意义上说，绩效评价的过程即是获取信息、加工信息的过程。狭义上，信息论是指研究通信系统中存在的信息传递和处理的共同规律的科学，即研究概率性语法信息的科学；广义上，信息论是指应用数学和其他有关科学的方法，研究一切现实系统中存在的信息传递和处理及信息识别和利用的共同规律的科学。

在信息学的范畴下，文献信息对政府绩效评价而言更具针对性。关于文献信息的定义，学术界已有大量的研究，如"以文献形态记录下来的信息""用文字或图像符号表达知识的信息""以文献形式存在的人类精神信息""文献信息是以客观物体为载体的信息"等等。[2] 一般认为，文献信息是一个系统，由若干子系统，如文献信息创生、文献信息传播、文献信息过滤、文献信息序化和文献信息施效结合而成。依据系统原理，文献信息的创生、传播、过滤、序化和施效在信息哲学范畴内是一个前后衔接并且循环往复的信息过程。

文献信息具有生命周期。与文献信息各个子系统相对应，文献信息的生产代表其价值的产生，传播是文献信息价值的社会认同过程，过滤则是基于特定文献信息需求的价值选择和评价，序化过程是文献信息的增值过程，施效是文献信息的价值实现过程，文献信息价值随时空变化最终减小直至消失；文献信息具有类似经济学所指的效用，能满足信息用户需求的属性，即使用价值，确立以信息用

1　卓越．政府绩效评估指标设计的类型和方法 [J]．中国行政管理，2007(2):25–28．

2　王爱芳．论文献信息学的基本原理 [J]．现代情报，2006(6):25–26．

户需求为文献信息系统效用最大化的先导因素，其效用的程度取决于文献信息系统的控制效应和信息用户的信息素养。同时，文献信息还具有社会凝聚功能。绩效评价系统实质上是一种信息流动及使用的系统，文献信息在政府绩效评价过程的功能具有多种效用，主要表现在以下几个方面：

首先，宏观或环境层面的功能及影响。信息已成为现代生活方式的基本元素，信息化推动了政府职能演变，尤其是政府职能实现形式的改变，并为评价政府绩效提供技术条件。"通过互联网，公民行使参与地方公共事务决策的民主权利更方便得以实现；信息化为实现地方政府的政务公开提供技术基础"。[1]事实上，"信息不对称"也是政府绩效评价的经济学理由，信息化大大减少了"信息不对称"的机会，一定程度上改变了政府干预内容和方向，也即是政府职能的改变。同时，信息技术的发展影响公共行政的有效性和效率，公众工作和生活方式发生改变，尤其是网络普及，改变了政府的管理方式。

其次，微观或决策层面的功能及影响。信息是进行管理决策的依据，对绩效管理亦是如此。信息是各个工作环节和管理层次互相沟通联络形成有机整体的纽带。按照系统理论的观点，系统内部的任何一个组成部分或单元都是为了完成整个系统的整体功能而存在。要保持子系统与大系统目标的一致，要使得各个层次、各个环节的活动协调于系统整体之中，就必须借助于信息这一"神经中枢"。

最后，没有完善的信息交流与沟通机制也就没有政府绩效评价，评价的有效性在很大程度取决绩效信息的准确可靠。由于目前统计数据信息存在失真，严重影响评价的公正性，为此，要建立健全有效评价的信息系统及传递网络，迅速反馈评价结果，充分利用现代信息技术，实现评价信息的现代化和传递的网络化。

六、不同学科理论融合

将上述学科的理论置入政府绩效评价体系中，各学科的理论融合具有以下特点：

首先，围绕一个新目标，形成新的理论体系。绩效管理是多学科融合的产物，它是管理学的一个较新领域，但并不局限于管理学已有的理论及逻辑体系，绩效评价可以将多学科理论及方法整合到一个新的理论体系中。经过多年的积累，绩效管理已形成自身的理论共识，如经过实践检验的"3E"及"4E"指标，已成为"分析绩效最好的出发点，因为它们是建立在一个相当清楚的模式之上，并且这个模

---

1 徐勇，高秉雄.地方政府学 [M].北京：高等教育出版社，2005:117-119.

式是可以被用来测评的"。[1]

其次，不同学科的理论满足不同子目标需求。如经济学的经典理论，尤其是有关政府职能定位理论服务于政府绩效评价"评什么"，也就是宏观层面上"为什么需要政府""需要什么样的政府"。从某种意义上来说，政府经济学，包括公共选择理论实质上在回答这个问题，正如布坎南所言："如果没有宪法的限制，民主政府会过度膨胀和变得扰民"；[2] 企业管理学的"贡献"在于将自身在绩效内涵及提升绩效方面的理论及实践经验融入政府绩效的体系中；系统控制论则是从技术方法、理念的角度，满足政府绩效评价中"如何实现评价"的难题。但是，政府绩效属于公共管理学的范畴，也就是政治学与管理学交叉领域，从政府绩效评价的历史渊源及发展轨迹来看，涉及评价主体、评价动因，甚至政府绩效内涵结构演变等内容，有赖于公共管理学的理论支撑。

最后，各学科的交叉与整合是一个动态的选择过程。以信息化、民主化为时代背景，各门类学科的整合与新学科不断产生是二战后科学发展的典型特征。从根本上说，任何科学都是时间的"函数"，理论体系更是如此，均在"与时俱进"。围绕解决不断出现的新问题、新情况，不同学科之间在开放状态下实现信息交流与互补，交流的过程就是相互选择的过程。同样，与政府绩效评价相关联各门学科或子学科的融合是一个动态的不停息的过程，也是一个不断创新的过程。当然，政府绩效评价理论需求还涉及其他学科，并且在实践中表现得更具微观性和针对性。政府绩效评价的理论体系如图2-1所示。

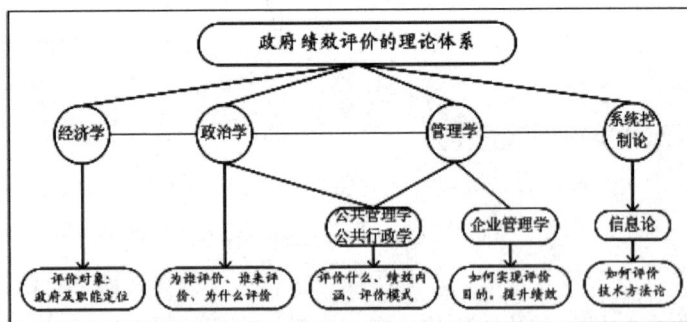

图 2-1 政府绩效评价的理论体系

1 于军.英国地方行政改革研究[M].北京:国家行政学院出版社,1999:132.

2 [美]史蒂文·普雷斯曼.五十位经济学家[M].陈海燕等译.南京:江苏人民出版社,2005:314.

第二节 政府绩效评价理论依据

一、政府绩效评价理论渊源

（一）公共选择和新制度经济学理论

政府进行绩效管理与评价与西方国家经济社会发展历程密切相关。在亚当·斯密的自由资本主义时代，政府扮演着"守夜人"的角色。1929年资本主义经济危机以后，以凯恩斯、萨缪尔森等为代表的现代主流经济学认为，市场不是万能的，经济社会发展需要政府的管制和干预。由此，政府开始广泛地介入经济社会发展的多个领域，并发挥了积极的作用。但另一方面，政府角色的显现和职能的拓展在20世纪六七十年代又造成一些西方国家政府机构日趋臃肿，行政效率低下，经济发展出现滞胀现象。传统行政理念下的全能型政府逐渐难以适应发展的需要。1962年布坎南等人研究发现当政府行为具有理性"经济人"特征时，将无法实现公共利益的最大化，会出现政府失灵现象，他提出公共选择理论，主张建立有限政府，树立法治理念。此外，新制度经济学的交易成本理论和委托代理理论也分别强调政府应提高配置能力、提高经济效率和引入激励监督机制。上述经济学理论认为政府需要理顺与市场的关系，明确职能范围，通过绩效评价、绩效管理有效提高管理和服务水平。这为政府部门实施绩效管理和绩效评价提供了基本理论依据。

（二）目标管理理论

目标管理 (Management by Objective) 是以目标为导向，以人为中心，以成果为标准，而使组织和个人取得最佳业绩的现代管理方法。1954年，美国管理学家彼得·德鲁克在其出版的《管理的实践》一书中率先提出目标管理概念。德鲁克认为，不是有了工作才有目标，而是有了目标才能确定员工的工作，一个组织的目的和任务，必须转化为目标，目标越是分解成更小的目标越容易得到实现。如果一个领域没有特定目标，则这个领域必然会被忽视。他在分析目标的作用时指出，如果没有一定的目标指导每个人的工作，则组织越大，人员越多，发生冲突和浪费的可能性也就越大。因此，各级管理者只有通过目标来领导下属，并以之衡量员工的贡献和产出，方能确保组织总目标的顺利实现。为此，德鲁克提出，在目标制定阶段上级应该和员工一起协商，根据组织的总目标制定员工的个人目标；在目标管理的实施阶段，应下放权限和民主协商，使员工能自我控制，独立自主地完成目标，从而使员工的工作热情得到有效激励，主动性和创造性得到充分发挥。

概言之，目标管理一般性过程是：组织中的上下级一起协商、共同制定目标；根据一定时期内组织的总目标，来决定上下级的子目标、职责和权利，并把目标体系作为组织经营、评价和奖励的标准；确定新目标，开始新的循环。具体而言，目标管理包括计划目标、实施目标、评价结果、反馈绩效四个主要步骤。20世纪70年代，目标管理被引入政府管理领域，逐步成为指导政府组织等公共部门的目标管理理论。德鲁克认为，公共部门绩效管理是当代管理工作中"最重大、最主要的任务"，政府部门也可以像企业一样应用和实施目标管理。

作为一种有效的管理工具，目标管理有许多优势：第一，明确的权力责任。目标管理通过自上而下或自下而上层层制定目标，在企业内部建立起完整的目标体系，明确职责、划清关系，使每个员工的工作直接或间接地同企业总目标联系起来。第二，重视员工参与。目标管理建立在员工对目标了解、认同的基础上，通过上下协商、讨论和交流为路径，加深对目标认同，有助于发挥员工的主动性、积极性和创造性。第三，以结果为导向。工作成果是衡量目标完成程度的标准，也是部门考评和人事考核的主要依据。因此，目标管理是直接以结果为导向的管理模式。目标管理有助于在组织整体框架内提高员工的工作积极性，实现了组织目标与激励员工相结合的目的，有助于员工的个人发展和企业整体效益的提高。

目标管理引入政府管理领域的优势明显。由于能明确目标、责任和权利，目标管理有助于理清政府组织的权责利关系，改进政府组织结构的职责分工，能给那些易于分解和衡量的目标带来良好的绩效。同时，目标管理有利于上级政府组织对下级组织进行监督控制，能及时发现并纠正下级组织偏离组织目标的行为，最终有利于目标的实现；由于组织目标的制定提倡上下级协商，强调"目标管理和自我控制"，加强了上下级之间的沟通交流，能有效改善组织内部的人际关系，激发员工的工作积极性和创造性，满足员工自我实现的需求；由于需要反馈各部门、员工的工作绩效，有利于各部门、员工对工作方式的改进和绩效的提高，同时也为奖惩提供了客观依据。不过，没有一种管理工具是万能的，公共部门目标管理：一是目标难以制定。与企业专注于经济效益目标不同，政府目标还涵盖社会、文化、环保等诸多领域，这些领域的许多目标难以定量、分解。二是容易引起目标制定短期化。社会、文化等政府目标的绩效很难在短期内显现出来，为了做出政绩，执政者往往选择通过建设"形象工程"的短期行为来为政绩加分，导致长期利益被忽视。

（三）新公共行政、新公共管理与新公共服务理论

作为一个有效的管理工具，政府绩效评价贯穿于西方国家公共行政实践和发展的全过程。传统的公共行政以政治、行政二分法（伍德罗·威尔逊）和官僚制理论（马克斯·韦伯）为基础，强调权威主义和行政效率，忽视了政府所应承担的广泛的社会责任。20世纪60年代后期，以弗雷德里克森为代表的新公共行政学认为，公共行政的核心价值是社会正义和社会公平，主张"民主行政"，将"效率至上"转为"公平至上"，突出政府行政管理的"公共"性质，强调对公众需要负责而不是对公共机构负责。新公共行政所倡导的社会公平、回应性、社会责任等价值观，在一定程度上为政府绩效评价的产生做了理论准备，其为公众负责的理念回答了"为谁管理"的问题，成为政府绩效评价的主要原则之一。

20世纪70年代开始，一些西方国家政府面临财政危机、管理与信任危机，这是新公共管理运动产生的直接社会动因。新公共管理又被称为"管理主义""以市场为基础的公共行政""企业化政府"等，它以公共选择理论、新制度经济学等作为自己的理论基础，主张借鉴企业管理的理论、方法和技术，引入市场竞争机制，并将目标管理、绩效评价、成本核算等引入政府管理，以提高政府公共管理和服务水平；主张建设有限政府，关注绩效，强调结果和顾客导向。西方国家在新公共管理运动中，无一例外地都视政府绩效评价为核心内容，新公共管理提倡的经济、效率和效益，加上公平理念，成为政府绩效评价的"4E"标准。新公共服务理论是登哈特等在批判新公共管理理论的基础上提出的一种新的行政学理论。新公共服务理论认为，政府与公众的关系不同于企业与顾客之间的关系。公众既是公共产品和服务的使用者，又是"纳税人"，有资格参与公共产品和服务的生产、配置、使用的全过程。新公共服务理论追求公共利益，重视公民权胜过重视企业家精神，强调公民导向，强调政府应服务于民而非顾客，认为政府的核心是服务而不是掌舵，政府的政策要有战略性，决策过程要有民主性，即政府和公众都是非常重要的参与者。新公共服务理论着力于公众参与机制的建立，为第三方评价、公众满意度等提供了理论基础，推动了政府绩效评价理论的发展。

（四）政府再造理论

政府再造源于企业流程再造。企业流程再造（Business Process Reengineering，BPR）是指为了在衡量绩效的关键指标上取得显著改善，从根本上重新思考、彻底改造业务流程。其中衡量绩效的关键指标包括产品和服务质量、顾客满意度、成本、员工工作效率等。企业流程再造是供应链、工作流、物流、信息流、资金

流的接口，是企业快速响应市场需求的重要技术方法，是企业进行理顺和规范化的管理技术。企业流程再造的理念：一是需要从根本上重新思考企业已经形成的基本信念，即对长期以来企业在经营中遵循的基本概念如分工思想、等级制度、规模经营、标准化生产和管理体制进行重新思考。二是流程再造是一次彻底的变革，需要抛弃现有的业务流程和组织结构以及陈规陋习，而不是修修补补。三是企业流程再造从重新设计业务流程入手，并有望取得显著进步。企业流程再造与以往渐进式的变革理论有本质的区别，是组织的再生策略，需要全面检查和彻底翻新原有的工作方式，重新安排业务流程，以达到提高组织绩效的目的。[1]同样，政府绩效的改善也有赖于政府体制机制的变革，企业流程再造说明没有什么管理要素是一成不变的，绩效损失往往发生于习以为常的组织制度和按部就班的工作程序当中。

二、政府绩效评价核心要素

作为政府绩效评价理论体系的主要内容，评价主体、评价指标、评价方法等内容在本书其他章节将有详细阐述。本章简要介绍绩效评价涉及若干要素的基本理念，指向政府绩效定位，第三方评价及公众参与，以及绩效目标与计划、绩效预算与审计等。

（一）政府绩效评价目的

动机（想做什么）、理性（该怎么做）、能力（能做什么）及其结果（做成了什么）构成评价政府的核心维度。社会资源理论为深入剖析政府评价的本质和目的提供了理论基础。无论是个体还是集体的行为动机都是为了生存而维持或取得额外有价值的资源。资源既是个体行动的目的，也是个体行动的基础。社会共同体中的个体行为无不是基于知识、认知、信息、利益、责任等资源要素的互动。如果有机会，所有行动者都会采取行动维持和获得有价值资源，以促进他们的自我利益。评价这种表达性的行为源于个体对各类资源的追逐，信息只是表层的资源要素，是获取利益等深层资源要素的载体。正因如此，并非存在信息不对称就会产生评价行为，假如某件事务对个体利益无关紧要，便没有评价的动力。进一步，假如个体之间完全信任，便不一定要填补信息沟壑，抑或无须采用评价这种复杂的信息流通方式。总之，信息透明度、潜在的利益和互信程度是决定需要评

---

1 张永桃. 行政学 [M]. 北京：高等教育出版社，2009: 345-346.

价与否的关键因素，评价活动的理想目标即披露信息、调节利益和建构信任，披露信息是过程，调节利益是目的，建构信任是根本。

（二）政府绩效评价定位

政府绩效评价具有计划辅助、预测判断、监控支持、激励约束、资源优化和体制创新等多项功能。从现实出发，我国政府绩效评价的定位是"绩效导向下的目标管理"。

一是目标管理。作为方法论，目标管理目前已经成为中国各级政府管理最常见有效的管理模式，压力型体制下目标管理经过体制修正之后称为"目标责任制"。[1]尽管政府目标具有多元性，但实现各项目标是执行力体现，是集权制的优越性所在。政府绩效评价立足于目标管理首先吻合体制内自上而下的管理属性，层级体制下，完成上级政府制定的目标是本级政府的使命所然，政府绩效评价倘若无助于目标实现，必然与政府内部管理的刚性需求相脱节，从而丧失存在的前提，尤其是各级政府中心及重大工作的完成，关系到主要官员的政治生命，目标管理因权、责、利清晰对称而成为最有效的管理方法。同时，目标管理也是绩效评价的内在要求，经济、效率与效果均针对目标而言。

二是绩效导向。严格意义上，我国各级政府冠以绩效管理或绩效评价的内部管理本质上即是目标管理，如果以目标管理作为我国政府绩效评价的定位不仅逻辑上"多此一举"，而且会打乱组织内部原有的平衡，增加管理成本，丧失其应有的意义。绩效导向为目标管理设置了方向和条件，首先是"结果导向"，指向组织内部关系。结果与过程具有相对性，目标管理某种程度上亦体现结果导向，但这种结果往往是短期或主要领导人的"任期结果"，与组织长期目标未必一致，甚至背道而驰，绩效评价追求政府目标长期最大化。其次是"公众满意导向"，指向组织内部与外部的关系。政府目标多元性，运作非交易性，行为效果滞后性等特征决定了衡量其结果的复杂性，既然政府由纳税人所供养，公众满意成为检验结果的最终标准。

由此，从现实出发，我国政府绩效评价定位于"绩效导向下的目标管理"不仅强化了组织内部的目标实现及责任，即提高政府执行力，体现政府内部自上而下的管理属性及政治制度的内在要求，更重要是从组织外部的视角，检验内部目

1　Zhang Xing,Tantardini Michele,Kim Younhee,de Lancer Julnes Patria. Is Performance Management Reform Living up to its Expectations? An Analysis of Public Management Reform in China's Guangdong Province[J]. Public Performance & Management Review,2021,44(1).

标的科学性与民主性，实现政府执行力与公信力的统一，也即是理性工具与价值导向的平衡。

（三）第三方评价和公众参与

美国学者卡罗尔·佩特曼曾将民主的发展划为两种类型：一是古代雅典的"小国寡民"的直接民主；二是"代议民主制"。前者在人类政治社会历史上并非常态，而后者逐渐成为民主的主流理论和主导模式，不过，卡罗尔·佩特曼认为，这种"精英民主"使社会政治生活中存在普遍的不平等和对人的压制，实际上是不充分的民主，真正的民主应当是所有公民直接、充分参与公共事务决策的民主，从政策议程的设定到政策的执行，只有在大众普遍参与的氛围中，才有可能实践民主欲实现的基本价值，如负责、妥协、人民的自由发展、人类的平等。"一个参与型的政治文化自然是保持民主制理想土壤"，社会主义民主制度的建立，本身就意味着政治参与的真实、广泛和普遍。

第三方评价及公众参与是政府绩效评价体现民主的具体路径。伴随政府、市场和公众之间的关系更多地表现为公共服务的"供给方"与"顾客"之间的关系，以及公民社会的发展，催生了具有自主性、自律性以及中介性等特征的第三方评价组织，这些第三方机构能够有效集中民智，代表民意，与政府展开对话，第三方评价政府绩效应运而生。然而，我国政府绩效考评的传统做法是上级部门通过听取下级部门的报告，查阅相关资料等"自上而下"的评价，政府部门间相互评价及政府组织公众进行民意测评。这些模式虽在一定程度上吸收了政府之外的意见，但仍然为政府主导，不可避免出现所谓"报喜不报忧"、遮丑护短、短视等问题。第三方评价以其独立性、专业性和客观性日益赢得社会各界认可。

政府绩效评价中公民参与的价值，一是增强政府实质合法性。合法性是政治权力与其遵从者证明自身合法性的过程。从实质合法性来看，政府应当在履行职责过程中，始终忠实地维护社会公共利益，并最终获得公众的自愿认可。政府是否代表了公共利益，需要公民评议，公民参与在一定程度上是对政府合法性的肯定，"通过绩效评价，政府部门可以获得公众的信任，公众会认为他们在缴税后得到合理的回报"。[1] 二是凸显行政管理民主化。诚如马克·彼特拉克所言，公民参与是民主的希望。民主行政和公民参与紧密相连、不可分割，公民参与程度

1　David N. Ammons. Overcoming the Inadequacies of Performance Measurement in Local Government: The Case of Libraries and Leisure Services[J]. Public Administration Review,1995,55(1):37-47.

是衡量政府管理民主化程度的重要标准。

（四）政府绩效目标与计划

政府绩效目标是指政府在一定时间内在绩效方面期待实现的结果，包括经济、效率、效益、质量、回应性、责任性等。简单地说，政府绩效目标是政府打算在未来一定时间内获得什么性质及什么程度的绩效。[1] 政府绩效目标作为组织目标的一种类型，具有一般组织目标所具有层次性、多样性、网络性和时间性等共性，也具有本质上的公共性、责任上的政治性、来源上的公法性和内部关系的冲突性等特性。它是政府绩效管理的基础要素、首要环节，是制定绩效计划、实施目标管理、进行绩效监控、开展绩效评价的前提和基础，也是政府绩效管理的出发点和归宿。 如果一个组织没有明确的目标（甚至多个相互冲突的目标），通常该组织就无法取得高绩效。[2]

政府绩效目标的质量会对政府绩效管理的其他环节产生直接影响。要制定出高质量的政府绩效目标，应以客观事实为基础，坚持 SMART 原则。SMART 原则指的绩效目标应该是明确具体的（specific）、可以衡量的（measurable）、有行为导向的（action-oriented）、切实可行的（realistic）和受时间和资源限制的（time and resource constrained）。此外，制定政府绩效目标还应注意：目标数量不宜过多；如果可能，所期望的质量和为实现目标的计划成本也应表示出来；[3] 与机构的使命、目的保持一致，而不是针对某一具体工作；长期目标与短期目标平衡协调，目标要突出关键性原则，目标确立后，应当予以书面化。

政府绩效计划是指为了实现政府工作目标而制定政府工作的内容和步骤，具体而言，在新的绩效周期开始时，各级政府就其在该绩效周期内要做什么、为什么做、需要做到什么程度、何时做完以及下属的决策权限等问题进行讨论，并最终促成理解、达成协议的过程。从管理学的角度来看，一项完整的政府绩效计划，通常应该包括"5 个 W"和"1 个 H"，即 Who（谁做计划）、Why（为什么做计划）、What（做什么样的计划）、When（何时做）、Where（什么地方做）、How（怎么做）。

政府绩效计划是组织成员在一定时期内的行动纲领，其目的是为了实现政

1　卓越 . 政府绩效管理导论 [M]. 北京：清华大学出版社 ,2006:30.

2　[美] 戴维·奥斯本，彼得·普拉斯特里克 . 摒弃官僚制：政府再造的五项战略 [M]. 北京：中国人民大学出版社，2002:42.

3　[美] 哈罗德·孔茨，海因茨·韦里克，管理学 [M]. 北京：经济科学出版社 ,1993:111.

府的绩效目标。一个良好的政府绩效计划，能够将政府绩效目标发展为层次分明、逻辑清晰的目标系统，并将其分解落实到具体单位直至具体的个体，有利于政府组织内部统一思想，明确各单位及个人的权责利关系，协调好组织的活动；能够加强政府组织、公务人员对未来的预测能力，减少组织活动的盲目性，规避和减少内外环境变化给组织带来的不利影响，把影响政府绩效目标实现的潜在风险降到最低；优化资源配置，克服未来不确定性所带来的困难，减少组织活动的重叠和资源浪费；能够为管理者实施有效监控提供参考依据，增强对组织的掌控力。

（五）政府绩效预算和审计

政府绩效预算是一种由预算主管机构或其他受委托机构对政府预算计划（包括政府业绩状况和预期业绩目标）通过科学的评价体系进行成本效益分析，据此分配财政资金的结果导向型预算模式。与传统的计划财政预算管理模式相比，政府绩效预算注重预算制定前的预期效果分析、预算执行中的过程分权化控制、预算结束后的绩效评价及责任落实。政府绩效预算在基本指导理念上秉持理性主义，基于结果导向；在预算编制上主张参与分权、强调受托责任；在预算管理方式上强调加强事先控制、放松投入管制；在预算评价模式上要求建立缜密的指标体系、完善信息反馈机制。[1]同时，政府绩效预算是改进政府绩效，提高政府管理能力的重要工具。政府绩效预算关系社会公众和国家运行的重大公共利益，涉及整个社会交易成本的高低。推行绩效预算可以提高财政资金效益、防范财政风险、加快公共财政框架形成，可以促进政府机构改革、创新运行机制，提升政府绩效和施政能力。绩效预算的核心和主要议题在于绩效评价，在绩效预算模式下，要削减财政赤字，压缩公共预算支出，就必须对政府的政策项目及方案进行效益评价。

政府绩效审计是指独立的审计机关和审计人员，依照国家法律规定和人们认知的共同标准，对政府履行公共责任，配置、管理、利用经济社会公共资源的合理性、有效性、科学性进行的审查、分析和评价，政府绩效审计是监督约束政府的有力工具，可以促进政府活动的透明，提高公共服务质量，并为实施监督和采取纠正措施提供信息。

---

1 卓越.公共部门绩效管理[M].福州：福建人民出版社,2004:105,110.

第三节　政府绩效评价理论发展

源于对实践规律总结的理论伴随着实践的拓展而发展，并呈现时代特征。20世纪以来，政府绩效评价研究领域出现不少新观点、新理念、新主张、新方法，或是来源于对多重实践及实证的规范梳理及总结，或源于对已有理论的融合、创新和借鉴，反过来指导实践的不断深入。同时，我国国情决定政府绩效评价理论发展的趋向和边界。

一、人大主导第三方绩效评价

党的十九大提出全面预算绩效管理的战略部署，财政支出绩效评价成为政府绩效评价的重要内容。目前，我国财政支出绩效评价主要由财政部门主导，部分地方出现人大作为评价主体新的组织模式，广东省人大常委会开展预算资金支出绩效第三方评价，从总揽全局的角度建构其体系，有利于评价整体框架做到开合自如、脉络清晰、逻辑层次分明，其评价目的明确、过程协调顺畅、结果应用有力，是符合我国现实国情重要体制创新。

财政部门组织的第三方评价模式中，财政部门、主管部门、用款单位和社会公共角色清晰，组织协调也相对简单。但与此同时，评价也存在一系列问题，主要是财政部门主导资金管理办法制定，并对资金负有监管责任，即使作为评价的组织者也存在"运动员"和"裁判员"的角色冲突；加之，依靠体制内部报送绩效信息容易失真，财政部门与平行的主管部门相互牵制等。同时，由于评价市场发育有限，专业机构水平参差不齐，财政信息大都由政府部门垄断，第三方机构独立评价条件并不成熟。在公信力、专业性与可行性之间取得平衡，人大作为评价主体、财政部门与主管部门协同、第三方独立实施的组织模式应运而生。

人大主导的第三方评价模式中，关联主体的角色清晰，优势互补，能有效提高评价的专业性、可行性与公信力。首先，人大拥有对政府财政活动的监督权力。人大对政府收支进行绩效监督，依法行使对同级政府财政预算监督的法定职权，从根本上体现"一切权力属于人民"的宪法原则。其次，财政部门与主管部门为评价提供必要条件，主要又是指标信息。我国现阶段政府信息公开水平较低，加之财政信息的特殊性及专业性，财政绩效评价不能缺失财政部门及主管部门的组织协同。最后，第三方独立实施具有专业性与公信力。第三方实施"不必选择性地试图掩饰财政支出政策本身即可能存在的问题"，从而克服了内部评价双重角色的矛盾。[1]

二、基于公共价值的政府绩效治理模型

以公共价值为基础的政府绩效治理模型（Public Value-based Government Performance Governance，PV-GPG），纵向对政府绩效进行价值建构，横向对政府绩效进行组织管理。政府绩效的价值建构、组织管理和协同领导系统构成了一个有机的系统。以公共价值为基础的政府绩效治理模型是一个复杂的系统。[2] 在这个系统中，政府绩效不再仅是强调"效率""公平"或者"顾客导向"，对绩效的追求建立在了公共价值的基础之上，并且协同领导系统作为一种催化剂，在公共价值的创造网络中不断进行着协调和沟通。

首先，政府绩效的价值建构。政府绩效的价值建构是一个政府与公民和社会的对话与协商过程，面对不同的情境，基本社会价值表现出差异性特征。公共问题的背景、本质和可得的技术和资源对于策略的选择和公共价值的达成非常重要。虽然公共价值没有一个绝对标准，但基本公共价值却有一个稳定的结构。政府绩效评价的主体、内容、过程和公民及社会的参与机制都必须建立在这个结构之上。失去了公共价值约束的科学性追求往往会将政府带入效率极端主义的泥潭，将政府不断"缩小"而使其绩效与合法性的取得不相一致。在纵向的价值建构过程中，政治家和领导者的社会协调机制处于中心地位。

其次，政府绩效的组织管理。政府绩效组织管理更多地反映理性工具性，也就是对政府绩效的价值链进行分析和管理的过程，目的是为了在既定价值建构的基础上，通过对公共资源与权力的投入、政府的战略管理和科学管理使得政府绩效最大化。政府绩效管理过程将公共价值由一个抽象概念具体化为可操作的管理过程，从而促进基本公共价值的表达。在横向的组织管理中，公共管理者积极回应社会价值，从而使政府绩效管理的"轮子"始终在公共价值的"轨道"上飞驰。

最后，政府绩效的协同领导系统。政府绩效管理系统需要强有力的领导力，以沟通使命、驱动公共管理者、形成战略并提供成功所必需的管理策略。协同领导系统在以公共价值为基础的政府绩效治理模型中处于连接绩效管理过程和绩效

1　郑方辉,廖逸儿,卢扬帆.财政绩效评价：理念、体系与实践[J].中国社会科学,2017(4):84-108.
2　包国宪,王学军.以公共价值为基础的政府绩效治理——源起、架构与研究问题[J].公共管理学报,2012,9(2):89-97.

产出的关键位置，协同领导系统分为价值领导、愿景领导和绩效领导三个部分，通过协同领导系统的政治协调和要素协同来提升政府绩效并使其可持续发展。

三、绩效信息使用：交互式对话模型

Kroll 对 2015 年以前 25 篇有关实证文献进行了系统归纳，认为重要的影响因素包括评价体系的成熟度、利益相关者的参与度、高层领导的支持、创新的组织文化、目标清晰度以及人财物等辅助条件；可能的影响因素包括对绩效管理的态度、普遍的政治支持、学习机制、利社会动机、网络化交互行为等；不重要或不确定的因素包括组织规模、财政压力、政治竞争、对绩效测评的熟悉程度、教育水平和等级体系中的地位。2015 年及以后，Kroll 进一步从社会心理学角度研究发现，不仅信息质量、社会压力影响绩效信息使用，管理者的认知同样重要。公共部门管理者对绩效评价组织的信任是绩效信息使用的"预警器"，绩效评价组织的感知能力影响管理者如何使用绩效信息。有实验研究表明，支持者对绩效信息基于各自利益的解读、组织目标的不明确性以及个体对绩效作用预期的不确定影响对绩效信息的感知和回应，从而削弱绩效信息对预算决策的影响。

关于促进绩效信息使用策略的研究，唐纳德·P. 莫伊尼汉（Donald P. Moynihan）提出了绩效信息使用交互式对话模型，对改进绩效评价结果应用有一定参考价值。交互式对话模型的基本假设是：绩效信息并不具有综合全面性；绩效信息具有模糊性；绩效信息有主观性；不能保证运用所产生的所有绩效信息；机构联合与个体信念将会影响绩效信息的选择、审视和呈现方式；对话内容将会影响运用绩效信息解决问题的能力。绩效信息是否被运用，以及如何运用取决于使用者的动机以及绩效信息对其设定目标的效用。

首先，组织生活的模糊性。模糊性是对同一现象有多种不同解释，其成因并非是因为信息匮乏而是由各个层面造成，因此大量的信息可以减少不确定性却不能消除模糊性。模糊性的解决方案源于共同的理解而非事实信息。关于政策或项目失败总是存在不同的甚至是对立的解释，毕竟同一政策或项目采用不同的评价方法可以判定失败也可以判定成功，评价主体、评价方法不同造成评价结果不同，绩效信息使用不得不考虑其模糊性、不确定性。

其次，各种角色不同。与绩效评价相关的主体在意识形态、党派、动机、组织等方面存在差异，角色差异决定了对绩效信息的态度差异，个体行为及其偏好内生于个体所处的组织环境。对信息的选择及运用出现在不同的信念、偏好及认

知过程之中，这是组织权力及政治意向的反映。组织具有强烈的动机去使用绩效信息，表达、传递其价值观，为绩效信息的使用提供了价值观沟通的机会，同时各方又是基于自身的价值观在选择性地传递信息。莫伊尼汉强调数据内部充满偏见，确认偏差对人们管理和决策过程中信息的选择产生影响。

最后，对话惯例。对话惯例提供了获取信息、了解信息和劝解他人的机会，哈贝马斯的沟通行动理论指出，结构性对话可以形成价值和动机，对话是社会合作的基础，人们倾向于赞同在合作中达成的一致意见。因此，作为社会过程的互动对话有助于创建一个知识共享模式，有利于为执行阶段发展出可靠的承诺。概言之，交互式对话模型认为，绩效信息使用是一种主观行为，并不一定能达成共识或一致，取决于参与者的异质性。[1]

四、循证管理与绩效评价

循证管理与绩效评价都是通过生产和使用绩效信息提高政府绩效，循证管理语境下称之为"证据"，二者实现目标的方法存在差异，循证管理的方法论对绩效评价有补充作用。

（一）循证管理与绩效评价的契合性

首先，以绩效提升为管理目标。循证管理与绩效管理一样都是以提升效率和效能作为目标，也被视为新公共管理运动的内容。循证管理是通过谨慎、清楚、明智地使用不同类型和层级的证据做出决策的一种管理方式，外部的证据、实践者的经验和判断、利益相关者的价值和偏好、组织背景和环境构成循证管理的四要素。循证管理和绩效评价都是从其他学科"引进"的管理工具，在不同的专业领域具有良好嵌入性和广泛适用性。在管理学领域，循证管理作为一种方法论，针对"何以发挥作用"（What Works）一类问题，认为个人的管理智慧并不是基于完全的事实，它强调管理者应该使用更富有洞察力和深刻见解的逻辑，使用更真实的证据有助于提高管理绩效。可见，绩效评价和循证管理都是通过实践的途径确认工具的有效性，以效率为导向、技术理性鲜明的管理工具。

其次，以绩效信息为管理媒介。绩效评价的核心内容是采集和使用绩效信息，绩效信息是指用于判断组织绩效的数据和资料。循证管理的核心是证据，即"可用的事实或信息，表明意见或命题是否真实或有效"。Heinrich 认为政府循证管

---

1 [美]唐纳德·P.莫伊尼汉.政府绩效管理：创建政府改革的持续动力机制[M].尚虎平等译，北京：中国人民大学出版社，2020:79-89.

理就是应用严格的绩效信息和证据来提高政府效能的过程，循证管理的证据即绩效信息。 English 和 Guthrie 认为狭义的绩效信息是特定的绩效评价实践产生的用于判断绩效的证据，主要是以绩效目标的制定、绩效指标的收集以及绩效报告等形式呈现。广义的绩效信息则是整个政府管理过程中通过各种方式产生的所有可用于判断绩效的证据。通过绩效评价产生的狭义的绩效信息具备证据的内涵，但考虑到证据的外延，广义的绩效信息与证据的概念更接近。

（二）循证管理与绩效管理的差异

首先，绩效信息来源不同。绩效评价指向狭义的绩效信息，即通过评价指标反映公共项目或组织的投入、产出和效果等多维度的信息，绩效信息来自公共项目或政府部门内部。循证管理的证据类型多元化，不同类型证据的权威性、可信度和效用存在差别。尽管对证据的层级体系及其评价标准尚未达成一致，但循证管理使用的绩效信息显然不再局限于政府和项目内部，而是强调外部绩效信息的使用，更加注重绩效信息的科学性和客观性。

其次，管理工具和流程不同。绩效评价强调绩效目标和评价指标的作用，实操过程困难重重。循证管理则是以循证决策取代目标管理。比较而言，绩效评价以目标管理为手段，倾向于过程管控；循证管理将问题前置，利用外部绩效信息作为决策的依据，使用绩效信息前注重证据的质量评估，客观理性地对待项目决策的科学性、合理性，提前预估项目可能存在的风险，为项目执行提供依据和支持。绩效评价使用绩效信息的过程并没有明确评估绩效信息质量的环节，绩效信息的客观性和公信力主要寄希望于绩效管理组织和实施机构的权威性和公正性，影响后续绩效信息的使用。

最后，公民参与方式不同。一方面，循证管理避免权力过度集中。绩效评价强调目标的设定、监控和评比，试图强化对下级政府官员的控制，是一种权力向上集中的管控型管理方式。循证管理以证据、管理者的经验和判断、利益相关者的偏好以及特定的环境背景作为决策基础，强调科学证据在决策中的权重，形成对上级领导决策权的约束。原则上证据对所有人开放，循证原则为多元主体参与政府决策创造了条件；另一方面，循证管理有助于实现从"为民做主"到"由民做主"的转变。绩效评价将公众满意度作为维度之一，尽管公众能够参与政策效果的评估，但很少能够参与决策过程。循证管理同样使用绩效评价工具，强调公众满意度评价，政策和项目执行前强调将利益相关者的偏好作为决策的依据之一。证据是循证决策的科学性依据，民意是循证决策的合法性依据，循证管理相比绩效评价更能彰显民主意涵。

（三）循证管理弥补预算绩效目标管理的缺陷

首先，循证管理强调决策基于可以获得的最佳证据，有助于促进预算决策的科学化、合理化。决策是预算管理的起点，预算决策科学化、合理化是保障财政支出绩效的前提。循证决策取代目标管理实现预算绩效管理的前移，避免目标设定的主观性和随意性。循证管理重视问题和证据而不是目标，起点是明确界定需要解决的问题，其次才是寻找证据佐证备选方案对解决问题的有效性。

其次，循证管理拓展了绩效信息的外延，指标评价不再是绩效评价的唯一工具。循证管理强调评估工具的科学性，使用绩效信息前重视证据质量的评估，当前划分证据层级的主流依据是评估方法的科学性。为了增强证据的说服力，更加科学客观的实验方法、准实验方法受到重视，循证管理还推动了系统评价等新的绩效评价方法的研发。

再次，循证管理区分决策绩效与执行绩效，明确绩效责任主体。尽管循证决策证明即将实施的项目有可能达成预期目的。但是，最终的绩效还取决于执行情况。以外部绩效信息作为预算决策科学化的证据，有助于厘清绩效不彰的问题所在及责任主体，避免将绩效不彰的责任全部推给执行部门，提高绩效信息的说服力。

最后，循证管理提高执行人员的主动性和积极性。绩效目标管理是一种管控导向的管理方式，循证管理在决策环节就已经以证据为基础，征求相关利益主体的意见，给予执行人员发言权，基于证据的参与式预算决策避免上级过度集权造成决策失误。当前绩效目标管理的过程监控流于形式，循证管理淡化过程监控，给予执行人员信任和自主权，有助于提高其主动性和积极性，从而促进绩效信息的合理使用。[1]

1　卓越, 张兴. 预算绩效循证管理：概念诠释与实现路径 [J]. 理论探讨, 2019(2):50-55.

第三章 政府绩效评价结构体系

政府绩效评价是一个复杂的、开放的系统，涉及目标功能、理论方法、内容指标、组织实施、结果应用、信息反馈等重要问题。所谓评价体系，可视为实现评价目的所包含的功能系统，呈现出结构特征及层次性。从功能实现来看，政府绩效评价体系包含相互衔接的理论体系、方法体系、组织体系、技术体系、制度机制和信息化系统等，每一个组成部分亦可再进一步分解，如技术体系是指与评价关联的各种技术元素之间相互作用并按一定目的及结构组成的技术整体，包括技术路径、指标体系、评价周期等，指标体系可分解为指标、权重和评分标准等。考虑到本书列有专章介绍评价理论和评价方法，本章不再重复。

第一节 政府绩效评价组织体系

组织与计划、指挥、监督等构成管理的基本职能。作为衍生性概念，政府绩效评价的组织体系是评价体系的核心组成部分。一般而言，包括评价主体、评价对象、评价流程、组织模式、结果应用等具体内容，实践操作中，常以法律、规章或官方文件的形式加以规范确立，可视为评价规则。尽管组织体系与技术体系呈现平行及对应关系，但某种程度上组织体系决定技术体系，如指标体系的导向与结构服务于评价目的。

一、政府绩效评价权力关系

本质上，政府绩效评价是权责关系的调整与优化。不论是作为政府内部的管理手段，还是作为社会监督政府的工具，或者兼而有之，政府绩效评价过程涉及四种权力及其关系，即评价权、评价组织权、评价实施权和评议权，对应于评价主体、组织主体、实施主体和评议主体。厘清权责关系是发挥评价功能，实现评价目的的前提。

在政府绩效评价体系中，评价权是一项法定权力，也是一种核心权力，决定评价的组织权和实施权，同时成为甄别评价主体的前置条件。对内部评价而言，"谁有权对党政组织开展考评是整个考评工作最重要问题。"[1]党政管理自上而下，上级党委、政府及其部门对下级党委、政府及其部门有着法定的管理、监督和控制权力，包括评价权力，与此相对应，上一级党委、政府及其部门可成为法定的评价主体。对外部评价而言，社会主义中国一切权力归属人民，人民拥有评价政府的法定权力，从某种意义上说，政府绩效评价是公众"控制"政府的理性工具，[2]以评价为工具和手段，实现对政府的监督，体现当家做主的主体身份。

评价组织权即统筹组织评价政府绩效的权力，它由评价权所派生，是统筹协调评价运行的权力。对外部评价政府绩效的主体而言，评价权和组织权可以分离，也可能重叠统一，即评价主体可以是组织评价的主体。但在目前我国内部的各种考核和评价中，尤其是对下一级党委政府的综合性考评，一般以特定领导小组（或委员会）名义进行（考评主体），相应设立办公室，行使组织权。这种情形下，评价权与组织权相分离。同时，实际操作过程中，因为非常设机构，以及业务上的便利性，办公室往往挂靠相关的职能部门，如发改委、组织部、监察局等，这些部门实际行使组织权。

评价实施权即具体执行和操作考评的权力，由组织权让渡，一般通过合约委托的方式加以确认。当然也可由组织主体本身执行，行使实施权。对于同一考评项目，考评权、组织权具有唯一性，但实施权可以多元分解，或者说由不同实施主体共同完成。[3]政府绩效评价是一项复杂的技术工作，需要专业性、规范性操作，同时，为提升评价的独立性和公信力，最近二十年，我国自中央到地方，综合性考评或专项考评，越来越多的政府考评项目委托第三方实施。换言之，所谓委托第三方评价，受托方行使的是实施权，并非组织权或评价权。

评议权是一种特指的权力，一般指公众或社会组织参与政府绩效评价的过程中，对政府特定服务及表现的主观态度，对这种态度进行技术量化，其结果（如公众满意度）成为整体评价结果的组成部分。公众或社会组织有权评价政府，但受动员资源等条件限制，并不必然或自动成为评价主体。公众或社会组织作为评议主体行使评议权，更多表现为以满意度衡量政府作为和政策效果。多年以来备

1　冉敏,李爱萍,王学莲.中国政府绩效评估法制化立法宗旨和立法原则研究[J].青海社会科学,2012(3).

2　郑方辉,廖鹏洲.政府绩效管理：目标、定位与顶层设计[J].中国行政管理,2013(5).

3　廖鹏洲.地方党政组织考评体系及其法制化研究——以广东为例[D].华南理工大学,2015.

受关注的"万人评政府"之类活动，公众（企业、社会组织）并非评价主体，还是参与评价过程，行使评议权。事实上，政府绩效评价也存在制度边界，在我国，体制内部自上而下的考评本质上可归类为目标管理，但不论目标设定，还是目标检验，归根结底在于"人民满意"。

二、政府绩效评价主体

政府绩效评价是一项有目的性的主动行为，涉及"为什么要评价、谁来评价、评价谁、评价什么、如何评价"等基本问题。评价主体指向"由谁来评价"，即谁有权力评价与谁有能力评价的行为主体，包括组织、机构或个体。评价主体在评价体系中处于核心地位，决定了政府评价的公信力。一般而言，评价主体可分为内部主体和外部主体。

（一）内部评价主体

内部主体有广义和狭义两种情况。狭义上指政府系统内部，如一级政府或政府部门作为评价主体，评价下一级政府或者部门。由于我国体制的特殊性，一些重要的综合性考评均以党委政府的名义开展，评价主体为党委政府或者跨党政机关组成的考评"领导小组"（一般由党委书记、政府首长或其他主要领导担任组长），如在广东省历史上，"落实科学发展观评价""建设幸福广东评价"等均属于这种情况。

广义上的内部主体指向政府之外的政权系统，主要包括各级人大、政协、纪检监察等机关，尤其是近些年人大主导的政府财政绩效评价备受社会关注。全国人民代表大会是我国最高权力机关，在监督政府及其组成部门工作开展中居于法定权威地位。[1] 人大作为评价主体，开展政府财政、政策绩效评价，因独立于政府部门之上，避免了由财政或其他部门主导评价、政府内部平级部门之间的推诿及内耗，[2] 有助于形成有效监督压力，推动政府绩效改进。

此外，在委托第三方评价活动中，第三方一般受内部评价主体或组织主体委托，并非评价主体，但某种条件下一定程度上扮演评价主体的角色，具有重要的现实意义，也是我国现阶段政府绩效评价比较常见的模式。此种评价模式能充分整合与发挥内部考评与外部评价的优势，强化内部主体与外部主体的协同，拓展社会公众参与评价的广度和深度，有效提升评价的科学性、专业性和公信力。同

1　陈啸.人大监督纳入政府绩效评估体系初探 [J].上海人大,2011(3).
2　郑方辉,廖逸儿.财政专项资金绩效评价的基本问题 [J].中国行政管理,2015(6).

时，严格而言，自上而下的内部考评更关注执行力，冠以政府绩效的各种评价本质上是"绩效导向下的目标评价"，委托第三方评价是最能体现这一定位，适合我国国情的评价方式。

（二）外部评价主体

外部评价主体主要指与政府或政权系统无隶属关系及直接利益关系的社会组织与个人，或称独立第三方评价。从历史发展来看，政府绩效评价源于政府内部，但之后逐渐演变为政府外部——公民、企业、媒体及社会组织、学术机构监督政府内部运作成效—产出和影响的技术工具，成为民主系统的组成部分。"独立性"是独立第三方评价主体的最大特征。理论上，独立性能有效避开政府的压力与干预，克服政府内部评价双重角色的矛盾，确保评价结果的客观公正，体现政府绩效评价"结果导向"和"公众满意度导向"。

同时，独立性受制于各种环境因素，对"独立性"的理解也因人不同。但相对于内部评价主体，独立第三方评价主体表现为：一是机构独立。主要指组织独立，人员独立，经济独立，精神独立，以及独立发表评价结果，并对评价结果承担责任。二是标准独立，即有独立于体制外的评价标准。更加关注"政府应该做什么"，并非"正在干什么"。三是过程独立。即进行政府绩效评价的全过程由第三方独立运作，不受评价对象的干扰。[1]此外，全球化、数字化背景下，社会的多元性造就社会机构的复杂性，所谓独立第三方评价具有相对性，一些对政府评价主体既与政府或公权力机构存在某种间接关系，又表现出民间特征，如高校学术机构和学术团队，慈善或公益组织等。

三、政府绩效评议主体

评议主体即参与政府绩效评价活动，对政府行为、表现及其产出发表意见，并将意见、态度及价值判断纳入评价结果的评议者。评议主体可以是政府或政权系统之外的公民（公众）个体或组织，也可以为内部公务人员。理论上，评议主体拥有对政府的评价权力，但仅仅拥有评价权力不足以成为评价主体。从主体的社会或法律身份的角度进行界定，评议主体通常包括社会公众、专家学者、媒体人士、特殊身份人士（如"两代表一委员"）、企业（代表）、社会组织（代表）等。同时，利益关联群体往往是政府绩效评价评议主体不可或缺的组成部分，利益关

---

1 郑方辉,陈佃慧.论第三方评价政府绩效的独立性 [J].广东行政学院学报,2010(2).

联者满意度通常成为政府绩效评价指标体系的重要维度。

社会公众作为政府服务的对象，是政府绩效评价的核心评议主体。将公众纳入政府绩效评价活动既具有法律依据，又满足评价体系的技术要求。公众评议作为一种自下而上的外部参与的机制，能有效弥补自上而下的体制内部评价的局限性，体现了人民当家作主的社会主义民主政治本质。企业组织、社会组织游离于评价活动之外有悖于政府绩效评价的本义，这些组织同样是政府服务对象，也是政府绩效产生的重要源头。同时，政府作为、公共政策运行是一个复杂、专业化系统，专家学者因具备专业知识，作为评议主体能有效弥补社会公众的不足，增强评价的科学性和专业理性；媒体作为信息中介在现代社会治理格局中具有特殊地位，媒体及媒体人士参与评价具有相对超然性与引导性，从而有利于形成社会效应。我国实行社会主义制度，党代表、人大代表、政协委员（"两代表一委员"）在政治生活中地位特殊，他们作为评议主体参与政府绩效评价将产生巨大的影响力。为全面反映社会各界意见，平衡各种利益关系，政府绩效评价活动中，评议主体往往具有多元性，尤其是不可缺失利益相关主体的参与及意见表达。

新世纪以来，在社会服务承诺制的基础上，体现公民参与的公众评议政府成为政府绩效评价的有效模式，各地"万人评议政府"活动既是具体形式，也有一些地区针对行业行风或特定的问题或目的开展评议，如上海市开展旅游行业和通信行业行风评议，河北省组织司法和行政执法部门评议，无锡市试行律师行业评议等。[1]这些活动引入公众满意度调查，拓展了公民参与评价的渠道，增强评价的民主性与说服力，完善了政府绩效系统。[2]

四、政府绩效评价对象

社会评价活动围绕特定对象来进行。政府绩效评价的直接目的是为了改进和提升绩效，评价对象（"评价谁"）即评价的客体指向特定的责任主体。依据客体的属性，评价对象又可分为组织和个体，在政府系统内部或体制内部，针对个体的评价即公务员（或公职人员）绩效评价，针对组织及机构的评价一般称之为政府绩效评价。

从特质上划分，政府绩效评价对象包括一级政府或政府部门；从层级来看，评价对象主要指向省、地市、县（区、县级市）、乡镇（街）等四级政府；从供

1　鲍静，解亚红.政府绩效管理理论与实践[M].北京：社会科学文献出版社,2012:24.

2　范永茂.重塑公众主体地位：地方政府绩效评估之主体构建问题[J].中国行政管理,2012(7).

养关系来看，所有由财政供养的机构，如教育机构、科技机构、文化机构等均为政府绩效评价对象，由财政资助或扶持的其他机构（如企业、社会组织）是政府绩效评价对象，受财政救济、补助、支援的个人及家庭并非政府绩效评价的对象，却是政府服务的对象。此外，社会捐助的公益组织，如红十字会，其资金来源并非财政资金，但与财政资金一样具有公共性、非营利性、社会性，也可纳入政府绩效评价对象范围。

同时，我国实行社会主义制度，政权性质具有鲜明的自身特色。在政府系统之外，一级地方党委（党组）及其部门，其他公权力（如国家机关）内部设立的党组织及部门，人民团体、妇联、残联等群体组织，以及国有企业、企事业单位等机构，依据评价目的及评价主体的要求，亦可成为评价对象。

五、政府绩效评价流程

评价流程即评价过程，可视为评价路径及重要节点。"流程合理与程序正当是政府绩效评价的基本要求，优化评价流程意味着提高评价本身的绩效"，[1] 政府绩效评价是组织化、系统化的连续过程，科学、合理、规范的评价程序及步骤是达成评价目的内在要求。一般而言，评价流程主要包括制定方案、组织实施、信息分析、撰写报告等环节。

（一）制定评价方案

制定评价方案是一项案头工作。在充分把握评价意图的基础上，需进一步明确及界定评价目的、评价对象及各种约束条件。评价方案主要包括技术方案和组织方案。针对技术方案，指标体系是绩效评价的核心问题，其科学性、适用性决定了评价结果的公信力。[2] 指标体系构建应以政府职能为依据，按照系统性、有效性、可操作性、可比性等原则，运用科学方法，基于成熟的经验遴选评价指标，分配指标权重，设计指标评分标准，以及界定评价起点及周期等。针对评价方法，政府绩效评价定性与定量方法适用于不同的评价环节，如采用层次分析法和德尔菲法确定准则层和具体指标的权重，运用相关分析法等多种方法对评价指标进行相关性和隶属度分析等。另外，各种实地调查也需要制订专项方案，包括公众满意度调查，专家深度访问，小组座谈会等技术方案。组织方案即评价组织实施的行动方案，也可视为工作方案，涉及任务分解、人员分工、专业培训、时间进度、

1　郑方辉,卢扬帆.法治政府建设及其绩效评价体系 [J]. 中国行政管理,2014(6).

2　曹小华,张兴.立足于"解决问题"的佛山绩效管理 [J]. 中国行政管理,2014(8).

资源准备、应急预案等。

（二）组织现场实施

评价组织实施是依据评价方案，由实施方进行与评价相关的各项工作，主要工作任务是收集绩效数据信息。从工作内容来看，一般包括案头工作和实地工作。案头工作可视为间接资料信息收集整理，主要来源是政府工作报告，各类统计年鉴，相关研究文献，专业机构公开的咨询报告等。实地工作也可称为实地调查，包括特定对象和范围的抽样调查，专业人士的深度访问及座谈会，目标对象的现场勘察与检测等。以财政支出绩效评价为例，案头评价工作还包括指导、组织被评者的自我评价，自评报告内容作为重要绩效信息来源。实地评价工作主要指对代表性项目进行现场考察和检验，满意度调查和专业人士访问等。同时，不同评价主体在组织实施上存在较大的差异，相对而言，外部第三方组织实施评价活动的现场工作更为复杂多样，且需要独立完成，也难以要求被评对象进行自我评价。

（三）信息数据分析

从某种意义上说，政府绩效评价是收集信息、分析信息、专业判断和信息反馈的过程。因此，绩效信息的全面、及时、真实和可靠是确保绩效评价结果科学性、有效性的前提条件。对于所收集的数据信息的统计分析是一项技术工作，一般要求：一是有针对性。即数据信息收集应围绕绩效评价目的和服务于评价指标体系，筛选和排除不相关的信息，以免造成信息混乱和信息污染。二是遵循技术规范。尽可能减少主观意愿，或预设结论，更不能篡改数据信息。为了降低误差，通常需要多种方法对关键信息进行相互印证。三是留存原始数据信息资料以备查验，在进行系统整理、筛选、分类的基础上，采用可靠、有效的统计分析方法，避免脱离实际，追求形式上的完善完美性。

（四）撰写评价报告

评价报告是评价结果的书面体现和综合反映，一般包括以下内容：一是评价说明，主要指评价背景、目的、指标体系及其他重要事项或技术性说明；二是评价结果及其主要特点；三是绩效表现，主要指取得成绩（含工作措施）、存在问题及原因分析；四是绩效改善建议；五是评价结论，评价报告应全面、客观地描述政府绩效状况，评估绩效水平，肯定成绩，指出问题，分析原因，提出改进建议。依据实际情况，评价报告并非同一范式，学术性绩效评价报告更加强调学理性及方法论，实务性报告更加关注评价结果及对策建议。

当然，从评价目的出发，撰写评价报告并非政府绩效评价的终极环节，某种意义上是绩效改善的新起点，因此，完成评价报告之后，评价活动进入绩效信息反馈、激励机制启动环节，唯有如此，才能达成评价目的，同样，这些环节也是评价流程及路径的组成部分。

六、政府绩效评价结果应用

评价结果应用是政府绩效评价的内在要求，也是难点问题。从世界各国的做法来看，建立绩效评价的激励机制，一是将评价结果用于公共部门人事改革。成为政府雇佣与否、薪金增减、职位变动等重要的参考标准。二是将评价结果用于组织优化。作为推行政府管理体制改革，特别是实现组织优化的重要依据。三是将评价结果与政府预算相衔接，以实现公共支出效益最大化。20世纪80年代后，美国、英国、澳大利亚、新西兰等先后形成了以产出和结果为导向的预算改革，以优化政府预算支出。四是将绩效评价结果运用到战略规划制定及标杆管理等方面，旨在提高公共产品和服务质量、改善政府形象、推动服务型政府建设。当然，强调公共责任及合作政府理念、成熟的信息公开制度、行政复议制度以及责任机制等是构成绩效评价结果有效运用的制度基础。

我国政府绩效评价结果应用大体有几种情况：一是作为被评单位政绩表现。不同程度地成为政府决策、财政预算、简政放权、机构编制调整的参考依据。二是作为党政主要领导政绩的依据，包括运用于干部选拔任用、奖金、问责等。三是评价结果不同形式公开直接或间接影响被评对象及其首长的形象。也有学者提出应将绩效评价结果运用于公共部门的人事改革和组织优化。[1] 一方面，作为公职人员晋升的考核依据，将公务员的雇佣、晋升、工资与其绩效直接联系起来，以推动公共部门的人事改革；另一方面，绩效评价结果还可以运用于组织优化，针对评价发现的问题，优化组织工作流程，改革相应的制度规范。

但在实际操作中也存在一些问题，主要表现：一是评价结果应用的部门协同机制不完善。目前各地政府绩效评价结果主要有职位升降、薪酬奖惩、名誉形象等三种形态，不过，主导职位升降的是党委组织部门，主导薪酬的是人事与财政部门，这种需要多部门协同的结果应用机制尚未建立。二是评价结果应用的制度规范未形成，结果公开和运用往往取决于主要领导的认识、权威和行动力。由于缺失刚性制度约束及实施细则，结果应用往往"雷声大，雨点小"，导致"评与

1　包国宪，董静.政府绩效评价结果管理问题的几点思考 [J].中国行政管理,2006(8).

不评一个样，评好评坏一个样"成为一种常态，加之评价结果透明度不高，评价结果应用存在较大随意性，甚至流于形式。三是评价结果区分度低，导致结果难以应用。从实际情况看，各地不少评价的结果表现，被评对象绩效得分基本为优秀，差距很小，也就难以奖惩。四是考评标准的稳定性不足。"质量保证已经被概念化并被限定为检测案例是否和已接受的标准相一致，然而这并不能证明项目已经到了成功这个阶段"。[1]考评标准需要在考评周期前加以确认，但基于各种原因，考评办法制定往往较为仓促，标准未能经过科学与规范论证，前瞻性不足，内容空泛，从而导致评价结果难以应用。

第二节　政府绩效评价技术体系

绩效评价是绩效管理的基础环节。指标体系被视为"世界性难题"。逻辑上，指标体系的科学性、适用性决定了评价结果的公信力，进而影响评价的功能及意义。同时，绩效评价是对政府"可作为"的评价，与现实状态的水平性评价存在差异，如何界定政府作为与社会经济环境变化关系受制于施政理念及体制，更是复杂的技术问题。评价技术体系尤其是指标体系是确保评价科学有效的基础和前提，为政府绩效评价体系的核心问题。从概念上讲，技术体系是指与评价关联的各种技术之间相互作用并按一定目的及结构组成的技术整体，它主要包括指标体系、指标权重、评分标准、评价周期与技术路径等要素，其中指标体系备受关注。

一、政府绩效评价指标体系
（一）政府绩效评价指标类型

政府绩效评价指标是认识与把握政府活动的本质、科学测评政府绩效的实际水平、系统总结政府绩效建设的重要工具。指标有狭义和广义之分。从狭义上理解，指标是一种反映事物性质的量化确定手段，或者说一种量化的统计确定方法。雷蒙·鲍尔在《指标》一书中认为，"指标是一种量的数据，它是一套统计数据系统，用它来描述社会状况的指数，制定社会规划和进行社会分析，对现状和未来做出估价"。联合国教科文组织指出，指标是"通过定量分析评价社会进行生活状况的变化"。西奥多·H. 波伊斯特认为："从技术方面来说，绩效指标是关于如

1　[美]戴维·罗伊斯，等. 公共项目评估导论[M]. 王军霞, 涂晓, 译. 北京:中国人民大学出版社,2007:122.

何获得考评结果或者如何收集数据而对绩效维度进行操作化界定的一种说明"。[1]
但实际应用中，并非所有事物均可以被量化，对政府的评价更是如此。因此，从广义上理解，指标既可能是一种量化的手段，表现为数量值，也可能是通过一定的定性方法来确定，反映事物的一种价值。

政府绩效评价指标体系通常可分为三个层级架构，或称为三级指标体系。一级指标重点关注评价的战略思想和战略理念，二级指标重点关注组织内的职能结构，三级指标即具体指标，通常结构复杂，角度多变，大体又可分为如下三种类型：

1. 要素指标

要素指标是基础性指标，并以定性指标为主。要素指标在评价的准确性和客观性方面不如量化指标。但一个完整的绩效评价指标体系，通常是定性指标和定量指标的结合，因此，政府绩效评价无法回避定性指标。究其原因在于政府及其部门为社会提供的公共服务、公共产品具有形态特殊、价格缺失、要素独特等特点，从而决定相当一部分公共服务难以简单计量，对应的政府绩效也只能以定性方式加以确定，换言之，定性指标是一种重要的检测政府绩效的手段。从经验上看，要素指标虽然适用于通用评价模块，但需要根据政府的层级、部门和职能区别进行设计，以充分体现其匹配性。

2. 证据指标

证据指标指以具体证据为依托的绩效指标，通常应用于自我评价中，由评价对象自行提供，评价主体审核。例如，可以将社会美誉评价作为塑造政府形象的一项基本指标，由评价对象提供群众赠送的锦旗、媒体正面报道等事实作为具体的证据指标。欧洲行政学院曾经大力推广来自于欧洲质量管理基金会"卓越模型"—公共部门通用评价框架—CAF 模型（Common Assessment Framework）包括促进（enablers）和结果（results）两大要素，共 9 大标准（criterion），其中：促进要素包括领导力、人力资源管理、战略与规划、伙伴关系和资源、流程与变革管理等五项；结果要素包括员工结果、顾客 / 公民结果、社会结果、关键绩效结果等四项。同时，9 大标准下又包括 27 个次级标准 (sub-criterion)。CAF 模型并没有直接设置三级指标，其三级指标的选择是由评价对象在实施过程中自行完成并提供证据。

1　[美]西奥多·H·波伊斯特.公共与非营利组织绩效考评：方法与应用 [M].肖鸣政,等,译.北京：中国人民大学出版社,2005:86.

3. 量化指标

政府绩效评价是关键指标评价，也可视为量化指标评价。量化指标存在算术式量化和数学式量化等两种表述方式。算术式量化是指从数量统计的角度反映工作业绩，主要表现政府的工作负荷及其工作过程，如每年撰写多少份工作报告，组织多少次培训活动，完成多少次市场检查活动等。这类指标提供一种简单的刻度，主要通过数量统计来反映工作业绩。数学式量化是指从数学运算的角度反映工作业绩，常见的形式有上下限值型、复合加权型和比率数据型等，其中：常用的比率数据型是指运用百分比率和约定数据作为指标要素的一种方式。比率数据不是一种简单的算术符号，它反映了特定部门在职责和履行之间的数量关系。

（二）政府绩效评价指标体系构建

1. 构建模式

从西方国家实践来看，政府绩效评价指标依其活动特征大致可分为三类：一是以政府内部管理为视角测量组织绩效模式。如美国帕特丽夏·英格拉姆教授等学者在美国联邦政府绩效项目（Government Performance Project）中推崇从管理能力的视角设计评价指标。二是以关键议题为导向的目标责任者评价模式。基于目标管理思想理念，评价指标主要来源于各级政府在年初所制定目标责任计划书，如经济目标责任书、安全生产责任书等。三是外部公众参与评价模式。主要指以利益相关者满意度为主旨的外部绩效评价活动，包括附属于机关内部考核的公众评议政府活动和针对政府部门服务水平和公众形象所进行价值判断活动（"行风评议"）。同时，在实际评价活动中，不同层级不同状态的政府绩效评价指标设计模式存在不同的选择，即可以选择上述某一种模式，也可以选择多种模式，甚至是三位一体。理论上，上述三种模式的不同组合可以得到三类七种不同的模型。

2. 构建原则

一般而言，指标设计与遴选应遵循系统性（指标体系有足够的涵盖面和信息量，合理划分层次）、可操作性（科学合理，过程简单，指标数据容易采集）、有效性（指标体系与评价对象的内涵和结构相符）、可比性（评价结果横向和纵向比较）、动态性（既考虑动态过程，又考虑静态现实）、导向性（驱动改进）和独立性原则（指标具有独立的信息，相互不能替代）。具体到实践个案，因评价目的有别，所凸现的构建原则也会存在差异。以 2013 年佛山市绩效管理与评价活动为例，指标体系设计遵循以下原则：

一是全面统筹原则。即全面评价政府绩效，反映被评对象作为。同时，绩效评价旨在对全市各项考核进行统筹，体现在评价指标上，即以绩效管理为平台统筹各类考核评价工作，各类考核评价工作原则上均应纳入绩效管理统一组织实施，以避免多头考评、重复考评。

二是系统性原则。如佛山市绩效管理的定位是绩效导向的目标管理。评价指标可以视为政府目标的指标化。将被评价对象的基本工作职能及年度工作目标进行分解、整合，形成既相互独立又相互联系的有机整体。在这个体系中，评价指标并非简单地堆积。

三是主客观指标结合、定性与定量相结合原则。政府职能具有多样性，价值目标多元化。为此，采用定性与定量指标相结合的方式。对于客观指标难以量化的指标，则采用专家评审的方式量化，如"财政透明度"。同时，公众满意度指标是评价体系的重要组成部分。

四是协调一致原则。评价指标被视为"游戏规则"，那么规则制定之初，必须征求被评价对象的意见。只有参与各方协调一致，才能够减少绩效评价过程中可能遇到的问题和阻力。

五是简洁易行的原则。评价指标简洁可行有利于提高绩效评价的效率、降低成本。从而要求指标内涵清晰。无论是定性指标抑或定量指标，所需数据信息要便于采集，具有可获取性；指标得分计算公式科学合理，简单可行。

六是共性与个性相结合原则。为了使评价结果具有可比性，对同类被评对象的评价指标应尽可能一致。同时，指标设定应充分考虑被评对象之间的差异性。

3. 技术路径

一是构建初步体系。包括目标层、领域层和指标层，确定初步的评价体系。

二是隶属度分析。将初步体系咨询专家意见，进行隶属度分析。一般认为，如果 Ri 值较大（如 $Ri > 0.5$），则表示该指标很大程度上属于模糊集合，可保留进行第二轮筛选；反之，则可将该指标从初步评价体系中剔除。

三是相关分析。通过相关分析删除一些隶属度偏低（$0.5 < Ri < 0.6$）而与其他评价指标高度相关的指标。包括三个环节：一是无量纲处理，以减少评价指标不同的计量单位对分析结果的影响；二是计算评价指标之间的简单相关系数（R_{ij}）；三是如果 $R_{ij} > M$（M 为临界值，$0 < M < 1$），则可根据实际需要删除评价其中一个指标（X_i 或 X_j），如果 $R_{ij} < M$，则两个指标均可保留。同时，采集所有评价对象经过隶属度分析处理的第二轮评价指标体系所有指标的数据，运用 SPSS 进行相关分析，得出各指标的相关系数矩阵。对 $R_{ij} > M$ 的成对指标，删除其中隶属度相对较低的指标，其余的可保留下来进行第三轮筛选。

四是鉴别力分析。对指标区分评价对象特征差异的能力分析，以消除评价指标可能出现一致高分或一致低分，不能有效诊断和识别不同绩效的情况。

五是信度与效度检验。评价结果的可信性和评价内容的有效性决定评价的精确性，信度与效度检验是衡量其精确性的主要方法。信度是指测量工具反映被测量对象特征的可靠程度，或者是测量结果在不同条件下的一致性程度的指标，是衡量测量工具可靠性与一致性的基本指针。效度是测量工具反映真实测量特质或目的的有效程度，一般采用计算绩效结果专家评判内容效度比（Content Validity Ratio，CVR）的方法来反映指标体系的效度。

另外，也可作为层次分析法特例建立指标体系的分析模型，增强针对性，简化对隶属度分析、鉴别力分析等设置的条件，通过专家咨询调查，一次性获得指标及权重的遴选结果。

二、政府绩效评价通用模型

模型是对现实原型的抽象或模仿，反映原型的本质。政府绩效评价模型是一种用来理解和构建评价指标体系的逻辑框架和系统结构。由于政府职能和行为多样性及复杂性，评价政府绩效涉及复杂因素，"数字和量化标准通常被作为评估的基础。然而，并不是所有的公共服务和公共项目都是能简单量化的"。[1]因此，构建通用模型既十分必要，又成为"世界性难题"。同时，理想化的模型离不开实证实践检验，"只有事实证据可以表明是'正确的'还是'错误的'，是可以被暂时'接受'为有效的还是应被'拒绝'的"。不管什么样的模型或评价体系，最终必须接受检验。[2]

（一）政府绩效评价维度及"4E"范式

政府绩效评价具有复杂性、多层次性、难量化性、主体多元性等特征，评价维度是构建通用模型的核心变量，也是矩阵式结构模型的标志性元素。所谓评价维度，即是评价内容指标化的战略层，又可视为评价方向和内容框架，也是评价目标实现路径的首要节点层，在实际操作上可等同于一级指标，居于指标结构的顶端，在指标体系中处于导向地位，决定二级指标、三级指标的内容和指向。从

1　Halachmi A. Performance and Quality Measurement in Government: Issues and Experiences [M]. Guangzhou: Sun Yat-sen University Press, 2003: 35.

2　[美] 丹尼尔·豪斯曼 . 经济学的哲学 [M]. 丁建峰 , 译 . 上海：上海人民出版社 ,2007:121.

全流程的角度，政府绩效评价指标维度可进行多域划分，涉及内部评价与外部评价之间的差异，整体绩效评价、部门绩效评价、项目绩效评价与政策绩效评价之间的差异，但一般包含资源投入、过程推进（监管）、目标实现、社会满意等几项共性内容，换一个角度，不论对政府何种评价，所谓政府绩效离不开投入、过程、产出和影响，只是在什么样的环境条件下，选择什么样的形态体现上述绩效内涵。

从历史来看，20 世纪 60 年代，美国会计总署率先建立以经济性（Economy）、效率性（Efficiency）和效果性（Effectiveness）为维度的"3E"结构被视为政府绩效结构的典型范式，之后加入公平性（Equity），形成"4E"要素结构。这一结构已成为"分析绩效的最好出发点，因为它们是建立在一个相当清楚的模式之上，并且这个模式是可以被用来测评的。"[1]其中：经济性指以尽可能低的投入或成本，提供与维持既定数量和质量的公共产品或服务；效率性指标通常指政府服务水准的提供、活动执行、服务产品的数量、每项服务的单位成本等；由于政府产出的非市场性，以效率性作为衡量指标，仅适用于可量化的或可货币化的公共产品或服务。对于性质难以界定和量化的服务，效果性指标凸现优势。英国财政部对"3E"的界定是："经济——指输入成本的降低程度，效率——一种活动或一个组织的产出及其投入之间的关系，效果——指产出对最终目标所做贡献大小。"[2]

在"3E"结构的基础上，政府促进社会公平问题日益受到重视，并成为衡量政府绩效的核心维度。公平性具有强烈的价值属性，主要指向接受政府公共服务者受到公平待遇的程度，尤其关注社会弱势群体。但公平性难以通过市场机制来界定，也不易被度量。同时，自 20 世纪 80 年代以来，政府绩效要素结构随社会发展在不断的丰富。早先主要关注公共服务的质量，"不管政府还是私营部门，全面质量管理都是整个组织改进竞争、高效、韧性的一种好的途径"；[3]之后再强化政府责任及回应性，形成所谓"4E+ 质量 + 责任、回应"等绩效要素结构。在构建绩效评价标准方面，美国学者苏珊·温等人设定了经济效率、以财政平衡实现公平、再分配公平、责任和适应性等五个维度；詹姆斯·Q. 威尔逊认为政府绩效应包括责任、公平、回应、效率和成本等指向。1997 年，美国政府生产

1   于军. 英国地方行政改革研究 [M]. 北京：国家行政学院出版社,1999:183.

2   Sue L, Jones J. "The Use of Output and Performance Measures in Government Department", 1990: 42.

3   Oakland J. Total Quality Management [M]. Oxford, Butterworth Heinemann, 1993.

力研究中心提出了生产力、效果、质量和时效性四类指标标准；美国政府责任委员会设计了投入、能量、产出、结果、效率和成本效益以及生产力等六种类型的指标等。审视发展历程，可以说，政府绩效越来越成为一个包括4E、质量、责任、回应等在内的综合性的要素结构。

（二）政府绩效评价代表性体系模型

自 20 世纪 70 年代以来，美国等西方国家基于相对完善的理论与方法体系，率先开发有针对性的政府绩效评价模型框架，有效界定评价系统中的各种变量关系。代表性模型有：

1. 美国政府会计标准委员会评价模型

1994 年，美国政府会计标准委员会推出一项具有特色和操作性的绩效评价指标体系。包括四类指标：[1] 一是投入指标，主要用于测评政府提供的财务资源（如支出）与非财务资源（如设备等）；二是产出指标，用于测量政府所提供服务的数量，包括工作量的测评；三是后果指标，用于测量提供服务所获得的成就或产生的中期结果或最终结果；四是效率与成本效益指标。体系由若干子体系所组成。同时，美国国家绩效评价委员会建立了较为完善的衡量政府部门和个人工作绩效的评价体系，该体系与政府会计标准委员会评价模型相近，主要包括投入、能量、产出、结果、效率、成本效益和生产力等六大类指标。上述两套体系模型体现了政府绩效评价的基本理念和内涵，但主要针对政府部门。

2. 美国联邦政府通用绩效模型

2002 年，美国管理和预算局指出，总统要尽全力建立一个以结果为导向的政府，将注意力放在绩效而不是程序上。同时针对目标近似的项目提出一套指标体系，又称为"通用评价指标"。该体系覆盖七类评价项目，包括：（1）联邦住房援助评价项目；（2）职业培训与就业比较评价项目；（3）荒地火情管理评价项目；（4）减轻水灾损失评价项目；（5）参加灾害保险评价项目，包括水灾保险和农作物保险；（6）医疗卫生评价项目；（7）环境保护评价项目，重点确立了农村水利工程、非定点水污染源和环境——湿地比较项目的通用指标。[2] 这套模型体系十分具体，但侧重于对政府公共项目的评价。

3. 英国地方自治绩效评价模型

1983 年，英国地方自治监察委员会（Audit Commission）设立自律性组织。

1　王玉明 . 美国构建政府绩效评估指标体系的探索与启示 [J]. 兰州学刊 ,2007(6).

2　范伯乃 . 政府绩效评估理论与实务 [M]. 北京 : 人民出版社 ,2005:86-89.

委员由内阁机关任命，是独立的第三方组织。主要任务是从产出的效果监测地方政府的绩效。基于中央政府方针和地方行政水准，形成所谓英国地方自治监察绩效指标（Performance Indicators）体系如图 3-1 所示。这套体系反映公民宪章的精神和强制竞争投标制度，强调顾客满意理念和以客观数值表示地方行政机构公共服务的成果。

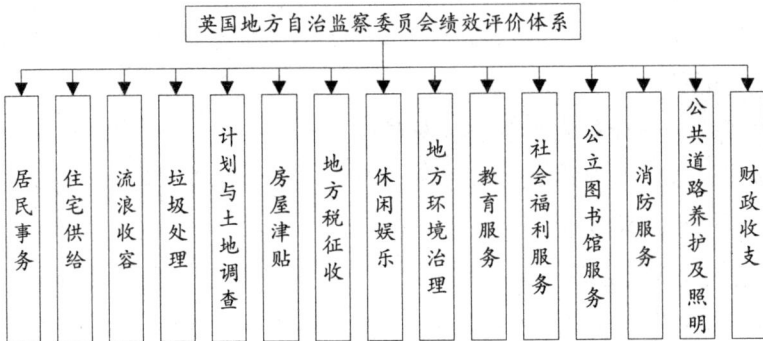

图 3-1　英国地方自治监察绩效指标体系

4. 日本东京都政策评价模型

2000 年，为了配合改革行动，日本正式提出政策评价法案，并以东京都政策报道室所建议的 99 个指标最具代表性，该项体系的特点是：一是针对地方自治体，清晰体现政府某个方面的现状与目标；二是可作为自治体现有居民、议会、行政及新闻工作者在进行政策争论时的通用标准；三是可根据目标的完成状况，了解指标值的变动，能对政策资源进行优化和重点利用；四是能使政策的目标更为清晰，促使行政当局的管理模式由"预算获得"导向转为"成果对策"导向；五是针对不能实现的政策目标，能够解释其缘由和明确应该承担的责任，并提出改进的策略。在指标体系筛选的过程中，首先针对不同领域的指标（229 个）实施问卷调查，然后参考问卷结果和调查实例确定了 99 个指标。[1]

5. 导入 ISO9001：2000 的地方政府绩效考核指标体系

2005 年，国际标准化组织（ISO）发布了《IWA42005（E）质量管理体系：地方政府应用 ISO9001：2000 指南》（简称 IWA4），将 ISO 质量管理体系应用范围由企业延伸到地方政府，为地方政府适用 ISO 提供了一个指导性的框架。

1　柳英莉.地方政府绩效指标之研究 [D].国立中山大学公共事务管理研究所,2004.

IWA4从四个维度、利用39项具体指标来界定政府绩效，形成了完整的指标体系。理论上，IWA4针对一级政府而非政府部门，旨在促进政府改善和优化流程，实现管治的标准化、规范化，并由国际性标准化组织发布而具有全球性影响力。但在操作层面上，有关评价主体（政府、公民或独立第三方）、指标权重确认主体以及指标数据如何取得备受关注。更深层次而言，IWA4源于"消费者导向"的企业ISO9001：2000背景，是否适应于性质与目标迥然不同的政府需要实践检验。[1]

6. 中国人事部绩效评价模型

2004年，国家人事部课题组提出了一套适用于我国地方政府绩效评价的指标体系。该体系由职能指标、影响指标和潜力指标三项一级指标，11项二级指标和33项三级指标构成。[2]其中：职能绩效是政府在其职能范围内表现出的绩效水平，具有直接性和主体性；影响指标测量政府管理活动对社会经济发展的影响和贡献，具有间接性和根本性；潜力指标反映的是政府内部的管理水平，它是履行职能的基础，也是政府绩效持续发展的保证。

三、政府绩效评价周期[3]

伯纳丁（Bernardin）等人将绩效定义为特定的时间内，由特定的工作职能、活动或行为产生的产出记录。从形成过程来看，绩效具有一定的周期。绩效的周期性决定了绩效评价的周期特征。相对于企业等其他组织，政府工作的周期特征更加明显，因为不同时期社会发展的主题不同，从而影响绩效评价的价值标准。政府职能发挥和实现，不论是通过公共管理活动，或者是公共政策来实现都存在一定的周期性。同时，评价起始点的选择直接影响周期内的状态与特征。如评价周期为一年，一定程度上引导了政府以一年为单位安排工作进程，以实现绩效计划、绩效目标的要求。

合理的评价周期对政府绩效评价至关重要。经验表明：评价周期太短会导致评价期与政府职能实现周期错位；评价周期过长，则难以发挥绩效管理的监督和激励作用。基于政府作为及政策效果的滞后效应，绩效评价周期与影响政府绩效的因素密切关联，因为这些因素本身隐含着周期函数。大体上，影响政府绩效评

1 李绥州.导入ISO9001:2000背景下地方政府绩效考核指标体系述评[J].中国行政管理,2008(3).

2 桑助来,张平平.政府绩效评估体系浮出水面[J].瞭望新闻周刊,2004(29).

3 郑方辉,覃事灿.政府绩效评价周期及其实证检验[J].中国行政管理,2010(11).

价周期的主要因素有：

一是经济发展周期。自19世纪中叶以来，经济学提出了不同长度和类型的经济周期理论，如基钦周期（短周期，3—4年）、朱格拉周期（中周期，9—10年）、康德拉季耶夫周期（长周期，50—60年）。经济周期对政府绩效评价周期的影响是因为在不同的发展阶段，政府面对的问题不同，其职能实现方式也不同。同时，经济发展周期影响政府战略规划周期，战略规划影响政府绩效评价的持续性。正因如此，美国《政府绩效和结果法案》规定所有的联邦政府部门都需制定长期战略规划并提交年度绩效计划和年度绩效报告。

二是财政预算周期。现代意义上的政府绩效评价始于20世纪50年代美国的绩效预算制度。预算反映财政年度政府介入经济社会生活的范围、规模和程度。财政年度是指编制和执行预算所依据的法定时限（通常为一年）。在政府绩效评价中，财政预算周期是重要的参照系。从我国的情况来看，每年初召开人民代表大会审查批准上一预算年度的政府决算。与此相适应，我国各级政府绩效评价周期往往同步，一般起于1月1日止于当年12月31日，评价期通常为一年。[1]

三是行政工作周期。行政周期对政府绩效评价工作有明显的影响。[2]由于政策及效应具有滞后性、连续性和复杂性等特点，政府绩效评价所依据信息往往不是评价时期的"事实"；如GDP增长率是投资、技术等生产要素共同作用的结果，它有明显的滞后过程，评价周期不当，未必能反映即时真实状态。又如，根据我国《地方组织法》，各级人民政府每届任期五年，周期过短导致官员的短视行为，过长则不能发挥监督政府的功能。

四是技术条件限制。技术条件的限制主要是指政府绩效评价指标数据获取的不可控制性、信息公开周期以及评价成本等约束。事实上，统计数据的采集、公布需要时间，政府绩效评价周期受到数据获取周期的限制。许多指标存在不同程度的缺失，尤其是县一级的统计数据更是缺失严重，成为评价周期的技术性条件。

五是评价对象属性。政府整体绩效、部门绩效、项目绩效、政策绩效评价特点各异，评价周期选择应区别对待。如政策或项目绩效评价，应以政策或项目周期为参照。即使是政府整体绩效评价，不同层级政府肩负不同的权责，层级愈高的政府，战略性责任愈强，职能实现的周期相应更长。

1　高培勇，崔军.公共部门经济学（第二版）[M].北京：中国人民大学出版社,2004:130-132.
2　韩强.领导干部任期制的理论考察与反思[J].政治学研究,2007(1).

第三节 政府绩效评价制度机制

"制度是一个社会的游戏（博弈）规则，更规范地说，它们是为决定人们的相互关系而人为设定的一些制约，是依循程序和伦理道德而制定出来的行为准则。"[1] "机制"主要是指事物构成要素之间的结构、功能及其作用原理，以及这些要素相互联系、相互作用的规律性过程。简言之，机制是"带规律性的模式"。[2] 一般而言，制度是静态意义上的社会规范，机制是动态意义上的运行实施，也可视为"运行模式"。从历史经验来看，"作为民主文化的技术工具，政府绩效评价是一种责任机制"。[3]

一、政府绩效评价制度

"制度实质是集体行动控制个人行动"。[4] 斯特考尔认为，制度是能够自行实行或由某种外在权威施行的行为规范。[5] 政府绩效评价制度是一个多维体系，一般可划分为法律制度与其他规范制度，涉及内容主要包括绩效计划、组织、信息、结果应用，以及监督、救济等，也是政府绩效管理制度的重要组成部分。

（一）国外政府绩效评价法律制度

立法先行是国外政府绩效评价的重要经验。在各国的发展历程中，美国和韩国有一定的代表性。美国是政府绩效评价发源地之一，也是政府绩效评价立法最早的国家。从 1993 年《政府绩效与结果法案》（The Government Performance Evaluation Framework Act Results Act of 1993，GPRA）到 2010 年《政府绩效与结果修正法案》（GPRA Modernization Act of 2010，GPRAMA），美国政府绩效评价的法律框架较为稳定，但内容更加详尽和完善。战略规划、绩效规划和年度报告等组成其基本内容，包括绩效目标、绩效计划、相关责任主体、指标体系、绩效评估结果等具体内容。从 GPRA 到 GPRAMA，美国政府绩效评价法律制度呈

1　[美] 道格拉斯·C. 诺思 . 制度、制度变迁与经济绩效 [M]. 上海 : 生活·读书·新知三联书店出版社 ,1993.

2　郑杭生主编 . 社会学概论新修（修订本）[M]. 北京 : 中国人民大学出版社 ,1998.

3　周志忍 , 徐艳晴 . 基于变革管理视角对三十年来机构改革的审视 [J]. 中国社会科学 ,2014(7).

4　康芒斯 . 汉译世界学术名著丛书 : 制度经济学（上册）[M]. 商务印书馆 ,1962.

5　樊纲 . 渐进式改革的政治经济学分析 [M]. 上海 : 上海远东出版社 ,1996.

现几个特点：一是绩效计划与绩效目标相结合。强调战略导向，促使绩效管理更具方向性与目的性。二是分权管理体制。建立以副总统为首的国家绩效评审委员会负责全面推动联邦政府的绩效改革，但联邦政府评价权在国会。[1] 三是强调服务导向和顾客至上，旨在改善政府与公众的关系。驱动政府提高公共服务质量以满足公众需求。[2] 四是程序理性，形成闭环。包括明确评价目标、主体和对象，制定评价计划，建立绩效标准，培训评价人员，开展评价实施，重视评价结果反馈与运用等。五是民间组织及民众参与度高，广泛应用信息技术等。

2000 年，韩国政府颁布实施了《政府绩效评价法案》（Framework Act on Government Performance Evaluation），其中对"政府绩效"及"政府绩效评价"做出明确定义。[3]2001 年，韩国政府制定《关于政府业务等评价的基本法》，从而标志着政府绩效评价体系框架得以基本确立。但基于实施过程出现的问题，为进一步完善评价制度，2006 年，韩国政府推出《政府业务评价基本法》，更为详尽的明确政府绩效评价的基本原则、绩效计划、组织机构、评价主体、评价内容、评价方法、评价程序、评价种类和结果应用等内容。韩国政府绩效评价法律制度具有鲜明特色，主要表现：一是政府绩效评价制度化与韩国政府改革运动相互促进、紧密联系；二是绩效评价制度精细化，呈现出全面性、多样性的特征；三是注重政府评价机构与民间评价机构并重建设；四是建立了较为完善、成熟的第三方独立评价制度。

进一步比较西方发达国家政府绩效评价法律制度建设的做法，首先，设立有法定的评价组织和实施机构。如，美国设立了负责联邦项目、部门和跨部门绩效评价的执行、协调和监督机构，英国以专业评审机构为主体设立国家审计署和审计委员会；其次，构建政府绩效评价法律制度体系。美、韩等国制定了专门的绩效评价法，其他国家在相关法律中对绩效评价作出专门规定；最后，大部分都将政府组织内部绩效管理与财务管理、公共服务管理相结合，将政府绩效评价与公共支出绩效评价、公共服务绩效评价、政府政策评价等相结合。同时，西方国家

1　林鸿潮 . 美国《政府绩效与结果法》述评 [J]. 行政法学研究 ,2005(2).

2　王斌 . 中美政府绩效评估分析 [D]. 西北大学 ,2008.

3　该法案对"政府绩效"的定义：中央行政机关及其下属机构以及地方政府履行的职责以及从事的事务。对"政府绩效评价"的定义：对政府绩效的内容和结果进行的审查、分析和评价，也是对政府履行职责的结果的反映。参见：汪全胜 . 法律绩效评估机制论 [M]. 北京 : 北京大学出版社 ,2010.

法律实施过程与效果也存在明显的问题：一是政府绩效管理所要求的垂直体系与实际分散的政府组织机构之间存在冲突，如澳大利亚联邦政府实施垂直的绩效指标体系与分散式的公共服务系统相矛盾；[1] 二是部门之间各自为政及相互竞争，导致法律制度实施不平衡；三是以绩效预算为手段调控绩效战略在实践中因绩效信息与绩效预算脱节难以应用，公众实质参与难以保障。

（二）中国地方政府绩效评价法律规范

与境外比较，我国政府绩效管理及评价的制度建设进入导入期，一些地方出台了管理条件，但总体上仍处于地方自发状态，法律规章层级不高，主要以规范性文件为主。十余年来，有代表性的地方立法及有较大影响的地方规章列举如下：

（1）《哈尔滨市政府绩效管理条例》（2009）

我国政府绩效管理的首部地方性法规。该条例共 48 条，分七章，主要特点：一是建立绩效计划制度，将三至五年的中长期绩效管理计划与按照年度进行的绩效评估工作相结合；二是高度强调公众参与，要求公众满意度测评针对内部服务对象和外部服务对象，并可委托第三方参与实施；三是绩效信息应依法公开，明确评价结果作为晋升、奖惩的重要依据，并对问责制度做出了详细的规定；四是指标体系设计坚持职能导向、结果导向和标杆导向。

（2）《深圳市政府绩效管理办法》（2013）

2007 年，深圳市开始绩效管理局部试点，2009 年出台了《深圳市政府绩效评估与管理暂行办法》及指标确定及数据采集、程序操作和结果运用等 3 个配套文件。2011 年，深圳被确定为全国开展政府绩效管理试点的八个地方之一。2013 年，全面修订及颁布《深圳市政府绩效管理办法》，该办法共 66 条，分七章，主要特色：一是凸现结果导向和公众满意度导向；二是明确运用电子系统进行管理；三是按照单位类别分类并分级设置指标体系；四是构建多元评价主体；五是评价结果区分为四个等次，并予以不同级别奖惩。

（3）《佛山市绩效管理暂行办法》（2013）

该办法及实施细则制定于 2013 年，共 27 条，分七章。其主要特色：一是党委政府联合主导，确保权威性；二是党政军群全覆盖，实施"统一管理、分类考评"；三是定位于"绩效导向的目标管理"，既"体现政府内部自上而下的管理属性及政治制度的内在要求，强化了组织内部的目标实现及责任，即提高政府执

1　冉敏 . 国外政府绩效管理法制化研究述评——以美澳日韩四国为例 [J]. 天津行政学院学报 ,2016(1).

行力，更重要是从组织外部的视角，检验内部目标的科学性与民主性，实现政府执行力与公信力的统一"；[1] 四是建立"蓝、红皮书"绩效目标申报与检验制度和"动态监测和反馈"机制。

（4）《杭州市绩效管理条例》（2015）

杭州市是继哈尔滨市之后第二个出台地方政府绩效管理地方性法规的地区。该条例共40条，分七章，主要特点：一是清晰界定绩效管理概念，实现从由"政府本位"向"公民取向"转变，赋予公众参与权和评议权；二是注重过程管理，条例设置了绩效信息报送、绩效监测、绩效监督、专项管理、绩效沟通，以绩效改进、问责和奖惩等制度机制；三是覆盖范围包括市政府各部门，区、县（市）政府及其各部门和乡（镇）政府、街道办，此外，还包括法律、法规授权的受委托的公共管理组织，以及提供社会公共服务的企业。

立法先行是各国的经验，也是法治中国建设的应有之义。理论上，绩效管理立法涉及立法力图解决些什么问题？需要立什么样的法？以及经验基础和可行性问题。[2] 应该说，我国地方出台的相关制度规章大体涵盖了地方政府绩效管理全过程，涉及领导体制、绩效计划、绩效目标、绩效监测、绩效评价、指标体系、评价流程、结果运用、绩效问责等内容，并且不同程度地强调过程控制、结果导向、外部参与等理念。总体上，制度建设仍处于地方自发状态，层级不高，以规范性文件为主；相应的规定原则性较强，操作性不足；绩效管理组织机构大都为非常设性质，动员资源能力有限。同时，尽管强调公众参与，但受制于文化、体制、技术等条件，实际操作中公众参与的广度和深度有限。

二、政府绩效评价运行机制

徒"法"不足以自行。确保制度的实施效果，良好的政府绩效评价制度体系离不开有效的运行机制，包括制度功能发挥的实现机制（包括导向机制、协调机制、监督机制、激励机制、约束机制等）、制度运转的维护机制（包括纠错机制、救济机制、惩处机制等），以及制度完善发展机制（包括开放机制、创新机制等）。制度的运行从时间来看是一个"非均衡—均衡—非均衡"的过程，从空间上来讲是一个路径依赖与自我增强机制相结合的产物。[3]

1　郑方辉, 廖鹏洲. 政府绩效管理：目标、定位与顶层设计 [J]. 中国行政管理, 2013(5).

2　周志忍, 徐艳晴. 政府绩效管理的推进机制：中美比较的启示 [J]. 中国行政管理, 2016(4).

3　司汉武. 制度理性与社会秩序 [M]. 北京：知识产权出版社, 2011.

（一）政府绩效评价常态机制

在政府绩效评价运行机制中，协调机制、激励机制和申诉救济机制居于重要地位，可视为常态性机制。其中，协调机制凸现制度运行的规范性，激励机制铸造制度运行的原动力，申诉救济机制涉及制度运行的公正性。

1. 协调机制

政府绩效评价是权力关系调整与优化，涉及主体与对象、内部与外部等复杂关系。协调各方利益冲突是评价运行顺畅的要求，良好的协调机制具有放大效应，反之亦然。美国学者林德布洛姆（Lindblom）主张通过民主社会多元利益主体的制度性互动，协调彼此，并最终达成行政决策。置于我国国情之中，绩效管理工作协调关键在于建立由本级党委、人大、各政府部门、社会公众和专业机构等多方组成、多方参与的专门协调机构——政府绩效评价委员会，破解传统的科层式协调模式，构建一种以公民需求为导向的多方协调机制。

2. 激励机制

"以评促建"符合管理学的激励原理，也是我国党政组织管理的法宝。[1] 激励既是行政体制改革和政府绩效评价的动力，也是对政府部门的约束。评价激励制度的主要任务是把主观努力与效价和期望值、物质激励与精神激励、个人激励与组织激励、一般激励与权变激励结合起来。[2] 应建立健全"目标—绩效—奖惩"三者的联动机制，使绩效评价结果与预算拨款、干部选拔及工资福利相挂钩。[3] 具体而言，我国政府绩效评价激励机制以谋求公共利益最大化、提高工作积极性为主要目的，应坚持以精神激励为主、物质激励为辅的原则，实行"精神奖励与物质奖励相结合""政绩与物质激励双重约束"。同时，坚持正激励机制与负激励机制相结合，确保激励机制能实现工作绩效与激励层次成正比。

3. 申诉救济机制

具有纠错和监督的双重作用的申诉救济制度旨在防止评价主体滥用权力，确保评价结果的有效运用。申诉救济制度涉及的内容：一是申诉范围。绩效评价对象对绩效评价结果存有异议，应当设置申诉救济的事后救济方式。二是申诉管理机构。各地做法是将绩效管理办公室作为绩效评价申诉管理机构。三是申诉程序。

1　郑方辉, 邱佛梅. 法治政府绩效评价：目标定位与指标体系 [J]. 政治学研究,2016(2).

2　彭国甫. 地方政府公共事业管理绩效评价机制的制度安排 [J]. 文史博览,2005(1).

3　范柏乃, 段忠贤. 政府绩效评估 [M]. 北京：中国人民大学出版社,2012.

一般而言，申诉程序主要包括评价对象提出申诉申请、申诉机关受理申诉、进行核实审理与决定，申诉各方执行决定等程序。四是申诉方式。通常包括书面方式，也有通过网络系统提出申诉。

（二）政府绩效评价推进模式

政府绩效评价的推进模式指为基于提升政府绩效水平、提高公信力与执行力而推行政府绩效评价的启动方式与现实路径，也可视为一种动力模式。一般可划分为立法主导模式、政府主导模式和社会主导模式，或者几种模式组合而行。

1. 立法主导

立法主导的多主体协同推进模式具有规范化、透明度和可预见性等特点，在我国一般指绩效管理及评价由行政主导体制转向人大主导的立法体制。首先，立法是充分表达各方利益诉求的良好机制，通过吸收民意增强绩效评价制度的民主性，有利于提升政府绩效评价工作的权威性和执行力、公信力；其次，"立法主导"模式通过立法形式赋予政府绩效领导机构和评价组织法律地位，更加全面地平衡评价主体与评价对象的权力与权利、职责与义务；最后，立法的过程本质上是对各种利益平衡的过程，通过在人大主导下的立法沟通和协调，能有效平衡政府部门的利益分歧，避免政府及其部门的角色冲突。"将政府绩效评价制度上升到国家层面的法律法规，并在法律的指导下编制出绩效评价的'顶层设计'——通用模型"。[1]

2. 政府主导

政府主导政府绩效评价是一种常见的推进模式。我国实行社会主义制度，地方绩效管理呈现出行政主导特色，主要表现为"一把手工程"。[2]但政府绩效评价对象是政府，由此，"国家或政府机构缺少主动发起绩效评估的动力，这就是评估与管理的逻辑悖论"。[3]从发展脉络来看，我国政府绩效评价活动源于自上而下的考核评价，"地方先行"的试点探索成为经验性做法，制度、体制以及功能决定了我国政府绩效评价由政府主导的必然性。所谓政府主导即党委政府主导推进，这种模式有利于服务于党和政府的中心工作，以及动员体制内外资源。

3. 社会主导

社会主导政府绩效评价主要指评价主体多元化，尤其是独立第三方评价政府

1 郑方辉,尚虎平.中国法治政府建设进程中的政府绩效评价 [J].中国社会科学,2016(1).

2 周志忍,徐艳晴.政府绩效管理的推进机制：中美比较的启示 [J].中国行政管理,2016(4).

3 [美]尼古拉斯·亨利.公共行政与公共事务（第 7 版）[M].项龙,译.北京:华夏出版社,2002.

绩效的推进模式。第三方机构的外部性、专业性决定评价的公信力。从根本上说，作为民主监督的范畴，政府绩效评价离不开外部主体。以学术组织、咨询公司与大众传媒等为代表的第三方机构是这一主体的生力军。即使是体制内部的各种考评，社会公众和组织参与评议也是一种动能，成为社会主导评价的有力补充。正因如此，中央政府曾不断倡导"第三方评价"的作用和意义。

（三）政府绩效评价领导体制

领导体制指政府绩效评价的领导者、组织者及其他关联主体组成的制度体制关系，是政府绩效评价运行的保障条件。体制内部各项考评，一般设立考评组织机构，包括领导小组（考评主体）、领导小组办公室（行使考评组织权）、牵头部门（实际组织者）与实施评价者（可委托第三方）。改革开放以来，可以说，我国政绩考评领导体制最大变化表现为牵头部门不同。

一是人事部门主导。我国的考评工作始于干部与人事考评，即政府人事部门主导的公务员人事考核和党委组织部门主导的领导干部的考核。1982 年，劳动人事部门下发《关于建立国家行政机关工作人员岗位责任制的通知》，成为政府机关推行目标责任制的始端，也为后来全面推行目标管理奠定了基础。

二是组织部门。1984 年，中央组织部与劳动人事部下发《关于逐步推进机关工作岗位责任制的通知》，目标管理随之逐步在全国得以推广。进入 21 世纪之后，由组织部牵头的主要领导及领导班子的综合性考核成为常态。其中影响较大的如"科学发展观考评""幸福某地考评""平安某地考评，以及 2020 年中央组织部颁布的推动高质量发展政绩考核。

三是监察部门。2011 年，国务院批准成立政府绩效管理"部际联席会议"，明确由监察部牵头开展政府绩效评价工作，并批准北京等 8 个地区和财政部等 6 个部门进行试点。之后党的十八大提出"创新行政管理方式，推行政府绩效管理，提高政府公信力和执行力"。由于纪委、监察部门合署办公，这项工作实际由纪委监察部主导。不过，从历史来看，始于 1989 年，由纪委监察部门主导的效能监察可视为政府绩效管理的发端。

四是编制部门。党的十九大后，按照中央的统一部署，原来由纪委监察部门主导的政府绩效评价与管理职能转移到编办。在我国，编制部门跨党委政府，某种程度上与纪委监察部门具有相同的覆盖范围。同时开始由财政部门主导在全国推行全面预算绩效管理工作。

第四节　政府绩效评价信息系统

一、政府绩效评价信息化缘由

现代信息技术（Information Technology，IT）飞速发展和广泛应用为政府绩效管理信息化提供了条件，亦为建立高效、便捷、实用的绩效管理信息化系统奠定了基础。同时，政府管理复杂性与公众对公共服务不断增强的需求对绩效管理信息化提出了更高的要求。政府信息化旨在通过信息技术改造政府，建立一个开放、回应、负责和高效的数字政府。信息化平台成为政府绩效评价的有效工具。究其原因在于：首先，实现高效、实时地获取评价指标原始数据，为绩效评价提供准确的基础数据。信息化条件下，政府信息公开化、流程透明化、信息数字化、政府信息资源开放共享，并通过网络实时上传、汇总、分析，减少了人为虚报、误报等失真的情况，有效地提高了绩效管理与评价的实效。其次，高效完成复杂科学计算，为绩效评价向多维度、多层次指标等深度发展提供条件。政府绩效评价需建立以绩效指标为重心的多维度、多指标相互修正的综合评价指标体系，为了检验指标设置的科学性、合理性需要进行大量的数据运算，离不开计算机技术的运用。最后，基于网络的绩效管理系统，可以实现实时对被评价对象的绩效跟踪，了解绩效的改善情况。绩效管理也是一个沟通的过程，信息化手段更有效率地实现将评价结果、管理要求反馈给被评价者，从而达成绩效不断改善的目的。

二、政府绩效评价信息化结构

政府绩效评价系统是一个综合性的电子信息化平台，具有实时评估、纠错纠偏、预期预估以及指数发布等功能，可以实时、动态地发布月份、季度、半年或者年度的政府绩效评价报告。按照功能划分，系统主要包括以下四个子系统。

一是实时评价子系统。根据政府绩效评价指标体系、评价标准和相关规则，子系统将各指标数据进行计算处理，根据评价周期动态地给出分值，并划分区域。然后，由权重标准化平台进行二次处理，计算对应的上一层级指标的分值及所在区域。以此类推，最终可以得到某一被评对象的具体分值和所在区域。汇总全部评价结果，并在电子大屏幕上直观、实时、动态地展示，为用户了解情况，查找原因，改进绩效提供便利条件。

二是纠偏纠错子系统。纠偏纠错模块相比于其他模块，更表现为绩效理念的创新和方式方法的创新。具体思路是基于评价结果和基础数据，通过深度挖掘，揭示数据所隐含的原因和各种环境条件。实时评价模块是纠偏纠错模块的基础，纠偏纠错与实时评价有机结合，能够在绩效评价的过程中实时有效发现问题，为督促解决问题指明方向。

三是预期预估子系统。预期预估不是纯粹的趋势外推，预估数值体现的是绩效潜力挖掘的导向性，告知被评对象未来可能要发生事情和应该努力的方向和"程度"。这种功能与纠偏纠错子系统的功能互为补充。纠偏纠错子系统的功能旨在发现问题及剖析原因，预期预估子系统的功能在于解决问题。进一步而言，通过预期预估指明政府为实现既定目标，应如何努力；同时通过多维比较，了解自身的工作现状、存在的差距，以及提升的空间。

四是绩效指数子系统。绩效指数是一个概念化和综合性的指标，绩效指数建立的目的是对绩效模型的测算数据做进一步的提炼和加工，以一个数据高度概括一个部门的绩效工作整体情况。根据不同需求，绩效指数子系统在指标数据能及时、准确报送的前提下，可以分别生成对应的绩效指数结果。同时，还可以对不同周期的绩效指数进行横向比较和纵向比较，借助于指数空间坐标的立体定位，通过多维比较分析，可以直观地展示结果差异，发现问题，查找原因和寻求对策。

三、政府绩效评价智能展现

政府绩效评价信息化系统为政府绩效管理提供了强有力的技术支持，强化了政府绩效管理的持续性，驱动政府再造流程。政府绩效评价是绩效管理的中心环节，也是绩效管理系统的核心组成部分和持续运行的条件。从技术的角度，政府绩效管理信息化建设包括系统需求分析、系统模型设计和系统解决方案等步骤和内容。

（一）评价需求分析

首先，需求调查准备。在了解绩效评价系统运作框架后，明确系统目标和设计要求，初步构思系统的功能、性能、环境、可靠性、安全性、保密性、用户界面、资源使用、进度等技术要素，规划需求调研方法（如座谈会、结构性访问、调查表），收集分析有关评价规则、评价流程、指标数源，以及文献研究技术资料、演示程序或软件程序等。

其次，撰写需求分析文档。在需求调查准备工作完成后，应有开发系统的软件工程师、评价系统的设计者和评价主体共同讨论系统简化原型，并进行不断修改完善，最终达成共识。评价系统设计者可将改进意见发至开发部门，由开发人员及时修改系统的设计和编码。

最后，进行需求评审。评审一般由用户组织，成员由同行专家与系统分析、设计和测试人员组成。借助于当前的系统物理模型导出目标系统的逻辑模型，解决目标系统应该"做什么"的问题，进一步描述系统软件的功能和性能，确定绩效评价系统同其他信息化政务应用系统的接口；定义软件的其他有效性需求，给软件开发提供一种可以转化为数据分析、结构设计和过程设计的数据功能，准确表达软件需求特点，形成软件需求说明书。

（二）评价模型设计

根据政府绩效评价理念（如"标杆管理、过程监督、结果导向、持续改进、公众满意"），以及即时管理、及时纠偏和提前预警等功能，一是建立绩效标杆评价模型，将一个具有激励和警告功能的变量纳入绩效评价系统之中，同时既要体现促进绩效持续改进的作用，又要体现数值的动态性，以凸现评价的时间积累特征；二是建立纠偏模型，及时发现问题，并提示被评者和监督管理者同步采取措施，对存在的问题进行整改；三是建立预估模型，以反映过去及现在的工作业绩状况对未来工作业绩状况的影响。

（三）系统解决方案及功能

从技术层面看，政府绩效评价系统由实时评价子系统、纠错纠偏子系统、预期估计子系统、绩效指数子系统和技术平台等模块，以及报表、综合信息数据库和评价结果分析库等部分组成。系统的基本功能是把输入数据转变成需要的输出信息。由此，要求系统强化评价主体的功能和地位，基于评价主体的电子化、智能化、全天候提出综合性系统解决方案，其主要功能：一是信息采集。绩效评价内容和绩效指标数据的采集是绩效评价的基础工作，也是绩效信息数据库建设的重点和难点。二是实时评估。评价系统实时、动态地将采集到的绩效信息进行处理和展示，并要求从整体绩效到具体指标逐层分解，探究绩效表现及成因。三是纠错纠偏。前瞻性地发现问题，为此要求系统具有及时提示功能，提醒被评价对象针对出现的问题，采取必要的措施进行整改。四是预期估计。事前发现问题的苗头，防患于未然。因此，评价系统还应具有预期预估的功能。五是绩效指数发布。通过对不同周期的绩效指数进行横向比较和纵向比较，并转化为空间坐标的立体定位，直观地展示绩效差异。六是绩效结果分析。建立联机在线分析和展示系统，为公众查询、浏览和了解政府绩效状态提供窗口，也为政府决策提供依据。

第四章　政府绩效评价方法体系

评价方法是政府绩效评价体系不可或缺的组成部分，不论是获取评价所需的绩效信息、制订评价方案、建立评价技术体系，还是统计与分析评价结果、撰写评价报告，均离不开技术方法的选择与运用。同时，政府绩效评价的复杂性决定评价方法的多样性。从方法论的视角，政府绩效评价方法本身构成一个子系统，形成方法体系，并运用于评价的全过程，包括准备（制订评价方案，选择技术路径）、初期（明确工作方案，确定指标体系）、中期（实施评价方案，取得绩效信息）和后期（数据信息分析，撰写评价报告等）。每个阶段的任务与目标不同，使用的方法有区别。

第一节　政府绩效评价研究方法

一、政府绩效评价定性研究方法

定性研究方法根据社会现象或事物属性，依据事物的内在规定性来研究事物的一种方法，通常运用演绎、归纳、矛盾分析等方法判断事物性质。常用的方法有：文献研究法、专家访谈法、观察法、调查法、实验法、个案分析法等。定性评价方法化繁为简，化难为易，直观表达，无须经过复杂的公式计算即可付诸实施，贴近实际，视域宽阔，有利于发挥研究者的主观能动性。但同时，定性研究方法比较笼统、模糊，难以精确认知而凝聚共识，在传播过程中存在信息失真等问题，难以适应现代信息社会和数字政府的要求。政府绩效评价常用的定性方法有文献研究法、专家深度访谈法和小组座谈会，这些方法以描述现象和揭示问题的意义为目的。相对而言，文献研究法可取得更具体、更客观的资料信息，专家深度访谈法具有针对性和深度性，小组座谈会更开放，更能凝聚群体智慧。

（一）文献研究法

文献研究法指通过搜集和分析各种现存文献资料，从中选取有价值的信息资料进行归纳分析，以达到预定研究目的的方法。文献资料一般可分为学术性文献和资料性文献，学术性文献如专著、教科书、科普读物、杂志、丛刊、学报等；

资料性文献如文摘、百科全书、年鉴以及各种档案资料。文献研究法包括文献搜集、整理和分析三个环节。文献搜集指按照文献用户需求查找出有关文献，按照一定方式集中存储。文献整理主要是指根据研究目的，从文献搜集得到的数据中选取有用的情报资料，并进行审查、检验，分类、汇总，使所需文献数据系统化和条理化。文献分析是文献研究法的最终环节，通过分析文献揭示事物的性质、特征及其发展规律。同时，提高信息筛选质量是文献研究法的重要工作，政府绩效评价将收集信息进行过滤，存真去伪，根据信息的必要性和真实性，参照信息来源部门以往的信誉度、对信息进行抽样调查、利用非正式组织非正式途径来进行验证。

（二）深度访谈法

访谈法可分为结构式访谈和非结构式访谈。非结构式访谈又称为非标准化访谈、深度访谈、自由访谈。它是一种无控制或半控制的访谈，事先没有统一问卷，而只有一个题目或问题大纲，具体问题可在访谈过程中提出，弹性较强，自由度较大，能充分发挥访谈双方的主动性、积极性、灵活性和创造性。政府绩效评价在进行文献研究的基础上，不能脱离专家的指导和配合。而深度访谈正是契合此要求。通过专家深访，汇聚专家智慧，共同探讨政府绩效评价理论、方法等内容。在专家选择上，主要以具有较为丰富的质量管理专业知识和实践经验的绩效研究专家和政府部门官员为主。根据专家的意见可以有效改善评价指标的质量，增强评价指标的科学性和合理性。

（三）小组座谈会

小组座谈会是由专业主持人以非结构化的方式对一群调查对象进行交流与访谈，听取与会者对座谈主题相关问题的观点和意见，是最重要的定性研究方法之一。同时，小组座谈会也是深入了解座谈对象内心真实想法的有效工具。不同于一问一答式的面访，小组座谈会为多人讨论，在主持人的主持下，受访者的互动会产生比同样数量的人做单独陈述时所能提供的信息更多。座谈会人数通常为6—10人，在会议室举行，讨论的内容主要围绕研究问题。政府绩效评价的评价对象主要是公共部门及其职员，绩效评价内容既包含理论也包含实践部分，要充分了解被评价对象的实际情况，小组座谈会是必不可少的方式，通常在实践调研中的早期阶段，帮助评价主体掌握被评价对象大致的情况，为进一步深度调查打下基础。小组座谈会研究是定性的，指导性的。如果要获得定量的信息，通常在小组座谈会之后结合样本调查等方式获取。通过小组座谈会找到问题的相关影响因素，再通过大样本调查等方式找到影响因素定量的影响程度。

二、政府绩效评价定量研究方法

定量研究是运用概率、统计原理对社会现象的数量特征、数量关系和事物发展过程中的数量变化等方面进行科学分析。从统计学的角度，常见的定量研究方法有基本统计分析、多元统计分析等。基本统计分析是进行其他更深入的统计分析的前提，着眼于对研究对象的总体特征把握，多元统计分析方法是近几十年在数理统计中迅猛发展的一个分支，具体方法包括相关性分析、聚类分析、因子分析、判别分析、平衡计分卡方法、标杆比较评价法、公众满意度测评法等。定量评价方法大多以现代运筹学、数量经济学、系统论为基础，但定量评价方法不能脱离定性分析而独立存在，难以适用无法量化的对象。本章后文将专门介绍常用的定量方法。

同时，实际评价活动中，往往将定量方法与定性方法相结合，综合定量与定性方法各自优点，针对不同的情况和要求采用不同的方法，力求更全面、更准确地反映政府的实际绩效，提高政府绩效评价的质量。这种将定量方法与定性方法相结合方法也可视为综合评价方法，其显著特点在于综合性，可对政府绩效进行全方位、多角度评价，有效提高评价过程的科学性和评价结果的可靠性。政府绩效综合评价方法大体可分为简易和复杂方法，简易方法主要包括综合评分法、综合指数法、功效系数法等；复杂方法主要包括层次分析法、主成分分析法、数据包络分析法、模糊综合评价法、聚类分析法、人工神经网络分析法及灰色关联度分析法等。

第二节　政府绩效评价指标设计方法

一、指标体系构建步骤

政府绩效评价活动包括收集绩效信息、明确评价目标、制定评价方案、培训评价人员、开展评价实施、反馈评价结果等环节。其中，指标体系构建是政府绩效评价全过程的核心环节和基础工作，科学、有效的指标体系应符合评价原理，遵循共同的技术准则。对于影响指标设计的因素，Kravchuk 和 Schack 提出十条准则：简单使命、战略与目标、制定具体战略、让重要用户参与、合理化结构、不同对象设计不同体系、兼顾项目与系统顾客、提供充分信息、定期完善体系和认识到复杂性以及避免信息冗余。一般而言，指标体系构建步骤如下（如图 4-1 所示）：

一是前期调查研究。依据政府绩效评价需求及环境条件，针对指标体系构建过程中可能涉及的关键问题开展调查研究，收集整理文献资料，制订工作方案。

二是拟定初步的指标体系框架。在调查研究的基础上，广泛听取专家学者和政府相关部门的意见，依据指标体系构建的原则和方法，拟定指标体系的基本框架，遴选有代表性的指标组成初步的指标体系备选方案，设计指标权重。

三是形成较为成熟的指标体系及评分标准。进一步征求各方意见，遵循科学性和合理性原则，形成较成熟的指标体系，并确定指标评分标准、编制指标说明。

四是进行试评价，完善指标体系。选择部分对象进行试评价，找出指标体系存在的问题，分析原因，再对评价指标体系进行修改和完善，直至形成最终方案。

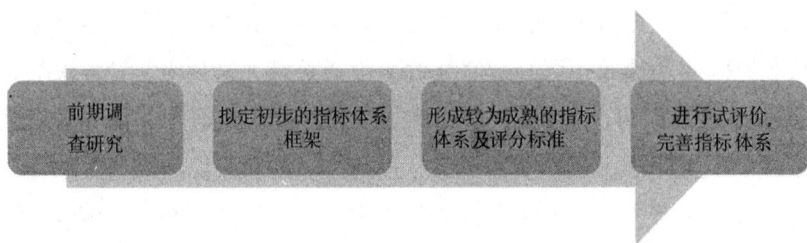

图 4-1　指标体系构建步骤

指标体系决定评价的科学性，服务于评价的目标定位。从我国目前政府绩效评价实践来看，评价主体的内置性决定了评价目标定位和指标体系。针对体制内部的各种考评，亟需构建围绕建设目标，明确目标导向、系统科学的考核指标体系。指标体系构建包括评价指标、指标权重、评分标准三个部分。评价指标是考评目标的体现，是对公众满意度的反映，体现价值理性。同时，指标体系也是对政府工作绩效的过程和结果的检验，是完善政府行为、明确政府职能的工具，体现工具理性。指标设定时通常根据评价内容的差异在保留一般性的基础上制定个性化指标；指标权重是对指标体系中各层级具体指标重要性的划分，根据政府绩效评价的内容和目标紧密相关；评分标准是对评价指标的解释，对指标权重得分的界定直接决定评价结果的衡量体系。政府绩效评价指标体系构建应坚持满足评价需求，服务评价目标，遵循技术标准，方便实证执行等原则。

二、评价指标遴选方法

指标选择是评价体系构建的重点。设计指标体系的方法主要包括：要素法、关键指标法、层次分析法、专家咨询法（德尔菲法）等。在选择具体的指标体系的过程中，基于政府绩效评价理念，参考同类研究，确定研究设计、过程推进、目标实现、成本以及社会满意5个维度（目标层、一级指标）。同时，依据层次分析法及关键指标评价理念，将5项一级指标逐次分解，形成多个二级及三级指标。

（一）逻辑框架法

逻辑框架（简称LFA）是国际组织常用的一种开发项目管理、评价指标体系设计和绩效考核的工具，LFA为公共项目计划和评价提供了一种分析框架，该框架能够充分体现其组成的各项内容之间的逻辑关系，可以用来分析项目预期的目标、各种目标的层次、目标的各项评价指标等，用以评价项目的效果、作用和影响。政府绩效评价指标体系的逻辑框架是一种方法、结构和工具，用来组织和构建各级政府水平测评的各种指标，它可以对许多评价议题和项目进行深入的理解和划分。目前通用的逻辑框架主要有"4E"逻辑框架、平衡记分卡逻辑框架和标杆管理逻辑框架等。

1. 3E 到 4E 逻辑框架

随着行政权力的不断膨胀，政府财政支出逐渐增加，政府面临日益加剧的财政危机。为了更好地控制政府财政支出，节约成本，在20世纪60年代，美国会计总署率先把对政府工作的审计重心从经济性审计转向经济性(Economy)、效率性(Efficiency)、效果性(Effectiveness)并重的审计，从单一指标扩展到多重指标，这就是政府施政评价的雏形，称为3E评价法。所谓"经济"是指投入成本的降低程度；"效率"反映所获得的工作成果与消耗的资源之间的对比关系；"效益"通常用来描述政府所进行的工作或提供的服务在多大程度上达到了政府的目标、满足了公众的需求。3E评价法强调成本的节约，比较片面和单一，在评价内容上侧重于对政府管理结果的审计，这种评价指标体系相对于政府行为的复杂性来说过于笼统。同时，政府是国家这一政治共同体进行价值权威性分配的非盈利性组织，其职能不仅包括经济发展，还强调为公众提供优质、公平的公共服务。因此，在"3E指标框架"中加入的"公平"（Equity）指标，发展为"4E指标框架"。

2. 平衡记分卡逻辑框架

平衡计分卡(The Balanced Score Card，简称BSC）是一种绩效管理工具，最初被应用在企业管理领域，根据企业组织的战略要求将企业战略目标逐层分解转化为各种具体平衡的绩效考核指标体系，从学习与成长、业务流程、顾客、财务四个角度审视自身业绩，反映了财务与非财务衡量方法、长期目标与短期目标、内部与外部、结果与过程等动态平衡。实践中，公共部门应用平衡计分卡应综合考虑所处的环境、自身优劣势等因素，一是采用绩效衡量指标体现发展愿景与战略；二是绩效指标体系设计应依据战略目标，自上而下分解，关注上下平衡、内部与外部的平衡；三是加强内部沟通，充分论证指标可行性；四是科学规划年度、季度与月度之间绩效衡量指标的对应关系，并与部门的计划和预算相结合。

3. 标杆管理逻辑框架

标杆管理产生于企业的管理实践，是一项系统性、持续性的评价过程，通过不断将组织流程与全球企业领导者相比较，以获得协助改善运营绩效的资讯。标杆管理的指标体系内容在一定程度上引导着政府管理改革和绩效改进的方向。因此，标杆管理可以使政府全面考虑自身在社会中应承担的责任，对社会的全面发展起到领导作用。另一方面，标杆管理在评价方法上具有独特性，通过比较来实现评价。标杆管理是一系列的行动、步骤、功能或活动造成的结果，是对最佳实践的识别和引进，是对组织设定的标杆加以实现的过程，通过完整的体系和实践的经验逐步达到预期的目标，是持续改善的过程。基本流程见图4-2。

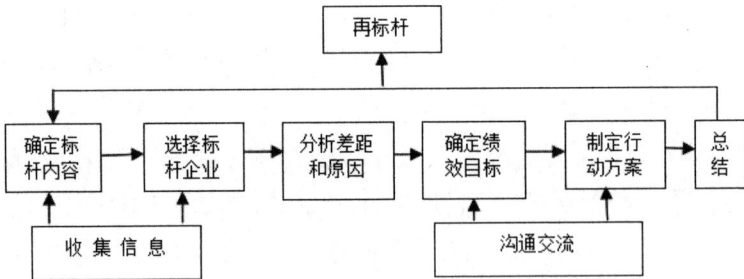

图4-2　标杆管理的持续改进流程

（二）主成分分析法

政府绩效评价涉及众多变量，每个变量反映课题的部分信息，但变量太多增加计算的复杂性，给合理分析、解释问题带来困难。每个变量的重要性不同，变量间可能存在相关性，使这些变量提供的信息在一定程度上有所重叠。因而人们希望对这些变量加以"改造"，用极少的相关新变量反映原变量的绝大部分信息，通过有限的变量分析达到解决问题的目的。这种数据处理方法就是主成分分析法，它将多个变量通过线性变换以选出较少的重要变量。主成分分析法的工作目标是对这种多变量的数据表进行综合简化，力保数据信息丢失最少的原则下，对高维变量空间进行降维处理，尽可能保持原有的信息。

政府绩效评价体系是一种综合评价，从数学角度看，是建立在一种从高维空间到低维空间的映射，这种映射能保持样本在高维空间中的某种"结构"，其中最明显的是与"序"有关的结构，因为综合评价的目的与排序分不开。政府绩效评价体系所处理的样本数据也是多元样本数据，但也存在观测数据冗杂的问题。如果有 n 个样本单元，每个样本观测了 P 个指标，总共有 Pn 个数据，必须从这些数据中抓住主要规律，分析样本或总体的主要性质。如果 P 个指标是相互独立的，则可以把问题化成 P 个指标来处理，但一般情况下，P 个指标即 P 个随机变量之间存在相互关系，需要使复杂、冗杂的数据简化，反映出目标对象内在规律。主成分分析方法中主成分求解过程：设 $X_1,X_2,...,X_P$ 为某实际问题所涉及的 P 个随机变量，记 $X=(X_1,X_2,...,X_P)^T$，它的主成分为

$$\begin{cases} Y_1 = l_1^T X = l_{11}X_1 + l_{12}X_2 + \cdots + l_{1p}X_p \\ Y_2 = l_2^T X = l_{21}X_1 + l_{22}X_2 + \cdots + l_{2p}X_p \\ \cdots\cdots \\ Y_{\square\square} = l^T X = l_{\ 1}X_1 + l_{\ 2}X_2 + \cdots + l_{\ }X \end{cases}$$

则有

$$Var(Y_i) = Var(l_i^T X) = l_i^T \Sigma l_i \quad (i=1,2,...,p)$$
$$Cov(Y_i,Y_j) = Cov(l_i^T X, l_j^T X) = l_i^T \Sigma l_j \quad (j=1,2,...,p)$$

设 Σ 是 $X=(X_1,X_2,\cdots,X_P)^T$ 的协方差矩阵，Σ 的特征值及相应的正交单位化特征向量分别为 $\lambda_1 \geq \lambda_2 \geq \cdots \geq \lambda_P \geq 0$，对应 p 个单位向量为 $e_1,e_2,\cdots,e_P$，则 X 的第 i 个主成分为

$$Y_i = e_i^T X = e_{i1}X_1 + e_{i2}X_1 + \cdots + e_{ip}X_P (i=1,2,\cdots,P)$$

为消除量纲差异带来的影响，常采用标准化的方法，即令

$$X_i^* = \frac{X_i - \mu_i}{\sqrt{\sigma_{ii}}} \quad (i=1,2,...,p)$$

其中，$u_i = E(X_i), \sigma_{ii} = Var(X_i)$，这时 $X^* = (X_1^*, X_2^*, \cdots, X_p^*)^T$ 的协方差矩阵便是

$X=(X_1,X_2,\cdots X_p)^T$ 相关矩阵 $\rho=(\rho_{ij})_{p\times p}$，其中 $\rho_{ij}=E(X_i^*,X_j^*)=\dfrac{Cov(X_i,X_j)}{\sqrt{\sigma_{ii}\sigma_{jj}}}$。

利用 X 的相关矩阵 ρ 作主成分分析，有如下结论：

设 $X^*=(X_1^*,X_2^*,\cdots,X_p^*)^T$ 为标准化的随机向量，其协方差矩阵（即 X 的相关矩阵）为 ρ，则 X^* 的第 i 个主成分为

$$Y_i^*=(e_i^*)^T X^*=e_{i1}^*\frac{X_1-\mu_1}{\sqrt{\sigma_{11}}}+e_{i2}^*\frac{X_2-\mu_2}{\sqrt{\sigma_{22}}}+\cdots+e_{ip}^*\frac{X_p-\mu_p}{\sqrt{\sigma_{pp}}}\quad (i=1,2,...,p)$$

并且

$$\sum_{i=1}^p Var(Y_i^*)=\sum_{i=1}^p \lambda_i^*=\sum_{i=1}^p Var(X_i^*)=p$$

则第 i 个主成分的贡献率 λ_i^*/p，前 m 个主成分的累计贡献率 $\Sigma_{i=1}^m \lambda_i^*/p$，$Y_i^*$ 与 X_i^* 的相关系数为 $\rho_{Y_i^* X_j^*}=\sqrt{\lambda_i^*}e_{ij}^*$。

记 $Y=(Y_1,Y_2...,Y_p)^T$ 为主成分向量，则 $Y=P^T X$，其中 $p=(e_1,e_2,\cdots,e_p)$，且

$$Cov(Y)=Cov(P^T X)=P^T\Sigma P=\Lambda=Diag(\lambda_1,\lambda_2,...,\lambda_p)$$

由此得主成分的总方差为

$$\sum_{i=1}^p Var(Y_i)=\sum_{i=1}^p \lambda_i=tr(P^T\Sigma P)=tr(\Sigma PP^T)=tr(\Sigma)=\sum_{i=1}^p Var(X_i),$$

即主成分分析把 p 个原始变量 $X_1,X_2,\cdots,X_p$ 的总方差 $\sum_{i=1}^p Var(X_i)$ 分解成 p 个互不相关变量 $Y_1,Y_2,\cdots,Y_p$ 的方差之和，即 $\sum_{i=1}^p Var(Y_i)$，而 $Var\ (Y_k)=\lambda_k$。

则第 k 个主成分的贡献率 $\lambda_i/\sum_{i=1}^p \lambda_i$，前 m 个主成分累计贡献率 $\sum_{i=1}^m \lambda_i/\sum_{i=1}^p \lambda_i$，它表明前 m 个主成分 $Y_1,Y_2,\cdots,Y_p$ 综合提供 $X_1,X_2,\cdots,X_p$ 中信息的能力。

（三）因子分析方法

因子分析（Factor Analysis）是一种寻找隐藏在可测变量中不能或不易被直接观测到，但却影响或支配可测变量的潜在因子，并估计潜在因子对可测变量的影响程度及潜在因子之间关联性的多元统计分析方法。因子分析用较少的综合指标分别整合存在于各变量中的各类信息，简化指标数量，降低绩效评价成本，同时通过保证综合变量之间的彼此不相关，实现实测信息的不重叠，保证量表的综合效率，这样提取出的代表各类信息的综合指标就称为因子。因子分析的主要任务是找出共性因子变量，估计因子模型，计算共性因子变量的取值和对共性因子变

量做出合理解释。

假设从样本总体中随机抽选了 n 个样本，每个样本选取 p 个指标作为观测变量，这 p 个指标间具有一定的相关性。设所选原始变量为 $X_1, X_2, \cdots, X_P$，为了消除数据间量纲及数量级不同造成的影响，首先要对其进行标准化处理。

为简化表示，我们仍用 $X_1, X_2, \cdots, X_P$ 对应标准化后的评价指标数据，将其进行分组，得到公共因子变量记为 $F_1, F_2, \cdots, F_m (m<p)$，若：

①$x=(X_1, X_2, \cdots, X_P)'$ 是可观测随机变量，且均值向量 $E(X)=0$，协方差阵 $cov(x)=\sum$，且协方差阵与相关矩阵 R 相等；

②$F=(F_1, F_2, \cdots, F_M)'$ 是不可测的向量，其均值向量 $E(F)=0$，协方差矩阵 $cov(x)=\sum$，即向量 $\sum$ 的各分量是相互独立的；

③$\varepsilon=(\varepsilon_1, \varepsilon_2, \cdots, \varepsilon_m)'$ 与 F 相互独立，ε 的协方差阵 $\sum_t$ 是对角阵。

则原始变量可以用各因子的线性组合来表示：则原始变量可以用各因子的线性组合来表示：

$$X_1 = a_{11}F_1 + a_{12}F_2 + \ldots + a_{1m}F_m + \varepsilon_1$$

$$X_2 = a_{21}F_1 + a_{22}F_2 + \ldots + a_{2m}F_m + \varepsilon_2$$

$$\ldots\ldots$$

$$X_p = a_{p1}F_1 + a_{p2}F_2 + \ldots + a_{pm}F_m + \varepsilon_p$$

此模型称为因子模型。也可用矩阵形式 $X=AF+\varepsilon$ 表示。其中 X 为原始变量向量矩阵，A 称为因子载荷阵。a_{ij} 表示第 i 个变量在第 j 个主因子上的负荷，或者叫做第 i 个变量在第 j 个主因子上的权，它反映了第 i 个变量在第 j 个主因子上的相对重要性，对原指标所包含信息的反映能力和信息的完整程度。a_{ij} 的绝对值越大表明相依程度越大。而 ε 则是与公共因子相对的特殊因子，又称为残差向量，表示原有变量不能被因子解释的部分，它只对相应的 X 起作用。

因子分析法既可确定绩效指标，又能确定每个指标的权重。因为因子分析法在构造综合评价值时所涉及的权数从数学变换中生成的，具有客观性。如果不分析各种指标背后隐含的因子，以及它们与这些因子之间的关系，无论是赋予这些指标相等的权重，或人为设定不等的权重，都会有失偏颇，评价结果难以客观公正。

（四）模糊综合评价法

模糊综合评价法是一种基于模糊数学的综合评价方法。该综合评价法根据模糊数学的隶属度理论把定性评价转化为定量评价，即用模糊数学对受到多种因素制约的事物或对象做出一个总体的评价。它具有结果清晰，系统性强等特点，能较好地解决模糊的、难以量化的问题，适合解决各种非确定性问题。评价步骤如下：

第一步：确定评价对象的因素论域，得到 P 个评价指标：$u=\{u_1,u_2,\cdots,u_p\}$。

第二步：确定评语等级论域：$v=\{v_1,v_2,\cdots v_p\}$，即等级集合，每一个等级可对应一个模糊子集。

第三步：建立模糊关系矩阵。在构造了等级模糊子集后，要逐个对被评事物从每个因素 $u_i=(i=1,2,\cdots,p)$ 上进行量化，即确定从单因素来看被评事物对等级模糊子集的隶属度 $(R\mid U_i)$，进而得到模糊关系矩阵：

$$R=\begin{bmatrix} R\mid & u_1 \\ R\mid & u_2 \\ \cdots \\ R\mid & u_p \end{bmatrix}=\begin{bmatrix} r_{11} & r_{12} & \cdots & r_{1m} \\ r_{21} & r_{22} & \cdots & r_{2m} \\ \cdots & \cdots & \cdots & \cdots \\ r_{p1} & r_{p2} & \cdots & r_{pm} \end{bmatrix}_{p.m}$$

其中，r_{ij} 表示某个被评事物从因素 u_i 来看对 v_j 等级模糊子集的隶属度。一个被评事物在某个因素 u_i 方面的表现，是通过模糊向量 $(R|u_i)=(r_{i1},r_{i2},\cdots,r_{im})$ 来刻画的，而在其他评价方法中多是由一个指标实际值来刻画的，因此，从这个角度讲模糊综合评价要求更多的信息。

第四步：确定评价因素的权向量：$A=(a_1,a_2,\cdots,a_p)$。在模糊综合评价中，确定评价因素的权向量：$A=(a_1,a_2,\cdots,a_p)$。权向量 A 中的元素 a_i 本质上是因素 u_i 对模糊子集 { 对被评事物的重要因素 } 的隶属度，可通过层次分析法来确定评价指标间的相对重要性次序，从而确定权系数，并且在合成之前归一化，即：

$$\sum_{i=1}^{p} a_i=1, a_i \geq 0, i=1,2,\ldots,n$$

第五步：合成模糊综合评价结果向量。利用合适的算子将 A 与各被评事物的 R 进行合成，得到各被评事物的模糊综合评价结果向量 B，即：

$$\square \equiv (\square_1, \square_2, \cdots\cdots, \square_m)=(\square_1, \square_2, \cdots\cdots, \square_p)\begin{bmatrix} r_{11} & r_{12} & \cdots & r_{1m} \\ r_{21} & r_{22} & \cdots & r_{2m} \\ \cdots & \cdots & \cdots & \cdots \\ r_{p1} & r_{p2} & \cdots & r_{pm} \end{bmatrix}$$

其中，b_j 是由 A 与 R 的第 j 列运算得到的，它表示被评事物从整体上看对 v_j 等级模糊子集的隶属程度。

第六步：对模糊综合评价结果向量进行分析。常用的方法是最大隶属度原则，但在某些情况下使用会有些勉强，损失很多信息，甚至得出不合理的评价结果。

模糊综合评价法可在全面、综合考虑被评对象各项影响因素的前提下，较好地解决某些只能用自然语言形式给出评价，而难以精确定量表述的评价因素的评价问题，能将定性和定量有机融合。但模糊综合评价法的隶属度函数的建立在很大程度上是经验性的，需要在实践中反复修正才能得出适合具体问题的隶属函数。

除上述方法之外，公众满意是政府绩效评价的核心标准。在主客观指标于一体的政府绩效评价指标体系中，主观指标主要指向公众满意度，由此，可依据实际情况设计满意度指标。由于公众评价受制于多因素制约，满意度评价内容应更为具体，指标设计尽可能贴近公众感知，并且方便操作。一般来说，满意度评价大体可分解为三个方面的具体指标：一是公众对政府外部作为的满意度；二是公众对政府内部管理的满意度；三是公众对政府总体表现的满意度。

三、评价指标检验方法

评价内容是评价指标的建构基础，政府绩效评价围绕政府基本职能，强调评价对象的整体性、评价内容的全面性。评价兼顾增量与存量关系，符合规范的技术流程，在专家座谈与深访，咨询问卷调查的基础上，进行指标隶属度分析（上下级指标，因子分析／因子载荷），相关性检验（同级不同指标，相关系数），鉴别力判断（指标必要性与有效性，标准差／变异系数），指标剔除与调整，以及信度与效度评估。

（一）政府绩效评价指标体系效度检验

评价指标效度是指评级指标在多大程度上描述了评价对象的特征范畴并体现了评价的目标。效度测量的是实证结果距离真实结果的差距。在政府绩效评价中，如果确定的指标不能反映或者不能完全反映政府绩效这一评价对象的特性要求，说明指标体系的效度不高。评价指标效度测量可以通过计算"内容效度比（CVR）"或指标隶属度（即因子分析）来检测，还可以通过邀请有经验或熟悉评价对象的人员来计算指标与评价对象范畴之间的密切程度。

设评估指标集为 $M=\{m_1, m_2, \cdots, m_n\}$，参加指标体系效度打分的专家人数为 S，

专家 j 对指标集的评分集为 $X_j \{ X_j=X_{1j},X_{2j},\cdots X_{nj} \}$ ，定义指标权重 m_i 的效度系数为 β_i，

$$\beta_i=\sum_{j=1}^{s} \frac{|\bar{x}_i-x_{ij}|}{S*F}$$

其中 $\bar{x}_i$ 是评估指标 m_i 评分的平均值，F 为评估指标 m_i 的评分最大值。定义评估指标体系 M 的效度系数 β：

$$\beta = \sum_{i=1}^{n} \frac{\beta_i}{n}$$

效度系数的统计学含义在于衡量出某一指标体系在评估被评估对象时产生的认知偏差程度。该系数绝对值越小，表明各专家对指标体系中各指标认识越趋向一致，指标体系的有效性就越高，反之，则有效性越低。

（二）政府绩效评价指标体系信度检验

信度是指重复测量时表现出的稳定程度[1]。评价指标体系的信度是评价指标体系的可靠性程度。在监测评价指标体系的信度过程中，需要采用数理统计中的相关性判断来实现，也可以通过对测量的结果是否大致呈现正态分布，多次测量结果的差距，折半信度。依据上述假设，计算出专家组评分的平均数据组，$Y=\{y_1,y_2,\cdots y_n\}$，其中：

$$Y_i=\sum_{j=1}^{s} \frac{x_{ij}}{S}$$

则令评估指标体系信度系数为 ρ，$\rho = \sum_{j=1}^{s} \frac{\rho_j}{S}$，其中

$$\rho_j = \sum_{i=1}^{n} (x_{ij} - \bar{x}_j)(y_i - \bar{y}) / \sqrt{\sum_{i=1}^{n} (x_{ij} - \bar{x})^2 (y_i - \bar{y})^2} \ ,(j = 1,2,...,s);$$

$$\bar{x}_j = \sum_{i=1}^{n} \frac{x_{ij}}{n}$$

$$\bar{y} = \sum_{i=1}^{n} \frac{y_i}{n}$$

1　Arlene F, Litwin M S. How To Measure Survey Reliability and Validity. The Survey Kit, Volume 7[M]. SAGE Publications, 1995.

以上公式的统计学含义是，以评估指标 m_i 的 S 位专家打分结果的均值作为理想值，计算 S 位专家打分数据与均值的差异程度，可以反映出采用同一评估指标体系 S 位专家打分数据的差异性。如果 ρ 越大，表明指标体系得出的权重的差异性较小，该指标体系的可靠性较高；反之，则表明各专家采用该评估指标体系对于同一评估对象得出评估数据差异较大，即专家的分歧较大，该评估指标体系的可靠性较差。一般而言，当 $\rho \in (0.9, 1)$ 可以认为该评估指标体系的可靠性较高，当 $\rho \in (0.8, 0.9)$，则可认为该评估指标体系可靠性一般，当 $\rho \in (0, 0.8)$，则可认为该评估指标体系的可靠性较差。

四、评价指标权重设计方法

指标体现评价因素的价值，权重则表明这些因素的重要性。政府绩效评价指标权重的确定和指标数据的计算是指标体系应用的最后环节，合理分配权重是量化评价的关键。在确定指标权重的基础上，可以将标准化的值直接代入绩效评价模型，就可以得出绩效评价的最终结果。不同的指标在不同的政府绩效评价中因为考察的目标差异占不同的比重。因此，在进行政府绩效评价指标体系构建中需要根据评价指标重要程度的差异赋予不同的相对权重。目前，国内外关于评价指标权重系数的确定方法多样，主要分为三大类：包括主观赋权法、客观赋权法、主客观综合赋权法。具体包括：统计平均法、变异系数法、专家咨询法、专家排序法、权值因子判断表法、层次分析法、相关系数法、主成分分析法、因子分析法等。其中，主观法主要包括德尔菲预测法、循环评分法、二项系数法、层次分析法等；客观法主要包括熵值法、主成分分析法、因子分析、聚类分析、判别分析等多元分析方法。各种方法兼具优点和局限性，在具体使用中需要根据评价目的和指标数据的情况进行选择。

（一）统计平均法

统计平均法（Statistical average method）是根据所选择的各位专家对各项评价指标所赋予的相对重要性系数分别求其算术平均值，计算出的平均数作为各项指标的权重。其基本步骤是：首先，确定专家。一般选择本行业或本领域中有实际工作经验、理论基础、公平公正、道德高尚的专家。其次，专家初评。将待定权数的指标提交给各位专家，并请专家在不受外界干扰的前提下独立的给出各项指标的权数值。再次，回收专家意见。将各位专家的数据收回，并计算各项指标的权数均值和标准差。最后，分别计算各项指标权重的平均数。如果第一轮的专家意见比较集中，并且均值的离差在控制的范围之内，即可用均值确定指标权数。如果第一轮专家的意见比较分散，可以把第一轮的计算结果反馈给专家，并请他们重新给出自己的意见，直至各项指标的权重与其均值的离差不超过预先给定的标准为止，即达到各位专家的意见基本一致，才能将各项指标的权数的均值作为相应指标的权数。

（二）变异系数法

变异系数法 (Coefficient of variation method) 是直接利用各项指标所包含的信息，通过计算得到指标的权重，是一种客观赋权的方法。此方法的基本做法是：在评价指标体系中，指标取值差异越大的指标，也就是越难以实现的指标，这样的指标更能反映被评价单位的差距。

由于评价指标体系中的各项指标的量纲不同，不宜直接比较其差别程度。为了消除各项评价指标的量纲不同的影响，需要用各项指标的变异系数来衡量各项指标取值的差异程度。各项指标的变异系数公式如下：

$$V_i = \frac{\sigma_i}{\bar{x}_i} \quad (i = 1, 2, ..., n)$$

式中：V_i 是第 i 项指标的变异系数、也称为标准差系数；σ_i 是第 i 项指标的标准差；$\bar{x}_i$ 是第 i 项指标的平均数。

各项指标的权重为：

$$W_i = \frac{V_i}{\sum_{i=1}^{n} V_i}$$

（三）德尔菲预测法

德尔菲预测法就是采用函调查，向专家提出问题，综合整理、归纳专家的意见，匿名反馈给各个专家，再次征求意见，然后再加以综合、反馈。这样经过多次循环，而后得到一个比较一致且可靠的意见。一般步骤如下：

第一步，明确预测目标，提出预测项目。这里要注意所涉及的问题是可预测的，且确保足够的专家参加应答。

第二步，成立专门的组织机构。为了使预测工作有效地开展，需成立专业机构，负责专家的选择、调查表的设计以及结果的统计分析和整理。

第三步，设计函询调查表。调查表要对调查项目和德尔菲法作出说明，向专家提供背景资料，应满足无歧义性，用概率表示预测事件的可能性、针对性、简明性、非诱导性等要求。

第四步，确定专家名单。被邀请的专家应是相关领域的专家，且专家小组规模要适度，根据预测事件的性质和待解决问题的复杂程度而定，一般以20—50人为宜。人数太少，难以保证预测的精度；人数太多，又会出现难以组织的局面。

第五步，发出和收回函询调查表。向专家们发出函询表，独立作答，将预测意见以无记名的方式反馈给调查机构。组织机构汇总专家意见，进行统计分析，并将结果反馈给专家。专家根据反馈资料，重新考虑原预测意见，可改变看法，也可坚持原意见，再以书面形式反馈给调查机构。循环往复，经过3—4轮反馈，意见逐渐集中，最后形成集体的预测结论。

第六步，分析统计结果。在函询阶段结束后，组织者还需对预测结果的价值取向和可信度进行评价，决定是否将其作为政策依据或参考。

（四）层次分析法

层次分析法预先构建一个层级结构，由评估者逐层判断各因素的相对重要性，直至判断出各个决策方案的优先顺序为止。层次分析法 (Analytic hierarchy process，简写为 AHP)，是将复杂的评价对象排列为一个有序的递阶层次结构的整体，然后在各个评价项目之间进行两两的比较、判断，计算各个评价项目的相对重要性系数，即权重。AHP 构权法又分为单准则构权法和多准则构权法，在此介绍单准则构权法及具体步骤。

首先，确定指标量化标准。层次分析法的核心问题是建立一个构造合理且一致的判断矩阵，判断矩阵的合理性受到标度合理性的影响。所谓标度是指评价者对各个评价指标（或者项目）重要性等级差异的量化概念。确定指标重要性的量化标准常用的方法有：比例标度法和指数标度法。比例标度法是以对事物质的差别的评判标准为基础，一般以5种判别等级表示事物质的差别。当评价分析需要更高的精确度时，可以使用9种判别等级来评价。

其次，确定初始权数。初始权数的确定常常采用定性和定量相结合的方法。先组织专家，请专家给出自己的判断数据，综合专家的意见，最终形成初始值。具体操作步骤如下：第一步，将分析研究的目的、已经建立的评价指标体系和初步确定的指标重要性的量化标准发给各位专家，请专家们根据上述的比例标度值表所提供的等级重要性系数，独立地对各个评价指标给出相应的权重；第二步，根据专家给出的各个指标的权重，分别计算各个指标权重的平均数和标准差；第三步，将所得出的平均数和标准差的资料反馈给各位专家，并请各位专家再次提出修改意见或者更改指标权重的建议，并在此基础上重新确定权重系数；第四步，重复以上操作步骤，直到各个专家对各个评价项目所确定的权数趋于一致、或者专家们对自己的意见不再有修改为止，最后的结果即初始权数。

再次，对初始权数进行处理。第一步，建立判断矩阵 A，通过专家对评价指标的评价，进行两两比较，其初始权数形成判断矩阵 A，判断矩阵 A 中第 i 行和第 j 列的元素 x_{ij} 表示指标 x_i 与 x_j 比较后所得的标度系数；第二步，计算判断矩阵 A 中的每一行各标度数据的几何平均数，记作 w_i；第三步，进行归一化处理，归一化处理是利用公式 $W_i = \frac{w_i}{\sum w_i}$ 计算，依据计算结果确定各个指标的权重系数。

最后，检验判断矩阵的一致性。检验判断矩阵的一致性是指需要确定权重的指标较多时，矩阵内的初始权数可能出现相互矛盾的情况，对于阶数较高的判断矩阵，难以直接判断其一致性，这时就需要进行一致性检验。

（五）主成分分析法

主成分分析法是研究用变量族的少数几个线性组合（新的变量族）来解释全部多维变量的协方差结构，挑选最佳变量子集，简化数据，揭示变量间关系的一种多元统计分析方法。新的变量之间不相关，新变量方差尽可能大，但新旧变量方差和保持不变，基本步骤如下：

①对原始变量进行标准化，标准化一般采用 Z-Score 法。

②计算标准化后变量的相关系数矩阵 R。

③求特征方程 $|\lambda I\text{-}R| = 0$ 的非负特征根 $\lambda_i(i=1,2,\cdots,m)$ 及特征向量 $y=(y_1,y_2,\cdots y_m)$。

④通过 λ_i 计算各主成分的贡献率：

$$g_i = \frac{\lambda_i}{\sum_{i=1}^{m} \lambda_i}$$

g_i 为第 i 个主成分的贡献率，该值越大，则说明该主成分概括各指标数据的能力越强：m 为全部主成分的个数。

⑤选取主成分个数。$\sum_{i=1}^{k} g_i$ 表示前 k 个主成分的累计贡献率，即前 k 个主成分从原始变量中提取的信息量。若该信息量已达到全部信息量的绝大部分（在实际应用中，前 k 个主成分累计贡献率大于 85%）时，可以认为前 k 个主成分已基本反映了原始变量的主要信息，故提取前 k 个主成分已足够说明问题，后 m—k 个主成分可以省略掉。因此，可确定该系统指标的主成分（新变量）为 $y=(y_1,$ $y_2,\cdots,y_k)$。新变量的权重为 $g_1, g_2,\cdots g_k$。

⑥计算综合得分值 F，$F=g_1y_1+g_1y_2+\cdots+g_ky_k$，$F$ 即为系统的综合得分值。

（六）模糊综合评价法——灰色关联度分析

模糊综合评价法是将概念性语言转换为数学形式，以灰色关联理论为指导的灰色评估法，是一种基于专家判断的综合性评估方法。灰色关联度分析用模糊数学的知识来解决少数据、小样本、信息不完全或经验缺乏的不确定性问题。一般只需要 4 个以上样本就可以取得较好的分析效果。数学模型如下：

$$\gamma\left(R(k),Q(k)\right) = \frac{\min_{k}\left|R(k)-Q(k)\right| + \rho\max_{k}\left|R(k)-Q(k)\right|}{\left|R(k)-Q(k)\right| + \rho k\max_{k}\left|R(k)-Q(k)\right|}$$

$$\gamma = \frac{1}{6}\sum_{k=2011}^{2017}\gamma\left(T(k),Y(k)\right)$$

其中：γ 是认证认可水平评价指标与质量水平评价指标之间的关联度，一般认为：

1）当关联度达到 0.8 以上，表示关联双方的关系非常密切；

2）当关联度为 0.6—0.8，表示关联双方关系的一般密切；

3）当关联度为 0.4—0.6，表示关联双方关系的密切性偏弱；

4）当关联度在 0.4 以下，表示关联双方的关系不密切。

$k=2011,2012,2013\cdots\cdots$，2017，代表 6 个调查年度；

$R(k)$ 表示第 k 调查年度的认证认可水平评价指标；

$Q(k)$ 表示第 k 调查年度的行业质量水平评价指标得分；

$\gamma(R(k),Q(k))$ 为第 k 调查年度的认证认可与质量的关联系数；

ρ 为分辨系数，一般取 $\rho = 0.5$。

（七）模糊神经网络——BP 神经网络模型法多标综合评价法

此外，还有模糊神经网络（Fuzzy Neural Network，FNN）是将模糊系统与神经网络技术结合，由模糊化过程将输入模糊化，模糊推理过程，实行逻辑推理，进行决策判断。

多指标综合评价方法是各类评价活动中一个比较简便有效和常用的定量方法，它通过一组指标，分别从不同方面来评价一个对象（即各指标评分），根据各指标的权重将指标评价结果综合，形成综合评价（即总分）。

第三节　政府绩效评价指标评分方法

一、指标分类

评价内容是评价指标基础，政府绩效评价围绕政府基本职能进行。评价指标包括增量指标与存量指标，存量指标在持续性评价中发挥作用，需要考虑评价周期。评分标准是实现指标的标准化过程、无量纲化过程。指标构成多种多样，具有不同的衡量单位，由于衡量标准的差异无法直接计算不同指标的分数，因而需要制定评分标准，通过无量纲化的计算使得不同的指标可以进行计算比较。"从理论上说，评分标准是评价主体主观愿望的规范化反映，亦为绩效考核指导思想的量化工具、考核原则的直接反映，以及保证评价结果有效可信的控制手段"。[1]评分标准确定方法往往从实践经验中获得，依据指标的不同属性设置不同的评分标准。针对存量与增量采用指数法和指数增量法。比较分类指标（政府工作目标）、级差评分类指标（横向与纵向比较，例如联合国规定的人均 GDP 的标准划分国家的贫富，发展程度；还有一些定性的指标，比如比较完善、非常完善等等）、量表测量类指标（主观评价，比如满意度、认同度、政治信任反应主观的态度；李克特量表三级、五级、七级、九级，最多不要超过十级。超过一定限度可用百分数表示）。设定评价标准增强了评价的可操作性和指标的可比性，根据评价目标设定评价标准，使得存在异质性的指标可以直接进行比较。

二、指标评分适用方法

评分标准设计方法影响指标的绩效得分。理论上，评分标准是评价主体主观意愿的规范化反映，以及保证评价结果有效可信的控制手段。评分标准对具体指

1　裴铮，郑方辉. 广东地方政府绩效评价中指标评分标准的设计与实证分析 [J]. 广东行政学院学报 ,2008(2).

标的得分差距，同一领域层内不同指标的比较有直接影响，对处于不同区域和不同发展阶段的评价对象之间的公平性比较亦有影响。政府绩效评价指标通常先进行无量纲处理，然后使用统一的评分标准，常用的方法有指数法和指数增量法。指数法是用某具体指标的实际值与该指标的标准值进行比较，取其比值作为该项指标的绩效指数；指数增量法指用某具体指标在被评价期间的期初值与期终值进行比较，取其比值作为该项指标的绩效指数。

（一）基本思路

指标评分设计的基本思路是：在数据来源上，尽可能利用《统计年鉴》《统计公报》和《政府工作报告》等基础数据源，获得评价指标上一评价周期和本评价周期的数据；在数据处理方面，将本评价周期的数据和上一评价周期的数据进行比较，得出地方政府在本评价周期内各指标的增量值，进而通过被评价地方政府各指标增量值与区域内各地方政府对应指标增量值比较，以被评价的地方政府指标增量值在区域内的相对位置作为标准，确定被评价地方政府定量评价指标的得分。有关主观类指标评分，则以"公众满意度调查"的方式获取数据，并按要求换算为绩效评价体系中对应指标得分。最后，将具体指标得分按其权重系数分别汇总，得到各领域层得分和整体绩效得分，再将领域层得分和整体绩效得分按要求换算，即可得到对应的绩效指数。

在评分标准设计原则上，一是将客观类指标分为正向指标和逆向指标两大类。设 V_i^0 为第 i 项指标（正向指标或逆向指标）上一评价周期数据，V_i^1 为第 i 项指标本评价周期数据，X_i 为地方政府第 i 项指标增量值，则：$X_i = V_i^1 - V_i^0$。当第 i 项指标为正向指标时，增量值越大，绩效越高；当第 i 项指标为逆向指标时，增量值越大，绩效越低。二是主观满意度评价指标方面，其"公众满意度调查"得分越高，绩效越高。

（二）设计方法

（1）客观类指标。设 Y_i 为被评价地方政府第 i 项指标的绩效得分，X_i 为被评价地方政府第 i 项指标增量值，X_{min}、X_{max} 分别为区域内地方政府第 i 项指标增量值的最小值、最大值，当第 i 项指标为正向指标时，$Y_i = \frac{X_i - X_{min}}{X_{max} - X_{min}} \times 100$；当第 i 项指标为逆向指标时，$Y_i = \frac{|X_i - X_{max}|}{X_{max} - X_{min}} \times 100$。

（2）主观满意度指标。将"公众满意度调查"对应指标结果换算为百分制得分，即可得出各具体指标得分。

（3）领域层得分和整体绩效得分。设 W_{ji} 为第 j 领域层第 i 项指标的权重值，I_{ji} 为第 j 领域层第 i 项指标的绩效得分，Q_j 为第 j 领域层绩效得分，则：$Q_j = \sum_{i=1}^{n} W_{ji} I_{ji}$ 其中，n 为第 j 领域层指标个数。设 F 为整体绩效，W_j 为第 j 领域层的权重值，则：$F = \sum_{j=1}^{m} W_j Q_j$ 其中，m 为领域层个数。

（三）指标评分标准分类设计方法

1. 针对指标增量值评分标准设计

这类指标的评分标准是用被评价地方政府指标增量值与区域内各地方政府对应指标增量值进行比较，以被评价的指标增量值在区域内的相对位置作为标准，确定被评地方政府具体指标的得分。从统计数据来看，该类指标各年度数据的特点是：存量值和增量值的变化都相对稳定，极少有大幅波动的情况。

（1）正向指标。指标考察内容与政府绩效存在简单正相关的指标为正向指标，即指标增量值越大，绩效越高。典型指标有：科技经费占 GDP 比重，实际利用外资增长率等。该类指标绩效得分具体计算方法：

$$Y_i = \frac{X_i - X_{min}}{X_{max} - X_{min}} \times 100$$

Y_i 为被评价地方政府第 i 项指标的绩效得分，X_i 为被评价地方政府第 i 项指标增量值，X_{min}、X_{max} 为区域内地方政府第 i 项指标增量值的最小值、最大值。

（2）逆向指标。指标考察内容与政府绩效存在简单负相关的指标为逆向指标，即指标增量值越大，绩效越低。该类指标绩效得分具体计算方法：

$$Y_i = \frac{|X_i - X_{max}|}{X_{max} - X_{min}} \times 100$$

2. 针对指标增量值，兼顾存量差异的评分标准设计

这类指标的评分标准是：在考虑被评价地方政府指标增量值的同时，还考虑到指标的具体属性和被评价年度存量数据的差异。从统计数据来看，该类指标各年度数据的特点是：存量值和增量值的变化幅度较大，且变化的方向也经常出现变换。

（1）增量部分绩效得分具体计算方法：$X_i = V^1_i - V^0_i$

当 $V^1_i <$ 存量实际最大值（100% 或其他数值），则 $Z_i = \frac{X_i - X_{min}}{X_{max} - X_{min}} \times 100 \times a$

当 $V^1_i =$ 存量实际最大值（100% 或其他数值），则 $Z_i = 100 \times a$

"存量实际最大值"是与"存量理论最大值"相对的概念，表明政府绩效评

价应以地方政府可能达到的目标值作为最大值，而不应预设根本无法达到的理论最大值。

（2）存量部分绩效得分具体计算方法

将被考察地方政府的存量值与目标值（如国家标准等）进行比较，存量值高于目标值，说明该地方政府的工作绩效达到了预设要求，其工作绩效即为满分；存量值低于目标值，每低一个百分点就扣除该部分分值 $[100 \times (1-a)]$ 的一定比例 τ（根据实际需求自定义），则：

当 $V_i^1 \geqslant N_i$，则 $C_i = 100 \times (1-a)$

当 $V_i^1 < N_i$，则 $C_i = \left(1 - \frac{N_i - V_i^1}{N_i}\right) \times 100 \times (1-a) \times \tau = \frac{V_i^1}{N_i} \times 100 \times (1-a) \times \tau$

（3）指标绩效得分：$Y_i = Z_i + C_i$

逆向指标考察的内容与政府绩效存在负相关关系，但是指标的存量值对衡量地方政府的工作绩效也有重大影响，典型指标有：单位 GDP 能耗、单位 GDP 电耗等。

增量部分绩效得分具体计算方法：$X_i = V_i^1 - V_i^0$

当 $V_i^1 >$ 存量实际最小值（0 或其他数值），则 $Z_i = \frac{|X_i - X_{max}|}{X_{max} - X_{min}} \times 100 \times a$

当 $V_i^1 =$ 存量实际最小值（0 或其他数值），则 $Z_i = 100 \times a$

存量部分绩效得分具体计算方法将被考察地方政府的存量值与目标值（国家标准等）进行比较，存量值低于目标值的，绩效满分；存量值高于目标值的，每高一个百分点就扣除该部分分值 $[100 \times (1-a)]$ 的一定比例 τ，则：

当 $V_t^1 \leqslant N_i$，则 $C_i = 100 \times (1-a)$

当 $N_i < V_t^1 \leqslant 2N_i$，

则 $C_i = \left(1 - \frac{|N_i - V_i^1|}{N_i}\right) \times 100 \times (1-a) \times \tau = \frac{2N_i - V_i^1}{N_i} \times 100 \times (1-a) \times \tau$

当 $V_i^1 > 2N_i$，则 $C_i = 0$

指标绩效得分 $Y_i = Z_i + C_i$

3. 体现政策导向的评分标准设计

这类指标的评分标准是直接用指标存量值与预先设定的目标值进行比较，超过目标值的即为满分，但低于目标值的，每低一个百分点扣除指标分值的一定百分比 τ（如 $\tau = 1\%$）。以 GDP 增长率为例，GDP 增长率是衡量地方政府工作绩效的重要指标，但目前我国经济结构性矛盾比较突出，高质量发展要求更重视发展质量和效益，更加强化节能降耗、污染减排、节约资源、保护环境、节约用地。因此，GDP增长率指标具有很强的政策导向，一般设定了弹性空间，并非增长率愈高指标评分愈高。

4.通过社会调查直接获取结果的评分标准设计

公众满意指标一般通过社会调查的方式取得数量值。调查由公众对政府各方面的表现及服务水平进行评价。问卷通常采用李克特9级量表，各指标的评分标准均为9分制（也有5分制或10分制），由被访者根据满意程度打分，从而直接获取评分值。

评分标准作为政府绩效评价体系的重要组成部分对结果的影响不言而喻。在实际应用中也存在评分标准的设计针对性不强、忽视被评价对象处于不同的区域或不同的发展阶段，横向比较缺乏基础、对特殊指标的关注不足等问题。从本质上看，政府绩效评价是比较性评价，涉及关键的技术问题是如何界定指标增量和存量对绩效得分的不同贡献，以及可能对评价指数结果带来的影响。

第四节　政府绩效评价数据分析方法

一般而言，政府绩效评价结果分析包括六个步骤：明确研究问题；确定需要关注的变量指标；对变量进行分类和描述（使用一些工具软件，可以对变量进行图形描述，如直方图、散点图等）；计算变量的特征值（通过绘制变量分布图或者计算一些特征值，如中位数、平均值、方差、标准差等）；揭示变量之间的关联性（对变量特征值的描述和分析，初步解释反应性变量和解释性变量之间的相互影响关系）；得出初步结论。对评价结果进行数据分析，常用的定量方法有基本统计法和多元统计法。基本统计分析对分析数据的总体特征进行较准确的把握，主要包括：频数分析、描述统计、交互分析、相关性分析等。多元统计分析主要包括聚类分析、回归分析等。

一、频数分析

在统计分组的基础上，将总体所有的单位按某一标志进行归类排列，称为频数分析，或次数分析。频数分析是统计整理的一种重要形式，通过对零乱分散的原始资源进行有次序的整理，形成一系列反映总体各组之间的分布数列，即分布数列。根据分组标志特征的不同，分布数列可分为品质分布数列、变量分布数列。分布数列由两个要素构成，一个是总体按某标志所分的组，另一个是各组所出现的单位数，即频数，亦称次数。就变量数列而言，总体按数量分组，分组标志在各组有不同的数量表现，形成标志数列，亦称变量，一般用 X 表示，频次（次数）用 f 表示。在频次分析过程中，另一个重要概念是频率，它反映各组频次的大小对总体所起作用的相对强度，是各组频次与总体单位之比，可以表示为：

频率 $=f_i / \sum f_i$

其中，f_i 表示第 i 组频次。频率具有如下两个性质：任何频率都是介于 0 和 1 之间的一个分数；各组频率之和等于 1。

二、数据分布特征分析

（一）集中趋势分析

集中趋势分析用于反映数据的一般水平，通常有平均值、中位数和众数等指标分析方法。平均值是衡量数据的中心位置的重要指标，反映了数据的必然性特点，包括算术平均值、加权算术平均值、调和平均值和几何平均值；中位数是另外一种反映数据中心位置的指标，其确定方法是将所有数据以由小到大的顺序排列，位于中央的数据值就是中位数；众数是指在数据中发生频率最高的数据值。如果各个数据之间的差异程度较小，用平均值就有较好的代表性；而如果数据之间的差异程度较大，特别是有个别的极端值的情况，用中位数或众数有较好的代表性。

（二）离散程度分析

数据的离散程度分析主要用来反映数据之间的差异程度，常用的指标有方差和标准差、变差系数等。方差是标准差的平方，根据不同的数据类型有不同的计算方法；标准差用来描述该组数据的分散程度，即反映试验点的弥散度；变差系数是指样本数值对其均值的离散程度，反映的是均值偏移程度。在统计分析中，通常还要假设样本的分布属于正态分布，因此，需要用偏度和峰度两个指标来检查样本是否符合正态分布。偏度衡量的是样本分布偏斜方向和程度；而峰度衡量的是样本分布曲线的尖峰程度。一般情况下，如果样本的偏度接近于 0，而峰度接近于 3 就可以判断数据总体的分布接近于正态分布。对于某指标，收集到 n 个部门 X_i 的数据，那么该指标的均值 $\bar{X}$ 为：

$$\overline{X} = \frac{1}{n} \times \sum_{i=1}^{n} X_i$$

标准差 S 的计算公式为: $S = \sqrt{\frac{1}{n-1} \sum_{i=1}^{n} (X_i - \overline{X})^2}$

变差系数 Cv 的计算公式为: $Cv = \frac{S}{\overline{X}}$

三、相关性分析

从广义而言,相关关系是指社会经济现象中普遍存在的依存关系和制约关系,在数量分析中, 这种相互关系通常都可以通过数量关系表现出来。但是变量与变量之间存在的联系,并不只是前面所讨论的单个变量的某些孤立的特性,如均值、方差的特性等,我们要了解的是变量之间是如何发生相互影响的,即狭义的相关关系。在这种关系中, 对于某一变量的每一个数值,都有另一个变量的确定值与之相对应,而且这种关系一般都可以用一个数学表达式反映出来,例如 $y=rf(x)$,其中 r 为相关系数。计算相关系数 r 的公式为:

$$r = \frac{\sum(X-\overline{X})(Y-\overline{Y})}{\sqrt{\sum(X-\overline{X})^2 \sum(Y-\overline{Y})^2}}$$

其中, X、Y 为样本指标, $\overline{X}$、$\overline{Y}$ 为样本指标均值。R 取值在 -1 至 $+1$ 间。如两者呈正相关, r 呈正值, $r=1$ 时为完全正相关;如两者呈负相关则 r 呈负值,而 $r=1$ 时为完全负相关。当 r 完全正相关或负相关时, 所有 r 点都在一条直线上;如果 r 点的分布在直线回归线上下且较为离散, 则 r 的绝对值越小,而当 $r=0$ 时,说明 X 和 Y 两个变量之间没有线性关系

四、回归分析

回归分析侧重考察变量之间的数量关系,并通过一定的数学表达式将这种关系描述出来,进而确定一个或几个变量的变化对另一个特定变量的影响程度。回归分析包括一元线性回归、多元线性回归、非线性回归、逐步回归等方法,这里简单介绍前两种分析方法。

(一)一元线性回归模型

对于只涉及一个自变量的一元线性回归模型,可以表示为:$y=\beta_0+\beta_1 x+\varepsilon$。在一元线性回归模型中, y 是 x 的线性函数加上误差项 ε。$\beta_0+\beta_1 x$ 反映了由于 x 的变化而引起的 y 的线性变化;ε 是被称为误差项的随机变量, 它反映了除 x 和 y

之间的线性关系之外的随机因素对 y 的影响，是不能由 x 和 y 之间的线性关系所解释的变异性。式中的 β_0、β_1 称为模型的参数。

（二）多元线性回归模型

多元线性回归模型一般形式可以表述为：$y=\beta_0+\beta_1x_1+\beta_2x_2+\cdots+\beta_px_p+\varepsilon$。其中：$\beta_0$，$\beta_1$，$\beta_2$，$\cdots$，$\beta_p$ 是模型的参数，ε 为误差项。回归分析解决问题的大致方法、步骤如下：

（1）收集一组包含因变量和自变量的数据；

（2）选定因变量和自变量之间的模型，即一个数学式子，利用数据按照最小二乘准则计算模型中的系数；

（3）利用统计分析方法对不同的模型进行比较，找出与数据拟合得最好的模型；

（4）判断得到的模型是否适合于这组数据；

（5）利用模型对因变量作出预测或解释。

以实证研究为例。[1] 在政府整体绩效评价结果分析中，为探讨影响方案 3 和方案 4 相对偏差变化的主要因素，以两者间相对偏差为因变量，选择常住人口规模、人均 GDP、城镇居民人均可支配收入、人均社保和就业支出、一般公共服务支出占财政支出比重、酸雨频率 6 个客观类指标，以及对个人及家庭收入、工作就业、社会治安、医疗保障、自然环境、政府部门服务态度满意度 6 个主观类指标为自变量，进行多元线性回归分析，这些指标均为对方案间相对偏差变化具有整体影响性的经济、社会或满意度指标。[2] 由于各个指标量纲不同，分析前先做标准化处理并选择逐步回归法进行试探性分析，得到如下回归模型：

$$y=\beta_1x_1+\beta_2x_2+\beta_3x_3+\sigma+\varepsilon$$

其中，y 表示方案 3 与方案 4 间相对偏差；x_1 为城镇居民人均可支配收入；x_2 为一般公共服务支出占财政支出比重；x_3 为对自然生活环境的满意度；$\beta_1=0.382$（显著，p 值 $=0.022$），$\beta_2=-0.206$（显著，p 值 $=0.049$），$\beta_3=-0.930$（显著，p 值 $=0.000$），β_i 为标准化回归系数 $(i=1,2,3)$；$\sigma=0.021$（不显著，p 值 $=0.0876$），为常数项，ε 为随机误差。

1　郑方辉等 . 政府整体绩效评价：理论假说及其实证检验——以 2008 年度广东省为例 [J]. 公共管理学报 ,2011(3).

2　指标原始数据参见：郑方辉 .2009 广东省地方政府整体绩效评价红皮书 [M]. 广州：华南理工大学出版社 ,2010:227-249.

五、聚类分析

聚类分析是将一批样本或变量按照它们在性质上的亲疏程度进行分类。从统计学看，聚类分析是通过数据建模简化数据的一种方法。传统的统计聚类分析方法包括系统聚类法、分解法、加入法、动态聚类法、有序样本聚类、有重叠聚类和模糊聚类等。随着软件技术的发展，采用k—均值、k—中心点等算法的聚类分析工具已被加入到统计分析软件包中，如 SPSS、SAS 等。聚类分析依照事物的数值特征，观察各个样品之间的亲疏关系，而样品间的亲疏关系则是由样品之间的距离来衡量，一旦样品之间的距离定义后，则将距离近的样品归为一类。传统聚类分析要求聚类变量为数值变量，其中欧式距离在聚类分析的表达式如下：

$$d_{ij} = \sqrt{\sum_{k=1}^{m} (X_{ik} - X_{jk})^2}$$

其中：X_{ik} 表示第 i 个样品的第 k 个指标的观测值，X_{jk} 表示第 j 个样品的第 k 个指标的观测值，d_{ij} 为第 i 个样品与第 j 个样品之间的欧式距离。若 d_{ij} 越小，那么第 i 与 j 两个样品之间的性质就越接近，性质接近的样品就可以划为一类。当确定了样品之间的距离之后，就要对样品进行分类。分类的方法很多，系统聚类法应用最为广泛。聚类分析的具体做法是：首先将 n 个样品每个自成一类，然后每次将具有最小距离的两类合并成一类，合并后重新计算类与类之间的距离，这个过程一直持续到所有样品归为一类为止。分类结果可以画成一张直观的聚类谱系图。应用系统聚类法进行聚类分析的步骤包括：确定待分类的样品的指标；收集数据；对数据进行变换处理（如标准化或规格化）；使各个样品自成一类，即 n 个样品一共有 n 类；计算各类之间的距离，得到一个距离对称矩阵，将距离最近的两个类并成一类；并类后，如果类的个数大于 1，那么重新计算各类之间的距离，继续并类，直至所有样品归为一类为止；最后绘制系统聚类谱系图，按不同的分类标准或不同的分类原则，得出不同的分类结果。

第五章　政府绩效评价公众参与

　　某种意义上，政府绩效评价即是构建以公众满意度为导向的制度性监督体系及纠错纠偏机制，涉及政府与公众的关系，彰显了民意诉求和民主价值。如果说私人决策可以通过市场交易来评价及检验，那么，公众参与政府公共决策是民主价值体现，也是社会主义制度的优越性所在。理论上，公众参与政府绩效评价涉及不同层次和内容，涵盖政治生活的方方面面。公众参与政府绩效评价是推动政府改革创新，建设社会主义民主政治，提高政府公信力和执行力，驱动高质量发展与提升国家治理效能的内在要求。

第一节　政府绩效评价公众参与原理

一、政府绩效评价公众参与内涵

　　"公众参与"是一个历史性概念，不同时期其内涵有异，主要体现在公众参与的程度和方式有所不同。早期公众参与公共事务，主要指公民通过合法途径，对国家的政治决策、政治运作、政治结果等进行利益表达，并施以影响的过程。在代议制民主政体中，选举是主要的表现形式。20 世纪 80 年代后，政府公共事务管理的范围和程度不断扩大，公众不再拘泥于传统的民主参与方式，从象征性参与扩延到实质性参与，公共政策的主体和客体均呈现扩展趋势，公众更多地参与到制度化设计、组织决策和公共事务管理的实践中。

　　公众参与存在广义和狭义之分。广义上，公众参与包括政治领域的参与，也包含公共管理活动的参与；狭义上，公众参与特指政治领域内的参与，即代议制中公民通过投票选举的形式选出代议机构及成员的过程。公众参与的层次和领域具有多样性，一般而言，公共管理领域的公众参与是指公众参与到社会各项活动或公共事务管理过程中的行为，以此影响政府的公共决策，从而使决策或政策更加符合公众的利益与诉求。政府管理和治理过程中的公众参与涉及公共政策制定、公共政策执行、公共政策绩效评价等环节。格尔森和威廉姆斯（Garson and

Willianms）认为，"公民参与是在方案的执行和管理方面，政府提供更多施政回馈的渠道以回应民意，并使民众能以更直接的方式参与公共事务，以及接触服务民众的公务机关的行动"。[1] 现代服务型政府理论认为，公民是公共物品与公共服务的"消费者"和"参与者"，公民参与是政府治理结构中的关键组成部分，也是公共政策科学化、合理化不可或缺的重要环节。显然，厘清公众参与的内涵是理解政府绩效评价公众参与的逻辑起点。

我们认为，政府绩效评价公众参与是指非职业政治性的组织、群体或个人通过直接或间接途径，以合法的方式参与政府部门的绩效评价活动，表达自身态度、看法和意愿，保障自身权益，并对绩效评价结果产生影响的过程和行为。具体来说，公众参与政府绩效评价的特点：第一，政府绩效评价公众参与的主体是非职业性和非政治性的组织、群体或个人，是与政府绩效评价内容直接相关或不直接相关的一般公众，以及具有专业造诣的专家或组织等；第二，公众表达态度、看法和意见是基于与自身利益相关的事件和问题，公众的参与将对绩效评价结果产生影响；第三，根据评价内容的差异，政府绩效评价公众参与的方式、渠道多种多样，公众参与的深度和广度直接影响绩效评价的结果及结果应用。

二、政府绩效评价公众参与动因

随着传统公共行政理念的转变，特别是新公共管理运动的兴起和蓬勃发展，公共部门与公众之间的关系定位从管理与被管理的单向关系向服务与被服务的交互式关系模式转变，这种关系蕴含了双向沟通、赋权履责和需求回应。激活公众参与政府绩效评价的动机主要源于内部管理需求与外部民主价值的实现。

第一，公众参与是改进政府绩效管理的重要工具。在传统治理与被治理、管制与被管制的单向关系中，政府对社会资源拥有绝对的支配权，并通过行政区划的管理逐层逐级分配到地方政府，重点关注财政支出的规模和结构，较少关注产出效能和结果效益。在服务与被服务的交互式关系模式中，公众既是政府公共管理活动的对象，也是公共服务的消费者和顾客，具备"双重身份"。"这不仅使顾客、消费者、社会公众与他们作为这个社会的主人、所有者具有了同一的意义"，[2]

1　Garson G D, Willianms J D. Public Administration: Concept, Reading, Skill[M]. Bost Publon. Massachusetts: Allyn & Bacn Inc, 1982

2　Clinton B, Gore A. Report of the National Performance Review[M]. New York: Washington DC, 1994: 5, 16.

且由于"权力是对公共服务供给的直接控制"，[1] 使得依据公众需求提供公共服务的逻辑进路成了政府管理的应有之义。在这种新的关系模式下，政府绩效评价的工具理性和价值导向功能应运而生。于体制内而言，以民意为价值导向的公众参与使政府更加重视管理活动效率与产出对公众需求的回应程度，在一定程度上缓解了政府公共属性（目标多元、运作非交易等）所附带的复杂性对绩效测量的影响。于体制外而言，具备的"双重身份"使公众立足于受益者视角，其反馈对政府而言更具针对性与客观性。这种来自政府于执行层面的管理需求促使公民衍生出参与评价的动机。

第二，政府行为需要接受动态检验。伴随社会经济发展的新形势，国家战略导向变革与目标任务的分解下沉不可避免的会出现层级目标与导向的偏离或异变，可能产生与政策目标相反的实施效果，因此需要对政府行为展开动态的、持续的绩效评价。以中央、公众双向赋予的"标杆式"评估标准判断层级政策的可行度，规范政府行为，确保其不会成为社会发展的掣肘。哈贝马斯认为，合法性意味着是一种事实上被承认、值得被认可的政治秩序。[2] 合理回应民众需求、获得民众认可构成现代政府绩效合法性的重要基础和依据，建立在公共利益不损失的前提下，是促成公民参与评价以监督政府行动、维护自身利益的内在动机。

第三，公众参与是民主价值实现的重要途径。我国是社会主义国家，一切权力属于人民，公众基于对国家和政府的认同，出于政治效能感和责任感的驱动参与政府绩效评价的过程是宪法赋予的责任。此外，在"公民—政府"的代理关系中，公众作为权力的被代理人有权对代理人进行监督，公众参与可以有效防止公共权力的滥用，这表明公众参与是权力体系之外的制约形式。公民通常是主动参与或被动要求参与到政府绩效评价的实践中，政府绩效评价的公众参与需要政治环境和行政环境的制度化议程设计，这就形成了评价维度和评价水平的判断依据，为民主价值的实现提供了路径。

三、政府绩效评价公众参与指向

公众参与政府绩效管理既是建构更具包容性、有效性与合法性的公共管理实践方法，也是公共服务伦理价值的回归。[3] 将公众参与导入政府绩效评价是追求

1　Sawicky M. What's New Paradigm? A Guiding Theory of the Right[J]. Social Policy, 1992.

2　Harbermas J. Communication and the Evolution of Society[M]. Boston: Beacon Press, 1979: 178.

3　孙斐，叶烽.公众参与政府绩效管理的可持续性：一个系统性文献综述 [J].行政论坛,2020(1).

公平性与回应性的内在要求，也是强化"以人民为中心"的政策产出和效果的有效途径。政府绩效评价公共参与包含三个基本要素，指向"谁来参与""参与什么"和"如何参与"。

首先，"谁来参与"，即参与主体。政府绩效评价公众参与涉及多元主体，主要包括：以公民身份参与其中的个体公民、公共领域中的非政府组织或行业协会、与政府公共管理和治理相关的利益群体、与政府公共事务相关的商业集团、具备专业造诣的专家等。政府绩效评价公众参与的对象一般是与公共利益相关的公共事务，不同参与主体在不同类型的政府公共管理和治理事务中的立场、地位、动机不尽相同，并随政府管理和治理态势的不断发展变化形成错综复杂的关系，这种相互间的关系注定了政府公共事务管理结构的复杂性。

其次，"参与什么"，即公众参与的内容和对象。在行政法治化和社会治理法治化的框架内，公众逐步深入到政府绩效评价的过程中，在参与形式、方法、渠道、手段等方面更直接、更便捷，可以说，政府绩效评价公众参与的内容更具广泛性。政府管理和治理过程中公众参与的内容主要包括：民主信仰型参与、权力分享型参与、信息沟通型参与、资源获得型参与、保护型参与、告知型参与等。

最后，"如何参与"，即公众参与的途径。20 世纪 60 年代西方兴起的"参与式民主理论"主要强调政府放权和公众参与，除选举产生政府外，在日常政治生活中的互动及对政府政策频繁的、高度的参与也是衡量民主的一个重要标志，公众有权对政府及其政策施加影响。[1] 现代社会中，政府绩效评价是政府行政民主化的主要体现，政府绩效评价公众参与以制度化的参与为主，制度化的参与是指公众通过合法程序参与政府绩效评价过程的参与方式。较为典型的参与方式有民意调查、征求意见会、市民热线、公开听证（包括立法听证、行政听证）、公民会议等。此外，随着新媒体、网络技术的发展，政府绩效评价公众参与的方式不再局限于传统，也包含了更具时代性的参与方式，如社交媒体、电子邮件、电子投票、网络对话、网络民意测验等。

同时，大数据时代的政府绩效管理模式实现了以民为本和数据驱动，有力地推动了政府绩效的持续改进。[2] 以智能化、数字化为核心的新一代信息技术使得政府绩效评价公众参与萌生出新模式，即数字化的参与。数字化的绩效管理参与模式旨在让公众参与政治和公共事务，提高政府管理和治理过程的透明度，有利

1　陈尧 . 民主的要义：当代西方参与式民主理论研究 [M]. 上海：上海人民出版社 ,2016:178.

2　马亮 . 大数据时代的政府绩效管理 [J]. 理论探索 ,2020(6).

于信任关系的构建。数字化的参与不仅仅是公众参与渠道的扩展，更是参与方式和参与内容深度与效度的增强。[1] 目前我国各级政府部门在民生、经济、福利、环保等领域加大政府信息公开的力度，公众可通过政府网站、微博、微信等社交媒体实现数字化的参与。此外，公众在接受公共服务或同政府部门打交道的过程中会自动披露相关信息，政府部门可以借助数字化的"留痕"技术采集公众的偏好、态度和意愿，并用于政府绩效管理。[2]

四、政府绩效评价公众参与意义

传统的政府绩效评价机制大多在政府内部完成，缺乏主客观指标互补互证的方法应用，极易导致绩效信息的无效性和测量的盲目性。如今，政府绩效评价已经实现了从政府内部逐渐向政府外部延展的转变，公众参与政府绩效评估，是实现政府有效治理必不可少的步骤，对于政府行动的合法化、政府决策的科学化以及政府形象的改善都具有重要的意义。[3] 在这种治理模式下，公民的作用不仅仅是投票人，公民参与政府绩效评估可以帮助政府识别重要问题、提供解决办法、判断目标是否达成。[4] 只有让公众真正参与到政府绩效评价的过程中，才能监督政策执行主体，提高政府执行力，实现政府与公众的良性互动。因此，政府绩效评价公众参与具有重要意义。

首先，有利于推进我国社会主义民主政治，保障政府绩效评价的公平性和信息的公开透明性。社会主义民主政治始终坚持以人民为中心，回应人民群众的诉求和期盼，切实维护人民根本利益，促进社会公平，增进民生福祉。具体到公共事务管理环节，公众参与打破了政府对绩效评价权的垄断，根本上强调的是对人民利益的维护和保障。进一步而言，其一，权力的分享有利于实现以权力约束权力，限制政府评价利益主体的"自利性"行为，是政府绩效评价过程公平的有力保证。其二，公众参与政策绩效评价是信息透明化的重要体现。在绩效评价过程中，公众可以获得更多的绩效信息，有利于保证评价信息的充分性和评价结果的

1　王益民 . 数字政府 [M]. 北京 : 中共中央党校出版社 ,2020:123.

2　Ma L, Wu X. Citizen engagement and co-production of e-government services in China[J]. Journal of Chinese Governance, 2020(1).

3　邓国胜等 . 群众评议政府绩效 : 理论、方法与实践 [M]. 北京 : 北京大学出版社 ,2006:8.

4　[美] 凯瑟琳·纽克默等 . 迎接业绩导向型政府的挑战 [M]. 张梦中等译 . 广州 : 中山大学出版社 ,2003:123.

完整性。其三，公众参与政府绩效评价的过程实质上是多元利益主体之间的博弈。各评估主体就绩效信息进行博弈，既有利于维护各利益主体的自身利益，又有利于维护公共利益和公共价值。

其次，有利于提高评价质量，推进政府绩效评价的科学化和民主化水平。一方面，在自上而下的政府绩效评价模式中，官僚体制内的专家无法获得全面且准确的绩效信息，尤其是在政府作为单一评价主体的传统模式下，不免落入"形象工程""政绩工程""形式主义"的窠臼，致使评价的结果与质量饱受质疑。公众参与可为政府绩效评价带来更多真实有效的绩效信息，有利于评价误差的减少，提高评价质量。另一方面，政府绩效评价是影响政策变化、改进政府决策的重要依据。公众参与政府绩效评价的过程不仅可以检验政策的效果、效益和效率，而且可以保障与公众切身利益相关的公共利益不被精英集团和利益集团所吞噬，促进资源的合理配置，为民主决策奠定基础，有利于推进评价的科学化和民主化水平。

最后，有利于增强政府对公众的回应程度，为绩效目标的实现提供更多的选择路径。政府绩效评价公众参与具有较强的监督性和动态性，让公众参与政策的"目标—执行—结果"的全过程，表达自己态度、意见、看法等利益诉求，有利于增强政府对公众的回应程度，对政府决策起到一定的引导和制衡作用。同时，市场经济的快速发展和放松的行政管制一方面极易造成社会分层的复杂化，另一方面又赋予了公民和社会组织发扬民主的空间，从而让政府绩效评价主体的多元化成为现实。经多年探索实践，非营利组织、高校科研机构、媒体等凭借着自身优势以多种方式参与到政府绩效评价高质量发展的进程中，弥补了政府一元主体评估的不足，如价值观的差异、评估途径和手段单一、趋利避害的"政绩观"而脱离实际，也可避免"既是裁判员又是运动员"的角色冲突。

第二节　政府绩效评价公众参与模式

一、政府绩效评价公众参与范围和程度

政府绩效评价公众参与是一个多环节组成的综合过程，参与方式的选择主要基于政府绩效评价的性质、结构、指标体系和议程设置；绩效评价过程中利益相关人的规模与评价范围；公众参与方式是否与绩效评价内容和目标相匹配等。同时，这也可视为是政府绩效评价公众参与有效性与实质性的参照标准。

公众参与具有不同的范围和程度。Sherry Arnstein 提出的"公民参与

阶梯论"认为公民参与的发展水平和发展历程分为三个层次，即"无参与（Nonparticipation）""象征性（Tokenism）参与"和"公民控制（Citizen Control）"。[1] 周志忍将绩效评价公众参与的层次划分为"公民无参与""无效参与""有限参与""高度参与"和"主导型参与"五个层次。[2] 我们认为，公众介入政府绩效评价过程中每一环节的范围和程度决定了参与的有效性和实质性，这是一个全方位的立体结构，其范围和程度涉及纵向和横向两个层面。

横向层面的公众参与是指政府绩效评价内容的广度，即政府绩效评价的内容与范围。如经济发展、基础设施建设、政务服务、社会保障、教育公平、乡村振兴、生态环境、脱贫攻坚、就业保障等。亨廷顿认为："广泛的参与可以提高政府对人民的控制，如在集权国家那样，或者可以提高人民对政府的控制，如在许多民主国家那样。但是在所有现代国家里，公民是直接参与政府事务并受其影响的"。[3] 在我国国家治理体系和治理能力现代化进程中，公众通过公众监督、民主协商等多种形式被赋予了更多决定和影响公共事务的权利和机会，公众参与的效能感不断提升，公共利益和公共价值在政府和公众互动的过程得以实现。

纵向参与涉及"有限参与"和"全过程参与"两种类型，即公众参与政府绩效评价的环节和深度。有限参与是指公众仅介入绩效决策、绩效实施或绩效结果评价的某一环节，有限参与的方式具有被动性和间接性，公众更多的是被邀请参与政府绩效评价的过程，而这个过程大多集中于对绩效结果进行评价的阶段。有限的公众参与影响了参与的广度和深度。全过程参与是指公众通过协商、对话、咨询、讨论等方式参与到政府绩效评价的各个环节中。目前学术界对公众参与政府绩效评价的模式研究中，最具代表性的是政府绩效评价全过程的公众参与模式。[4] 全过程的公众参与模式让自上而下的决策执行同自下而上的回应表达形成了可持续的互动运行闭环链，即"参与—反馈—参与"的闭环链。也就是说，公众参与和政府回应是一个双向互动的过程，政府绩效评价公众参与并不仅是一个自下而上的单向意志表达形式，自上而下的政府回应机制因公众参与的介入而趋

1　Arnstein S R. A Ladder of Citizen Participation[J]. Journal of the American Planning Association, 1969(4).

2　周志忍. 政府绩效评估中的公民参与：我国的实践历程与前景 [J]. 中国行政管理,2008(1).

3　[美]塞缪尔·P.亨廷顿. 变化社会中的政治秩序 [M]. 王冠华等译. 上海：三联书店,1989:32.

4　周志忍. 政府绩效评估中的公民参与：中国地方政府的实践与经验 [M]. 北京：人民出版社,2015:71.

于完善，是公共事务管理民主性、全面性和广泛性的具体体现。

二、政府绩效评价公众全过程参与方式

基于"以人民为中心"和"公众满意"的价值追求，公众参与可视为合作治理的主要表现形式之一，在政府绩效评价的各个环节引入公众参与是实现绩效合法性的重要途径。根本上讲，公众参与是促进政府流程再造的机制，是对传统政府运作模式深层地、系统地变革，通过合作治理来实现公共治理公信力与执行力目标，以此成为解决棘手问题、提升治理绩效的核心机制。[1]公众参与是一种基于对话的双向互动形式，使公众与政府都经历一个内化发展的过程，实现其对原有认知的调整或重构。[2]全过程政府绩效评价公众参与模式倡导以健全的政府信息告知和披露制度、组织运行制度和法律制度为保障，以公众期盼为起点，让公众参与到绩效表达、绩效决策、绩效实施和结果反馈的过程中，具体表现为表达绩效诉求、监督绩效过程和评价绩效结果（见图5-1）。

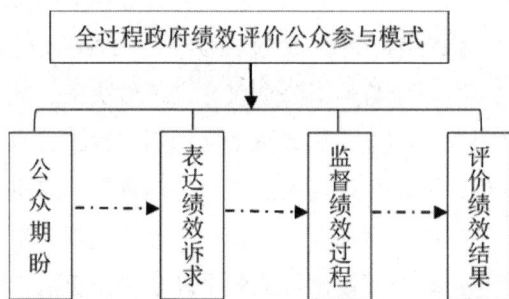

图 5-1 全过程政府绩效评价公众参与模式

首先，表达绩效诉求。公共决策或公共政策主要以公共物品为载体进行资源分配和利益协调，对于不同利益主体具有一定的排他性和竞争性。公共管理和治理需要政府和公众共同处理社会事务，强调多元社会机制的协同与整合。俞可平认为，治理通过合作、协商、伙伴关系、确立认同和共同的目标等方式实施对公共事务的管理，治理是一个上下互动的管理过程，治理的实质是建立在市场原则、

---

1 王学军. 我国政府绩效管理的治理转型 [J]. 理论探索 ,2020(6).

2 孙斐. 价值冲突的演化逻辑与路径——一个地方政府绩效评价语境的诠释 [J]. 领导科学论坛 ,2018(23).

公共利益和认同之上的合作。[1] 政府绩效评价公共参与是实现政府和公众间良性互动和有效合作的重要途径之一。公众表达的绩效诉求可视为公众的"期望"，即公众对政府活动结果和治理效能的诉求，绩效诉求的表达是影响政策使命和优先目标的重要因素。在政府绩效评价过程中，代表人民急难愁盼的公众期望一旦被纳入绩效指标设计范畴便成为检验政府绩效与预期目标之间落差的尺度工具，公民在绩效评价系统、目标与指标设计环节的参与，有利于政府与公众对绩效指标和标准达成共识。[2] 从而为政府提高公共服务质量和水平提供依据。

其次，监督绩效过程。绩效过程是一个连续的动态过程，同时也是一个公权与私权博弈的过程。如何在公共事务管理过程中发挥绩效评价的纠偏纠错功能是达成绩效目标的核心问题。在新公共管理范式下，政府公共服务的供给以权力下放和公众参与的方式尊重和满足公众偏好，在绩效过程中，信息技术和公众参与的相互作用有助于提升政府执行力。参与式的民主理论认为，通过普遍的、深入的参与，可以将依附性的、私人性的个人转变为自由的、发展的个人，将狭隘的私人利益转变为公共善，将个人转变为积极的民主公民。[3] 可以说，政府以个人价值累加的方式达成了某种意义上的公共价值。[4] 公众通过相应的渠道和方式参与到政府绩效评价的过程中，持续地、动态地反馈对公共事务管理过程中的意见、看法和意愿，将"目标偏差"的可能降到最低，从而实现公共价值。

最后，评价绩效结果。通过政府绩效评价，政府向公众公开公共事务管理成效，公众对政府提供公共服务的效率和效果进行评价，并对政府行为、财政资金流向等进行评议和监督，从而让政府了解公众需求结构和需求特征、增进公共利益，提高公众满意度，促进高效、廉洁、公正的公务员队伍构建。传统绩效考核模式大多由上级部门或由政府部门内部进行评估，这种以内部评估为主的绩效评价模式往往缺乏可靠性和公开透明性。因此，让公众参与政府绩效评价是降低政策执行偏差，促进评价结果转化运用，维护社会公平，提升政府公信力的有效途径。

1　俞可平 . 全球治理引论 [J]. 马克思主义与现实 ,2002(1).

2　Coates H P . Citizen-Initiated Performance Assessment: The Initial Iowa Experience[J]. Public Performance & Management Review, 2004(3).

3　陈尧 . 民主的要义：当代西方参与式民主理论研究 [M]. 上海：上海人民出版社 ,2016:179.

4　常莉 , 胡晨寒 . 公共价值与公共服务：逻辑内化与现实偏离 [J]. 行政论坛 ,2020(5).

三、影响政府绩效评价公众参与因素

将公众参与纳入政府绩效评价是衡量政府管理效能与行政行为成效的重要指标。中国当代公众参与的激励来源于执政者以民为本的传统"民本"执政理念、西方现代民主思想、人民民主主权观等不同方面，[1]概括而言，影响政府绩效评价公众参与的因素主要体现在以下四点：

第一，制度环境。政府绩效评价公众参与涉及政府与公众的关系，彰显了民意诉求和民主价值。宪政则是以法治来限制政府权力，使公民权利免受侵害。民主意味着公民积极参与政治，监督政府作为是逻辑的必然，民主与宪政是互为补充的关系，一同形成公民与国家间良性互动的宪政秩序。[2]法律与制度赋予公民平等的参与权，体现其主体地位，法治的刚性约束是明确界定绩效评价公众参与组织权、评价权、管理权，保障参与制度化、规范化、法制化运行的基础。因此，制度环境是首要的影响因素。

第二，组织机制。罗尔斯认为"法治取决于一定的形式上的正当过程，正当过程则是通过程序体现的"。[3]置于全面绩效管理背景下，责任政府的构建依赖于有效、健全、完善的利益表达机制、程序化参与机制和绩效信息公开机制。这是因为政府自发"无规则性""临时"发起的绩效评价存在"标榜政绩"的倾向，在相关配套制度、体制机制等缺位的情况下偏离了政府绩效评价公众参与的初衷。将公众参与导入政府绩效评价的根本目的是凭借来自政府外部的监督压力，使绩效评价活动不再是政府内部的事情，是民主价值追求与责任政府建设的必经之路。实体规则与程序规则的缺位，潜在地决定了政府活动发展方向的随意性。因为没有规则的约束，政府绩效评价公众参与从内容到程序均存在于政府自由裁量权的掌控之下。[4]因此，参与程序的便利性、参与手段的有效性、参与效果的回应性、责任机制的清晰化等由组织机制决定，是影响公众参与政府绩效评价的重要因素。

第三，文化价值。新公共服务理论认为，政府的职能是服务而非掌舵、政府

---

1 贾西津.中国公民参与案例与模式 [M].北京：社会科学文献出版社,2008:5.

2 石路.政府公众决策与公民参与 [M].北京：社会科学文献出版社,2009:148.

3 [美] 约翰·罗尔斯.正义论 [M].何怀宏等译.北京：中国社会科学出版社,1988:245.

4 王锡锌.政策过程中公众参与的制度实践 [M].北京：中国法治出版社,2008:295.

追求公共利益、为公众服务。[1] 政府应该致力为公众营造一个无拘无束、真诚的对话环境，使公众能够清晰地表达共同利益以及价值观念，将公共利益处于主导地位，并鼓励公众为了公共利益采取一致行动。但是，我国政府绩效评价的渐进式发展历程导致绩效评价在某种程度上具有历史惯性背景下的文化价值特性。如，重人治轻法治传统观念冲击着绩效管理的制度化与规范化、政府权力本位和官本位思想阻滞了绩效管理开放性和公众评估参与、重中庸轻竞争导向造成绩效管理流于形式和绩效文化瓦解等。[2] 虽然政府绩效评价的理念、模式、规范随社会经济的发展进步也相应地变革调整，但传统的文化价值所衍生的价值导向与行动逻辑仍是影响公共参与评价的重要因素。

第四，个体意识。个体意识涉及政府层面的态度倾向和公众层面的认知倾向。一方面，民主政治强调以广大人民的根本利益为出发点，具有公正性、公平性和普惠性。但实际上，政府行政过程中均能发现交易政治、个体主义和"经济人"理性的影子，这也是布坎南公共选择理论方法论的三大要素。[3] 政府在某种程度上不仅是政府决策的制定者也是政策的执行者，和"经济人"属性叠加存在"自利性"倾向。另一方面，政府绩效评价兼具工具理性与价值导向的双重属性，公众参与所汇聚的民意通常是公众真实的需要与利益倾向，但囿于个人禀赋的差异、社会环境压力等的影响，公众认同并接受的民意并非完全正确科学，存在非理性的认知偏差。此外，公众较低的政治效能感是参与意愿和参与态度不够积极的体现。因此，政府和公众各自的利益动机是个体意识层面关键的影响因素。

第三节 政府绩效评价公众满意度调查

一、公众满意度调查缘由

（一）公众满意度内涵与特征

满意度的概念最初起源于心理学和市场营销学范畴，在企业管理领域称之为"顾客满意度"，随着公共改革的发展和推进，顾客满意度概念逐渐被应用到公

---

1 Denhardt R B, Denhardt J V. The New Public Service: Serving Rather Than Steering[J]. Public Administration Review, 2000(6).

2 盛明科.支持政府绩效管理的组织文化特征与培育途径——基于中西方国家比较的视角 [J].武汉大学学报：哲学社会科学版,2014(5).

3 [美]布坎南著.自由、市场和国家 [M].北京：北京经济学院出版社,1988:22.

共管理领域，"公众满意度"由此产生。公众满意度是指公民在体验政府为其提供的公共服务或公共物品时，公众的需求、期望和目标得到满足的一种心理活动，它是由公众对政府提供的公共服务或公共物品所产生的感知与预期目标相比较而决定，形成的一种愉悦或者失望的感觉状态，这是一个以公众感受为评价标准的概念。公众满意度的函数关系可表示为：

$$PSI = \frac{q}{e}$$

其中 PSI 代表公众满意度，q 代表公众对政府决策或公共服务的感知，e 代表公众的期望值，PSI 的数值越大，表示公众越满意，反之则反。通常来讲，当 $PSI > 1$ 时，公众满意度很高，即政府决策或公共服务表现超出了公众的期盼，此时公众对政府的信任度和忠诚度呈现出较高的水平；当 $PSI=1$ 时，公众满意度较高，表明政府决策或公共服务效果恰好吻合公众期望，此时公众会表现出应有的热情和信任；而当 $PSI < 1$ 时，政府决策或公共服务表现低于公众期望，这种情况下，公众会产生抱怨、冷漠、不满、不信任等情绪或行为。

从公众满意度的特征来看：一是主观性，"满意"是源于内心的满足程度，是一个内生变量，受社会阶层、教育程度、生活经验、价值观、年龄、职业、收入等因素影响，公众的期盼不同，对结果的感知必然不同；二是模糊性，"满意"作为一种主观感受，并非能以简单的"是非对错""非此即彼"进行判断，模糊性主要源于获取外部信息的不充分性和利益相关度的差异；三是层次性，马斯洛需求层次理论认为人的需要由生理的需要、安全的需要、归属与爱的需要、尊重的需要和自我实现的需要五个等级构成，处于不同层次的人对服务和产品的感知质量和感知价值的评价标准不同，且不同地域、不同阶层或同一人处于不同需求阶段对同一服务和产品的评价也可能不尽相同；四是相对性，作为一个动态概念，满意度只有进行了纵横比较分析才具有实际的意义；五是可测性，尽管公众满意度具有模糊性，在进行满意度调查时一般可运用模糊集合理论和模糊测评方法等技术手段获取量化数值。

（二）政府绩效评价与公众满意度调查的关系

公众满意度调查是公众参与政府绩效管理的主要表现形式，是一种体现结果导向的公众参与反馈机制，它是公众对政府绩效满意程度的度量。政府绩效评价是主观指标与客观指标的统一，包含公共事务管理的客观效果和公众对于政府的主观感受两个方面。技术层面上，客观指标需要借助主观指标加以验证，相应地，囿于政府客观绩效数据的缺失和失真，需要公众参与的主观指标进行检验和补充。由此，主客观各层指标形成了互补互证的关系。

公众满意度反映了公众对政府的综合态度和价值诉求，而非政府绩效在公众脑海的单向投射。这种政府总体印象的建构，更多是一种直觉评估。[1] 在政府绩效评价中导入公众满意度调查不仅是党委政府"以人民为中心"和"人民满意"执政理念的体现，也从技术层面使评价指标体系变得操作可行。公众满意度是检验政府绩效的技术和价值尺度，公众满意度调查为公众了解、监督、参与政府管理提供了途径，公众满意度调查作为一种管理的手段和工具，以公众对政府公共事务管理的感知结果为评价依据，有利于促进党委政府的公共责任履行和对公众期望诉求的回应。

二、公众满意度调查功能

随着新公共管理运动的兴起，西方国家越来越多地通过市民调查来评估公共服务的质量。[2] 政府绩效评价公众满意度调查可推动政府与公众间的信息互通，加深彼此信任，有效提高政府部门的服务能力和服务水平，让改革发展成果惠及广大人民群众。具体来说：

首先，政府绩效评价公众满意度调查是承载民意的主要载体。民意表达是公民政治参与的基本形式，所反映的是较为普遍的民意。无论是体制信念，还是法规遵守，民意的充分表达和广泛汇集都是现代政府合法性的重要基础和依据。政府行为和政府公共服务供给是否代表了人们期盼和公共利益，需要政府绩效评价公众满意度调查的检验。因此，要创造各种条件让全体公民通过多种途径参与到公共政策的制定与执行中，参与到国家事务、社会事务和经济文化事业的现代化建设中，从而了解公众偏好，实现民主导向。

其次，政府绩效评价公众满意度调查是公民有序参与政治的有效途径。公民有序参与政治是满足人民群众日益增长的美好生活需要，增强人民获得感、幸福感、安全感的重要保障。公众权利意识、自主意识和民主参与意识随社会的进步

1　Calmar A S, Morten H. Cognitive Biases in Performance Evaluations[J]. Journal of Public Administration Research & Theory, 2015(4).

2　Miller T I, Miller M A. Citizen surveys: how to do them, how to use them, what they mean(second edition)[M]. Washington DC: International City Management Association, 2000: 187−201.

逐渐回归。制度化的公众参与渠道是国家治理体系和治理能力现代化的客观要求，否则公众有可能采取激烈的方式表达诉求，影响社会稳定。罗兰·彭诺克认为："评价的注意力应集中在那些不只是能够满足国家自身的需求，而是人类自身的需求。满足人类自身的需要，政策才对人类最有价值，政策才能证明其存在的合理性。"基于公众满意度调查的内在属性，公众满意是增强政府实质合法性的重要判断依据，可以说，政府绩效评价公众满意度调查是公民有序参与政治的重要方法应用。

最后，政府绩效评价公众满意度调查是推动高质量发展政绩考核的重要测评手段。公众满意度被视为公共服务评价反馈的主要来源和问责的重要依据。[1]在我国，政绩考核涉及党政领导干部选拔任用、评先评优、奖励问责等诸多方面，只有对党政领导干部的工作情况进行精准的测量，才能推动政绩考核工作精细化。政绩考核中最为重要的一项评价维度即民生保障目标任务完成情况，这是党政领导干部践行以人民为中心发展思想，用心用情用力解决群众关切的具体体现。通过公众满意度调查测评工具的应用，有利于促进政府职能转变，改善管理流程，为政绩考核工作提供动能，有利于形成能者上、优者奖、庸者下、劣者汰的干部选拔导向。

三、公众满意度指数模型

政府绩效评价公众满意度调查研究可追溯至 20 世纪 30 年代 Hoppe 和 Lewin 等学者在心理学与社会学等领域的相关研究，他们认为顾客满意度的感知质量与信任、自尊、忠诚等因素有关。20 世纪 70 年代，一些发达国家学者对市场营销学领域顾客满意的度量问题展开广泛的研究。顾客满意度模型（Customer Satisfaction Index，简称 CSI）是预测产品盈利能力的重要工具，最早应用于企业，并以企业所提供的产品和服务的过程为参照，测量顾客对产品和服务质量的满意程度。在顾客满意度模型的基础上，基于不同的研究目的和研究内容，学界将此延伸到公共部门，产生如瑞典 SCSB 模型、美国 ACSI 模型、欧洲 ECSI 模型等。

（一）瑞典顾客满意度指数模型（SCSB 模型）

瑞典顾客满意度指数模型（Sweden Customer Satisfaction Barometer，简称 SCSB）是世界上第一个全国性的顾客满意度指数模型。该模型由顾客期望、感知绩效（感知价值）、顾客满意度、顾客抱怨和顾客忠诚五个指标变量构成其基本框架（见图 5-2）。顾客对产品或服务的期望和顾客对产品或服务的感知绩效（感

1　Morley E, et al. Comparative performance measurement[M]. Washington DC: Urban Institute Press, 2001:53.

知价值）是前置变量，顾客抱怨和顾客忠诚是结果变量，顾客满意度是核心概念。具体而言，顾客期望是顾客在购买某一商品或服务之前对其价格、质量等的估计。感知绩效又称感知价值，是指顾客购买某一商品或服务与其价格相比在顾客心中的感知地位。感知绩效越高，顾客满意度就越高。[1]顾客满意度是目标变量，满意度高，顾客抱怨相对较少，顾客忠诚度随之提升。顾客忠诚表明顾客对某一商品或服务的认同和信赖，顾客忠诚表现出的是一种重复购买行为，它是顾客满意度不断强化的结果。顾客抱怨是顾客满意度的一种结果，当顾客对所购商品或服务不满时会表现出抱怨、不满、不信任等情绪，甚至产生投诉、赔偿、退出等行为。当顾客抱怨与顾客忠诚呈正相关关系时，表明提供商品或服务的企业通过售后服务、危机公关等方式将不满的顾客转化为忠诚的顾客，当顾客抱怨与顾客忠诚呈负相关关系时，意味着顾客的流失。

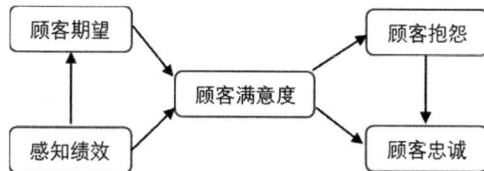

图 5-2 瑞典顾客满意度指数模型（SCSB 模型）

（二）美国顾客满意度指数模型（ACSI 模型）

美国顾客满意度指数模型（American Customer Satisfaction Index，简称 ACSI）是由美国密歇根大学费耐尔（Claes Fornell）教授等人于 1994 年在瑞典顾客满意度指数模型（SCSB）基础上创建的，该模型已被许多国家和地区借鉴和采用。[2]ACSI模型由顾客期望、感知质量、感知价值、顾客满意度、顾客抱怨、顾客忠诚 6 个结构变量组成。顾客满意度被置于一个相互影响、相互关联的因果互动系统中，每个结构变量又包含一个或多个观测变量，观测变量通过实际的调查收集而得；顾客期望、感知质量、感知价值称为前置变量，通过对顾客满意度测量可以得到顾客抱怨和顾客忠诚两个结果变量。[3]较之于瑞典的 SCSB 模型，ACSI 模型增加

---

1 Anderson E W, et al. Customer Satisfaction, Market Share and Profitability: Findings from Sweden[J]. Journal of Marketing, 1994(3).

2 Fornell C, et al. The American Customer Satisfaction Index: Nature, Purpose and Findings[J]. Journal of Marketing, 1996(4).

3 刘宇 . 顾客满意度测评 [M]. 北京 : 社会科学文献出版社 ,2003:84 –90 .

的关键变量即顾客对商品或服务的感知价值（Perceived Quality），是顾客期望和感知质量的结果变量，同时顾客期望和感知质量对顾客满意度具有直接的影响。（见图 5-3）

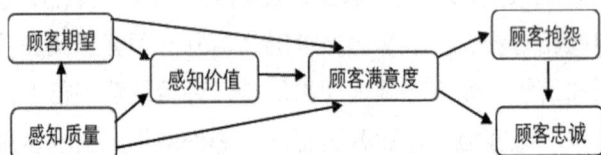

图 5-3 美国顾客满意度指数模型（ACSI 模型）

（三）欧洲顾客满意度指数模型（ECSI 模型）

欧洲顾客满意度指数模型（European Customer Satisfaction Index，简称 ECSI）延续了 ACSI 模型的基本框架和核心理念。在结构变量中，企业形象、顾客期望、感知到的产品质量（硬件）、感知到的服务质量（软件）和感知价值是顾客满意度的原因变量；顾客忠诚是顾客满意度的结果变量。ECSI 模型剔除掉 ACSI 模型中顾客抱怨这一潜在变量，增加了"企业形象"为潜在变量，并将感知质量分为感知硬件质量和感知软件质量两个部分。（见图 5-4）

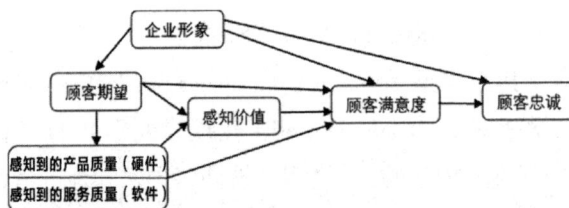

图 5-4 欧洲顾客满意度指数模型（ECSI 模型）

（四）美国公共部门顾客满意度指数模型

20 世纪 70 年代兴起的"新公共管理运动"将企业管理的方法引入行政改革的实践中，倾向于把公众视为政府的"顾客"。公共部门应以"顾客满意"为宗旨，"顾客至上""顾客满意"的理念被广泛应用。20 世纪 80 年代后公共服务的市场化供给和公民参与政府绩效评价等实践促使美国顾客满意度指数（ACSI）

应用到公共部门，建立了美国公共部门顾客满意度指数模型。[1] 如图 5-5，模型测量的是公共服务或公共产品效率和效果，有别于企业对商品和私人服务满意度的度量，主要通过信息和过程观测感知质量和顾客期望。从结果变量来看，体现为顾客抱怨和信任。顾客的信任和支持，不是以重复购买行为为表现形式，而是体现在客户有信心在未来继续依托公共部门提供的公共服务或公共物品，其表现为对公共部门的信心程度，这是因为政府提供的公共服务和公共物品具有垄断性。

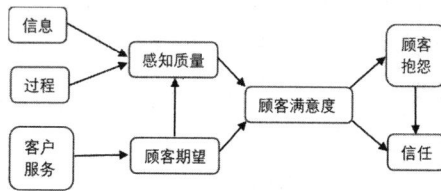

图 5-5　美国公共部门顾客满意度指数模型

（五）国外顾客满意度指数模型简析

前文介绍的 SCSB 模型、ACSI 模型、ECSI 模型是被广泛借鉴应用的经典顾客满意度指数模型。总体上看，顾客满意度指数模型是一个多层次的指数体系，是一个可以相互比较的测量体系，模型的设计具有较强的可操作性，模型中的变量选择和路径关系具有较强的解释性。但应用于公共部门的美国顾客满意度指数模型仍存在一定的局限性：首先，ACSI 模型主要运用于企业，服务于市场营销，针对用户或消费者，基于顾客满意的理念，公众作为纳税人在某种程度上也是政府的"消费者"，但公众个人未必直接接受政府的服务，无法客观准确对公共服务进行评价。其次，ACSI 模型主要针对有形产品和服务，以顾客的感知质量、期望、价值、满意度、抱怨、忠诚为对象和载体，但政府绩效评价中公众满意度调查的测评只是一种公众对政府绩效的主观概念和印象评价，操作上以政府部门绩效为主而非政府总体绩效。最后，ACSI 模型的公众满意度调查需投入相应的人力支持、财政支持、物资保障、上级指示等，缺乏对价格与成本的考虑。因此，建构一套符合我国国情、契合公众利益和公共价值的政府绩效评价公众满意度调查模型是实现本土化的现实选择。

1　郭政, 陈征洪. 美国顾客满意度指数在政府部门的实践与启示 [J]. 标准科学, 2015(5).

四、政府绩效评价公众满意度测量指标

公众满意度指数模型是衡量公众满意程度的一种综合评价指数。模型构建的目的在于真实客观地反映公众对政府的满意程度，增强公众满意度调查测量的精准性、可操作性、可控制性和经济性。20 世纪 90 年代，我国学者将西方顾客满意度指数模型引入国内，以 ACSI 模型为基础，针对不同领域设计公众满意度模型。代表性指数模型如"清华模型"（Chinese Customer Satisfaction Index，简称 CCSI）、中国房地产顾客满意度指数（CRECSI）模型等。而随着研究的深入，源于商业的顾客指数逐步应用于公共部门领域。21 世纪初，我国学者运用西方绩效评价相关理论，将公众满意度相关指标模型、技术方法等引入评价体系中。

在指标模型方面，公众满意度指标设置应立足于国家发展实情与公众需求，涵盖地方差异性，以客观、民主、科学为导向，有学者在借鉴 ACSI 结构模型基础上构建了"中国政府服务的公众满意度测评模型"（CPSI），将优质服务、高效服务、低廉服务作为结构变量，即公众期望的观测变量；将科教服务绩效、文卫服务绩效、社保服务绩效作为服务质量考评的观测变量，对我国政府服务的公众满意度进行测评。[1] 郑方辉等人依据政治制度环境差异，将评价内置于公众满意度导向下，以职能对应、成本导向、公众满意、符合规范为原则，在"促进经济发展、维护社会公正、保护生态环境、节约运作成本"4 个客观类指标领域层基础上导入"公众满意"绩效指数，构建了涵盖 5 个领域层、40 个具体指标的"中国地方政府绩效评价指数模型"。[2] 此外，部分学者基于层次分析法（AHP），以公众满意度、民生四感（安全感、信任感、荣誉感和价值感）、地方工作特点与问卷反馈为基准将公众满意指标体系逐级细化为四级结构。[3]

公众满意度调查设计着眼于公众所关心的问题，同时，调查应充分兼顾地域与对象的差异性，以及操作的可行性，尽可能简化隶属度分析、相关分析和辨别力分析。公众满意度测评涉及对公众期望等较难直接测量的潜变量之间关系，结构方程模型是能满足这类要求的多元数据分析工具。[4] 比方说，吴建南等人在对

1　盛明科,刘贵忠.政府服务的公众满意度测评模型与方法研究 [J].湖南社会科学,2006(6).

2　郑方辉,雷比璐.基于公众满意度导向的地方政府绩效评价 [J].中国特色社会主义研究,2007(3).

3　尤建新等.公众满意理念及公众满意度评价 [J].上海管理科学,2004(2).

4　杨凤华.结构方程模型在公共部门公众满意度测评中的应用 [J].南通大学学报:社会科学版,2008(5).

公众满意度问卷进行预调查检验后对某个部门进行问卷调查并计算出公众满意度指数；通过路径分析、相关分析、象限图分析形成数据分析结果，得出公共部门改进绩效的依据。[1] 也有学者通过测评公众满意度的方法来评估政府绩效，对传统的多层模糊综合评价法进行改进，利用熵权法对层次分析法确定的权重和一级模糊评价值进行修正。[2]

事实上，公众满意度调查不仅是一个主观感知问题，对公众的满意评价需要有客观的量化指标支撑，需要有一个不受外界因素干扰、不受主观情绪波动影响的稳定标准。[3] 目前，我国学者的研究视点主要集中于指标体系构建、技术方法应用和满意度实证研究；研究重点聚焦政府职能实现程度和公共服务满意程度，如教育满意度、法治政府绩效满意度、电子政务公众满意度等。

第四节　政府绩效评价公众参与实践

20 世纪以来，我国政府绩效评价逐步突破政府本位和传统自上而下的内部评价局限，公众参与政府绩效评价成为时代亮点，新的理念和价值催生了新的评价模式。尤其是在各具特色的地方政府绩效评价活动中，形成了公众参与评价的"地方特色"，并成为推动地方社会经济发展和行政体制改革，提升地方政府治理水平和管理创新，以及应对地方公共问题的重要价值工具。

一、我国政府绩效评价公众参与实践历程

自改革开放以来，我国政绩考评大体可划分为起步阶段、探索阶段和深化发展阶段。[4] 始于 20 世纪 80 年代初的起步阶段并无实质意义上的绩效评价，考评模式包括目标责任制和效能监察制；20 世纪 90 年代可视为探索阶段，在目标责任制的基础上，出现了社会服务承诺制和效能建设等新形式，并自上而下聚焦经济发展；21 世纪至今可视为深化发展阶段，施政理念转变，主张从管理型政府变革为服务型政府、责任型政府、法治型政府等，客观上要求强调政府绩效评价

1　吴建南等.构建公共部门公众满意度测评模型的实证分析 [J]. 甘肃行政学院学报,2006(3).

2　孙婷婷等.政府绩效公众满意度的测评 [J].统计与决策,2016(12).

3　卓越,杨道田.和谐社会视野下的公民满意度测评研究 [J].行政论坛,2011(2).

4　周志忍.公共组织绩效评估:中国实践的回顾与反思 [J].兰州大学学报:社会科学版,2007(1).

的功能及地位。[1]另外，也有学者以评价目的为划分标准，提出以提高政府机关工作效率为目的；以改善政府及行业服务质量、提高公民满意度为目的；以建设效能政府和全面提高政府管理质量和能力为目的；以强化公共治理为目的"政府绩效评估"四个阶段论。[2]还有学者将评价模式划分为三个阶段，即上级政府对下级政府的考评、政府自我评估及公众评估政府绩效[3]。

我国政府绩效评价公众参与发端于改革开放后，20世纪90年代后期已较为盛行。学界将其大致分为三阶段：一是萌芽时期（1978—1992年），有针对性由政府部门主导，进行内部或半公开的民意测验。二是启动时期（1993—2001年），出现一批以商业调查研究为主要服务内容的民间调研公司，同时，政府有关部门亦向社会委托专项调研评价课题。三是导入时期（2001年以后），随着调查业开放，民意调查机构逐步成熟，社会承受力增强，国内一些准官方机构（学术团体，政府研究机构）和民意调研公司开始涉足政府绩效评价领域。

随着我国政府绩效管理实践与理论研究的深入，各地大胆创新逐步形成具有地方特色的绩效管理模式，如珠海模式、青岛模式、思明模式、甘肃模式、广东试验、独立第三方评价等；为提升政府回应公众需求的能力，公众参与逐渐被引入政府绩效评价过程中。概括而言，公众参与的实践探索分为两个阶段：

第一阶段（20世纪80年代至本世纪初期）称为"政府主导的无参与阶段"。具体来说，20世纪80年代至90年代初主要基于听取政策意见的需要，政府有针对性由相关部门主导听取民意，限于内部管理控制，涉及主题十分有限，如某些经济政策、人事改革政策等，公众的参与程度有限，基本以"观望者"的角色被置于政府绩效评价之外。进入90年代后，市场经济开始起步，遵循"以经济建设为中心"的发展目标，政府绩效评价中GDP的占比较高，以自上而下的层层推进机制进行绩效考核，主要对任务和指标完成情况进行考评，针对结果采取相应的激励、问责措施。在经济建设取得举世瞩目成就的同时，党和国家的施政理念也相应转变，政治建设和社会建设受到重视，国家对发展有了更全面的把握，相应的行政体制改革应运而生，党和政府对公民参与日益重视。如1996年烟台

1　宋煜萍.权重结构：公众参与政府绩效评估的核心问题——基于学理与实践的双重演绎逻辑[J].理论与改革,2018(2).

2　包国宪,曹西安.我国地方政府绩效评价的回顾与模式分析[J].兰州大学学报：社会科学版,2007(1).

3　陈强.改革开放30年来我国地方政府绩效评估的回顾与思考[J].经济社会体制比较,2008(6).

提出了"社会服务承诺制",1998 年沈阳市推行的"市民评议政府"、珠海市举行的"万人评议政府"等。政府绩效评价公众参与在这一时期有了较为显著的变化,评价导向逐渐向公众参与和公众满意度偏移,但仍以象征性的公众参与为主,对政府决策和政府施政行为的影响较小。

第二阶段(21 世纪初至今)称为"公众有限参与阶段"。进入 21 世纪,我国经济社会快速发展,开始尝试新的政府管理理念,鼓励公民有序参与公共事务管理,公民参与的政治生态走向成熟。中央先后提出了"以人为本""服务型政府""和谐社会""数字政府"等目标;在《2019 年政府工作报告》中,政府明确提出要"建立政务服务'好差评'制度,服务绩效由企业和群众来评判"。该制度最大限度实现服务需求与有限公共资源相匹配,提升政府回应性是数字政府时代我国民主政治的一种新型实践形态。[1] 2020 年 11 月中组部印发《关于改进推动高质量发展的政绩考核的通知》强调要把人民群众的获得感、幸福感、安全感作为评判领导干部推动高质量发展政绩的重要标准,明确要增强政绩考核群众参与度,在政绩考核中充分反映群众感受、体现群众评价。这表明,国家鼓励公众参与公共事务管理的政策为公众参与政府绩效评价提供了制度空间。可以看出,随着党领导下的政府行政体制机制改革不断深入,绩效评价中政府与公众的关系正在发生深刻变化,公众满意度逐渐被纳入政府绩效考核指标中,公众参与的方式和渠道相继丰富,参与程度不断深化。

虽然我国政府绩效评价表现出较强的地域差异、文化差异和发展差异特征,但在地方的政府绩效评价实践探索中,公众满意度调查被作为公众参与的主要方式并加以应用,产生了广泛而深远的影响。梳理地方实践历程可以发现,国内各地公共参与政府绩效评价有着不同的尝试,表现为"政府主持—政府评价""政府主持—公众参与"和"非政府机构主持—公众参与"等三种模式。[2] 根据公众介入的程度,体制内政府绩效评价又可划分为"引入意见""作为重要标准""作为唯一标准"等三种形式。整体演变趋势呈现为:评价主体从技术官僚向公众参与转变,评价目标从"内部控制"向"外部问责"延展,价值导向由"政府中心"

1　彭云,马亮."放管服"改革视域下的政务服务"好差评"制度——中国省级政府的比较研究 [J]. 行政论坛 ,2020(6).

2　王锡锌 . 公众参与、专业知识与政府绩效评价的模式——探寻政府绩效评价模式的一个分析框架 [J]. 法制与社会发展 ,2008(6).

向"人民为本"转换。[1]

二、我国政府绩效评价公众参与实践存在问题

公众参与的政府绩效评价过程可视为重塑政府及公共事务管理改革的探索创新过程。人民群众的获得感、幸福感、安全感离不开公众的有效参与，基于历史及现实原因，我国政府绩效评价公众参与还存在一些亟需解决的问题。主要体现在以下四个方面：

第一，公众对绩效评价的认知问题。受职业、收入、受教育程度、社会阶层、价值观念等的影响，公众评价因公众群体内个体"有限的理性动物""掌握较少信息""缺乏复杂计算的能力或意愿""任由情感影响判断"等局限性的放大，带来公众不切实际的绩效期望表达，[2]公共管理者和政治家的"投其所好"使得碎片化、显性化的"公共利益表达"被纳入政府施政计划，很大程度上影响了公众参与政府绩效评价的效果。

第二，公众参与绩效评价的动力不足。虽然国家在宪法层面赋予了公众参与政府管理的权利，但目前公众参与政府绩效评价的法律制度仍不健全、不完善。公众普遍对政府绩效评价权力（管理权、组织权、评价权）缺少清晰的认识，对于"谁来参与""参与什么"和"如何参与"的认识模糊，致使公众参与的程度不深、范围有限。同时，受传统文化和历史因素的影响，"政府本位"的价值局限势必导致"以人民为中心"的价值缺失，权利本位和关系文化往往使公众参与处于被动地位。

第三，政府绩效目标忽略公众参与。政府绩效评价的目标定位涉及两个基本问题，即价值目标与技术目标。根本上讲，政府绩效评价在于提升政府公信力，或者说将执行力内置于公信力之中，实现两者的有机统一，成为纠错纠偏有效机制。[3]但公共部门难以避免地存在多重甚至相互冲突的目标，部门对于多重目标的选择和权重排序往往受权力因素干扰，政府绩效目标更多是上级总目标分解，忽略基层及公众需求，影响公众参与热情及可持续性。

第四，公众与政府间的绩效信息不对称。公众只有完整、准确了解政府及其

1　周志忍.政府绩效评估中的公民参与：中国地方政府的实践与经验 [M].北京：人民出版社,2015:4-5.

2　包国宪等.政府绩效治理中的公民参与：绩效领导途径的分析 [J].行政论坛,2017(6).

3　郑方辉、王彦冰.全面实施绩效管理背景的财政政策绩效评价 [J].中国行政管理,2018(4).

活动，才有可能做出客观的评价，但是政府官员具有一种天生的降低公众获取准确价格和服务水平信息的偏好，他们设计一套使所提供服务的成本和水平模糊化的艺术性模式，从而导致公众难以获得关于政府活动的准确、具体的价格信息，[1] 政府的权威性和垄断性使得公众在获取绩效信息时处于被动地位。因此，受绩效信息的缺乏，公众认知偏差、参与渠道有限、参与动力不足、不切实际的期望表达等因素干扰极易产生沟通障碍，降低了公众参与的质量。

三、完善政府绩效评价公众参与的思路

我国政府绩效评价公众参与的实践在不断地深入，但公众参与的层次、程度、方式和效果值得进一步反思。尤其是网络技术的迅猛发展给公众和政府的关系带来了极大的挑战，亟需提高公众参与的制度化能力，重塑政府和公众之间的良好互动关系，以推动治理现代化。实践表明，传统自上而下的"管理型"公众参与模式依旧是传统官僚体制下管理与控制的产物，难能适应我国经济社会高质量发展的现实，也对政府实践创新和学术研究提出了更高的要求。将公众参与、公众满意度调查和舆论监督有机结合，构筑全过程的政府绩效评价联动机制，是完善政府绩效评价公众参与的内在要求。

第一，强化顶层设计，提供法制化和规范化保障。一方面要促进政府绩效评价制度的创新，保证公众有序、有效地参与到政府绩效评价的过程中，如公众监督机制、激励问责机制、公众评价机制、绩效信息沟通机制等。另一方面，应建立健全法律层面的制度保障，以法律的形式明确界定并规范公众参与政府绩效评价的合法形式和秩序。相关法律制度应明确公众在绩效评价过程中的主体地位、角色、参与程序与途径等，公众参与不应局限于对绩效结果的评价，应当覆盖绩效管理全过程，强化公众在社会治理、公共预算、公共政策等方面的参与。

第二，建立政府绩效评价信息网络系统，强化数字化应用程度。一方面，技术手段的运用应以配套制度为刚性约束避免信息截留、失真和主观臆断，规范评估信息的采集、加工、传输流程；建立评估信息披露制度，增强绩效评价的公开透明度，杜绝绩效过程中不必要的"黑箱"操作。另一方面，加深公众的数字化参与程度，让绩效评价公众参与和公众满意度调查融入其中，对公众的急难愁盼及时处理反馈，确保公众满意度调查更客观、更真实、更全面的数据来源。

1　Frates S B. Improving Government Efficiency and Effectiveness and Reinvigorating Citizen Involvement[J]. Perspectives on Political Science, 2004(2).

第三，完善绩效信息沟通机制，增进政府回应，促进绩效结果转化运用。首先，回应是正当程序和过程中相互信任的关键所在，[1] "政府—公民"的双向互动是促进彼此信任和支持的前提，政府沟通效果取决于沟通的时效性、主动性、渠道和态度，应以及时沟通、多元沟通、主动沟通、平等沟通为标准，强化政府绩效评价公众参与的影响。[2] 其次，在社会沟通方面，第三方评价机构组织成员作为"非官方人士"，能够更加接近社会基层中直接受政府公共事务管理影响的标的群，更容易听到公众的真实呼声，体会到政府公共事务管理所产生的实际效果，应发挥第三方评价机构的桥梁和纽带作用。最后，公共利益和公共价值的实现关涉到社会资源的分配，应当以公众利益为基本价值取向，重视绩效结果的转化运用，规范绩效评价主客体的权力与责任，规范主客体的相关行为，实现权责利的统一。

第四，激发公众参与绩效评价的内生动力，培养公众的参与意识。一方面，公众的参与很大程度上取决于公共事务与自身利益的相关程度，只有当政府绩效评价的主题与公众切身利益密切相关时，公众才会表现出较高的参与热情和积极性。另一方面，受传统观念的影响，人们普遍对家庭之外的环境存在一般性的不信任心理，通常会表现出缺乏安全感、抵触、偏见、甚至反感。因此，通过示范性的宣传、教育等促进公众观念的转变，培养公众参与政府绩效评价的公民意识，培育公众对社会公共利益和公共价值的认同，让公众能够意识到自身角色对政府绩效评价的重要意义。

1　[美]唐纳德·凯特尔.权力共享：公共治理与私人市场[M].孙迎春译.北京：北京大学出版社,2009:14-15.

2　李文彬等.从失衡到平衡：我国地方政府提升公民满意度策略存在的不足及应对[J].广东行政学院学报,2019(5).

第六章　政府整体绩效评价

政府绩效评价是一个结构系统，包含复杂的结构维度。基于异质性考虑，从评价对象的维度来区分，政府绩效评价涵盖了政府整体绩效评价、政府部门绩效评价、政府财政（项目）绩效评价、政府政策绩效评价，以及具有本土特色的法治政府绩效评价。政府整体绩效评价针对一级政府，或者说，以一级政府"整体"作为被评价对象和范畴。某种意义上说，西方国家政府整体绩效评价由选举市场来完成，我国实行社会主义制度，推进国家治理体系与治理能力现代化，政府整体绩效评价对于完善社会主义民主政治、提升政府形象、增强政治信任、提高人民获得感和幸福感具有重大的现实意义。

第一节　政府整体绩效评价原理

一、政府整体绩效评价内涵

为了约束和督促政府官员，历代统治者都重视考评制度的建设与完善，从中国历史看，"绩效"概念可以追溯到中国古代的选官。如《后汉书·荀彧传》中提到的"原其绩效，足享高爵"，意思是绩效为考察高官是否胜任的依据。而现代意义上的政府绩效评价制度自 20 世纪 80 年代以来成为世界性潮流。从动因上说，政府整体绩效评价有着深刻的社会背景，直接动力源自西方国家公众对政府信任度的持续下降。作为纳税人，公众有权监督税费流向；作为政府公共服务的接受者，公众具备评价的信息基础和资格。

所谓政府整体绩效，"是相对于公共部门绩效、公共项目绩效、公共政策绩效而言，具体是指一定时期内（如一年）作为一级特定政府的总体'成绩与效益'，包括政府行使职能的各个方面，如经济、社会、教育、文化，甚至司法等"。[1]一般意义上，政府整体绩效不仅仅表现为政府的行政结果与行政投入之比，还应当包括公民满意度和发展战略机制两个重要方面，是一种以强化公共治理为目的

1　郑方辉,李振连.论我国地方政府整体绩效评价 [J].当代世界与社会主义,2010(01):119-122.

的政府绩效评价活动。[1] 政府整体绩效评价旨在整合公共服务绩效组合的相关信息，包括客观的绩效指标、审核和督察报告以及公众满意度调查等主观测评内容。在整体绩效评价框架下，政府将会受到包括社会服务在内的各项公共服务的绩效等级评定，以及对其整体公共服务的整合能力的评定，以此为依据获得对应的绩效等级（各种形式的绩效排名等）；给予等级的目标在于启动管理的介入和激发更多的公共责任（Rashman and Radnor，2005）。给予评级的目标在于启动管理的介入并激发更多的公共责任和信用。[2]

根据不同分类标准，政府整体绩效评价可以分为不同类别。从实践角度，划分依据主要包括评价主体和评价内容。首先，根据评价主体不同，即评价组织权差异，政府整体绩效评价可分为政府内部评价和第三方评价，进一步，根据第三方独立性，可以分为独立第三方评价和委托第三方评价。政府内部自上而下的考评是确保单一制和官僚制组织体系有效运作不可或缺的手段，第三方评价政府整体绩效发端和成长于民主社会。其次，根据评价内容，公众主观评价与客观指标评价既可以结合使用，也可以独立使用，由此形成不同风格和类型的评价模式。同时，政府内部评价已经从片面注重客观指标评价转向主客观指标融合的指标体系评价。

二、政府整体绩效评价意义

概言之，对政府整体绩效评价，可有效提高政府的行政效率、效果与效益，有助于建设高效政府；可强化政府的成本意识，节省行政成本，有助于建设节约型政府；可密切政府与群众的互动关系，提升政府的信任度，有助于建设信任型政府；可促进政府职能的转变，强化政府的社会管理与公共服务职能，改变政府职能一定程度存在的"越位""错位""缺位"情况，适应我国经济与社会发展的需要，建设公共服务型政府。

（一）现实意义

政府整体绩效评价最直接的现实意义是评价结果将驱使被评价政府对照不足，改进和提升绩效。体制内绩效导向下自上而下的考评与第三方评价政府整体

1　包国宪,曹西安.我国地方政府绩效评价的回顾与模式分析 [J].兰州大学学报（社会科学版）,2007(01):34-39.

2　Rashman, L. and Radnor, Z.. Learning to Improvement: Approaches to Improving Local Government Services[J]. Public Money and Management, 2005, 25 (1) :19-26.

绩效相辅相成，有利于维系政府考评体系的均衡，交互作用下保障政府运行保持稳定的平衡。一般认为，政府整体绩效评价具有计划辅助、预测判断、监控支持、激励约束和资源优化等多项功能，可在一定程度上弥补政府管理体制的缺陷，是实施政府再造、落实政府责任、改进政府管理、提高政府效能、改善政府形象的一个行之有效的工具。具体而言，政府整体绩效评价的现实意义主要体现在以下几个方面：

首先，政府整体绩效评价的内在机理和运行逻辑与现代民主政治的发展一脉相承。一方面，对政府整体绩效进行评价有助于增强政府实质合法性。只有当公众认为他们服从政府是出于自觉而非害怕受到惩罚时，政府在公众眼里才是合法的[1]；政府是否代表了公共利益，需要公民评议，公民参与在一定程度上是对政府合法性的肯定，正如艾蒙斯（David N. Ammons）所说："通过绩效评价，组织将可以获得市民的信任，市民们会觉得他们在缴税后得到合理的回报"[2]；另一方面，有助于凸显政府管理民主化。对公共权力制衡是人类政治智慧，推进民主化是政府治理的发展趋势。作为对政府的有效约束机制，评价政府整体绩效驱使政府规范行政权力、提升政府效能、强化回应性和责任意识、促进公开和廉洁[3]。

其次，政府整体绩效评价能推动公民有序政治参与，推进政府职能转变和服务型政府建设。公民参与是民主的希望，一个参与型的政治文化自然是保持民主制理想土壤[4]，事实上，公众的广泛参与是绩效评价得以顺利推行的重要因素，公众评价是政府整体绩效的内在要求，开放和参与式的评价过程会引发公众对于政府及其行政过程更多的关注。同时，有什么样的考核评价制度，就有什么样的政府行为。政府整体绩效评价直指政府"该做什么"，检验政府"该做什么"与"已做了什么"的成效及差距，促使政府职能体系配置合理化和科学化，强化政府的社会管理与公共服务职能，推动服务型政府发展。

最后，政府整体绩效评价不仅评"事"，更为根本的是评"人"，以占多数

1　R. Kenneth. Godwin. Introduction to Political Science[M]. Harcourt Brace College Publishers, 1997: 29.

2　Ammons, David N. Overcoming the Inadequacies of Performance Measurement in Local Government: The Case of Libraries and Leisure Services[J]. Public Administration Review, 1995, 55 (1): 37−47.

3　马宝成. 试论政府绩效评估的价值取向 [J]. 中国行政管理 ,2001(05):18−20.

4　[美] 迈克尔·罗斯金等著 . 政治科学 [M]. 林震等译，北京：华夏出版社，2001:117.

的公众来评价少数政治精英和公职人员的业绩，也代表了民意对于公众人物的评价和判断。日渐勃兴的公民参与是市场经济和民主政治的必然产物。社会主义制度的本质属性是公民监督权力制衡权力，说到底是普通公众对于精英的监督和制约。从某种意义上说，整体绩效评价就是借助绩效指标来监督、评判和制约政府领导人及公职人员，进而帮助他们以更客观、更具体的方式来加强社会管理和提供公共服务。政府整体绩效评价给普通公众提供了一个评价官员的载体，是阳光政治的一种体现。[1]

（二）理论价值

政府绩效评价已有较完善的理论体系，但整体绩效评价却具有典型的中国特色，其理论价值主要表现为：

首先，"整体绩效评价"本身是一个创新的概念范畴。政府绩效评价源自西方，或者说是在西方的制度架构下，主要从技术层面解决政府效率、效益、效果和公平的问题，"可以将发达国家绩效化政府运动看作为发达资本主义自我调整最重要的内容之一"[2]。这种调整以西方选举市场为基础和导向，评价政府绩效更多针对公共部门，无所谓整体绩效。我国社会主义制度下，评价政府整体绩效肩负民主导向和技术导向的双重功能，整体绩效评价既为社会主义的民主路径，某种程度上丰富了社会主义民主的内涵，又是有效解决监督政府缺位的良方。尤其是由第三方评价地方政府的整体绩效，体现公众满意度导向，一定程度上实现了社会主义条件与现代民主的有效结合。"从建设服务型政府的高度，可视为思想大解放推动大发展的具体体现"。从评价技术体系对理论需求的视角，将多学科理论融合于整体绩效评价的范畴之中，实现学科之间理论交融与创新，如主流经济学关于市场经济条件下政府职能定位和权力边界界定；政治学及行政学关于政府与公民的关系，以及提升绩效的必要性；管理学关于政府绩效内涵及提升绩效途径；系统论关于政府绩效评价系统体系和控制方法；信息学关于政府及社会经济数据信息收集处理等。"社会学、经济学和政治学构成了一个以国家为中轴的三位一体，从而巩固了它们作为核心社会科学的地位"[3]。评价立足于各学科的基本理念和原理，重新梳理、整合为新的体系，蕴含着理念创新。

其次，整体绩效评价推动我国绩效管理理论与方法创新。如第三方评价政府

1　殷建光 . "政府绩效排名"不错的主意 [J]. 政府法制 ,2008(02):20.

2　傅小随 .20 年来发达国家和地区的绩效化政府运动评析 [J]. 行政与法 ,2002(04):12–14.

3　李宗荣 . 理论信息学概念、原理与方法（Ⅱ／Ⅵ）[J]. 医学信息 ,2005(01):1–10.

整体绩效不仅是一个理论问题，更是复杂的技术体系。其一，第三方评价立场超然，结果相对公正，但预设了各种较苛刻的条件，如以政府统计数据缺失或失真为"常态"，评价体现"结果导向"，从而要求技术路径和指标体系构建创新。其二，导入满意度调查不仅体现党和政府执政为民的最高宗旨，更重要的是从技术层面上使评价指标体系变得可以操作，因为在统计数据普遍缺失或失真的现实条件下，没有什么数据源比公众自身更了解需要政府什么样的服务，以及对这些服务的感受。但是，如何在现有条件下建立满意度调查模型是复杂的技术问题。其三，政府绩效评价本质上为比较性评价，但我国各地社会经济发展严重不平衡，地方政府工作重心和指向迥然不同，从而要求评价体系兼具统一性和差异性。

　　最后，政府整体绩效评价要求清晰界定问题，透析环境条件，这样既为理论方法创新提供导向，又为实践探索注入活力。如第三方评价整体绩效客观上要求建立概念模型，将模型导入评价路径中，以增强评价体系的科学性，这个过程势必丰富政府绩效评价的方法论。此外，概念模型具有解释现象、优化选择、预测趋势等三大功能。政府整体绩效评价涉及政府职能实现的所有方面，为一个复杂的系统。利用系统论、控制论、信息学原理，将各种变量关系置于概念模型之中，增强评价的直观性、精确性和可调整性，参照专家咨询调查结果确定指标权重系数，对属性不同的指标结合增量和存量设计评分标准，从而增强评价的科学依据和内在逻辑性，从而丰富了政府绩效评价的方法论。

第二节　政府整体绩效评价对象

　　与政府部门、项目、政策绩效评价比较，政府整体绩效评价的最大特点是评价对象为一级政府，或者说，以一级政府"整体"作为被评的对象范畴。理论上，单一制国家中央政府与地方政府之间、上级与下级政府之间是委托人与代理人的关系，在我国，地方政府存在多重代理关系，中央政府与公民之间通过充当代理人的地方政府串联，通常并不直接提供一般性公共产品和公共服务。多项社会调查结果显示，我国公众对中央政府满意度一直高于地方政府，中央政府的特殊性以及民众对中央政府的惯性认知决定了政府整体绩效评价更多针对地方政府。

一、我国各级政府职能及特征

（一）中央人民政府

中央政府是国家全国事务主管机构的总称，联邦制国家的中央政府称为"联邦政府"。中央政府通常负责全国事务，如起草国家宪法和适用全国的法律、负责国防、外交以及代表本国和其他国家签署条约等。世界各国中央政府有不同的名称，如国务院、政务院、国务委员会、部长会议、内阁。中华人民共和国中央人民政府即国务院，为最高国家行政机关。根据《中华人民共和国宪法》第八十九条规定，中央人民政府行使下列职权：（1）根据宪法和法律，规定行政措施，制定行政法规，发布决定和命令；（2）向全国人民代表大会或者全国人民代表大会常务委员会提出议案；（3）规定各部和各委员会的任务和职责，统一领导各部和各委员会的工作，并且领导不属于各部和各委员会的全国性的行政工作；（4）统一领导全国地方各级国家行政机关的工作，规定中央和省、自治区、直辖市的国家行政机关的职权的具体划分；（5）编制和执行国民经济和社会发展计划和国家预算；（6）领导和管理经济工作和城乡建设；（7）领导和管理教育、科学、文化、卫生、体育和计划生育工作；（8）领导和管理民政、公安、司法行政和监察等工作；（9）管理对外事务，同外国缔结条约和协定；（10）领导和管理国防建设事业；（11）领导和管理民族事务，保障少数民族的平等权利和民族自治地方的自治权利；（12）保护华侨的正当的权利和利益，保护归侨和侨眷的合法的权利和利益；（13）改变或者撤销各部、各委员会发布的不适当的命令、指示和规章；（14）改变或者撤销地方各级国家行政机关的不适当的决定和命令；（15）批准省、自治区、直辖市的区域划分，批准自治州、县、自治县、市的建置和区域划分；（16）依照法律规定决定省、自治区、直辖市的范围内部分地区进入紧急状态；（17）审定行政机构的编制，依照法律规定任免、培训、考核和奖惩行政人员；（18）全国人民代表大会和全国人民代表大会常务委员会授予的其他职权。

（二）各级地方人民政府

中央政府与地方政府之间是领导与被领导的关系，地方政府是中央政府为治理国家一部分地域或部分地域某些社会事务而设置的政府单位。我国为单一制国家，地方政府组成通常包括省、市、县（市、区）、乡镇（街道）四个层级。与中央政府比较，地方政府具有权力非主权性、权限和职责的局部性等特征。相应的，地方政府职能有自身特点，如无国防、外交等主权职能，亦不涉及宏观经济及社会政策（如通胀）。评价政府绩效只能针对被评价政府可以作为或主导作为的行为、过程及结果。我国地方政府数量庞大，类型复杂，不同层级、规模、发展程度、类别和性质的地方政府的工作重心有别，衡量其工作表现体系难以统一，从而对地方政府整体绩效评价形成约束。

1. 地方政府职能

评价政府绩效本质上是测量政府职能实现的程度，以清晰界定政府职能为前提。虽然地方政府整体绩效评价不同于政府支出项目效益评价，亦有别于政府部门绩效评价，但均隐含着以政府职能为依归，非政府职能不成为评价的内容。不同的政府职能，决定不同的政府绩效目标；不同的绩效目标，决定了不同的评价体系。政府职能反映了政府的法定职责，体现了政府的作用。通常情况下，层级越高，政府的政治职能越凸现；层级越低，政府的社会职能越突出。地方政府通过对地方社会治理而形成的有秩序和可持续发展状态服务并有利于国家政治统治职能的实现。涉及全国性的公共产品由中央政府供给，而在中央政府所不具备优势的领域以及专属"地方性"公共事务领域，则由地方政府主导公共产品的供给。

按照公共选择理论，解决地方政府角色平衡问题的有效途径是区分供应（provision）和生产（production）概念。地方政府首先应被看作是供应单位，一个承担着公共选择任务的机构。主要职能是建立多种机制，表达和汇集地方居民的愿望和要求，并成为居民利益的代表者。在此基础上，决定应该提供哪些服务、服务数量和质量标准的类型；根据财政公平原则决定政府的公共收支；制定规则用以约束公共产品和服务消费中的个人行为；选择公共产品和服务的生产类型与对生产者加以监督；建立监督机制使政府官员能够在公共事务的处理中向其委托人——地方居民利益共同体负责。因此，政府的核心使命与基本特征是提供公共产品和公共服务，满足公共需求。

我国政府与社会一道同时经历转型，面临社会公平、民生、环境等一系列问题。地方政府履行职能过程中存在职能定位不准，社会政策休系不完善，社会管理体制改革滞后，保护弱势群体的任务非常严峻，社会公共安全保障机制亟待完善等问题。有什么样的考核评价制度，就有什么样的政府行为。地方政府整体绩效评价肩负着推进政府职能转变的重责，亦成为有效推动政府职能转变的手段，甚至可以说，目前地方政府职能的缺位、错位和越位很大程度上是政府系统内部自上而下的考核评价导向偏差引起的。对于中央集权的单一制国家结构，在层级节制的官僚制体系中，上级政府掌握着经济资源分配权、政策制定权、人事任免权等一系列权力，这些权力直接决定下级政府作为，并起到立竿见影的效果，从某种意义上来说，作为"代理人"的地方政府职能转变很大程度上取决于中央政府职能转变和定位，并因此促成以绩效评价推进地方政府职能转变的路径。

2.地方政府结构特征

地方政府结构是地方政府单位组合成地方政府体系的方式，包括纵向的层级结构和横向的功能结构。地方政府结构反映了国家与地方政府之间的整体与部分及部分与部分的关系。

首先，地方政府层级结构。地方政府层级结构是各地方政府单位在纵向上分为若干层次，通过上下隶属关系组合形成的结构，包括三种关系：行政上的领导关系、法律上的监督关系和地域上的包含关系。一个国家地方政府层级结构中的层级数，一般同该国的历史传统、政治体制、社会经济发展水平、地域大小、人口多少密切相关，是适应各自政治、经济和社会发展的产物。目前，世界上小国的地方政府一般为1—2级，较大国家为2—3级，人口多、面积大的国家多为3—4级，个别国家超过4级。地方政府在层级结构体系中的位置，反映了它在国家政治生活中的地位，决定了它同中央政府和辖域居民间的关系，制约着它的职责能力和管理方式。层次越高的地方政府，在国家政治生活中的地位越重要，职责权限越大，受中央政府的监控也越直接、越严格。层次越低的地方政府，更为直接面对当地居民，它的职责和管理范围直接为居民服务，因而更受居民关注，居民对基层政府的影响也更为直接。

我国地方政府层级存在各种体制，包括两级制：直辖市—市辖区（城区）；三级制：省（直辖市）—县级市、县、自治县（市辖区）—乡镇；四级制：省（自治区）—地级市（自治州）—县（县级市、自治县、市辖区）—乡镇。此外，还存在省（自治区）与县、县级市、自治县之间有一级行政分治区（地区、盟）的体制。新疆维吾尔族自治区的伊犁哈萨克自治州，州内分设有塔城和阿勒泰两个地区，代自治州管县，属于准五级体制：自治区—自治州—地区—县—乡镇。取决于地方政府层级结构，我国地方政府单位由省、自治区、直辖市、特别行政区、自治州、县、自治县、市、市辖区、乡、民族乡、镇和少数特殊称谓的旗、自治旗、特区、林区、苏木、民族苏木的政府单位组成。目前，我国行政区划情况如下：34个省级行政区：23个省、5个自治区、4个直辖市、2个特别行政区；333个地级行政区：293个地级市、7个地区、30个自治州、3个盟；2844个县级行政区：977个市辖区、1303个县、393个县级市、117个自治县、49个旗、3个自治旗、

1 个特区、1 个林区；38773 个乡级行政区：8562 个街道、20988 个镇、8102 个乡、966 个民族乡、153 个苏木、1 个民族苏木、1 个县辖区。

按照中央政府统一领导、地方政府分级管理的原则，我国形成了由上至下的"金字塔式"地方政府层次结构。1949 年以来，中国地方政府层次经历了很多变化，不同时期存在不同特点，当代中国地方政府层级体制呈现行政层级的多样化、行政层次的多变性及准层次增多等特点。在层次多样化的情况下，其主导模式也不断变化，全国绝大多数地方行政单位形成了地方行政层级体系。同时，地方政府层级结构的运转依靠自上而下的层级"势能"推动。下级政府是上级政府派出的代表单位，各级政府的权限按等级划分，并呈现逐级递减特征。为了更好地管理下级政府，上一级政府的各部门在下级政府中设置对口的机构，条块特征的组织结构使各级政府具有很强的同构性。

其次，地方政府功能结构。国家是按照地域划分其居民的，地方政府是国家为治理一部分地域而设立的，因此，地域治理成为地方政府的主要的、基本的功能。但在实际生活中，国家出于维护领土完整、政治稳定、便于管理等具体需要，有时基于某种特定需要而设置一种与一般地方政府有别的特殊地方政府。这类地方政府除了承担一般的地域治理功能外，还要承担某种特定的功能。虽然这种特殊地方政府单位数量不多，存在时间不一定很长，但普遍存在于绝大多数国家。尤其是在一些地域广阔、人口众多、民族成分复杂、社会发展不平衡的国家，如中国、美国，特殊地方政府单位的数量较多。这样，为了满足各种具体需要和处理各种矛盾，国家必须从组织管理和体制结构等方面出发，对地方政府结构体系做出相应安排，使处在同一层级中的地方政府单位由于其所承担的职责与功能不同，呈现多元化状况，形成地方政府体系的功能结构，导致了一个国家既有一般地方政府，又有各种类型的特殊地方政府。具体而言，从功能结构看，地方政府单位可分为四种类型：一般地域型、民族区域型、城镇区域型、其他特殊型。其中：民族区域型地方政府单位包括自治区、自治州、自治县和民族乡两类，前一类拥有民主区域自治权利，后一类则没有。城镇区域型地方政府单位有市、市辖区、镇三种。其他特殊型地方政府主要是维护政治统治的需要，包含两种情况：一是直接基于维护政治统治的考虑而设置的专门政府单位，这类地方政府又称为政治性的特殊型地方政府，如在少数民族聚居地区为解决民族问题而专门设置的地方政府。二是直接基于行政管理的需要而专门设置的地方政府单位，这类地方政府又称为行政性的特殊型地方政府，如在城镇地区，为满足城镇居民生活高度社会化的需要而专门设置的地方政府。

最后，地方政府的功能结构是基本国情的反映，也是满足不同地域的不同管理需求、应对国家治理面临的各种挑战而产生的治理需求。我国地域辽阔、人口众多、民族成分构成复杂、社会发展水平极不平衡，必然产生地方政府单位功能多元化。因此，国家对地方政府体系的功能结构进行合理安排具有必要性和必然性。应该说，在社会政治、经济都处于急剧变革之中，一些功能性地方政府，如特殊型地方政府的设置对促进社会发展作用明显。可以预期，未来一段时期内，基于社会经济不断发展变化，一些功能性地方政府仍将发挥独特的作用。但同时，当前我国地方政府功能结构也存在问题，如在城镇区域性地方政府单位的设置上，应该以城镇专门管理为目的，以城镇社会为主，进行专门管理和提供公共服务，但很多城镇区域性地方政府兼管农村，影响了管理工作的集中度。另外，各市管县的数量多寡不均，与其经济发展程度不尽一致，违背城乡分治的国际惯例，不利于农村发展。行政层级增加产生新的条块分割，行政区域与经济区域的强制性统一，不利于经济社会协调发展。

二、地方政府结构对整体绩效评价影响

我国地方政府在国家治理中起着重要的作用，对地方政府进行整体绩效评价是现代民主政治和公民社会发展的必然要求，是公众表达意愿和参与政府管理的重要途径。确保地方政府整体绩效评价的公平、公正、真实、准确，关键在于建立科学的评价体系，但我国地方政府数量庞大，类型复杂，不同层级、规模的地方政府差异较大，衡量工作表现体系难以统一，从而为整体绩效评价带来困难。概括来说，地方政府结构对整体绩效评价影响表现为：

一是政府纵向层级较多，职能各异。不同层级地方政府的职能有别，或者说政府工作范围与侧重点有所不同。绩效评价以职能为基础，如果绩效评价偏离了政府职能的轨道，势必造成政府职能和角色的错位。职能不同，绩效评价的思路、指标体系、权重系数有别。

二是同一层级政府规模差异较大。政府规模是指以职能和权力配置为基础，按一定的组织原则所组成政府各个具体组成部分的总和。政府规模受政府系统内外因素的影响和制约，包括经济因素、政治因素、社会因素，通常政府规模与政府运行成本成正比，政府行政成本指政府管理所占用和耗费的资源及程度，是政府在履行职能过程中所花费的总支出，是政府整体绩效评价的要素之一。

三是发展水平不均衡。我国地域广阔，各地经济社会发展历程和条件不同，发展水平差距很大，处于不同的发展阶段，地方政府面临的主要任务各有侧重，经济较发达地区地方政府的任务更多体现在经济高度发展的基础上，保障民生、提供更优质的公共服务、保护生态环境、维护社会公正；而经济较落后地区地方政府的工作重心是促进经济发展、提高人民生活水平。政府整体绩效评价需要解决地方政府目标多元、行为多样的差异化问题。假如功能定位明确，考核指标的遴选只是技术性工作。

四是功能不同的地方政府设置目的不同，其工作范围和侧重点也有所不同，对整体绩效评价的内容、过程存在重要影响。如城区地方政府是基于城镇地区管理的复杂性和重要性，在城镇地区设置的一级地方政府，旨在满足城市社会公共管理需要，是城乡分治的产物。城镇是非农业居民密集地区，居民生活高度社会化，政治参与意识相对较强，社会、经济、文化水平通常高于农村地区，因而引发了一系列基于城镇特点的社会公共管理和服务的需求，与一般乡村地区存在显著差别。

五是地方政府性质有别。地方政府设置大体分为两大类，一般性地方政府和为特殊目的而设的特殊性地方政府。特殊性地方政府主要包括民族区域型地方政府和特别行政区地方政府。如民族区域型地方政府主要职责在于有效地落实国家民族政策，维护各民族正当权益，维护社会稳定和国家的统一。对这类地方政府整体绩效进行评价，应考虑到它们特殊性，并体现在评价思路和体系上。

第三节　政府整体绩效评价内容体系

自上而下的考评是官僚制组织体系的内在要求和显著特征。考评是上级政府的"指挥棒"，自古有之，上级政府开展什么样的考评就会催生下级政府什么样的行为。因此，考评内容取决并服务于上级政府的施政意图。在我国，随着政府工作重心的变迁，政府内部考评历经多种形式。改革开放以后，长期以经济发展为中心催生了压力型体制和目标责任制，本质上都是目标管理在我国政府管理中具体应用。绩效评价是进入新的历史发展阶段，政府工作重心发生改变后考评制度的创新与发展，是经济发展、社会开放与制度变迁的产物。2011 年，国务院批准由监察部牵头建立政府绩效管理工作部际联席会议制度，选择北京、吉林、福建、广西、四川、新疆、杭州、深圳等地区开展绩效管理试点工作。毋庸置疑，任何领域的发展都离不开政府进步的影响，而发展中的不足也大多能从政府缺失中找到缘由，以政府绩效来看待及评判发展有着现实意义，它为政府的理想职能、政府竞争的方向、政府变革等抽象议题提供标准。

一、政府整体绩效评价内容指向

政府整体绩效评价内容并不存在恒定不变的标准。从各地实践来看，评价内容的差异性十分显著，这主要是由地区之间发展不平衡和差异性所决定，归根结底，本级政府中心工作和主要目标决定了对下级政府整体绩效考评的内容。比较北京、广西、辽宁和佛山四地政府整体绩效评价的主要内容，发现政府内部整体绩效评价的内容主要是围绕政治、经济、文化、公共服务和生态五项基本职能制定。绩效导向的内部考评主要体现在公众参与和公众评价的比重增加，社会主体评价成为评价政府整体绩效的主要内容之一。

以辽宁省政府对各地市政府的考评来看，考评主体为省政府，内容包括三个部分：一是内部考评。占比最高，由省绩效办组织51个考评部门（含数据采集部门）代表省政府实施考评；考评对象为省辖的14个市政府，涉及经济振兴、社会和谐、文化繁荣、生态文明、自身建设以及体现辽宁特色的战略发展、人民幸福共7个维度；二是公众评议。组织人大代表、政协委员、管理和服务相对人、基层单位、城乡居民等参与公众评议，对各市政府工作的效率、效果、效益等进行评价；三是领导评价。由省政府领导对各地市政府年度工作绩效进行综合评价。辽宁省对各市整体绩效评价内容多样化，战略规划、人民幸福、社会和谐、生态文明等非经济性指标占比增加；同时，评议主体多元化。整体绩效评价结果融合了主客观指标以及主观指标评价，一定程度改变了以往政绩考评的单向性。

二、政府整体绩效评价维度与指标

政府整体绩效评价指标体系通常由三级指标构成，各地评价维度（一级指标）相似度较高，其中三级指标差异最大。以2013年佛山市对各区整体绩效评价为例，评价内容涉及经济建设、城市建设、社会建设、政府建设以及社会评价等五部分，包含5项一级指标，17项二级指标，36项三级指标和若干四级指标。其中一级指标、二级指标、三级指标相对固定。但为体现考评的个性化和差异化，三级指标中的产业结构优化指数和政府管理创新综合指数由各区制定四级指标，其余四级指标由市统一制定。如表6-1。

表6-1　佛山市对各区政府整体绩效评价指标

一级指标 （权重）	二级指标 （权重）	三级指标	权重 （%）
经济建设 （31）	经济增长（5）	1.GDP增长率	5
	产业升级（12）	2.综合投入指数	3
		3.产业结构优化指数	3
		4.利用外资完成率	3
		5.民营经济增加值发展速度	3
	科技创新（8）	6.创新型城市发展指数	4
		7.信息化发展指数	4
	发展成果（6）	8.居民收入发展指数	2
		9.地方公共财政预算收入完成情况	2
		10.人均税收收入发展速度	2
城市建设 （19）	城市升级（8）	11.城市升级三年行动计划完成率	8
	城市管理（3）	12.城市管理指数	2
		13.创文工作指数	1
	环境保护（8）	14.财政性环保投入支出水平	2
		15.资源消耗指数	2
		16.主要污染物总量减排完成率	2
		17.生活垃圾无害化处理率	2
社会建设 （25）	公共服务（10）	18.教育现代化发展指数	2
		19.公共卫生发展指数	2
		20.公共文化体育发展指数	2
		21.社会保障发展指数	2
		22.交通及社区基础设施发展指数	2
	公共安全（8）	23.社会安全指数	4
		24.平安佛山指数	4
	民主法治（3）	25.民主法治建设指数	3
	社会诚信（4）	26.信用体系建设指数	2
		27.市场监管体系建设指数	2
政府建设 （15）	管理创新（4）	28.政府管理创新综合指数	4
	依法行政（7）	29.信息公开	2
		30.重大行政和工作过失	2
		31.党风廉政建设综合指数	3
	行政成本（4）	32.行政成本占一般预算支出比重	2
		33.财政透明度	2
社会评价 （10）	社会满意度（5）	34.社会满意度	5
	领导满意度（3）	35.领导满意度	3
	机关满意度（2）	36.机关满意度	2

三、政府整体绩效评价现实矛盾

一是管理权与组织权的矛盾。绩效评价涉及管理权、组织权等多重权力关系。一般而言，领导机构是管理的主体，拥有管理权，专设（常设或临设）机构是管理的组织者，拥有组织权。目前组织机构或牵头单位虽五花八门，如纪委监察、组织、人事、综合办公等部门，亦为管理对象，同时，管理信息来源亦源自作为管理对象的党政部门，在信息垄断及不对称的情况下，信息采集的责任部门拥有部分组织权，绩效管理权被肢解或让渡，相互牵制亦造成角色冲突。围绕管理组织权的博弈，争取部门权力最大化已为绩效评价现实矛盾。

二是过程控制与结果导向的矛盾。基于内部管理属性与集权体制需要，政府绩效评价的理念与做法无不强化对决策过程的控制，具体表现为所谓年度中心工作的执行力控制，但中心工作年年有变，从而导致评价指标体系日趋庞杂，缺乏一致性、导向性与稳定性。不少地方动辄上百项的绩效评价指标均为"政府或主要领导可控的过程指标"，绩效评价成为"上级政府控制下级政府的理性工具"，甚至是家长式管理的工具。不仅成本高昂，与政府绩效评价的有效性、回应性及结果导向形成矛盾。

三是绩效评价与原有考评的矛盾。目前我国行政管理的最大特色即各自为政，五花八门，不断循环的考评。据不完全统计，地方政府每年接受上级年度考评超过百项，指标几千项。镇街级处于行政层级基层，个案调查表明，每年三分之一的时间与精力应付各项考核、评比与检查。体制内碎片化重复考评的原因在于：一是"以考代管"，以考评驱动目标完成。二是争取部门利益最大化，考核评价权是最直接、有效的行政权，在现行体制下，评价组织权意味评价主动权。三是成为回避责任的有效手段。将考评作为过程管理的"法定"程序，一旦出现问题，即可"正当"推诿。政府绩效评价是增加一项新的评价，还是统筹原有的考评面对着深层矛盾，背后是现行体制下部门间的评价权之争。

四是统一性与差异性的矛盾。政府绩效评价本质上是比较性评价，置于现代政府的层级结构中，只有对一组同层级的政府加以比较评价才有意义，即所谓评价的统一性问题，但基于客观原因，或者说被评价政府不可作为的因素，即使是同级政府所在区域，社会经济及行政文化等亦迥然不同，造成所谓差异性问题，这一矛盾成为影响绩效评价体系，尤其是指标体系科学性、公正性的难点。

第四节 第三方评价地方政府整体绩效

第三方评价政府整体绩效在国内外有多种样态，施政满意度调查是最常见的一种方式。国内典型案例主要有兰州大学和华南理工大学，前者属于委托第三方评价，后者是独立第三方评价。以"广东试验"为例，2007 年，华南理工大学政府绩效评价中心率先公开发布"广东省地方政府整体绩效评价报告"，它的典型特点：一是独立第三方组织，二是针对政府整体绩效，三是导入公众满意度。与各项目标考评不同，独立第三方评价指向政府"应该干什么"，并非"正在干什么"。与体制内自上而下的目标考评迥然有别，独立第三方（高校学术团队）作为评价主体，以主体独立、标准独立和过程独立为特征，改变了长期以来政府内部评价中公众与政府的关系。

一、第三方评价政府整体绩效特点与功能

（一）第三方评价的独立性

相较政府内部评价，第三方评价政府整体绩效最显著的特点可以概括为独立性，第三方评价的独立性具有清晰的内涵，包括评价主体独立、评价标准独立与评价过程独立。

一是主体独立。主体独立是指评价主体独立于被评价的对象之外，两者无隶属和利益关系。评价主体是指直接或间接参与政府绩效评价过程的组织、团体或个人，一般分为内部主体与外部主体。内部主体是指从评价对象的组织管理体系内部产生的评价主体，包括政府部门自身、政府的上级主管部门等，这类评价称为内部评价；外部主体是指从政府体系外部对政府绩效进行评价的主体。政府整体绩效评价可以有不同的主体，很多情况下甚至存在多重主体，包括体制内主体与体制外主体的结合，但不论哪种情况，明确评价主体是保证政府整体绩效评价结果有效性的基本条件。第三方评价的独立性表现为：（1）组织上独立，第三方机构与政府组织机构不存在隶属层级关系；（2）人员上的独立，在第三方机构从事评价工作的人员，不在政府部门任职；（3）经济上独立，第三方机构不与被评价政府机构存在财务利益关系；（4）精神独立，从事评价的工作人员保持超然的精神状态，不带有任何偏见，这是第三方评价的内部要求。精神独立是实质上的独立，组织和人员独立是形式上的独立；（5）独立发表评价结果，并对评价结果承担责任，不受政府部门和其他组织的干预和影响，这也是对第三方

评价主体独立性的约束。

二是标准独立。标准独立是指第三方评价有独立于体制内的评价标准。谁来制定标准以及制定什么样的标准直接影响评价导向与结果。第三方评价政府整体绩效依据的标准并非"政府正在干什么",而是"政府应该做什么"。按照政治学逻辑,公共权力源于公民授权,公共权力行使及公共政策形成必须以多数人为依归,政府整体绩效评价隐含着一个预设的前提,即公众满意是政府施政的归宿。社会公众是政府整体绩效评价的"标准制定者",犹如邓小平所言,群众拥护不拥护,答应不答应,赞成不赞成,高兴不高兴是一切工作的终极目标与标准。独立的评价标准是一个综合的评价系统,对政绩进行立体式全方位审视,如我们在广东开展的政府整体绩效评价实践,按照反映和体现全球化背景下民主政治、法治社会、市场经济、有限有效的现代地方政府的职能实现程度,贯穿党和政府执政为民的终极目的是实现公众满意,将地方政府职能定位为"促进经济发展,维护社会公正,保护生态环境,节约政府成本,实现公众满意"五个领域层,以此标准导向,推动政府职能转变。

三是过程独立。评价过程独立是指对政府整体绩效进行评价的全过程由第三方独立运作。过程的独立性决定结果的独立性,其中涉及几个关键点,一是信息来源与加工的独立性。政府整体绩效评价是一个信息搜集、筛选、加工、输出、反馈的过程,基于信息真实、及时是第三方评价的基本前提,只有掌握了大量丰富的信息后才能根据自己的价值判断对政府绩效进行测评,因此,保持独立使用信息是体现过程独立基本标志,有效的途径不仅是慎重采用政府的统计数据,更重要的是开发自身的数据源。二是评价经费独立筹措。整个评价的运行要有独立的经费来源,不能接受被评价者的资助,评价结果亦独立公布。三是开放评价过程。第三方评价要求政府开放获取信息权限的同时,亦将自身的评价置于社会的监督之下,透明操作。总之,要维护评价过程独立,以学术的公共性壮大舆论声势,加强监督政府的社会协作。犹如响应梁启超的呼吁,健全舆论的五本:常识、真诚、直道、公心和节制。

(二)第三方评价政府整体绩效的功能

一是评价过程承担民意表达功能。民意作为一种自下而上的意志表达,它是一个社会多数人的利益集合,是现代社会及政府运作的风向标;民意的充分表达和广泛汇集是现代政府合法性的重要基础和依据。传统的民意表达方法包括投票选举、全民公决、民意调查、听证会、游说、请愿等,这些正式和非正式、组织化或分散化的渠道是实现民意表达的主要路径，其作用原理在于将公共舆论、观点、意见等信息传递给政府和非营利组织的决策者，以使他们做出最佳决策。第三方评价政府整体绩效内置了公众满意度导向，从理念上反映了政府治理寻求社会公平和民主的价值，是公众表达利益主张和参与地方政府管理的重要途径，从过程来看可以承担起民意表达功能。其一，就参与机制而言，第三方以自己相对"超然"的身份以及较为专业的素养和组织化条件来引导、发动或者支持公众的民意表达行为，从而使公众获得了在传统渠道之外新的表达意愿的路径，实现了评价过程的广泛参与性和有效代表性。同时，民间性与独立性使其具有广泛的群众基础，给公民提供了一个民主参与和评价政府的载体。其二，就评价过程而言，运用民意测验的方法，包括启动专家咨询程序、发放满意度调查量表等，这些主观测评维度事实上即为民意聚集。评价结果直接或间接反映了公众的满意程度，不仅旨在获得一种以结果来凝聚民意进而反应民意的效果，更在于以结果运用与反馈来实现民意的释放与表达，乃至于与政府政策关切的有效对接。评价结果所引发的民意与政府意志的互动、关联与反馈，最终实现以评价来推动善政进而建立善治。

二是评价是推动"增量民主"的现实路径。社会主义民主制度的建立，本身就意味着政治参与的真实、广泛和普遍性。第三方评价政府整体绩效为公众有序参与公共决策提供了路径。"一个参与型的政治文化自然是保持民主制的理想土壤"[1]。第三方评价克服了政府内部评价角色重叠的矛盾，过程公开透明，尤其是可以强化公民的价值取向，开辟公民的参政议政途径。评价引入了社会公众参与的监督机制，提高了公民的参政意识和与政府对话的能力，推动政府从管制型向服务型、从政府本位向民众本位的转变。具体而言：其一，增强政府的实质合法性。政府是否代表了公共利益，需要公民评议，公民参与在一定程度上就是对政府合法性的肯定。其二，凸显行政管理民主化。政府是否民主，不在于人民是否直接行使公共权力，而在于其是否将公共权力置于人民的制约和监督之中。第三方评价政府整体绩效独立、公开、透明，可以确保结果的客观、公正；由专业人士组成的评价机构具有人才、理论、学术优势；以组织实施者的专业化基础，可有效整合资源，高效运作，是有效解决监督政府缺位的良方。其三，第三方评价政府整体绩效是推进政府职能转变的有效手段。第三方评价政府整体绩效影响

1　[美] 迈克尔·G. 罗斯金等. 政治科学（第十二版）[M]. 林震译. 北京：中国人民大学出版，2014 年.

政府行政模式和治理理念，它有助于突破官本位、权力本位的管理模式，驱使政府及其公共政策体现"民意"诉求，更重要的是推动政府职能转变。

（三）第三方评价政府整体绩效可行性

首先，第三方培育和发展，培养了大批绩效管理领域的专业人才。2018 年全面实施预算绩效管理以来，第三方参与财政支出绩效评价已司空见惯，第三方主要包括会计师事务所、咨询公司、高校等，在长期参与政府部门绩效管理的过程中培养了一批专业人才，在绩效评价领域形成专业知识和专门人才的交叉融合。另外，中央和地方政府部门也出台了专门的法规制度予以规范，相关的行业规范正在酝酿和形成，有利于提升第三方自律和职业操守。

其次，现代信息技术的发展，尤其是移动客户端和社会调查技术的发展，降低了大范围社会民调的成本以及统计分析的工作量。借助手机客户端、社交软件、社会调查软件（如问卷星），制作、发布、传播调查问卷以及统计分析调查结果更加便捷，社会公众参与更加便利，也有利于保护个人信息，提高了参与的主动性和积极性。技术上的进步化解了过往社会调查面临的一系列难题，随着大数据和人工智能的发展也将为社会调查创造更多的可能。

再次，数字政府和政务信息化的发展，倒逼政府信息透明度提高，降低了政府外部主体获取数据信息的难度。近年来，公共服务外包有增无减，其中委托第三方开展绩效评价对政府部门已经习以为常，政府部门的开放程度和包容程度提升，为外部主体评价政府整体绩效创造了生存空间，实际上当下不少地方政府内部评价亦借助第三方完成。

最后，已积累第三方机构评价政府整体绩效经验。学术界积极推动地方政府绩效评价活动，并在部分地方进行探索性实践。如华南理工大学绩效评价中心主持的对广东市县两级政府整体绩效评价外，甘肃省政府委托兰州大学对所辖市(州)政府和所属部门进行的绩效评价，被媒体称为"甘肃模式"。"广东试验"和"甘肃模式"赢得社会各界的广泛认可，其成功经验表明第三方评价地方政府整体绩效的实践可行性。

二、第三方评价政府整体绩效指标体系

评价指标体系构建是绩效评价的核心工作，政府整体绩效涵盖面广，影响因素较多，从而决定了评价指标构建更为复杂，构建指标体系难度更高。

（一）指标体系构建路径

根据政府整体绩效评价预设的条件，首先，整体绩效评价体现结果导向，第三方评价更加关注绩效结果；其次，学术界普遍认为，经济发展、行政管理、社会稳定、教育科技、生活质量、生态环境等6个方面构成政府的内涵结构，但基于第三方评价，行政管理为政府内部管理，社会稳定缺乏明晰内涵，政府的教育职能更多体现社会公正，科技服务于经济发展，尤其是改变经济结构、模式及质量，生活质量的评价具有强烈的主观意愿。综上，宜将政府整体绩效内涵结构确定为经济发展、社会公正、生态环境、政府成本、公众满意等5个方面。

进一步，在完成政府整体绩效内涵界定与结构分析的基础上，绩效评价体系构建的技术路径一般还包括四个步骤：具体指标选择、权重系数确定、评分标准设计、信度和效度检验。

第一步：指标选择。包括确定指标遴选原则，构建初步指标体系，评价指标隶属度分析、相关分析、鉴别力分析。经过分析之后保留的指标，构成可实际应用的政府整体绩效评价指标体系。

第二步：权重系数确定。政府整体绩效评价指标及其权重确定的定量研究方法很多，主要有主成分分析法、层次分析法、数据包络分析法、模糊数学分析法等，其中以层次分析法最为常用。

第三步：评分标准设计。评分标准的设计直接影响各指标的绩效结果，通常不同的评价体系所采用的评分标准不同，常见的指标评分方法有指数法和评估法等。指数法一般用来确定定量指标的绩效，当单项指标为正向指标时，指标绩效=实际值/标准值；当单项指标为逆向指标时，指标绩效=标准值/实际值。指数法在现实中应用广泛，对基本原理进行改进和完善的方法也很多，比较有代表性的是"指数增量法"。

第四步：信度与效度检验。绩效评价结果的可信性和评价内容的有效性决定绩效评价结果的精确性，绩效评价体系的信度与效度检验是衡量其精确性的主要方法。

在第三方评价地方政府整体绩效的实践操作中，可以沿确定目标层→领域层→领域内涵层→具体指标的路径，根据指标数据值的可得性，首先对指标作初步筛选，然后利用专家咨询问卷，一次性得到备选指标的相对重要程度系数，进一步，原则上以覆盖全部领域层内涵为立足点确定具体指标总量，进而得到权重系数，一些缺失数据的内涵层，可采用变通方法以相近指标替代。相应的，简化指标的相关度、隶属度分析过程，降低其预设条件。同时，改良过程中涉及的一些重要环节处理方法是：

一是专家问卷量表。采用李克特5级量表，将备选指标的重要性由被访专家做出单选评价，经SPSS统计后得到全部测量指标的重要程度得分排序，同时可得指标之间的相对重要程度系数排序。

二是隶属分析。将通过专家咨询问卷得出的备选指标的相对重要程度系数排序，即可得出备选指标的隶属度情况。

三是相关分析。领域层指标按其内涵分类，某种程度上已将关联性较强的指标限定在同一内涵层之内。根据经验，每一内涵层初选若干个指标（每个内涵层至少对应一个，但不多于五个），然后参考已有的文献或依据统计数据进行相关分析，并以相关性对本内涵层的指标排序，遴选出每一内涵层的对应指标。

四是权重系数确定。借鉴了层次分析法的思路[1]，两两判别矩阵处理方法是，以专家问卷量表中的指标相对重要程度系数的比较替代指标间的两两比较。假设忽略层次分析法上一层元素支配下一层元素不超过9个的限制，各领域层内指标间的判别矩阵均为一致阵，$\lambda_{max}=n$，$CI=0$，$CR=0$，所以，以专家问卷量表中的指标相对重要程度系数的比较来确定指标权重可视为层次分析法的特例来运用。同样，以专家问卷量表中领域层相对重要程度系数进行比较即可确定领域层权重。

以第三方评价广东省地方政府整体绩效为例，评价指标体系建构步骤如下：

首先，设计层次结构及指数模型，确定主客观一体的五大领域层。借鉴层次分析法中的层次结构模型，建立绩效指数方程。兼顾到地方政府"现状职能、理想职能以及作为绩效评价可量化的职能"的三维角度，确定地方政府职能定位，简单来说，经济发展是人类进步与发展的基础，不论从哪个角度来审视，政府的核心之一都应包含推动经济发展，对发展中国家和地区更加如此；从政治学角度，政府"存在价值"在于维护社会正义，保护人权，捍卫过程公正，节约社会的交易成本，达成帕累托最优；生态环境因公共产品、稀缺且不可逆性非市场可作为，保护生态环境需要依托政府职能；从实现职能的过程来看，现代地方政府运作与企业经营并无本质差别，均是投入产出的过程，存在政府效益问题，当然，终极

1　在层次分析法的实际应用中，递阶层次结构中的层次数与问题的复杂程度有关，一般没有限制，但是每一层次中各元素所支配的下一层元素一般不超过9个，主要原因是心理学研究表明，大多数人对不同事物在相同属性上差别的分辨能力在5-9级之间，如果分级太多，则会超越人们的判断能力。

目的是实现人民满意。因此，评价地方政府整体绩效选择促进经济发展、维护社会公正、保护生态环境、节约运作成本、实现公众满意5个领域层。

其次，分解领域层内涵，搜寻内涵中的具体指标，作为专家咨询的依据。每一领域层内，可依据不同特质，结合本级政府的职能，将其内涵进行分解。促进经济发展可分解为人口及素质、经济增长、增长质量、经济结构等8个内涵层，维护社会公正可分解为政府形象开放度、收入分化程度、基本公共服务供给等7个内涵层，保护生态环境可分解为环保投入、大气保护等8个内涵层，节约运作成本可分解为有形成本、无形成本、机会成本等5个内涵层，实现公众满意可分解为个人及家庭生活与政府总体表现等5个内涵层，见图6-1。之后结合统计年鉴，统计公报及其他可靠数据源，搜寻每一内涵层中的具体指标。

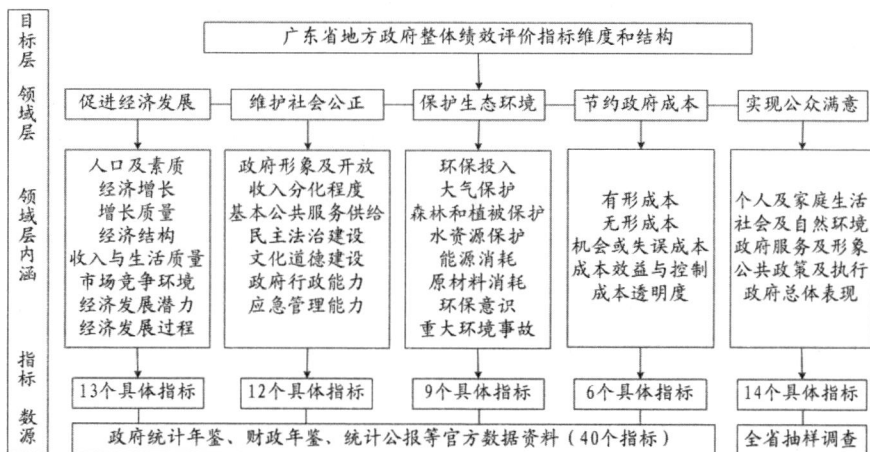

图6-1　广东省地方政府整体绩效评价指标体系的维度及结构

最后，设计专家咨询问卷及付诸执行，取得具体指标相对重要程度系数。将经初选指标置入专家问卷调查的量表中，接受咨询调查。问卷采用李克特5级量表，力求直观简单，并按既定抽样技术方案执行[1]。开展"专家咨询"设计三个"专家"抽样框，即政府官员、行内专家和社会公众三类对象。政府官员为被评价的主体对象，了解政府运作；行内专家具有政府绩效评价的专业知识和理性超然的

1　调查方案设计在95%置信度，3%的绝对误差下设计样本量380人。采用深度访问的方式，回收问卷经审核合格为342份（人），合格率为90%。

立场；社会公众是政府治理和服务对象，为评价主体。根据专家咨询调查的统计结果，可得到全部测量指标的重要程度得分排序和相对重要程度系数，推导备选指标的隶属度。进一步，由于领域层指标按其内涵分类，某种程度上已将关联性较强的指标限定在同一内涵层之内，指标相关分析变得简单易行。

（二）评价维度与指标结构

以上述路径，综合各种因素，确定评价指标总量，相应确定权重系数。指标总量直接影响各指标的权重系数，理论上，指标数量愈多，愈能够反映被评价对象的实际状况，但从技术上看，工作量愈大，成本愈高，实际操作中必须在两者之间求得平衡。综合考虑各方面因素，包括原则上各领域层中每个内涵层的具体指标不少于1个，同一内涵层指标之间相关性较弱的选择两个，没有数据源的内涵层力图以满意度调查来补充等。最后确定54个具体指标，其中40个客观类指标、14个主观类指标，并相应确定指标权重系数。受篇幅限制，本节从客观领域层分别选取2—3个具体指标予以解释。

一是促进经济发展领域层选取全员劳动生产率、第三产业增加值指数和恩格尔系数，全员劳动生产率是指根据产品价值量指标计算的平均每一个职工在单位时间内的产品生产量。它是考核企业经济活动的重要指标，是企业生产技术水平、经营管理水平、职工技术熟练程度和劳动积极性的综合表现；第三产业增加值指数反映第三产业发展的情况，是衡量国家或地区经济健康发展的重要指标。第三产业增加值指数越高，经济发展水平越高；恩格尔系数等于食物支出金额/总支出金额，是衡量一个国家和地区人民生活水平状况的重要指标，一个家庭收入越少，家庭收入中（或总支出中）用来购买食物的支出所占的比例就越大，随着家庭收入的增加，家庭收入中（或总支出中）用来购买食物的支出则会下降。

二是维护社会公正领域层选取城镇登记失业率、城乡居民收入差异和千人拥有病床数，城镇登记失业率是城镇登记失业人数同城镇从业人数与城镇登记失业人数之和的比。创造就业机会，提高就业率，保障劳动者平等就业的权利，是地方政府重要职能，城镇登记失业率从劳动就业的角度反映社会公正情况；城乡居民收入差异是反映城镇和农村居民收入分配差距状况的指标，是城镇居民人均可支配收入和农村居民人均纯收入的比值，该比值越大，城乡居民收入差异的程度就越大；医疗服务是基本公共服务的重要内容，当前我国的医疗改革正在进行当中，医疗卫生资源的配置在很大程度上影响当地医疗服务的质量，千人拥有病床数是反映出本地区医疗设备配置基本状况的重要指标。

三是保护生态环境领域层选取工业废水排放达标率和单位 GDP 能耗。工业废水排放达标率是指地区工业废水排放达标量占其工业废水排放总量的百分比。工业废水是指经过工业企业厂区所有排放口排放到企业外部的全部废水，包括外排的生产废水和厂区生活污水，也包括外排的直接冷却水和矿区的超过排放标准的有毒有害的矿井地下水，不包括外排的间接冷却水。类似指标还有工业固体废物利用率、工业烟尘排放达标率、工业二氧化硫达标率等；单位 GDP 能耗反映的是某时期内一个地区生产活动消耗能源的状况，通常用每万元 GDP 消耗的标准煤（吨）来计算。单位 GDP 能耗是该地区的产业结构与装备技术力量水平的侧面反映。单位 GDP 能耗较低的地区，高能耗产业比重较低，耗能装备技术水平较高，环境污染的程度相对较低，类似指标有单位 GDP 电耗。

四是节约政府成本领域层选取财政赤字占 GDP 的比重和机关工作人员占总人口的比重，财政赤字是进行宏观调控的手段，对刺激短期内需有着积极作用。财政赤字预算只能是短期应对之策，不能作为一项长期政策连续使用。长期过度使用赤字财政政策必然会导致庞大的赤字和债务规模，从长期看，财政收支平衡应是我国财政政策的立足点和发展方向，财政赤字占 GDP 的比重应该控制在国际公认警戒线 3% 之内；机关工作人员是指除企业、事业工作人员之外的公共管理部门工作人员，包括行政机关的公务员、司法机关行使侦查、检察、审判和监狱管理职能的工作人员，同时也包括法律、法规授权组织的人员和行政机关委托的行使国家权力的人员，但不包括国家机关的勤杂人员和服务人员。按照政府行为成本理论，机关工作人员过多，必然会增加工资福利、办公设施、办公费用等开支，并可能导致人浮于事，效率降低。机关工作人员数量规模很大程度上决定整个机关运行的成本费用。

第七章　政府部门绩效评价

　　从发展历程来看，政府绩效评价发轫于政府部门绩效评价，有关政府绩效评价的理念、理论与方法起初大多针对政府部门。政府部门绩效评价在政府绩效评价体系中居于重要地位，在我国政治体制背景下，公共权力及财政供养机构不限于政府部门，党委组成部门在某种意义上也应纳入绩效评价范围。

第一节　政府部门绩效评价概述

一、公共部门属性及特点

　　一般而言，社会部门包括了政府部门、私人部门、第三部门（非营利组织）。广义上，"公共部门"包括政府组织和第三部门。所谓"第三部门"，与政府组织一样，亦提供公共产品和公共服务，不以营利为目的，可称之为"准"公共部门；狭义上，"公共部门"仅指行使行政权力的政府组织。[1]本章主要讨论政府部门绩效评价，区别于独立的非营利组织，包含掌握公共权力的立法、行政（执法）与司法机关，以及其下属的部门、单位与组织。按照霍布斯、卢梭等人的观点，创建公共部门的目的，原在于为私人个体活动提供基本的公共服务和公共资源，实现社会利益与价值的有效分配，以维系社会秩序的良性运作。从狭义上讲，公共部门经由宪法和法律授予特定公共权力，并以社会的公共利益和价值为组织目标，履行着社会公共事务管理与公共服务职能。公共性构成其最大的特征。[2]而具体来说，政府部门又包含了两个层面的内容：一是政府机构的实体，包括不同层级政府及其组成部门，也包括了政府间通过协议建立的公共部门（如国际组织等）。这些部门具有独立法人的资格，根据法律规定履行职责，行使职权，实现职能。二是组成政府机构实体的成员，即公务人员。他们既是享有独立法律行

1　方振邦等. 公共部门绩效管理 [M]. 北京：中国人民大学出版社,2019:5.
2　李文彬,郑方辉. 公共部门绩效评价 [M]. 武汉：武汉大学出版社,2010:40.

为能力和权利能力的自然人，又因其公职人员身份而享有特定职权，履行职位义务与责任，并遵从职业操守与伦理。此二者共同构成了政府部门，依法行政，又接受法律监督与约束。公共部门与私营部门比较，差异主要体现在组织目标、组织行为和管理模式。具体而言：

首先，组织目标不同。公共部门的公共性与私营部门的逐利性存在本质区别。私营部门一切行为出发点在于获得最大利益，包括提高生产率、改良产品和服务、降低成本等，无一不在于营利，因而私营部门更加关注效率性与经济性。公共部门的核心特征是强调公共利益重于个体利益，社会效益重于经济效益，因此，其决策往往是从公共利益出发，而不是直接追求利润最大化。[1] 依据洛克、霍布斯等早期政治学家们的观点，公共部门之所以形成，是享有原始权力的公众将权力让渡出来，而形成公共权力，并委托公共部门对公共事务进行管理。公共部门作为社会的"公仆"，是公众的委托人，代理公共事务。从这个角度来看，公共部门设立的初衷，应是代管公众事务，维护公共利益。

其次，组织行为差异。私营部门行为往往服务于股东大会的决策，决策目的旨在提高企业利润，实现逐利的目标。公共部门服务于"公共利益"，强调价值目标。在我国，人民代表大会的制度设计本身即是维护"公共利益"的组织行为。进一步，在具体公共事务的行政管理上，对于"如何维护公共利益"，不同时期政府行为又有所差异。20世纪末国内政府追求"全能型政府"，21世纪之初倡导建设"服务型政府"，党的十九届四中全会指出："必须坚持一切行政机关为人民服务、对人民负责、受人民监督，创新行政方式，提高行政效能，建设人民满意的服务型政府。"简言之，满足公共利益就是追求"人民满意"。

再次，管理模式有别。与私营部门倾向采取扁平化管理与频繁的上下联动相区别，我国公共部门往往采用自上而下的施政思路和管理模式，具有显著的传统特征，主要特点是政治体制遵循着政治权力相对集中，经济、文化与社会等其他方面权力相对分散的政治制度设计。在这种制度设计下，"集中力量办大事"的举国体制成为无可比拟的制度优势，彰显着中国特色社会主义制度的生命力。当然，注重"自上而下"的管理模式并非排斥"共建共治共享"的治理理念及格局。"从群众中来，到群众中去"的工作方法及管理理念体现我国政府部门的管理特色。"自上而下"绝非封闭系统，它与"自下而上"信息收集与民意收集相结合，

1　朱春奎. 公共部门绩效评估方法与应用 [M]. 北京：中国财政经济出版社,2007:1.

形成"自上而下"方针政策，推动政策方针及绩效目标的高效落实。

二、政府部门绩效评价概念内涵

追溯政府部门绩效评价历史，较早的探索是 1906 年美国纽约市设立意在提高政府效率的市政研究局，但倘若把范围拓展至美国政府提高政府部门生产力的改革与实践，那么，还可以上溯到 19 世纪早期。[1] 近两个世纪来，对于"政府部门绩效"的内涵，学界仍有不同的理解。同时，对于"评估"与"评价"，二者之间也存在差异。通常而言，"评估"指向未来，"评价"针对事后，采用"政府部门绩效评价"较之"政府部门绩效评估"更能反映事后评价的特点。[2] 总体上，目前学界对政府部门绩效评价的界定大致可区分为四个角度：

一是从评价理念进行界定。认为政府部门绩效评价是指按照结果导向的理念、采用科学的方法对政府部门的绩效进行评价的活动。如詹姆斯·Q. 威尔逊 (James Q. Wilson) 认为政府绩效评价意味着这样一种制度设计：在该制度框架下以取得的结果而不是以投入要素作为判断政府公共部门的标准。奥斯本 (Osborn) 与盖布勒 (T.Gaebler) 认为政府绩效评价就是改变照章办事的政府组织，谋求有使命感的政府；就是改变以过程为导向的控制机制，谋求以结果为导向的控制机制。换言之，应秉承以结果为导向的理念、使用定性与定量相结合的方法来评价政府绩效，也有学者认为，公共部门绩效评价是指将公共部门的实际工作成果与绩效目标进行对比，并根据评价结果采取相应的对策。[3]

二是从内容进行界定。认为政府部门绩效评价指对政府部门履行职能的效益、效果、效率、回应性、公平性、质量等方面的评价。如经济与发展合作组织认为绩效评价是对投入、产出和成效的评价，英国审计署认为绩效评价是对政府部门"3E"的评价，美国国家绩效委员会认为绩效评价是对政府部门的效率、效果、效益和质量的评价，菲利普·J.库珀认为政府部门绩效评价是对政府的"效率、效益、产出和顾客满意度"的评价。国内有学者认为，政府部门绩效评价就是对政府公共部门管理过程中投入、产出、中期成果和最终成果所反映的绩效进行评定和划分等级。

三是从过程进行界定。认为政府部门绩效是遵循科学程序对政府部门绩效进

1　[美]尼古拉斯·亨利.公共行政与公共事务[M].北京：中国人民大学出版社，2002：284-287.

2　李文彬，郑方辉.公共部门绩效评价[M].武汉：武汉大学出版社,2010.

3　王少龙.公共部门绩效评估存在的问题与对策[J].劳动保障世界,2020(2):64-65.

行评价的过程。如马克·霍哲认为应该将绩效评价看作是一个测量政府绩效的程序、系统或过程[1]，彼得·罗西等认为绩效评价是绩效指标的搜集、报告和解释过程[2]。在国内，范柏乃认为，所谓政府部门绩效评价，是根据统一评价指标和标准，按照一定的程序，通过定量定性对比分析，对政府部门一定时期内的业绩作出客观、公正和准确的综合评判过程。

四是从绩效评价内容与过程相结合的视角，认为政府部门绩效评价包含绩效内容界定和绩效测量。1998 年至 1999 年，欧洲质量管理基金会 (EFQM)、德国施派耶尔学院 (Speyer Academy) 和欧洲行政学院 (EIPA) 在欧洲公共管理局领导下，合作完成通用评估框架 (CAF) 模型设计，旨在建立一个适合所有公共部门的通用管理质量评估框架。这个模型由绩效内容和绩效测量过程两部分组成。其中，绩效内容由绩效、顾客、雇员和社会效果四种因素组成；而测量过程是通过领导力、人力资源管理、政策和战略、合作伙伴和资源管理以及变革管理等过程实现。四个内容因素和五个过程因素共同组成政府部门绩效评价模型。

尽管上述定义各有侧重，但大体可区分为"结果导向""过程导向""能力导向""综合导向"。首先，针对"结果导向"。《改革政府》一书直言政府应该"讲究效果""以顾客为导向"。[3] 詹姆斯·Q. 威尔逊也认为评价政府部门绩效应关注结果而不是投入，美国《政府绩效与结果法案》（Government Performance and Result Act，GPRA）亦如此，该法案认为，政府部门绩效的关键内容是政府部门为履行其职责做了什么（Output）、成效如何（Outcome）、是否实现公民满意（Satisfaction）。其次，针对"过程导向"。坎贝尔（Campbell）等认为，绩效不是活动的结果，而是活动本身；[4] 包国宪认为，政府部门绩效评价可以实现"把对政府部门的内部控制和外部监督结合起来，提高政府部门运作效率"[5]。再次，针对"能力导向"。2000 年，经济与合作发展组织将绩效界定为组织在资源获得与使用方面的能力，是"一个机构或政府部门可以廉价地获取资源并能够高效率"投入—产出"（input — output）和高效益"投入—成效"（input-outcome）

1　[美]马克·霍哲(Marc Holzer), 张梦中. 公共部门业绩评估与改善 [J]. 中国行政管理,2000(03):36-40.

2　[美]彼得·罗西等. 项目评估:方法与技术（第六版）[M]. 北京:华夏出版社 2002:326.

3　[美]戴维·奥斯本,特德·盖布勒. 改革政府 [M]. 上海:上海译文出版社,2006:96-119.

4　范柏乃. 政府绩效评估的理论与实务 [M]. 北京:人民出版社. 2005:32.

5　包国宪. 绩效评价:推动地方政府职能转变的科学工具——甘肃省政府绩效评价活动的实践与理论思考 [J]. 中国行政管理,2005(07):86-91.

的利用资源从而实现绩效目标的熟练程度"。最后，针对"综合导向"。英国政府部门绩效评价的"3E"、美国学者詹姆斯·Q.威尔逊的责任、回应、公平、效率与成本以及美国政府生产力研究中心的生产力、效果、质量与及时等概念模型均体现对绩效综合性的理解。

我国政府部门绩效评价起步较晚。20世纪初，财政部在组织考察欧美国家的政府绩效管理实践之后，将"绩效管理"引入国内政府部门管理，并鼓励地方探索。机关效能考评、绩效导向的目标管理、绩效预算管理、万人评议政府等尝试即是在这个背景下应运而生。2000年以后，部分地方政府部门开始使用"部门绩效评价"的表述来取代原有的机关效能考评。如2000年，厦门市在机关效能建设的基础上，以提高公共服务质量为核心，以公民满意度为标准，以建设服务型政府为基本导向，实行公共部门绩效评价。

三、我国政府部门分类

政府部门是政府部门绩效评价的对象。政府承担着社会管理、公共服务、市场监管和经济调节等方面的职能，涉及国防、外交、财政、司法等国家事务与地方事务管理，以及科教文卫、社会保障等社会公共事务的管理，对物价、垄断、金融、汇率等方面的监管与调节等。为了更好地达成管理目标，政府内部需要设置各种履行具体职责的职能部门。同时，为保障这些职能部门的有效运转，也需要设置内设机构。一般来说，政府职能部门包含经济、教育、科学、文化、卫生与健康、体育事业、人力资源与社会保障、环境和资源、城乡建设、交通、水利、住房保障、财政、民政、公安、民族事务等部门。从纵向职能配置来看，我国政府部门的职能特点可以概括为"职责同构"。[1]

现代社会管理事务领域愈加朝着多元化和复杂化的趋势演进，公共部门组织体系日渐庞大，公共部门和公务人员队伍不断增加，为实现公共部门管理工作高效有序，推动分级分类管理成为公共部门管理的必然选择。部门横向分类涉及职能划分与管理幅度问题，关系到一个层次的政府部门或同一行政领导直接控制的下属机构具体职能以及部门和人员的规模，影响到政府处理公共事务效率与效果；纵向分类侧重于领导与服从关系，影响中央政府决策能否贯彻与落实。政府部门的分类有三项基本要求：首先，政府部门的设立是服务于公共事务的管理，政府

1　朱光磊, 张志红."职责同构"批判 [J]. 北京大学学报 (哲学社会科学版),2005(01):101–112.

部门的分类自然也应以公共事务的性质、范围和内容为基本依据设置。换言之，即以事权为基本的分类依据；其次，政府部门的整体规模、分类及设置是受限于公共事务的多寡、部门职能的大小、经费预算的充分程度、政治经济发展状况以及科技发展水平等多种因素，这就要求部门分类必须保持相对的稳定以防止公共事务管理的混乱，包括部门数量上的稳定与部门类别上的稳定。最后，政府部门依法管理公共事务，也被法律所约束，因此其分类也同样应当以法律规定为准绳。

根据《中华人民共和国地方各级人民代表大会和地方各级人民政府组织法》规定我国政府部门可从层级与职能两个维度进行分类。

首先，从层级上分类。地方政府结构大致分为"省—县—乡"三级，接受中央政府的领导，遵循地方政府分级管理的原则。应该说，自1949年以来，我国地方政府层级分类一直在不断探索和试验中，不同时期呈现不同特点，当前政府层级具有多样化与多变性的特点，比如："省直管县""县级市""直辖市""较大的市""市辖区"等现象即是佐证。尽管如此，层级间总体特点仍是权力与管辖范围逐级递减，下级是直属上级政府的派出机构。同时，为更好承接上级部门任务工作，下级政府部门中设置对应的内设机构，由此形成所谓"职责同构"现象。

其次，从职能上分类。政府部门的横向分类主要依据是按管理职能和组织目标（综合部门、职能部门和直属部门）、按行政管理的不同环节（决策、执行、信息反馈和监督）、按服务对象（如归侨、妇女等）等三种[1]。部门分类和机构改革并非一蹴而就，部门职能能否高效实现也随着经济社会发展而发生变化，或者说，机构改革是阶段性、持续性的制度产物。当然，置于我国政治体制之下，广义上政府部门的分类并不仅仅局限于政府本身，也涉及党的机关，而基于职能相近原则，党的机关分类亦与政府部门存在相近性。

四、我国政府体制与部门改革

1978年至今，政府机构历经数次改革，呈现五年一变的"规律"，如表7-1。不同时代背景下，每一届政府面临的经济社会发展环境与任务不同，施政的方针路线各异，也就赋予了政府部门不同的职责和职能。改革的目的和思路主要是通过精简数量和转变职能以实现特定的目标。公共支出规模不断扩大是社会经济发展的客观规律，也是"瓦格纳法则"的基本判断。政府部门职能和数量的动态变

1　唐兴霖.公共行政组织原理：体系与范围[M].广州：中山大学出版社,2002:76-77.

化是量变的累积过程，其间部门数量和人员扩张增加行政成本，部门职能的变化可能引起履职缺位、错位、越位。学界一种观点认为，我国政府机构改革陷入了"精减—扩张—再精减—再扩张"的怪圈，但从另一个角度看，也是政府机构为了适应经济社会发展形势必须间歇性的自我变革。

表 7-1 1978 年之后的政府部门机构改革

年份	背景	主要内容	改革结果
1982	国务院机构数量达100个，干部数量与职位也多，机构臃肿、层次重叠、职责不清、效率低。	撤并机构、裁减人员，以解决干部副职过多、干部队伍老龄化和人浮于事的问题，推动干部队伍革命化、年轻化、知识化与专业化。	原先100个机构精减为61个，副总理由13个减为2个，副职大大减少，开始撤并经济管理部门，将部分条件成熟的单位改革成经济组织。
1988	上一次机构改革后机构迅速出现反弹。	大力推进政府职能的转变，政府经济管理部门从直接管理为主转变为间接管理为主，强化宏观管理职能，淡化微观管理职能。	国务院机构由72个缩减至65个，部委由原有45个减为41个，直属机构从22个减为19个，非常设机构从75个减到44个。
1993	由于经济过热，精简的机构很快又膨胀起来。	转变职能、理顺关系、精兵简政和提高效率。	国务院组成部门与机构减至59个，比原来减少27个，人员减少20%。
1998	在外部金融风波的冲击下，机构改革势在必行。	建立办事高效、运转协调、行为规范的行政管理体系。	国务院组成部门从40个减少为30个（含国务院办公厅）。
2003	加入WTO，进一步转变政府职能，改进管理方式，推进电子政务，提高行政效率，降低行政成本。	深化国有资产管理体制改革，完善宏观调控体系，健全金融监管体制，继续推进流通体制改革，加强食品安全和安全生产监管体制建设。	除国务院办公厅外，国务院29个组成部门经过改革调整为28个，不保留国家经贸委和外经贸部，职能并入新组建商务部。
2008、2013	党的十七大、十八大召开。	聚焦大部制改革。围绕转变政府职能和理顺部门职责关系，探索实行职能有机统一的大部门体制。	除国务院办公厅外，国务院设置组成部门减至25个。
2018	决胜全面建成小康社会、开启全面建设社会主义现代化国家新征程。	转变政府职能，市场在资源配置中起决定性作用。推动高质量发展，建设现代化经济体系，构建起职责明确、依法行政的政府治理体系。	国务院正部级机构减少8个，副部级机构减少7个，除国务院办公厅外，国务院设置组成部门26个。

第二节 绩效评价内容与绩效目标

官僚科层制推崇专业化分工，政府部门职能千差万别决定了绩效评价内容和具体指标的差异化；为实现横向可比，评价内容的选择又要注重整体性和一致性。评价内容相对宏观，可以理解为评价的面向和维度，评价指标则是评价内容的具体化。绩效目标是构成评价指标的要素之一，是将评价指标进一步细化到某一目标值，作为衡量评价指标达标与否的标准。本节主要介绍了政府部门绩效评价内容、评价指标和绩效目标制定及审核等绩效评价过程中所要解决的核心议题。

一、政府部门绩效评价内容

确定政府部门评价内容并不简单，首先，政府部门绩效评价目标是多层次、多领域的，有政治、经济、文化、社会等方面的目标，也有中央、省、市、区县、乡镇等层次的目标，更有不同地域不同文化行政区域的目标；其次，政府部门绩效评价中所测量的投入、产出及其效益大多具有非货币性、间接性和弥散性特征，比如公共服务中需要投入大量的信息和知识，可能还要进行宣传教育或者开展协商对话，又如某一层级的政府部门的投入可能是承接了上一节点的投入，以及政府部门的资源投入往往是总体性的投入；再次，政府部门绩效评价指标与标准具有不确定性，并是动态变化的；最后，评价中的资料信息有不完整性而且也依赖于公众掌握的信息。[1]

总结国内外政府部门绩效评价的经验，评价的内容大体可以分为结果性评价、过程性评价和满意度评价。例如，经典的"4E"模型的评价内容属于结果性内容，平衡计分卡和欧盟通用框架模型的评价内容基本上属于过程性内容，SERVQUAL模型的内容则属于满意度评价。

一是结果性评价。英国的雷纳评审最早将"3E"作为政府部门绩效评价核心内容，即经济（Economic）、效率（Efficiency）、效果（Effectiveness）。之后，弗莱恩提出"4E"理论，将"公平"（Equity）纳入评价内容。[2]至此，政府部门绩效评价的"4E"模型正式形成。其中，政府部门的经济性，是指政府部门在节约公共资源方面的成效，具体表现在节约政府人力、物力与财力成本上；政府部

---

1 胡宁生主编. 公共部门绩效评估 [M]. 上海：复旦大学出版社,2008:9-10.
2 廖鹏洲. 地方党政组织考评体系及其法制化研究 [D]. 华南理工大学,2015.

门的效率性，是指政府部门利用单位投入获得最大产出的成效，具体表现为以最少的资金、时间、物质、人力投入获得最大的产出；政府部门的效果性，是指政府部门履行部门职责和实现部门目标的成效，也可以理解为产出的成效，具体表现为公共服务目标实现的程度和结果；政府部门的公平性，是指政府部门促进社会公平的成效，具体表现为在阶层、群体、区域、城乡等方面的财政投入公平和政策资源公平，突出对弱势群体的保护。但从实际应用来看，无论是欧美国家还是国内各级政府，"公平性"本身难以量化，故"3E"仍是结果性评价的首选。

二是过程性评价。欧盟通用框架 (Common Assessment Framework，CAF) 和平衡计分卡（Balanced Scorecard，BSC）是比较有代表性的两个过程性评价框架。[1] 欧盟通用框架始于 1998 年欧盟公共部门质量奖评选活动。该框架能满足公共组织自我改进、自我诊断的需求，主要目的不在于对机构进行排名，而是发现组织不足并有针对性地加以改进。该框架分为两大类要素，分别是"能动因素"和"结果因素"。前者包含 5 个指标，即领导力、人力资源、战略与规划、伙伴关系与资源、过程与变革管理；后者包含 4 个指标，即雇员角度的结果、顾客 / 公民为导向的结果、社会结果、关键绩效结果。不同因素间逻辑关系是：5 个能动因素发挥作用的程度决定着前 3 个结果因素的实现程度，而前 8 个因素之间的协调互动决定着关键绩效结果。据此，考察结果因素时，可回溯考察每一个能动因素，明确被评价组织的优势和不足，并通过学习与创新进行改进。[2]

三是满意度评价。建设人民满意的服务型政府，公众满意度在部门评价中充当越来越重要的角色。国内外有代表性的满意度评价有美国顾客满意度指数（ACSI）、SERVQUAL 服务质量评价模型和地方政府 ISO9001:2000 标准等。美国顾客满意度指数（ACSI）指顾客对国外企业提供的产品和服务质量的、以指数呈现的评价，包括顾客满意度、顾客期望、感知质量、感知价值、顾客抱怨和顾客忠诚。1993 年美国国会颁布《政府绩效与结果法案》后，美国政府开始在部门管理中引入该模型及外部评价机构，结合政府部门特质，形成感知质量、顾客期望、客户服务、顾客满意度、顾客抱怨和信任等内容，包括顾客期望、感知质量以及过程、信息、客户服务等 8 个不可观测变量和可靠性、满足顾客需求程度

1　孙迎春，周志忍. 欧盟通用绩效评估框架及其对我国的启示 [J]. 兰州大学学报（社会科学版),2008(1):34–43.

2　孙迎春，周志忍. 欧盟通用绩效评估框架及其对我国的启示 [J]. 兰州大学学报（社会科学版),2008(1):34–43.

等观测变量。[1]SERVQUAL是基于感受的服务质量评价模型，包含有形性、可靠性、反应性、保证性和关怀性等五个维度。有形性是指政府部门服务的硬件设施保障；可靠性是指政府服务的时间和质量保证；反应性是指政府服务对公民的回应速度；保证性是指政府服务的可信任度；关怀性是指政府服务的人性化程度。该模型评价的是政府部门整体服务质量，通过顾客感知服务质量和顾客期望服务质量之间差值呈现政府服务质量水平。这一模型也被国内一些地方政府改进后采用，如广东省鹤山市将SERVQUAL评价模型应用于政府部门服务满意度调查，内容涵盖有形性、可靠性、反应性、保证性、关怀性、信息性、监督性等七要素，并整合为依法行政、服务态度、办公环境、办事实效、总体评价等维度，对全市公众开展问卷调查。[2]

二、政府部门绩效评价指标遴选

（一）指标制定SMART原则

政府部门绩效评价指标制定应遵循SMART原则。S（Specific）指"具体的"；M（Measurable）指"可度量的"；A（Ambitious）指"有挑战性的"；R（Realistic）指"现实的"；T（Time-bound）指"有时间限制的"。以广州市教育局2020年的部门绩效评价为例，指标包括普惠性幼儿园的在园幼儿占比、全市累计新增中小学学位数量、城乡实验幼儿园的数量等，以上指标基本符合SMART原则。又如，闵行区民政局2020年绩效指标包括城市社会救济受益者满意度、创建市级居（村）自治家园数量、创建市级农村社区示范点数量等，也与SMART原则相吻合。

（二）指标效度与信度检验

绩效评价能否有效地发挥作用取决于评价结果的可靠性和有效性，以评价指标为基础，以指标的信度和效度为标识。[3]首先，信度考察指标是否客观、准确、可靠。比如，如果多次询问民政部门年度救济人数得到不同的回应，那么年度救济人数这个指标就缺乏一贯性和可靠性，信度不高。当然，由于指标获取各个阶段的不确定性，指标结果存在出错的可能。如果这些错误是偶然性的、随机的、

1　吴建南，庄秋爽. 测量公众心中的绩效：顾客满意度指数在公共部门的分析应用 [J]. 管理评论,2005(5):53-57.

2　杨健平等. 县域政府绩效考核评价 [M]. 北京：中国统计出版社，2009.

3　尚虎平. 基于数据挖掘的我国地方政府绩效评估指标设计——面向江苏四市的探索性研究 [J]. 软科学,2011,25(12):91-97.

无偏向的，那么其信度仍然可能较高；但如果指标结果缺乏内部一致的信度，说明绩效数据存在问题。如经过培训的观察者，在时间、程序、定义、分类、观察对象和评分方式都保持一致的情况下，得出截然不同的观察结论，显然这个指标结果就不可靠。[1] 其次，效度考察指标是否合适的问题。如果指标与特定工作的预期产出毫无关系或者关系极弱，那么指标也无法说明部门工作的绩效。[2] 比如办案数量就无法说明公安部门的实际工作绩效，仅能反映已立案案件的办理规模，但是未立案的案件则不被考察。又如犯罪率的使用。犯罪率可以作为预测犯罪案件的一个指标，但实际的犯罪比例往往是高于统计量的，因此犯罪率高低并不能反映公安部门的绩效结果，而仅仅是产出指标。

三、政府部门绩效目标

部门绩效目标制定及其检验是政府部门绩效评价的核心问题。经验表明，部门绩效目标是否科学有效对绩效跟踪、绩效评价、结果应用等各环节产生重要影响，决定着绩效管理的整体水平。[3]

（一）绩效目标制定与审核

政府部门绩效目标制定即部门绩效目标申报与审核的过程。绩效目标责任书（下称"蓝皮书"）是各单位根据上级机关确定的中心工作、本单位的职能以及其他重点工作任务进行申报的绩效协议。原则上蓝皮书应于每年上半年由各部门报绩效评价组织单位汇总。绩效目标的申报、审核流程包括了通知、申报、审核、确认和审定五个环节。[4] 一是申报。各部门根据上级机关确定的中心工作、本部门的职能以及其他重点工作任务进行申报，申报内容主要按"三项重点"工作、职能工作等工作模块进行报送。各部门按指定格式制订本部门的蓝皮书，经部门主要领导确认后加盖公章，在规定期限内报送绩效评价组织单位。二是审核。各部门将蓝皮书提交绩效评价组织单位后，后者负责协调相关单位、机构、团队进行审核，各部门应根据反馈情况对蓝皮书作出修改、调整。三是确认。各部门将

1 [美]西奥多·H.波伊斯特著，公共部门绩效评估 [M].肖鸣政等译，肖鸣政校.北京：中国人民大学出版社,2016:69.

2 [美]西奥多·H.波伊斯特著，公共部门绩效评估 [M].肖鸣政等译，肖鸣政校.北京：中国人民大学出版社,2016:70-72.

3 郑凤梓.浅谈部门预算绩效目标管理存在的问题及建议——基于上海市级预算部门财政支出项目绩效目标数据 [J].财政监督,2019(2):42-45.

4 张子兴,曹小华.佛山绩效管理：模式与实务 [M].北京：新华出版社,2014.

修改、调整后的蓝皮书再次报送。四是审定。集中提请领导机构审议的各部门申报的蓝皮书，审定后作为各部门年度绩效评价的依据（如图 7-1）。

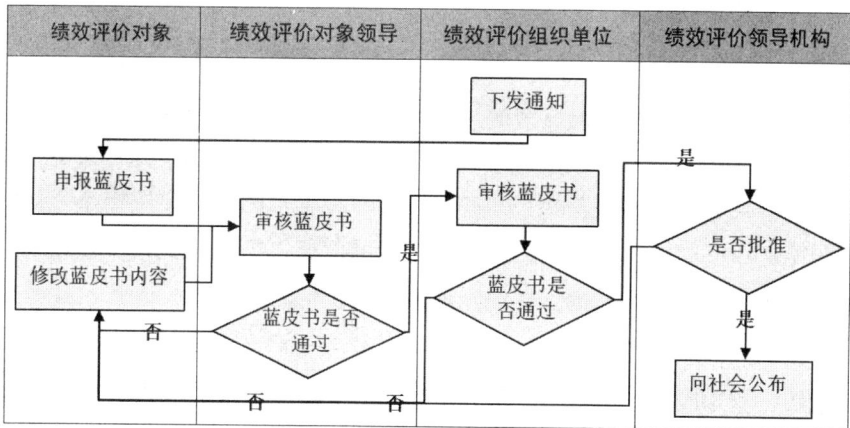

图 7-1　政府部门绩效目标（蓝皮书）申报、审核流程

（二）政府部门绩效目标检验 [1]

1. 目标检验类型

目标检验即检验部门目标的实现程度，包含两种性质的目标类型：

一是量化目标检验。即在明确部门绩效关键量化指标的前提下，通过"目标—结果"比对，获得目标实现情况。该检验通常借助逻辑模型的分析思路，对前期投入、实施过程与结果产出进行经济性、效率性和效果性等"3E"维度的目标检验。值得注意的是，部门的产出与结果离不开前期投入与过程控制的把关，亦在某种程度上由前期投入与过程控制的绩效所形成。因此，对部门绩效的产出与结果进行目标检验，免不了将执行合法合规、制度保障、执行效率等指标纳入所检验的目标体系。这种处理方式一方面将绩效管理"全过程化""全覆盖化"，另一方面亦有利于对绩效弱项进行识别，从而针对性地采取措施以提升部门绩效。

二是价值目标检验。价值是部门绩效的内核所在，是影响部门公信力高低的重要因素。价值目标检验的目的就在于，通过引入专家判断、关键事件等定性方法了解群众感知，并从中发现当前部门管理过程中价值供给的欠缺与不足，从而优化价值目标实现成效。定性方法的引入方便评估者完整获取部门绩效的满意程

1　廖逸儿 . 财政教育精准扶贫：绩效目标及其实证检验 [D]. 华南理工大学 ,2019.

度，进而实现多元价值的全方位考量。因此，价值目标检验是对部门绩效量化目标检验的价值确认，也是避免部门管理发生偏差或瞄准失败、保证政府价值目标实现的必要手段。

2. 目标检验流程

（1）绩效自评报告申报。绩效自评报告（下称"红皮书"）是各部门根据年初确定的中心工作、本单位职能以及其他重点工作任务的完成情况，进行自我评价的报告。各部门根据年初蓝皮书中确定的年度绩效目标和进度安排，对各项工作完成情况进行分析和总结，开展自查自评。申报内容主要按重点工作完成情况、职能工作完成情况等模块进行报送。各部门要按规定格式制订红皮书，经单位主要领导确认后加盖公章，在规定期限内报送汇总。

（2）绩效自评报告审核。一是专家评审。绩效评价组织单位负责协调相关单位、机构、专家团队，对红皮书进行审核。根据职能，可以将部门分成经济和社会管理类、执法服务类、党群机关类等组别。如申报的红皮书经审定不符合要求，将退回相关单位限期修改。

二是现场答辩。申报工作完成后，组织开展绩效自评报告答辩会。部门代表针对部门绩效目标与时间节点设置依据、绩效目标工作的推进情况和完成情况、工作难点与工作亮点等内容进行陈述并回答评审团提问。现场答辩评审团包括专家、人大代表、政协委员、公众等各方面代表。

三是绩效评价。绩效评价组织单位汇总对各部门的指标评价得分，采取明查暗访、随机抽查、民意调查等方式，对各部门的年度绩效目标实现情况进行核验。对抽查过程中发现存在绩效失实、夸大绩效甚至弄虚作假的，视情节轻重处理。

四是满意度调查。可委托专业调查机构进行，采取社会满意度（社会公众评分、服务对象、企业代表评分、网上评分和窗口评分）、基层满意度（机关评分）和领导满意度结合的形式。

五是确定评价结果。按日常绩效评价得分及满意度调查得分对各部门年度评价得分进行汇总，确定初评结果并将评价意见反馈到被评部门。对评价意见有异议的，须在3个工作日内提出书面申诉。绩效评价组织单位负责核实并将绩效评价结果公开，责成被评部门针对存在问题提出绩效改进建议，督促有关部门抓好整改落实。

（3）总体评价结果。对绩效评审过程管理设置权重分，包括报送时效、蓝皮书评审、红皮书评审等考评内容，计入各单位年度绩效考评总成绩。

（三）绩效目标制定遵循原则

政府部门绩效目标制定过程中常见问题包括：一是目标设置过多且偏离绩效导向。不同部门提交的绩效目标大同小异且数量繁多，通病是将年度工作任务当作绩效目标纳入考核。二是违背 SMART 原则，如部分目标没有设定明确的目标值，无法定量评价也无法定性衡量。绩效目标制定后如若无法测评其完成情况，那么绩效目标便是无效的、冗余的。三是投入和产出指标过多，缺少结果指标。投入指标衡量某一项目或服务消耗的资源，产出指标衡量提供的产品数量，结果指标衡量项目或服务的效果。SMART 原则对政府部门绩效目标制定有切实的指导作用，但实践中遇到种种障碍。为提高绩效目标的科学性、合理性和可行性，政府部门绩效目标制定过程中应遵循以下原则：

一是多方参与，避免唯上。官僚制体制下，领导偏好往往成为部门绩效目标制定的决定性因素。领导关注什么，绩效目标就定什么，领导不关心的目标，往往不纳入绩效考核范围。绩效目标唯领导决定，一方面，可能会为了短期政绩牺牲长远利益；另一方面，绩效目标制定如缺乏上下级间的沟通，下级部门和工作人员参与较少，这样制定出的目标得不到下级工作人员的认同，将影响执行力度和实现程度。此外，绩效评价强调公众满意导向，对外服务的政府部门绩效目标的制定还需关注政府外部的需求和公众期望，绩效目标理应向社会公开并接受公众监督，赢得公众认可。而且，政府部门绩效目标的制定应基于战略考量，着眼长远，避免短视。在制定明确的长远绩效战略规划基础上，分阶段、分层次地制定短期绩效目标循序渐进。

二是实事求是，避免失真。政府部门绩效目标制定应以客观事实为依据，绩效目标值适度。既不能急功近利将目标值设置过高，也不能为了降低难度故意降低目标值。应当综合考虑总体发展战略，结合当前实际情况，特别是环境、资源的限制以及人员的能力和水平等因素，结合以往的绩效目标、发展预期以及标杆单位的情况等，合理确定绩效目标。[1] 绩效目标值制定过低，轻而易举便能实现，绩效评价会失去激励作用；绩效目标制定过高，容易挫伤工作积极性，甚至出现数据造假的现象，掩盖真实绩效情况。

三是动态调整，避免僵化。对政府部门而言，其职能在一定时期内有稳定性、可以预期，但同时也有会临时性工作安排。稳定性说明绩效目标制定循序渐进、

1　方振邦，葛蕾蕾.政府绩效管理 [M]. 北京：中国人民大学出版社，2012:83.

不断完善，临时性说明绩效目标需要滚动调整。绩效目标制定并非一劳永逸、一蹴而就，必须经历从无到有、从有到精的完善过程。在部门绩效目标制定之初，大可不必因担心绩效目标存在些许瑕疵而止步不前，绩效目标需要在实践中不断补充、修正，从而趋于完善。由于外部环境的错综复杂、时常多变，或者发生突发性事件，政府部门有必要根据实际情况的变化对绩效目标进行适当调整，以期适应外部环境的变化。但需要注意的是，绩效目标的变动也要适度，控制在一定的范围内。如果绩效目标经常发生重大转变，容易导致部门工作人员无所适从，导致许多工作半途而废，因沉没成本造成人财物等资源浪费。

第三节　政府部门绩效评价实践探索

一般而言，政府整体绩效评价与政府部门绩效评价相辅相成。从历史来看，我国政府部门绩效评价呈现阶段性，如果以 2011 年监察部牵头绩效管理试点和 2018 年全面实施预算绩效管理为时间节点，不同时期政府部门绩效评价呈现不同特点，如地方自主探索阶段的"福建模式""珠海模式"，中央试点阶段形成的各地模式，全面实施预算绩效管理要求下的政府部门整体支出绩效评价等。

一、早期实践探索

国内对政府机关人员的绩效考核由来已久，但部门绩效评价实践和理论研究直到 20 世纪 80 年代才引起重视。20 世纪 90 年代后，由于经济快速发展与社会主义市场经济推进，经济社会管理事务日益繁杂，公众参政意识不断增强，内外压力驱动部门管理水平提高，部分地方政府部门开始引入西方发达国家的做法，开展政府部门绩效评价探索。1998 年之后，国内正式启动包括部门预算编制在内的预算改革，逐步将西方的绩效管理经验引入到部门管理与项目管理之中，其中包括政府部门绩效评价。总体来看，我国政府部门绩效评价先后经历目标责任考核、效能建设、绩效评价和公众评议等不同阶段，各阶段的做法具有传承性。

（一）目标责任制考核

目标责任制考核是我国地方政府绩效评价探索的初始形式。所谓目标责任考核，是指上级政府部门制定对下级政府部门工作的考核目标，下级部门根据上级下达目标开展工作，上级在年终时对目标完成情况进行考核。20 世纪 80 年代起，这一方式被广泛用于地方政府考评中，上级政府依据政府战略规划和年度重点工作制定对下级部门的考核目标，年终再根据这些目标完成结果对部门进行评价考核，其中"青岛模式"和"南通模式"具有一定代表性。1998年起，青岛市委、市政府借鉴发达国家经验，确立督查工作与目标绩效管理相结合、部门考绩与评人相结合的行政效能督查模式，构建集决策目标化、执行责任促进、监督检查强化、社会公众与"第三方"评价于一体、全面覆盖市直单位的整体推进型绩效评价体系，对党政机关绩效进行督查与管理。2001年起，南通市政府机关在全国率先启动作风建设和绩效考评工作，其考评工作以目标责任制为核心，从日常考核、年终考核和综合评议等三个纬度着手，采取职能指标、共性指标和综合评议"三位一体"的机关绩效考评方式，意在推动机关作风建设。

（二）效能建设

1994年，按照中纪委监察部的部署，福建省在福安市开展行政效能监察试点，1995年推广至全省。1999年，借鉴香港申诉专员公署的成功经验，福建省率先将效能监察拓展为效能建设。通过对政府及其工作部门履行职责和管理活动的效率、效益、效果进行全面考评，以提高政府行政效率，改进机关作风，建设透明、廉洁、高效现代政府。同时，在效能建设的过程中充分的重视公众参与、上下联动、考评结果应用等实质性问题。福建省效能（考核）建设的理念与导向一定程度上吻合了政府绩效评价的内涵要求（经济、效率、效果、公平），主要做法呈现以下特点：一是设立机构，创新体制。针对各自为政、标准不一等现实问题，福建省设立了机关效能建设领导小组及其办公室（常设机构），具体负责机关效能建设的考核工作。这种制度性安排即是开展工作的保障条件，又是为实现考核工作的专业化、规范化的基础。二是主体多元，全面评价。即有内部评价，亦有公众评议，将对上负责和对下负责有机结合，有效提升考评的公信力和准确度；同时，指标体系涵盖了经济、社会、环境、文化、政府自身建设等各方面，尤其突出长期发展战略与和谐社会建设、可持续发展等重大现实问题，充分体现"以人为本、全面、协调、可持续"的科学发展理念。三是先行试点，循序渐进。先在少数政府部门进行试点，积累经验。[1]

（三）公众评议

1994年6月，针对社会服务质量欠佳的问题，烟台市借鉴英国和香港地区

1　郑方辉,段静.省级"政府绩效评价"模式及比较[J].中国行政管理,2012(3):34–38.

社会管理部门的做法，率先在市建委系统试行"社会服务承诺制"，由公众根据其服务承诺评价工作效果。此后行风评议逐渐成为公众评价政府部门绩效的重要形式。2000年，杭州市推出"满意单位和不满意单位"评选活动，在政府绩效管理中引入了公众评价方式，并逐步形成重视公众和管理服务对象评议的"杭州模式"。厦门市政府于1998年5月颁布实施了《厦门市民主评议行业作风暂行办法》；2003年，湘潭市亦开展社会公认评估活动，77个市直单位领导班子要过社会公认评估关；上海市于2001年2月对旅游行业、2004年对通信行业进行行风评议；无锡市于2004年8月对律师行业进行评议等。其中：珠海市"万人评政府"活动具有代表性。自1999年起，珠海市每年开展"万人评政府"活动，即组成一个包括人大代表、政协委员、新闻记者、企业代表的200人测评团，用无记名方式对被测评单位作出"满意"或"不满意"的评价。行风评议活动倒逼政府部门转变工作作风、更加关注公众需求与感受，提升部门服务公众满意度。

（四）绩效评价

20世纪初，我国部分地方政府部门开始使用"绩效评估"或"绩效评价"的表述来取代原有的机关效能考评，厦门市思明区和深圳市的探索具有代表性。2004年，在2000年福建全面进行机关效能建设的基础上，厦门市思明区开始探索政府机关绩效评价，对部门基本建设、运作机制和通用业绩指标等三大项进行考评，并把群众评议作为考评的重要内容，这些举措在理论界被誉为"思明模式"。除了思明区外，从2007年开始，深圳市启动政府绩效评估工作，对政府职能部门展开绩效评价，考核市直单位行政业绩、事务性行政效率、执行力建设、行政成本等方面的综合绩效，评价范围从原来局部试点扩大到全部政府工作部门，并建立"电子评估系统"，实现绩效数据实时报送，提高评价的精准性和时效性。

经过多年探索实践，我国政府部门绩效评价已形成较为鲜明的特征：首先，部门绩效评价从注重效率评价转为注重质量评价。"行政学之父"威尔逊指出：行政学的目标和任务之一就是要弄清政府怎样才能够以尽可能高的效率和尽可能少的金钱或人力上的消耗来完成其职能。[1]目标责任制单纯强调效率所引发地方债务、低满意度问题，政府承诺制、万人评议则恰好回应了以上问题，党的十九大之后提出"建设人民满意的服务型政府"也体现出从效率评价往质量评价的转变。其次，提升评价技术，重视结果导向。评价技术不断成熟，包括信息技术、

1　Woodrow Wilson.The Study of Administration, Political Science Quarterly , 1887(6).

量化技术的广泛使用，针对不同部门发展出差异化评价方式、方法和技术。[1]在指标确立和评价方法选定上，各级政府越来越倾向于采取定性评价与定量评价相结合的技术路径，并引入新技术，包括大数据平台、网络技术管理等手段。如兰州市西固区利用区三维数字中心的技术手段，将评价元信息讯息痕迹记录下来，以音频和文字等形式保留与行政相对人的对话，以应对原来信息不对称下的选择性提供信息现象，保证绩效评价元信息真实有效[2]。最后，绩效评价法规制度不断完善。如杭州市出台《杭州市绩效管理条例》等，以法律制度引导绩效评价工作，历经"目标责任制—公众评议—万人评议"等阶段，力图构建"绩效杭州"模式。

二、地方政府部门绩效评价案例

2011 年由监察部牵头在全国开展绩效管理试点，政府部门绩效评价是试点的重要内容。佛山市被确定为广东省的试点单位，辖下高明区自 2011 年以来，一直将政府部门绩效评价作为政府工作的抓手，并逐渐形成自身的特色。

根据部门工作性质、法定职能、服务对象及与群众接触的方式、程度等因素，评价将部门划分 A、B、C 三类（含各单位下属参公管理事业单位）。A 类是党群综合部门。主要包括区纪委监委、区委区府办、区人大机关、区政协机关、区委组织部、区委宣传部、区委统战部、区委政法委、区审计局、区总工会、团区委、区妇联等 12 家单位。B 类是经济和社会管理部门。主要包括区发展改革局、区教育局、区经济科技促进局、区民政局、区财政局、区退役军人局、区国资局、区统计局、区政务数据局、区行政服务中心、区档案馆、区社保基金局、区粮食物资储备中心等 13 家单位。C 类是执法服务部门。主要包括区司法局、区人力资源社会保障局、区住建水利局、区交通运输局、区农业农村局、区卫生健康局、区应急局、区市场监管局、区信访局、区城管执法局、公安分局、自然资源分局、生态环境分局、医疗保障分局等 14 家单位。

在部门分类的基础上明确评价内容，包括工作业绩、党的建设、工作效率、依法办事、行政成本和服务满意度。工作业绩主要指上级党委、政府和区委、区政府部署的"三项重点"工作、全区性年度重大工作和改革创新工作的完成情况。党的建设主要指机关党建工作、廉政建设以及干部队伍建设等工作完成情况。工

1　倪星. 中国地方政府治理绩效评估研究的发展方向 [J]. 政治学研究 ,2007(4):92-98.
2　何阳,高小平."双线"考评机制：技术赋能下基层政府绩效评估新途径 [J]. 理论与改革 ,2020(6):106-118.

作效率主要指各单位的审批、执法和政务协同等方面工作效率。依法办事主要指各单位政府信息公开和依法办事等方面的规范性情况。行政成本主要指各单位公用经费支出透明度和财政专项资金绩效评价水平。服务满意度包括群众满意度、窗口服务满意度、机关单位满意度、镇（街道）满意度、领导满意度（见表7-2）。

表7-2 经济和社会管理类部门绩效评价指标体系

维度	一级指标（权重）	二级指标（权重）	三级指标
客观指标	工作业绩（21）	城市管理（6）	城市管理指数、创文工作指数、环境保护"党政同责"
		改革创新（4）	改革创新效果
		产业升级（5）	加快第三产业发展、区重点项目推进工作
		招商引资（6）	招商引资和企业服务
	党的建设（17）	党廉建设（8）	党风廉政建设
		机关党建工作（5）	机关党建工作
		干部队伍建设（4）	公务员队伍建设效果、干部队伍建设效果
	工作效率（15）	单位审批（4）	行政审批效率、网上办事实现率
		单位执法（2）	行政决策
		政务协同（9）	落实人大决议等、政协提案办理效率、综合办公质量、督办事项进度效率
	依法办事（20）	政务公开（7）	政府信息公开、政务信息工作、公众门户网站绩效、保密工作成效
		依法办事（13）	综治工作（平安建设）、信访、投诉办结率、安全生产管理效果、行政监督
	行政成本（6）	部门支出（6）	财政资金合规使用、预决算及支出透明度
主观指标	服务满意度（18）	满意度评价（18）	群众满意度、窗口服务满意度、机关单位满意度、镇（街道满意度）领导满意度

高明区政府部门绩效评价呈现以下特点：一是定位清晰。把绩效评价工作定位为政府绩效导向下的目标管理。遵循"标杆管理、过程监控、结果导向、持续改进、公众满意"的理念。二是公众评议，构建多元评价主体。体现"以民为本"的政府绩效评价的价值导向，把评价聚焦于"公民期望的结果"，并使之成为推进现代政府建设的重要机制，通过外部评价收集公众与服务对象的意见，不断加大社会各界的参与程度。三是过程控制与结果导向相结合，指标体系构建与优化，坚持共性指标、个性指标和专项指标相结合。四是激励与问责相结合。自2020年

以后，重构指标、简化规程，只考关键点，不考过程性、一般性、常规性工作内容，实现体系大"瘦身"，大幅度为基层减轻台账负担以及留痕留迹负担。通过信息化手段，精简考核流程，推动考核迈入无纸化时代。同时，修订后指标体系加大党建权重，将党建指标单列出来，与业务指标并立。

三、部门整体支出绩效评价探索

2018 年 9 月，中共中央、国务院印发《关于全面实施预算绩效管理的意见》，提出构建"全过程、全方位、全覆盖"的绩效预算体系。部门整体支出绩效评价是全面实施预算绩效管理改革以后出现的部门绩效评价的新样态。评价以政府职能部门的预算支出为导向，实为考评部门整体履职绩效，因为财政资金是部门运行的物质基础。

部门整体支出绩效评价内容一般包括预算编制情况、预算执行情况和预算使用效益。（1）预算编制情况。包括财政预算编制的内容、形式是否符合本单位职责以及财政部门的要求，绩效目标的设定是否符合实际、具有客观依据、符合本单位履职和工作特性，是否清晰、细致、可量化。（2）预算执行情况。包括资金、项目、资产方面的管理。资金管理指资金支出、结转结余、财务合规性、预算调整，以及预决算信息公开等情况。项目管理指申报、批复、招投标、调整、完成验收等过程以及本单位对项目的检查、监控、督促是否符合要求。资产管理指资产的保存、使用、配置、收入等环节是否安全，固定资产使用是否有效率。（3）预算使用效益。包括预算使用的经济性、效率性、效果性、公平性。经济性指公用经费控制情况，效率性是指上级交办的重点工作完成率、绩效目标与项目完成率，效果性是指本单位履职所带来的经济、社会、生态影响，公平性指群众信访办理情况、部门服务对象或公众满意度。

第八章　政府财政绩效评价

政府公共项目评价是政府绩效评价的重要内容。一般而言，公共项目存在多重投资及管理主体，现实环境中，主要指向政府公共财政投资项目。从历史来看，公共项目技术经济评价，包括可行性研究由来已久，但绩效评价却是一个全新的领域。基于全书的统一性考虑，本章不对公共项目和政府投资公共项目进行严格区分，还是从政府财政的视角讨论公共项目绩效评价，也可视为财政支出绩效评价。事实上，政府财政包括收入与支出，收入绩效评价在政府财政绩效评价体系中具有特殊的地位。

第一节　政府财政绩效评价概述

一、公共项目界定与特征

（一）公共项目概念内涵

政府公共财政支出与公共项目有着历史渊源和高度的重叠性。公共项目提供公共物品和服务，旨在贯彻国家公共意志、促进区域协调发展、提升公共服务水平。[1] 区别于私人项目，从属性上看，公共项目的产出品多具有非排他性、非竞争性、内外部效益的双向性和公共福利性，项目投资与运行不能完全依靠市场规律运作。从现状来看，政府公共财政是公共项目投资与运行的支柱。同时，公共项目有广义和狭义之分。广义上，凡是为满足公众需求、维护公共安全、增进人民福祉而产生或提供的公共产品或服务的项目都被视为公共项目。狭义上，公共项目投资的主体是政府，政府资本和公共财政居于主导地位。本书讨论的财政绩效评价，主要针对狭义上由政府财政投资（支出）的公共项目。一般认为，由政府生产和提供公共物品或服务可增进社会福利，提高政府服务水平。公共项目涉及基础设施建设项目、公用事业项目、社会公益性项目等领域，资金来源以公共财政为主，

1　包国宪等．公共项目绩效损失结构、测度与评价方法研究 [J]．上海行政学院学报，2020(4).

多种资本参与为辅。

（二）公共项目特征

一是政府主导。公共物品有政府供给和非政府供给两种形式。从现实状况来看，政府是公共项目最主要的投资主体。但随着市场经济条件发展，私人资本规模扩大，营商环境改善，公共项目投资结构中，私人资本所占的比重呈上升趋势。同时，部分公共项目政府也可不直接投入资金或者投入较少资金，只能在确保项目所有权的前提下，出让项目的经营管理权，由此导致公共项目的经营主体和投资主体产生分离。

二是外部效应。即一个市场主体的行为对其他主体带来的非市场性影响，其中积极的影响（收益外部化）称为外部经济性或正外部效应（Positive Externalities）；负面的影响（成本外部化）称为外部不经济性或负外部效应（Negative Externalities）。外部效应是一个市场主体在正常交易外为其他市场主体提供的便利或施加的成本。以交通基础设施项目为例，它有四个层次：一是项目产生的正负影响无法通过市场表现出来；二是运输系统内部使用者之间通过交互作用产生非效率影响；三是项目投资来源于公共财政资金，但一般纳税人支付的费用超过了其享有基础设施带来的价值，而使用者则支付相对其享有价值较少的费用；四是项目影响运输系统之外的群体。[1]

三是具有经济福利特征。公共财政支出可划分为购买性和转移性两种类型，相应的公共项目实施也带来两方面影响："购买性公共支出"会因公共项目实施带来需求增加、国民收入和财富增长；"转移性公共支出"涉及对公共项目利益相关者的直接影响，如我国目前实施的"扶贫开发项目""农业服务体系建设项目"等，旨在解决区域经济发展不平衡、收入差距扩大等社会问题，从而有助于社会整体福利提升。

四是具有循环经济特征。循环经济遵循一组以减量化（Reduce）、再利用（Reuse）、再循环（Recycle）、再思考（Rethink）为内容的行为原则，并以此区别于其他经济形态。相对于公共财政资源的有限性，减量化以不断提高资源生产率和能源利用效率为目标，在经济运行的输入端尽量减少对不可再生资源的开采和利用；再利用要求尽可能多次以及多种方式使用资源；再循环指尽可能多地再生利用或资源化，"变废为宝"；再思考要求在经济运行过程中不断地减少和

1　林晓言 . 运输外部性理论在项目评价中的应用 [J]. 数量经济技术经济 ,2002(12).

避免废弃物的产生，最大限度地提高生产率，实现污染排放最小化。

（三）公共项目类型

一般来说，公共项目被划分为纯公共项目、准公共项目、战略性或政策性项目等类型。纯公共项目提供的公共物品或公共服务具有非排他性和非竞争性属性，以提供公共服务增加社会效益为目的。政府几乎是纯公共物品唯一的供给主体，主要筹资机制是强制性规范的税收、使用费等。准公共项目的产出品具有一定的竞争性和排他性，但这些产出或提供的服务涉及公众的基本需要，或因为存在外部性和市场不完善性，收费不足以反映项目的效益。因此需要政府的介入与投资予以补充，如农业、水利、教育、基本医疗服务和交通运输项目等。战略性或政策性项目是对国家有战略意义的特大型的、有较大风险但有重大前景的资源性项目，或出于领土完整、安全及减少地区间经济发展差异考虑的项目。

二、从公共项目评价到政府财政绩效评价

（一）公共项目绩效评价

公共项目的产出由可以精细化测量的经济效益和体现社会满意度与公平性的效果性产出两部分组成。普雷母詹德认为"绩效包含了效率、产品与服务质量及数量、机构所做的贡献与质量，涵盖了节约、效益和效率"[1]。绩效评价应包括资源支出成本、支出效率、经济性与效果性、政治稳定、社会进步、发展前景等内涵。但是，技术层面上公众对公共项目的公益和社会福利属性的社会满意度与公平性测算难以量化，极易模糊投入与产出之间的关系。因此，为了适应公共项目产出形式的多样性，对其进行评价和考核应用绩效代替效益，以管理绩效、经济绩效、社会绩效、生态环境绩效和可持续发展绩效等内容为主体，全面涵盖公共项目各方面的成绩和效益，以确保评价结果的科学性和有效性。

公共项目绩效评价是指采用科学、规范的评价方法，对照统一制定的评价标准，基于预期目标，对公共投资行为过程及其结果的经济性、效率性、有效性和公平性进行科学、客观、公正、全面的衡量比较和综合评判。其内涵包括：一是评价的内容与维度全面性，要对公共项目的经济性、效率性、有效性、公平性和可持续性等进行度量；二是评价结果的反馈与改进，即通过评价反馈来对项目的决策、结构及管理加以改进。绩效评价也是一个封闭的管理控制过程，项目绩效是不断

1　[美]普雷母詹德.公共支出管理[M].北京：中国金融出版社,1995:192-193.

循环和动态调整的，并在循环中得到提升和发展。也就是说，评价过程反映经济性、效率性、有效性、公平性等绩效结构；评价结果的反馈可驱使政府改进和提高公共项目的决策及管理水平；同时，评价体现公众对公共项目的满意度导向。

（二）公共财政绩效评价

公共财政是国家治理的基础，也是推进国家治理体系与能力现代化的核心内容。政府财政收支规模对社会供求平衡会产生影响，其结构也会影响到整个社会的经济结构。[1]现实条件下的公共项目涉及多类投资及管理主体，但主要指向政府公共财政。公共财政绩效评价是对公共财政收支管理进行综合评价的方法应用，包括预算编制、预算执行、预算监督、财政决算等环节，体现了预算民主的价值理性及工具理性。评价旨在检验及评判财政收支规模、结构、过程的民主性与科学性。

从内涵上讲，公共财政绩效评价是指根据政府公共职能要求，对政府财政收支行为所产生的影响和效果进行分析、比较、评价和测量的活动。一方面，公共财政绩效评价是政府绩效评价的客观要求。作为政府绩效评价的组成部分，财政绩效评价以绩效目标为导向、以绩效监控为保障、以绩效评价为手段，注重评价结果的转化应用，也被视为全过程的预算管理机制及工具体系。另一方面，公共财政绩效评价为洞察财政收支规模与结构的民主性、合理性与科学性提供了技术导向。公共财政绩效评价作为预算民主的方法体系，通过构建科学的评价体系及机制，形成财政收支可行的价值与技术判断标准。

（三）财政专项资金分类

财政专项资金是指政府或相关部门指定专门用途和绩效目标的财政性资金，通常用于支持某方面社会管理、公共事业发展、社会保障、经济建设及政策补贴，多数由上级财政拨付给下级财政使用。因其具体支持的公共项目涉及范围广，财政专项资金分类方法较多，一般以支出性质和支出用途为划分依据，以经济属性、对象范围、职能用途为分类对象。一是按公共物品内容的差异性，可分为基础设施类、公共卫生类、教育类、文化体育类等专项资金。二是按资产形式的差异性，可分为资助实施后不形成资产的消耗性专项资金和实施后形成固定资产的非消耗性专项资金。三是按支出功能的差异性，分为经营性与非经营性专项资金。四是按资金分配的差异性，分为竞争性、基础性和公益性（奖励资助）专项资金。

1　李欣.财政绩效评价的原则和指标体系 [J].岭南学刊 ,2007(4).

第二节　财政支出绩效评价原理

一、财政绩效评价理性和功能

（一）财政绩效评价的价值理性

对价值理性的探讨始于马克斯·韦伯"工具—价值"二分法的论述。韦伯认为，价值理性就是根据个人信念与要求而采取行动。[1] 置于公共财政领域，价值理性即预算民主，首先指向民生财政。"公共财政的内在逻辑、基本框架和全部特征，都决定了它就是民生财政"[2]。高培勇进一步分析发现，改善民生并非财政唯一的职能，"也非公共财政的实质所在"[3]，因为财政是政治问题，涉及公民与政府之间关系及政治合法性。[4] 换言之，公共财政本质是"民主财政"；建立公共财政的基本框架，"就是要按照民主财政的要求构建现代政府预算制度，确立财政运作的民主机制"[5]。

作为预算民主的实现形式，财政绩效评价内置了预算民主的要求。"评价政府绩效不仅仅局限在抑制'政府失灵'，也为选票提供了标杆，是现代民主化的内在要件"[6]。1997 年出版的《美国标杆管理研究报告》，将政府（财政）绩效评价定义为"达到预定目标的过程，包括资源转化为公共物品和服务的效率、服务的质量及与期望相比较的结果、特定目标达成的有效性等"。这一定义有着强烈的价值导向。进一步地，菲利普·J.库珀把政府绩效评价理解为一种市场责任机制，体现顾客价值。[7]

具体到财政支出绩效评价中的民主机制，学界普遍认为，应邀请人大政协代表参与、引入第三方评价及满意度测量、加大预算公开等。[8] 当然，民主机制以法治为基础。朱大旗等认为，议会在一切国家政治生活（包括财政）当中具有至

1　[德] 马克斯·韦伯.经济与社会（上卷）[M]. 北京：商务印书馆,1997:57.

2　贾康等."民生财政"论析 [J]. 中共中央党校学报,2011(2).

3　高培勇.公共财政：概念界说与演变脉络——兼论中国财政改革 30 年的基本轨迹 [J]. 经济研究,2008(12).

4　李炜光.财政不是经济问题，是政治问题 [EB/OL].https://business.sohu.com/20130730/n382936756.shtml, 2013-07-30.

5　焦建国.民主财政论：财政制度变迁分析 [J]. 社会科学辑刊,2002(3).

6　郑方辉,雷比璐.基于公众满意度导向的地方政府绩效评价 [J]. 中国特色社会主义研究,2007(3).

7　范柏乃.政府绩效评估理论与实务 [M]. 北京：人民出版社,2005:34.

8　何晴,张斌.中国财政支出绩效评价：制度框架与地方实践 [J]. 理论学刊,2012(10).

尊的权威，并以控制财政为核心使命[1]。基于此，马骏认为，"对于盐津模式来说，最大的挑战在于是否能够持续，能否在未来获得制度化的机会"[2]。进一步说，"由于立法机关本身拥有最强的民意基础，同时法律制定过程最为正式、严格、透明，所以对财政权的控制方式通常就体现为法律的规定"[3]。但也有人提出，当代中国财政法治现状尚未为民主财政提供完全意义上的制度保障[4]。

（二）财政绩效评价的工具属性

财政绩效评价作为财政监督手段，也体现工具属性，用韦伯的话来讲，即把"目的、手段和附带后果"作为依据，通过比较权衡之后做出决策[5]。学者对评价工具属性的论述主要集中于三个方面：

一是辅助决策。财政绩效评价"向社会提供可量化的评价结果，为公众参与预算监督、理性表达偏好提供可参考的依据"[6]。这种预算民主机制反过来可提高决策的科学性。因为"只有政策制定者和市民积极主动地参与业绩评估——即参与让政府机构对他们的开支负责、对他们的行动负责、对他们的承诺负责这样的评估过程，才能实现责任和改进"[7]。

二是提供方法论。财政绩效评价"在给定目标的前提下寻求最有效率的实现目标的方式"[8]，通过完善的指标体系，"从规模与结构角度较为全面地呈现绩效"[9]，进而作为"清理、整合、归并专项资金"等财政重大决策的重要参考，达到"约束地方政府征税收费与举债的冲动"[10]，即为遏制收支乱象提供了规范度量的方法和标准。

三是驱动功能。评价的激励作用体现为驱动功能，对支出绩效评价而言，关

1　朱大旗,何遐祥.议会至上与行政主导：预算权力配置的理想与现实 [J].中国人民大学学报,2009(4).

2　马骏.盐津县"群众参与预算"：国家治理现代化的基层探索 [J].公共行政评论,2014(5).

3　刘剑文.论财政法定原则——一种权力法治化的现代探索 [J].法学家,2014(4).

4　周旺生主编.立法研究：第2卷 [M].北京：法律出版社,2001:282.

5　[德] 马克斯·韦伯.经济与社会（上卷）[M].北京：商务印书馆,1997:57.

6　郑方辉,廖逸儿.论财政收入绩效评价 [J].中国行政管理,2017(1).

7　[美] 马克·霍哲.公共部门业绩评估与改善 [J].张梦中译.中国行政管理,2000(3).

8　"我国推行财政支出绩效考评研究"课题组.我国推行财政支出绩效考评研究 [J].经济研究参考,2006(29).

9　汪柱旺,谭安华.基于DEA的财政支出效率评价研究 [J].当代财经,2007(10).

10　赵学群.关于财政支出绩效评价和管理制度的思考 [J].现代经济探讨,2010(12).

注于政府支出做了哪些事，水平怎样，效率如何，值不值得[1]；对收入绩效评价来说，聚焦于征税（费）是否符合法律规定，结构是否合理，程序是否繁琐，成本有多高，能否促进公平等。[2]

二、财政支出绩效评价演进

从理念和方法的角度看，国际范围的财政绩效评价历程大体可分为三个阶段。

（一）第一阶段：财务评价

与财政支出关联的投资项目评价有着悠久的历史。一般认为，财务评价以利润最大化为逻辑起点，在完全竞争的市场格局中，私人利得之和构成社会总效益，因而无须市场之外的其他的评价手段。[3]1884年，杜皮特（Jules Depuit）率先提出公共工程社会效益的概念，可视为公共项目评价的始端。从发展历程看，财务评价以古典经济学理论为基础，兴起于20世纪初，期间包括1907年起纽约市政局定期提交的市政管理与公共工程绩效报告，1912年成立国家经济和效率委员会与1916年建立布鲁金斯研究院，1937年罗斯福政府成立总统管理委员会并发布绩效评价报告等。这一时期公共项目的财务评价更多是审查支出过程的合规性，加强财政成本核算及推进政务公开。在方法上，主要通过核验相关凭证及支出（审批）程序，要求对既定的目标、规则与制度负责，以提升支出的经济性和效率性。

作为财政监督手段，财务评价的理念服务于政府投资项目的财务控制，假定了财政决策及管理规则的正当性与正确性，属于自上而下的目标性考评，关注财政支出的合法合规，工具特性明显。同时，采用精细化、标准化的操作流程，重点核验审批程序、资金流向、账目信息、会计凭证等，更加强化全流程监控和结果问责。财务评价基于企业经营，将过程控制置于结果导向之上。但由于公共财政目标的多元性及外部性，企业化管理背离了政府的性质及其职能，因为公共财政决策并非天然正确。同时，市场标准不等同于政府的守则，财务评价不具有纠错纠偏的功能，过程控制有可能背离目标结果，精细化的评价存在高昂成本。

（二）第二阶段：绩效审计

公共项目支出绩效审计是"绩效预算"的结果。1947年，胡佛委员会提出了绩效预算和标准的改革方案。1965年，约翰逊总统要求所有联邦政府部门实

1　高培勇. 什么才是衡量税负水平高低的根本标准 [J]. 财会研究 ,2012(5).

2　郑方辉，廖逸儿. 论财政收入绩效评价 [J]. 中国行政管理 ,2017(1).

3　[英] 马歇尔. 经济学原理（下卷）[M]. 北京 : 商务印书馆 ,1965.

行"计划—项目—预算"制度。20世纪70年代卡特政府为降低行政成本进一步实施零基预算。1973年，尼克松政府推行目标管理制度。这一阶段的特点：一是把行政目标、计划、活动与行政资源的分配联系起来，即通过控制支出提高效率；二是由经济性与效率性评价扩展到产出结果评价。从理念上看，"绩效预算"及其绩效审计立足于福利经济学和凯恩斯主义的"社会费用—效益"分析理论，与古典经济学不同，更侧重于公共项目带来的社会福利改善。如"帕累托"一般用福利提供了公共项目"成本—效益"评价的基本方法，福利经济学进一步寻求评价社会福利增减或高低的规范性标尺，致力于生产与排列可供选择的不同的社会经济情况。这些方法尝试从不同的角度完善公共项目评价的方法论，以区别于传统的财务分析方法，评价重点关注公共项目的社会效益，但不涉及社会分配效应。

我国于20世纪90年代初开始绩效审计的探索，称之为经济效益审计或承包责任制审计。"审计作为一种经济监督的形式，最重要的依据是各种有关经济行为的法律，这是合法性审计的形成基础"[1]。随着市场经济发展，审计工作提出了"既要审计财务收支的真实性、合法性，又要逐步向检查有关内部控制制度和经济效益方面延伸"的要求。同时，采用更为综合或多元化方法确立审计标准[2]。1993年，审计署颁布《全民所有制工业企业转换经营机制审计监督规定》，要求在对国有企业资产负债和损益真实性、合法性审计的基础上，增加检查其有关管理制度和经济活动，促进企业经济效益提高。1994年实施的《审计法》规定：财政或财务收支的真实、合法和效益，依法需要进行审计监督。虽然并未提及绩效审计，但审计内容已关注到"效益"问题。2006年修订的《审计法》进一步要求"提高财政资金使用效益"；同时，国家审计署在《2006—2010年审计工作发展规划》中要求，审计内容和审计方式要做到财务评价与绩效审计"两个并重"。

（三）第三阶段：绩效评价

自20世纪80年代起，在新公共管理运动的旗帜下，政府绩效评价成为全球政府管理创新的助推器。与绩效审计的理念不同，财政支出绩效评价置于民主范畴，追求公共财政的公信力，不仅是审查财政支出的合规性、绩效目标的完成度，而且针对目标本身进行纠偏纠错。同时，绩效审计与财务评价、财务审计相比较，强调绩效目标设置及对目标进行检验，前提是财政支出存在明晰的目标。然而，市场经济条件下财政支出追求社会福利最大化，存在明晰经济目标的支出并非政

1　谢志华,陶玉侠.论国家审计的角色定位 [J]. 审计与经济研究 ,2013(2).

2　林红.财政专项资金绩效审计体系研究 [D]. 华南理工大学 ,2015.

府职责，还应由市场作为，换言之，财政支出绩效目标审计存在逻辑悖论。

从评价维度看，威廉·邓恩提出效益、效率、充足性、公平性、回应性和适应性的评价标准，同时，基于可持续发展理论，评价内容逐步拓展到经济、环境、社会、政治等方面。在评价方法上，普遍构造多层次的评价指标体系，形成绩效指数。1993 年美国国会通过《政府绩效与结果法》，公共项目绩效评价进一步受到重视，我国的情况较为特殊，新世纪以来，在审计部门探索财务审计向绩效审计转变的过程中，由财政部门主导的财政支出绩效评价开始试点，主要以财政资金使用者为评价对象，以专项资金为评价重点，部分评价结果向社会公开。

财政支出绩效评价从财务评价、绩效审计到绩效评价的演进是财政理念嬗变的结果。其背后的动因：一是市场化与民主化的深化。不论是市场化改革还是民主化潮流都强调对政府财政决策的顶层监督，体现决策过程的民主性；绩效审计可以检验目标的实现程度，但难以对财政目标进行纠错，本质上是政府内部评价。二是现实的财政压力。分税制改革之后，在地方政府"政绩锦标赛"背后，出现所谓"财政收入越增长，收支矛盾越突出"的"财政悖论"[1]，支出规模及赤字规模不断扩大，非税收入居高不下；要遏制这种趋势，财务评价与绩效审计固然重要，但提高财政资金产出效果势在必行，绩效评价成为现实选择。三是全球化及信息化发展。全球化经验与信息化手段为绩效评价提供了条件和手段。财政绩效评价理念与思路如图 8-1 所示。

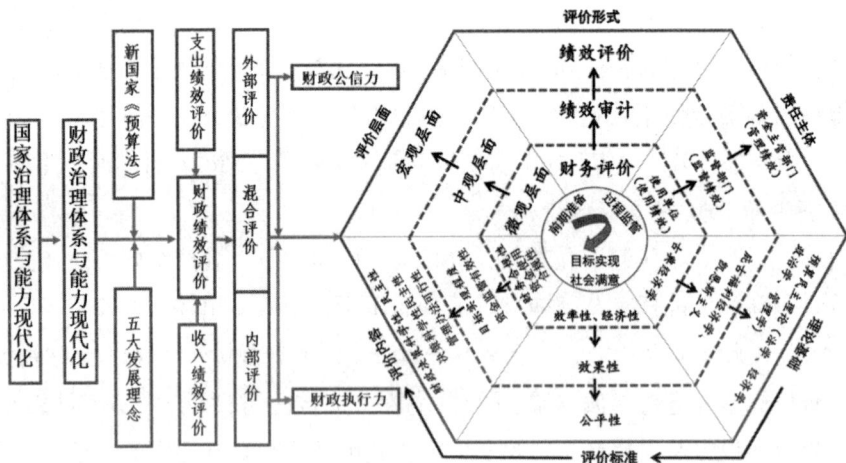

图 8-1　财政绩效评价的理念与思路

1　刘明，欧阳华生.深化政府预算绩效管理改革：问题、思路与对策 [J]. 当代财经,2010(4).

三、财政支出绩效评价基本问题

（一）评价目的与功能定位

评价目的与功能定位是构建绩效评价体系的首要问题。财政支出绩效评价包括价值目标和技术目标，前者即民主目标，被视为政府的公信力，后者追求政府管治的效率效果，是政府执行力的体现。财政支出绩效评价既涉及政府组织内部上下关系，又指向政府与社会、公众关系，即公众对政府的信任程度。作为政府绩效评价的组成部分，财政支出绩效评价的目的旨在提高公共财政的公信力和执行力。但公信力和执行力并非平行概念。有公信力必然有执行力，但有执行力未必有公信力，甚至可能为破坏力。与目标评价不同，财政支出绩效评价指向公共财政"应该干什么"而非"正在干什么"，一定程度上是对执行力进行纠偏纠错。

现实条件下，财政支出绩效评价定位于绩效导向的目标评价。具体来说，一是目标评价。吻合体制内自上而下的管理属性，完成绩效目标是目标控制的使命所然。绩效评价若无助于目标实现，必然丧失存在的前提。评价的经济性、效率性与效果性即是针对目标而言。二是绩效导向。绩效导向为目标评价设置了方向和条件，要求评价强化"结果导向"和"公众满意导向"。前者指向组织内部关系，要求财政支出的过程控制应服务于产出效果，尽可能优化流程，减少程序；后者指向政府与公众的关系，即公平性。财政资金源于纳税人，公众满意成为检验结果的最终标准。显然，这种定位不仅强化了组织目标实现及主体责任，提高了政府财政执行力，体现政府内部管理属性及政治制度的内在要求，而且从组织外部的视角，检验内部目标的科学性与民主性，实现政府财政执行力与公信力的统一。

（二）评价主体和对象

评价主体，即谁来评价，也就是评价权的问题。理论上，财政支出绩效评价主体可分为内部主体与外部主体。广义的内部主体包括上级政府，以及同级议会、司法机关等；外部主体是指独立于广义政府之外的组织及公民，如高校学术团体、大众媒体和社会团体等。在我国政治体制中，党委组织在评价权力关系中占据重要地位。评价对象，即评价什么，使用财政资金的部门或机构都是财政支出绩效评价的对象。从逻辑上讲，财政资金只是评价载体，并非评价对象，因为财政支出绩效评价的对象是责任主体，财政资金本身并不具备这一属性。

（三）评价方法与周期

财政支出绩效评价方法是政府绩效评价方法论的应用与延伸。从结果导向的角度，目前被广泛采用的是目标比较法，该方法的前提是绩效目标及目标设置的科学性和规范性。目标设置的规范性要求预期提供的公共产品和服务数量和质量有着明确、合理与客观的内涵，对此应有详尽的论证及测算依据。对目标的评审，关键在于评价组织具有公信力，主管部门作为公共项目申报者和管理者不能主导绩效目标的评审，以避免角色冲突。同时绩效是时间的函数。公共项目效果发挥具有一定的滞后性，确定合适的评价周期才能保证评价结果的客观、科学和稳定。

第三节　政府财政绩效评价体系

一、财政支出绩效评价通用模型

财政绩效评价指标体系服务于评价目的，成为量化评价的基础，以及区别于财务审计等其他监管手段的标志。指标体系的工具属性要求其构建遵循共同的技术准则，既要兼顾指标结构层级、信度效度等科学要求，又要满足环境条件和操作上的可行性。

（一）国内财政支出绩效评价指标体系优化

我国财政支出绩效评价起步于本世纪初，总体上看，借鉴西方国家经验和做法，一开始就选择了综合指标测量的方法。各地财政部门逐渐探索出具有地方特色的财政支出绩效评价指标体系，并持续进行优化，旨在建立共性与个性、定量与定性、业务与财务指标相结合并涵盖各类支出的指标模型。财政支出绩效评价范围已涵盖各层次各类型的财政资金，全面实施预算绩效管理要求建立"项目—部门—政策—综合"四个层次的评价体系，但项目支出评价仍是现阶段财政支出绩效评价的重点。在此框架下，评价指标设计应针对三个层面：一是宏观层面指向公共项目资金立项决策科学性、民主性及管理办法可行性；二是中观层面指向主管部门对公共项目资金监管的有效性；三是微观层面指向公共项目资金用款单位使用资金的合规性。

广东是全国探索财政支出绩效管理的先行者，其2004年出台的省级财政支出绩效评价指标分为定性和定量指标，其中：定量指标再分为基本指标和个性指标，同时可根据项目类别，结合实际情况选用评价的终端指标。但随着实践的不断深入，原有的指标体系存在着层级结构不明确、针对性不强、未能涉及财政支出的外部性及社会满意度等问题。2010年，通过借助专业机构力量，广东省财政厅对指标体系进行优化，进一步统一指标结构和维度，厘清指标评分方法及标准，更加强调产出效果及公平性。[1]修订后的指标体系适用于财政资金使用者，评价指向使用绩效。2014 年，广东率先在全国开展由省人大作为评价主体，整体委托独立第三方实施的财政资金绩效评价，"将财政部门作为被评对象"。[2]指标体系囊括资金使用、管理和监督绩效，覆盖了财政支出绩效管理的宏观、中观和微观层面。尤其是提出财政资金监管绩效的概念，建立技术标准。这一时期，财政部于 2011 年及 2013 年发布并修订的财政支出绩效评价共性指标，包括投入、过程、效果 3 项一级指标及预算安排、预算执行、经济效益、生态效益、社会公众满意度 5 项二级指标。2020 年发布的项目支出绩效评价指标体系框架包括决策、过程、产出、效益 4 项一级指标及资金管理、组织实施、产出数量、产出质量、产出时效、产出成本、项目效益 7 项二级指标。学界亦提出要科学划分财政支出绩效评价层次，区分其宏观效益与微观效益等观点。[3]

（二）财政支出绩效评价指标体系通用模型

财政支出绩效评价指标体系的生命力在其适应性及兼容性。从西方经验看，构建具有广泛适应性的通用指标模型为共同做法。所谓通用指标模型，即在单一评价结构基础上，建立统一指标框架与技术标准，采用"嵌套"的思维形成多层次、综合性指标体系。[4]绩效是责任主体的作为，由于财政支出涉及不同性质的责任主体，通用指标模型应涵盖资金管理、监督和使用绩效，对应于宏观、中观、微观层面的评价内容。

以省级人大主导的财政专项资金绩效第三方评价为例，关联主体是一个纵横交错的矩阵，横向包括财政部门、资金主管部门、第三方实施机构，纵向延伸至地市、县（区）、镇，顶层有省级人大、政府，以及下级政府。按照前述理念，宏观评价指标可设定为支出必要性、目标科学性、管理办法可行性、资金公共属性、总体目标实现程度，由专业人士评议；中观评价可采用监督职责、监督办法、监督措施、资金支付、资金下达、违规问责等 6 项指标。微观评价指标针对财政支出管理全过程，可采用资金投入、过程监管、目标实现与社会满意 4 项一级指标，以及立项论证、目标设置、保障机制、资金管理、项目管理、经济性、效率性、

1　郑方辉等.财政专项资金绩效评价：体系与报告 [M].北京：新华出版社,2012:46-62.

2　李艳,林秀玉.国家治理体系创新与治理能力提升的新探索——广东省人大委托第三方评财政绩效的现实思考 [J].公共管理学报,2016(3).

3　李玲.我国教育经费支出效益实证分析 [J].河北经贸大学学报,2001(2).

4　邱法宗.关于建立普通高校转换性通用评估指标体系的构想 [J].中国高教研究,2009(4).

效果性、公平性 9 项二级指标(分解为 15 项三级指标)。同时,为体现产出效果,在"社会经济效益"与"可持续发展"三级指标之下再设置若干四级指标,体现共性与个性指标相结合。从逻辑上讲,四级指标基于三级指标的内涵,围绕产出和效果维度进行延伸,既反映项目单位围绕资金目标"做了什么"(产出),也反映其"做得怎么样"(效果)。四级指标大多体现增量(即财政支出带来经济社会的变化),评分方法兼顾存量与增量标准。最后参考专家咨询调查结果,确定专项资金总体绩效指数构成。财政支出绩效评价通用模型如图 8-2 所示。

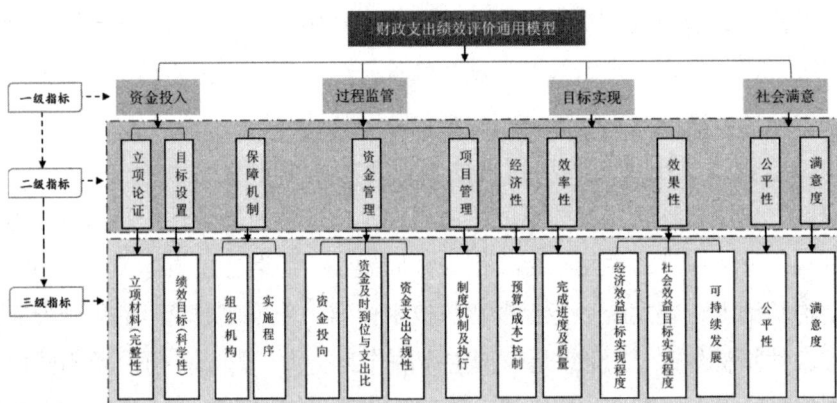

图 8-2 财政支出绩效评价通用模型

上述指标体系的特点:首先,宏观绩效与中观、微观绩效之间彼此独立,有效区分不同责任主作的作为,增强绩效改进的针对性;其次,由于财政支出追求的公共性和福利性目标,部分难以观测及量化的宏观评价指标,可通过专家评审的方式取得结果;再次,指标评分标准指向增量兼顾存量,反映因为财政投入"进步了多少";最后,以满意度替代"经济"或"短期"效益不明显的财政支出效果,通过受益群体的主观评价实现绩效测量。实证结果表明:"这一体系跟以往相比,内容更加全面,层次更加鲜明,评分方式更加多样,可实现对财政支出的全方位、全过程评价,评价结果自然更专业,易于被广泛接受。"[1]

---

1 邓圩. 广东省人大公布首次财政资金支出绩效第三方评估结果 [EB/OL].http://politics. people.com.cn/n/2015/0618/c1001-27178876.html, 2015-06-18.

二、财政收入绩效评价理念与指标

（一）财政收入绩效评价理念与功能

财政收入绩效评价是基于结果导向及满意度导向，依据合理标准、规范流程和科学指标体系，对收入全过程进行综合测量和评判的活动。与支出绩效评价一样，收入绩效评价遵循经济性、效率性、效果性与公平性的绩效标准，凸显产出效果，本质上是一种以纳税人为导向的约束政府收入行为的制约机制，也可视为财政收入决策的纠错纠偏机制。

西方所谓的预算民主制度、税收法定及议会票决规则内置了财政收入绩效评价的功能，从而无须凸显收入绩效评价的地位。我国的社会制度有别，预算绩效管理关注资金效益效率、合规合法等固然重要，但决策失误是最大失误，决策绩效亦为最大绩效。为确保政府收入决策的科学性、民主性与合理性，客观上要求构建有效可行的纠错纠偏机制，财政收入绩效评价满足这一要求，具备动力、目标和路径三个基本要素。具体而言：

一是提供纠错纠偏标准。财政收入绩效评价指向政府财政收入的规模、水平和结构"应该怎么样"，并非"现状是什么"，直指收入决策及其权力和利益格局调整；涉及政府与社会的关系，并非政府内部纵横关系，并以社会满意作为检验收入政策的标准，从而避免政府内部责任主体与评价主体的角色冲突和逻辑悖论。应该承认，追求财政收入最大化为政府的理性和本能，收入目标存在自动放大的趋向。以纳税人满意度为导向的财政收入绩效评价构筑起纠错纠偏的外部坐标，形成外部压力和检验标准，从而对政府内部决策进行有效制约。

二是发起纠偏纠错行动。对税费的关注莫过于纳税人与缴费者，因为涉及他们的切身利益。财政收入绩效评价的开放特征决定其对税负的敏感性，发起纠偏纠错行动存在强烈的内在动因和可行条件。一方面外部评价是政府绩效评价的内在要求，因评价主体的民间性、独立性和专业性，关注重大的民生民情诉求，能迅速将热点问题转化为"评价事件"，从而成为收入绩效评价的导火线及发动者，另一方面内部评价通常引入外部实施主体和评议主体，社会公众、纳税人、专业人士参与评价，为评价注入了持续的能量；最后，政府之外的公权力机关主导评价，如人大发起评价本身具有监督财政收入的法律基础和行动资源。

三是传导纠错纠偏压力。财政收入绩效评价始于发起评价，以发现问题形成外部压力，继而转化为内部动力，倒逼纠偏纠错及改进收入绩效。评价结果与预算安排挂钩，并纳入政府绩效及干部政绩考核体系，从而影响官员政绩表现。换言之，评价结果公开、激励与问责造就一种压力转化为动力的传导机制，绩效问责涉及政府和社会，以及政府内部的权责关系，问责过程有助于相关主体在绩效改进行动中达成普遍共识、目标信仰和合理追求。

四是呈现纠偏纠错的技术方案。财政收入绩效评价以结构性指标化的量表提供直观的评价结果，绩效指数具有动态可比性。尤其是针对征税收费标准、内容及行为过程的纳税人满意度，聚焦民情民意，因为"承担风险的利益相关者都有权公开讨论自身的主张、焦虑和争议，并且可要求获得答复，无论他们持什么样的价值观念"[1]。以此将税负感知转化为可量化的参数，折射出财税政策"偏差"的真实程度，从而为收入决策的纠偏纠错提供量化依据。

（二）财政收入绩效评价体系和维度

财政收入绩效评价呈现结构式体系特征，融合价值理性与工具理性，体现满意度导向和结果导向。构建规模有据、结构合理、征管有度、社会满意的指标体系是确保财政收入绩效评价的科学性、公信力的前提条件。

首先，指标体系决定评价的科学性。从收入流动全过程视角，财政收入绩效评价包含宏观、中观和微观评价。评价维度指向决策论证、过程监管、目标实现与社会满意。由于征税与收费主体和依据等存在差别，指标体系中，针对征税评价应关注征收过程的合规性、便捷性和回应性，针对收费评价应强化论证的民主性、科学性。

其次，绩效评价为关键指标评价。根据帕累托法则，"抓住 20% 的关键进行分析和衡量，就能抓住绩效测评的重心"[2]。税费收入为财政收入绩效的产出结果，但对纳税人而言，税费存在负效应。因此作为产出指标，税费成本更能体现收入绩效的内在价值和绩效导向，因为税费成本对社会和纳税人而言表现为净损失，并且具有放大效应。税负痛感并非税负痛苦指数，为纳税人主观税负感知，凸显满意度导向，指向税负公平性和社会公正性，因为没有什么比纳税人自身更有权力和能力来评价税负水平。

再次，保持与财政支出绩效评价指标结构大体一致是简化操作的需要。财政收入绩效评价的三个层面可与财政支出绩效评价内容基本对应，其中宏观层面旨在提供一种价值判断的客观标准，中观、微观层面旨在保证事实完成的精准有效。

1　[美]埃贡·G.古贝,伊冯娜·S.林肯.第四代评估[M].秦霖等译,北京:中国人民大学出版社,2008:5.

2　马国贤.政府绩效管理[M].上海:复旦大学出版社,2005:217.

充分考虑可操作性，也可构建由"项目—地方—中央"逐级组成的结构化评价系统。在深入事实的执行评价层面，亦由前期论证、过程监管、目标实现、社会满意4项一级指标和相应二级、三级指标构成。对于目标实现这一最能体现财政收入、支出绩效区别的维度，应作个性化的四级评价指标设计。财政收入绩效评价的思路及体系如图8-3所示。

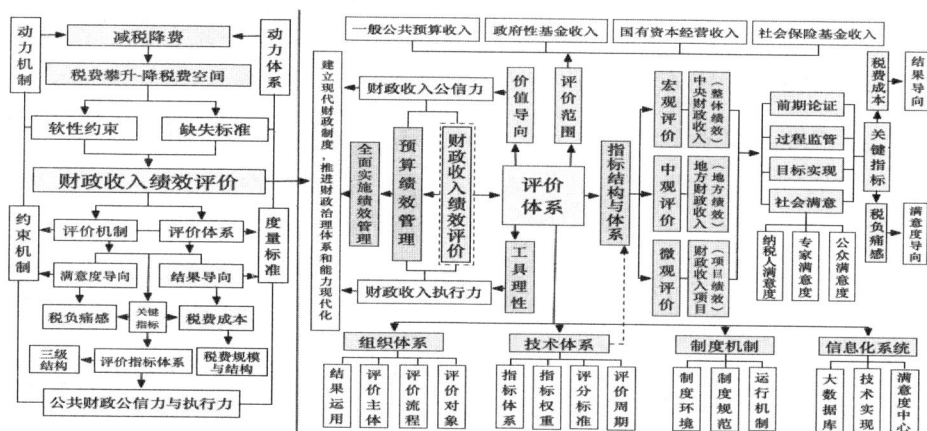

图 8-3　财政收入绩效评价的思路及体系

第四节　政府财政绩效评价实践探索

一、西方国家财政绩效评价实践与发展 [1]

财政活动是政府得以运作的基础，财政改革是政府改革的关键。伴随新公共管理运动的兴起，西方国家为摆脱繁重的财政负担，降低行政成本，提高政府支出效率，回应民众诉求，逐步推行政府财政绩效评价。

（一）英国的评价实践

英国最早进行政府绩效评价的主导者是审计部门。1982年，《地方政府法》奠定了地方政府绩效评价的制度基础。1983年制定的《国家审计法》，授权审计长检查各部门使用资源的经济性、效率性及效果性。20世纪80年代中期，撒切尔政府要求中央各部门建立适当的绩效评价机制，由财政部负起督促和监督的责任。之后，评价组织日趋多样化。在"雷纳评审计划"中，政府绩效评价组织

1　本节部分内容源自：朱衍强，郑方辉.公共项目绩效评价 [M].中国经济出版社,2009.

主要包括雷纳评审委员会和内阁效率小组。"部长管理信息系统"则以环境事务部为依托，整个部门的每个科室单位都参与评价。"财务管理新方案"成立了独立的核算中心。布莱尔政府 1997 年出台的《综合支出审查法案》对政府各部门制定了全面的绩效目标体系，这标志着"支出审查"转变为"综合支出审查"，大幅增加了政府优先发展项目的资源，并对教育、医疗、交通和司法等关键公共服务设定了改进目标。1998 年，政府将"公共服务协议"（Public Service Agreement）作为综合支出审查的依据，涵盖了对支出项目立项决策，技术方案的效果，项目的经济性、有效性、社会影响等方面的评价。2010 年，联合政府要求各部门制定"业务计划"（Business Plan），明确各项改革目标的优先次序，确定了关键改革项目的时间节点，制定了更为详细的改革措施与绩效考核指标。[1]2015 年至今实施的单部门计划是英国政府预算绩效管理的最新形式。这一计划集成了雷纳评审的效率审查、公共服务协议的交付协议、部门业务计划的战略目标体系、支出审查的成本控制等内容，展现了英国政府预算绩效管理渐次完善再系统集成的特征。[2]2017 年起，英国政府研究院联合特许公共财政与会计协会对政府绩效完成情况实施评价，在政府自上而下组织的绩效管理活动之外，独立于政府的第三方机构也积极参与绩效评价。[3]

（二）美国的评价实践

美国是全球最先进行绩效管理改革的国家，美国的政府绩效评价最早源于1906 年纽约市政研究局对政府效率问题的探讨。1928 年成立的全国市政标准委员会（National Committee on Municipal Standards）是美国公共部门绩效评价的发起者。1943 年，地方管理协会开始对地方政府绩效测量进行研究。1974 年福特总统成立专门机构，对政府部门的主要工作进行成本收益分析。20 世纪 70 年代以来，联邦政府的管理与预算局审批各部的年度绩效计划，审计总署自主选择项目或活动，独立对政府机构进行绩效评价，并向国会和公众公布评价结果。国家绩效审查委员会（NPR）是美国行政系统里设置的政府绩效评价领导机构，主要负责领导和指挥整个行政系统内以"绩效评价"为核心的、旨在建立一个"工作

1　郑德琳. 从公共服务协议到部门业务计划——英国新绩效预算改革对我国的启示 [J]. 财会研究 ,2018(3).

2　曹堂哲，纪元. 英国政府预算绩效管理的新发展——单部门计划 (2015-2020) 的演变与逻辑 [J]. 中国行政管理 ,2021(1).

3　预算评审和绩效评价课题组. 英国预算绩效管理特点及启示 [J]. 中国财政 ,2018(22).

更好，花得更少"的"再造政府"行政改革运动。1993 年出台的《政府绩效和结果法案》（GPRA）在绩效评估的法律框架内构建起一套从项目评估、部门评估到跨部门评估等比较完善的绩效评估层级体系，该法案在美国政府绩效评估历史上具有里程碑式的意义。[1] 项目评级工具（Program Assessment Rating Tool，简称 PART）是美国联邦政府自 2002 年以来实行的对项目进行评估和分级的工具。PART 立足结果中心观的改革理念，是继克林顿政府之后绩效预算改革的又一标志性进展。[2] 2011 年奥巴马政府颁布的《政府绩效与结果修正法案（2010）》旨在提供跨部门的综合性绩效评价框架，通过加强项目管理流程提高绩效管理的及时性，并以一种全新的绩效管理系统促进机构间职能的协调，及时将预算信息纳入预算流程，从而解决 PART 中的缺陷。此外，民间评价机构是美国政府绩效评价的组织体系中的另一重要力量，如"坎贝尔"研究所先后两次对全美 50 个州政府展开了大规模的绩效评测活动，在社会产生了广泛的影响。

（三）其他国家的评价实践

20 世纪 70 年代，西方国家兴起了以"结果导向"重塑政府的潮流，以绩效评价来提升政府绩效，并迅速波及全球。[3] 20 世纪 80 年代以来，新西兰、加拿大、丹麦、芬兰、荷兰、瑞典、英国、澳大利亚、德国等国家，以及世界银行、国际货币基金组织等不断探索公共项目的绩效评价，并取得新成果。澳大利亚的绩效预算是在联邦政府权力下放的背景下，伴随公共部门管理改革而逐步推进的。其财政预算改革大致经历了权力下放（1996 年以前）、加强财务管理（1996–1998 年）和注重结果绩效（1999 年以后）三个阶段。[4] 试图通过中期预算控制未来几年的财政收支、优化总体资源配置，并确保与国家政策目标相一致。这一做法，通过绩效预算将国家政策目标分解为部门绩效目标，再量化为产出指标和结果指标并予以评价，提高了资金使用效益。[5] 日本政府绩效评价始于 20 世纪 90 年代。1997 年，中央政府在部分地区针对公共事业实施包括事前、事中、事后的评价；1998 年，日本《制定中央省厅等改革基本法》，明确提出建立政策评价制度；2001 年，

1　张强 . 美国联邦政府绩效评估的反思与借鉴——《政府绩效与结果法案》的执行评估 [J]. 中共福建省委党校学报 ,2005(7).

2　晁毓欣 . 美国联邦政府项目评级工具 (PART)：结构、运行与特征 [J]. 中国行政管理 ,2010(5).

3　Pollitt C. The logics of performance management[J]. Evaluation, 2013(4).

4　王海涛 . 我国预算绩效管理改革研究 [D]. 财政部财政科学研究所 ,2014.

5　王宏武 . 澳大利亚中期预算和绩效预算管理的启示 [J]. 财政研究 ,2015(7).

众议院和参议院先后通过《关于行政机关进行政策评价的法律》（2002 施行），意味着日本政府绩效评价进入法制化阶段。[1]

目前，全球约 50 多个国家开展了较规范的财政绩效评价。美、英、澳等国建立起比较成熟的评价体系，包括较为完善的法律法规体系和绩效评价工作的规则、程序、内容、方法和组织方式等。同时，这些国家强调建立相对独立的政府绩效评价组织，以及组成人员的专业化和多样化。评价组织主要有两种模式：一是美国模式。由国会主导，从政府系统外部对政府预算绩效进行评价；二是澳大利亚模式，由财政部主导，将绩效评价的范围限制在政府部门内部，将绩效评价作为政府各部门日常管理工作的重要组成部分。

二、我国政府财政绩效评价实践与发展

（一）我国财政支出绩效评价的实践进程

近十余年来，我国财政支出绩效评价实践成效显著。有学者认为，中国财政绩效化进程已形成以事后评价来改善资金使用效果、从人为分钱到制度分钱、以绩效预算促民主理财三种模式，并在地方层面取得了较大成功。[2] 概括而言，这一进程折射出五大趋势。

一是从地方探索到顶层设计。2004 年财政部印发《中央经济建设部门项目绩效考评管理办法（试行）》，要求各地采取先行试点、由易到难、分步实施的原则，逐步开展绩效评价。广东、江苏、厦门等地率先出台评价方案，但各地做法存在差异，评价思路、范围、方法、路径及结果应用有所不同，如广东采取分类项目建立指标，江苏针对类别支出（如教育）进行评价尝试。2011 年，中央批准财政部等 6 个部门作为全国政府绩效管理试点，将地方探索上升至全国性的制度层面，力图以顶层设计规范评价工作。随后，财政部出台和修订的《财政支出绩效评价管理暂行办法》，修订后的《预算法》对绩效评价及预算支出作出法律规定。2017 年，党的十九大报告提出要"建立全面规范透明、标准科学、约束有力的预算制度，全面实施绩效管理"。2018 年《中共中央 国务院关于全面实施预算绩效管理的意见》作为该领域的顶层设计和战略部署，被视为我国财政

---

1 杨宏山 . 政府绩效评估的国际比较及启示——以美国、英国、日本和韩国为例 [J]. 北京电子科技学院学报 ,2015(1).

2 牛美丽 . 中国地方绩效预算改革十年回顾：成就与挑战 [J]. 武汉大学学报（哲学社会科学版）,2012(6).

绩效管理领域第一部全国性的制度方案。

二是从内部评价到外部实施评价。早期的评价服务于财政管理，主要由财政部门主导，一般由预算部门负责制定本部门绩效评价的规章制度及组织实施。广东率先改革，自 2009 年起，省级财政资金绩效评价主要有三种方式：第一，凡 500 万元及以上支出项目均需按要求开展绩效自评，财政部门组织抽查或复核；第二，每个预算年度选择部分重点项目，在单位自评基础上由财政部门进行综合评价；第三，对影响较大或跨年较长的项目，由省财政厅直接组织中期绩效评价。这些做法卓有成效，但体制内部评价中的角色冲突等弊端也逐渐呈现。2010 年以后，财政部门开始委托第三方机构实施评价。截至 2020 年，纳入第三方实施评价范围的省级财政资金累计超过 2000 亿元，覆盖科技、环保、教育、民生、产业发展等领域，涉及万余个用款单位（子项目）。其他省市亦有类似的做法。

三是从财政部门组织评价到人大作为评价主体。财政部将财政支出绩效评价界定为"财政部门和预算部门（单位）进行的评价"。2004 年，广东省财政厅在全国率先成立绩效评价处，之后辽宁、广西、福建等省区也增设了内部专职机构。2014 年，广东省人大尝试委托第三方对重要财政专项资金实施绩效监督，旨在加强人大预算监督职能、提升评价的民主性和公信力，在评价主体、理念、体系等方面率先突破，被视为开"全国先河"。[1] 应该说，人大主导的财政支出绩效评价参与主体更加广泛，立场更加超然，手段和内容更加全面，结果也更加公正。其他地方，如云南、浙江等多个省市近年也在不同程度上引入人大、政协等参与财政支出绩效评价。

四是从一般性评价到针对性、规范化评价。无论中央还是地方层面，早期评价存在非确定性。第一，针对的支出领域、资金类别无明确标准，评价范围受随机因素影响明显；第二，评价发起时点或针对时段弹性较大，有对上一年度或相隔若干年度资金进行评价，也有对尚在实施中甚至下拨不久的资金评价；第三，评价方式，包括第三方机构选聘、技术方案与实施流程等差异较大。由此，纳入评价的大多为一般性支出项目，导向性和针对性不强。随着评价工作深入，上述状况发生变化，评价范围越发针对政府重大投资或重点项目（如战略性新兴产业扶持资金）、重大民生保障类（如"十件民生实事"）或当前社会关注度高、问题凸显（如"三公"消费）的财政支出，体现监督财政、回应社会诉求的评价功

1　林洪演 .LED 与新能源汽车项目专项资金绩效第三方评估结果出炉 [EB/OL].http://newscenter.southcn.com/n/2015-06/18/content_126730485.htm, 2015-06-18.

能。这种变化趋势，不仅吻合我国财政支出结构调整和优化（压缩专项预算、增加一般预算）的实践要求，而且有利于建立一个覆盖范围更广、对象包容性更强的通用型财政绩效评价体系。[1]

五是评价结果从内部通报到向社会公开。财政部、广东省及其他试点省市要求财政支出绩效评价结果应按政府信息公开条例在一定范围内公开，并作为下一年度安排部门预算的重要依据。实际操作中，早期评价结果以政府或有关部门内部通报为主，公开范围和应用程度有限。近年这一状况逐步得到改进，如广东省财政厅网站在 2011 年设立了绩效管理信息公开专栏，将所有被评资金与评价报告全文向社会公布，并已成为刚性要求，其他省市亦有效仿。特别是广东省人大常委会出台的预算资金支出绩效第三方评价实施办法中，明确规定第三方评价报告应采取新闻发布会等方式向全社会公开，评价结果印送省政府研究处理，财政部门应在次年的预算草案中就评价报告应用情况作专项说明，省人大常委会将对应用效果进行跟踪监督。2014 年起，广东省人大组织代表委员对战略性新兴产业、农村危房改造等专项资金绩效结果应用情况实施了专题调研，对政府改进资金绩效形成强大的倒逼压力。

（二）我国财政支出绩效评价的现实困境

从实践历程看，我国财政支出绩效评价启动的时间较之于西方国家相对较晚，相关体制机制尚不成熟，评价面对着现实矛盾，具体表现在：

一是绩效评价审计化特征明显。尽管理念上，财政支出绩效评价应重点关注宏观层面决策科学性、民主性，以及监管有效性，但实际做法大都立足于资金使用合规性。这就在一定程度模糊了绩效评价与审计的差异性，导致财政监督的功能性重复，带来体制性摩擦与内耗。纵观各地做法：一为委托实施评价的第三方多为会计师或审计师事务所，执业惯性使其将重点放在资金合规性审查；二为指标体系主要针对基层使用单位，涉及论证决策、管理制度等内容权重偏低，评分依据弹性较大；三为涉及绩效目标检验，但假设了目标及资金管理办法本身的正当性与正确性。事实上，审计有完善的法律法规依据和资源保障，财政支出绩效评价目前并非如此，有审计化的特点，但不具备审计的能力。

二是绩效评价顶层规划不足。尽管人大牵头委托第三方评价为一项新的尝试，但多数地区仍由财政部门主导评价，公信力和认同度不高。政府体制中，财政部

1　周飞舟 . 财政资金的专项化及其问题兼论"项目治国"[J]. 社会 ,2012(1).

门与其他资金主管部门呈平行关系，不同程度上相互牵制。在这种情况下，出于部门利益等考虑，财政部门往往缺乏足够的底气去发布一个负面的评价结果，何况财政部门对资金分配和监管也负有责任[1]。即使评价报告以第三方名义发布，但第三方是受托方，自主性有限。另外，财政资金安排及要求往往自上而下，地方政府自主性有限，如对补助性财政资金绩效评价，七成以上的中央转移支付要求地方按比例进行配套，涉及指标既无法忽略，又无法执行。

三是绩效评价法治化建设滞后。目前法律制度不健全表现为缺乏专门立法，程序保障、监督机制和事后救济制度不完善。究其原因："一为缺乏中央政府的有力推动，二为受到评估技术的限制，三为官僚主义的抵抗，四为传统文化观念的影响"[2]。财政支出绩效评价缺乏全国统一的法律及行政法规保障，尤其是第三方评价实施，依据是财政部门文件，无法完全消除"委托—代理"关系中的道德风险及可能滋生的腐败。从执行层面讲，由于"法律至上"的法治观念没能形成，由委托部门批准的评价方案约束力不强，政府主要官员自由裁量权过大，一定程度导致绩效评价沦为了干部人事调整的工具，或者财政分配上的形式依据。[3]

四是技术标准缺失，信息化程度不高。财政绩效评价有赖于建立规范的技术标准，但我国财政支出涉及竞争领域较多，容易混淆市场贡献与财政贡献。同时，对类别广泛、属性差距悬殊的财政支出绩效进行评价，要求在相对统一的指标框架下建立个性指标库，但目前所采用的个性指标库既不完善，也不规范。财政预算信息不透明和不完整，包括预算公开过于笼统，绩效评价的能力和条件受到制约，信息不对称或失真，加大了信息收集、甄别和处理的难度，直接影响评价结果的客观性、科学性和公信力。

五是外部主体发育不完善。评价主体外部化或说第三方评价为财政绩效评价的必然要求。现阶段我国有能力承担整体委托评价的第三方机构数量不多，由于缺乏制度规范，第三方评价工作容易受政府部门牵制和干扰，进而影响其独立性。作为实施主体的第三方机构专业性和绩效评价的综合性之间亦存在矛盾。第三方机构往往是某一领域的专业机构，面对当前财政支出涉及范围广、综合性强、技术难度大的要求，如何整合不同层面专业力量，实现人员配置、能力素养、操作能力都符合

---

1 郑方辉,廖逸儿.第三方评民生财政专项资金绩效实证研究——以2012年广东省为例[J].华南理工大学学报:社会科学版,2015(1).

2 胡税根,金玲玲.我国政府绩效管理和评估法制化问题研究[J].公共管理学报,2007(1).

3 陶清德.法制化:当前我国政府绩效评价制度化的关键步骤[J].甘肃理论学刊,2014(1).

评价要求，也是现实中一个需要解决的难题。除第三方外，人大代表与政协委员、专家学者、新闻媒体及社会公众等主体行使评议权亦存在障碍。民意调查的整体环境与技术条件不成熟，政府所具有的等级性、权威性和垄断性使普通公众"望而生畏"，加之途径设计单一、参与空间有限，亦在一定程度影响民意充分表达。[1]

三、财政支出绩效委托第三方评价

（一）人大作为评价主体的组织模式

从功能定位上看，现阶段我国财政支出绩效评价仍主要由财政部门组织。这种评价模式中，财政部门、主管部门、用款单位和社会评议者的角色比较明确，组织协调也相对简单。但评价客观性不足、专业性欠缺。在公信力、专业性与可行性之间求取平衡，人大作为评价主体、财政部门与主管部门协同、第三方独立实施的组织模式应运而生。在这一组织模式中，关联主体的角色清晰，优势互补，能有效提高评价的专业性、可行性与公信力。

从组织上看，由人大主导（评价主体）、财政部门及主管部门协同（评价的主要对象），第三方实施的财政绩效评价模式具有逻辑一致性和现实可行性。在该模式中，人大常委会作为评价主体，提出评价需求及目的，其内设机构财经委（预算工委）负责评价组织，监控过程，验收评价报告，财政与主管部门提供评价信息，第三方机构受托实施评价，专业人士和公众作为评议主体参与评价，表达意见。评价权、组织权、实施权和评议权由此形成有机整体。对于评价的客体，按其承担的责任可分为三种情况，即财政部门（监督绩效）、主管部门（管理绩效）和用款单位（使用绩效）。与财政部门主导的评价有别，财政及主管部门既为评价工作协同者，又是被评的对象，如图8-4。

（二）第三方评价的价值、障碍与建议

从我国第三方评价的发展历程来看，2007年《民政部关于推进民间组织评估工作的指导意见》和《全国性民间组织评估实施办法》的出台，将"第三方评估"引入公共部门和非营利部门的绩效评价领域。2015年，民政部发布了《关于探索建立社会组织第三方评估机制的指导意见》，明确了"建立社会组织第三方评估机制，是完善社会组织综合监管体系的重要内容，是社会组织评估的发展方向"。党的十八大之后，新一届政府在推进"放管服"改革创新的过程中，将"第三方

---

1 卢扬帆等. 财政支出绩效第三方评价：现状、矛盾及方向 [J]. 华南理工大学学报：社会科学版 ,2015(1).

评估"作为撬动改革的杠杆，以"监督评估权外移"的方式，做到了既向第三方社会组织放权，又保证了政府管理的科学性、责任性和民主性。2018年7月召开的中央全面深化改革委员会第三次会议，通过了《关于推进政府购买服务第三方绩效评价工作的指导意见》。该指导意见要求针对当前政府购买服务存在的问题，积极引入第三方机构对购买服务的经济性、规范性、效率性、公平性展开评价，通过第三方评价促进公共服务购买绩效的不断提升。

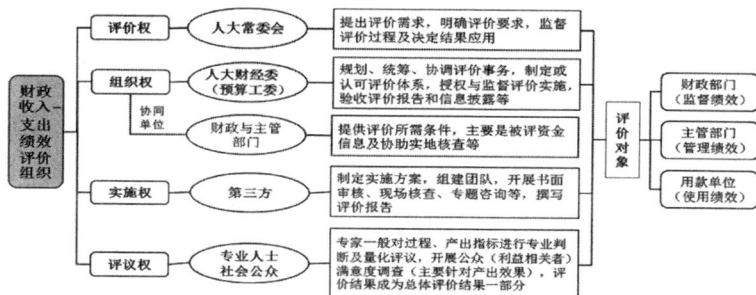

图 8-4 人大作为评价主体的财政支出绩效评价组织模式

第三方评价的价值和优势体现在：一是公信力。体制内评价属于内部自我考评，往往存在自我欣赏、自我认同的特点。独立于政府系统的第三方立场超然，能有效保证评价结果的客观性。二是专业性。第三方以专业能力与技术手段，体现财政绩效评价专业化，提高评价结果的信度与效度。三是广泛性。第三方评价主体拥有广泛的群众基础，成为民意表达与民主监督的重要载体。但第三方评价需要依托一定的环境条件。

第三方评价可分为委托第三方和独立第三方，二者存在质的差别，前者受评价者或组织者委托，独立性有限。但在我国当前实践中，独立第三方评价仍难以操作。其难点在于：一是评价数据信息可得性，背后为财政信息公开程度的不足，独立第三方评价游离于体制之外，要取得财政运作过程中的数据信息十分困难；二是被评对象的可接触性，背后为行政系统对体制外监督的"天然抵抗"，委托第三方评价由于获得体制内部支持，容易得到被评价对象的协助和配合，但独立第三方评价因其发起、组织和结果公布不受行政权力牵制，评价过程难得到被评对象配合；三是法律地位不明确、评价资源无保障，很难持续；四是社会调查环境条件不成熟，包括专家调查与公众满意度测量存在不同程度的限制。

第九章　政府政策绩效评价

　　政府政策是公共政策的重要组成部分。绩效评价可视为对政府政策的一种约束、监督和纠错纠偏机制。它以评价体系为工具，检验政策目标实施效果及实现程度，尤其关注价值判断。相比于政府整体、部门、财政绩效评价，政策绩效评价更具不确定性和复杂性。新世纪以来，随着服务型政府建设步伐加快、公民意识觉醒和网络信息广泛普及，公众对政府政策关注度不断增强，政策绩效评价的需求日趋增长，从而客观上驱动了政策绩效评价的理论方法研究和实践探索。构建具有中国特色的政府政策绩效评价体系和机制，成为公共政策学发展的内在要求。

第一节　政府政策绩效评价概述

一、政府政策内涵

　　理论上，政府政策首先是公共政策，但公共政策不局限于政府政策，还包括其他履行公共职能主体制定和实施的政策。不过，学界或实务部门往往将两者等同起来，尤其是置于我国的制度环境中，政府政策即是公共政策的主体。基于多方面考虑，本章并不对两者进行严格区分。

　　公共政策是社会资源分配的重要手段。从政策学的角度，公共政策通常是由政府或其他权威人士所制定的计划和规划，是一系列有着明确目标或方向的活动所组成的过程，而非自发或盲目性的行为，同时它又是对社会所作的权威性价值分配[1]。政策研究的制度学派学者（institutionalists）关心正式的、明显的政府构建体，将公共政策视为认同法令和程序的良性组成部分，如卡尔文·麦克肯兹（Calvin Mackenzie）从法律与公共政策的关系对其界定："法律是公共政策的向导，是政策制定者希望政策将会是什么的陈述，但法律本身不一定是公共政策"[2]。而行为学派学者（behavioralists）将公共政策解释为各种权力力量相互作用的结果，

1　陈振明. 政策科学——公共政策分析导论 [M]. 北京：中国人民大学出版社，2004:49.

2　Mackenzie C. American Government: Politics and Policy[M]. New York: Random House, 1986: 4.

其中某些结果可能与政府的初衷相去甚远。詹姆斯·安德森认为公共政策是一个或一批行为者在处理某一问题或相关事务时所遵行的有目的的行动过程[1]。在多数情况下，公共政策的过程由那些要求变化者、决策者和受到该政策影响的人们之间相互的作用而产生[2]。不管是制度学派还是行为学派都认为公共政策兼有开放性和动态性。

现实中，政府政策是政府公共管理的基本手段和方式，旨在"调控社会成员之间的利益关系、实现公共利益的合理分配及具体战略和国策"，可以说"公共管理的所有行为都是以公共政策的形式体现出来的"[3]。行政学鼻祖美国学者伍德罗·威尔逊认为："政府政策是由政治家（具有立法权者）制定的并由行政人员（国家公务人员）执行的法律和法规"；哈罗德·拉斯维尔在创立政策科学时曾提出，"政府政策是一种含有目标、价值和策略的大型计划"；罗伯特·艾斯顿在《公共政策的思路：对政策领导的研究》一书中指出：广义上，政府政策就是"政府机构与其周围环境之间的关系"。陈振明认为，政策是"国家机关、政党及其他政治团体在特定时期内为实现或服务于一定社会政治、经济、文化目标所采取的这种行为或规定的行为准则。它是一系列谋略、法令、措施、办法和条例的总称"[4]。

我们以为，政府政策是指特定的主体对社会公共资源进行权威性分配的过程。这一概念的内涵，一是政府政策的主体特定，在我国是从中央到地方各级党委和政府；二是政府政策的客体是社会公共资源，分为有形资源和无形资源、实际资源和潜在资源；三是政府政策是一个动态过程，它由政策制定、政策执行和政策评价三个阶段构成。

二、政府政策绩效评价内涵

一般认为，政府政策绩效是指一定时期内政府政策在特定施政领域的成绩与效益，包括"量"和"质"两个方面。绩效评价是结果导向的活动，它既关注实

---

1 [美]詹姆斯·安德森.公共决策[M].唐亮译.北京：华夏出版社,1990:7.

2 [美]拉雷·N.格斯顿.公共政策的制定——程序和原理[M].朱子文译.重庆：重庆出版社,2000:5.

3 唐贤兴,王竞晗.转型中的中国公共管理：政策、价值整合与悖论[M].上海：上海辞书出版社,2005:37.

4 陈振明主编.政策科学[M].北京：中国人民大学出版社,2003:50.

际效果与成本，即花多大的代价、在多大程度上实现了目标，又关注政策对目标或非目标群体产生的影响，尤其是目标及非目标群体对政策实施的满意程度。具体而言，政府政策绩效评价就是政策主体在特定的经济政治和社会制度环境下，依据既定的评价标准，采取一定的评价方法，对政策评价客体的效率、收益、效果等做出的评价或判断的过程和结果。[1]

政策评价处于公共政策过程的核心地位，是政策过程不可缺少的环节，也是政府绩效评价体系不可或缺的内容，对完善政府政策绩效评价，改进政府绩效，建设服务型政府具有重要作用。按照绩效的"4E"标准，政府政策绩效评价可视为通过选取适当的指标和方法对政策实施的效果、效率、经济和公平进行综合性测量。一个完整的政策过程包括政策问题界定、政策制定、政策执行、政策评价等系列活动，其中，评价是政策生命周期中必不可少的阶段。通过对某一项政府政策绩效的科学评价，对其政策过程进行全面考察和分析，进而研判该项政府政策的基本目标及利益和价值诉求的实现情况，更好地发挥合理配置政策资源的基础性作用，从而决定其延续、调整或终结，为以后的政策提供良好的实践基础。

政府政策绩效评价的目标和落脚点在于实现政策收益的最大化，收益评价（事实评价）构成了价值评判的基础。政府要确保公共政策的执行力和事实收益，首先就是要保证有效的预见性和协调性，及时掌握并调节政策运作情况，即遵循"过程导向"的评价理念。现代绩效管理理论告诉我们，管理重在过程，控制了管理过程，就在一定程度上控制了管理结果，什么样的过程产生什么样的结果。因此，政府究竟是采用结果导向还是过程导向的公共政策绩效评价，在很大程度上会决定着管理的成败。实行"过程导向"的政府政策绩效评价，是对整个政策过程进行追踪和控制，根据各政策相关方反馈的信息来确保政策绩效目标的实现，而以"结果导向"为评价路径可较为清晰地厘清政府政策的价值实现。当然，实施"过程导向"的政府政策绩效评价并不排除和否定传统的以结果为导向的方式，结果导向的绩效评价同样能够促使政府政策的执行主体全力以赴达成其绩效最大化。

三、政府政策绩效评价理论发展

政府政策绩效评价扎根于公共政策分析与评价，并以后者的理论和技术发展为重要基础。公共政策分析与评价是第二次世界大战后首先在美国兴起的一个跨

---

1 高兴武. 公共政策评估：体系与过程 [J]. 中国行政管理 ,2008(2).

学科、综合性的新研究领域。1951 年，美国学者哈罗德·拉斯维尔（Harold D. Lasswell）和丹尼尔·勒纳（Daniel Lerner）合著的《政策科学：近来在范畴与方法上的进展》一书的出版，标志着政策科学作为一门独立学科诞生，并在其后得到了迅速的发展。相关理论虽然于 20 世纪 70 年代末就已传入中国，但当前中国公共政策研究在总体上仍处于"引进"阶段，尚未完全完成"消化、吸收尤其是创新"过程 [1]。一个完整的政策过程，除了政策制定和政策执行以外，还需要对政策和政策活动进行科学评价，这是实现公共决策科学化和民主化、决定政策去向、合理配置公共资源的必要条件。正如詹姆斯·安德森所言："若把政策看成某种有序的活动过程，那么其最后一个阶段便是政策评价。"[2] 政策绩效评价在政策生命周期中的位置及其与相关环节的关系如图 9-1 所示。

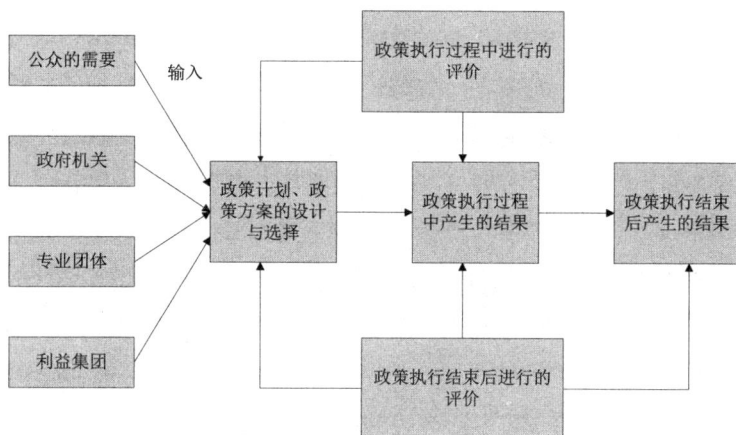

图 9-1　政策绩效评价在政策生命周期中的位置及其与相关环节的关系

全球公共政策绩效评价在 20 世纪 70 年代有了较大发展，相关政策科学、评价科学、方法论等理论基础和整个评价体系已相对成熟，如绩效政府理论、公共选择理论、回应性建构性评价理论、政策分析理论等。具体来说，研究主要集中在以下几个方面：一是明确评价的重要性，将政策评价作为政策科学研究的主要内容。爱德华·萨齐曼（Edward Suchman）在 1967 年发表了《评价研究》，主张评价应为一个研究领域。进入 20 世纪 70 年代，约翰逊总统的"大社会计划"（Great Society Programs）遭遇挫折，出现了许多政策分析家们没有预测到的问题，"政

1　张国庆. 现代公共政策导论 [M]. 北京：北京大学出版社,1997:185.

2　Anderson J E. Public Policy Making[M]. New York: Holt, Rinehart and Winston, 1979: 151.

策评价陷入了恶性循环的困境：评价者抱怨评价结论未能受到应有的重视，决策者则抱怨政策评价结论无法提供有用的参照"[1]。学者们对政策评价的研究引起了人们对政策评价重要性的广泛关注。二是界定评价的标准。鲍斯特认为政策（绩效）评价应遵循效能、效率、充分性、适当性、公平性、反应度和执行能力七项标准[2]；斯图亚特·那格尔从政策过程评价的角度提出"3Ps"标准：公众参与度（Participation）、可预见性（Predictive）、程序公正性（Procedural Fairness）[3]；卡尔·帕顿、大卫·萨维奇分别从技术可行性、政治可行性、经济和财政可能性、行政可操作性四个方面来论述政策评价标准[4]；威廉·邓恩则将评价标准分为效果、效率、充足性、公平性、回应性、适宜性六个方面[5]。三是评价模式的选择。威廉·邓恩根据评价标准的不同，将政策评价区分为伪评价、正式评价和决策理论评价。韦唐在 Guba 和 Lincoln 的研究基础上，按"组织者（organizer）"的不同将评价模式分为效果模式（effectiveness models）、经济模式（economic models）、职业模式（professional models）三种[6]；弗兰克·费希尔提出"实证辩论逻辑"的评价模式，将政策评价分为两个层面、四个推论：第一个层面包括项目验证和情境确认两个推论，评价着重于政策发起者的行动、政策结果和产生结果的背景分析；第二个层面包括社会论证和社会选择两个推论，评价着重于政策目标对社会系统的影响。[7]豪斯根据评价主体、评价目标、评价方法和评价输出形式，将实践中的评价归纳为八种：系统分析模式、行为目标模式、决策制定模式、无目标模式、技术评论模式、专业总结模式、准法律模式和案例研究模式。[8]

我国政策科学研究起步较晚，政策绩效评价处于探索阶段。国内学术界已有的讨论主要集中于以下几个方面：其一，关于评价内涵。第一种观点认为，政府政策评价是针对政策方案的评价，即前评价；第二种观点认为，政府政策评价是

1　贠杰，杨诚虎.公共政策评估：理论与方法 [M]. 北京：中国社会科学出版社 ,2006:83.

2　Polster T H. Public Program Analysis: Applied Methods[M]. Baltlmore, University Park Press, 1978: 9.

3　[美]斯图亚特·S.那格尔.政策研究：整合与评估 [M]. 长春：吉林人民出版社 ,1994:3.

4　[美]卡尔·帕顿，大卫·萨维奇.政策分析和规划的初步方法 [M]. 北京：华夏出版社 ,2002:160−161.

5　[美]威廉·N.邓恩.公共政策分析导论 [M]. 北京：中国人民大学出版社 ,2002:437−439.

6　Vedung E. Public Policy and Program Evaluation[M]. New Brunswick and London: Transaction Publishers, 1997: 35−92.

7　Fischer F. Evaluating Public Policy[M]. Beijing: China Renmin University Press, 2003: 16−22.

8　[美]卡尔·帕顿，大卫·萨维奇.政策分析和规划的初步方法 [M]. 北京：华夏出版社 ,2002:285.

针对政策环节的评价，即阶段评价；第三种观点认为，政府政策评价是对政策全过程的评价，即过程评价；第四种观点认为，政府政策评价是针对政策实际效果的评价，即后评价。[1] 目前国内学术界大多同意第四种观点。其二，关于评价标准的研究。林水波和张世贤在《公共政策》中认为：政策评价标准由投入工作量、绩效、效率、充足性、公平性、适当性、执行力、投入发展总指标八个方面衡量；公共政策绩效评价应遵循事实标准和价值标准。[2] 其三，关于评价目的或效能。主要有两种观点：一是通过评价获取政策效果、政策效益和政策效率的信息，以进行政策学习；二是通过评价来决定已执行政策的去留或改进，并作为制定新政策的依据。其四，关于当前评价存在的问题。王建容认为，主要是缺乏对公共政策评价的科学认识和认真态度、评价多处于自发状态、缺乏系统的理论指导、评价主体以官方为主、缺乏独立的政策绩效评价组织、评价标准以价值判断为主、评价方法多为定性评价和评价信息的短缺。[3] 其五，关于完善评价的对策。贠杰提出，应积极构建科学、规范的评价理论体系，建立一套完善的评价法律与制度体系，正式的、独立的评价组织体系，以及建立科学、有效的评价方法体系。[4]

第二节　政府政策绩效评价需求与分类

一、政府政策绩效评价需求

评价需求识别是政府政策绩效评价的首要环节，决定着评价的思路、方法和走向。由于不同政府政策的理想目标、核心功能、影响范围、利益关联群体各不相同，评价的侧重点和所需采用的评价手段、方法也不相同。同时评价产生并依赖于特定的历史和经济、社会条件，故对政府政策绩效评价需求的精准识别尤为重要。

理解政府政策绩效评价需求首先需对影响需求的因素加以探讨。需求应理解为对政策绩效评价"使用价值"的"偏爱"程度，即人们有多大程度上需要这个"使用价值"。不同主体对政策绩效评价"偏好"的内容不同，如公众希望评价成为监督政策结果、表达意愿的途径，政府希望通过评价看到"政绩"，或收集政策改进信息。"偏好"的程度也因主体不同，民主化程度、政府信息透明度等

1　谢明 . 政策分析概论 [M]. 北京 : 中国人民大学出版社 ,2004:324.

2　谢明 . 政策分析概论 [M]. 北京 : 中国人民大学出版社 ,2004:331.

3　王建容 . 我国公共政策评估存在的问题及其改进 [J]. 行政论坛 ,2006(2).

4　贠杰 . 论现代社会条件下的政府政策评价 [J]. 江苏行政学院学报 ,2005(4).

因素的差异而不同，抵制改革、忽视责任的政府对评价的需求偏好小。对评估需求的偏好主要影响因素有民主法治环境、评价技术的发展程度（评价手段、评价仪器等）、政府信息透明度、政府相关部门对评价的态度（是否抵制评价）等几个方面。其中：民主程度高的社会公民维权和参政意识强，故对评价的需求大，政府责任意识强，从而评价所受的阻力小；良好的法治环境是评价工作顺利开展、评价结果能够得到重视并公开化的保障；评价技术的发展是短时间收集到大量有效数据，通过科学的评价体系得出有效结论的保障。若政府信息封闭、相关部门人员对评估持抵制态度，致使评价工作不能顺利开展，收集到的信息不完善甚至有误，那将大大增加评价成本，降低评价结果的真实性和有效性。

然后是对政策绩效评价需求进行测量的有关方法。根据经济学需求测量一般函数，不难推出以需求量作为因变量、用影响需求量的因素作为自变量的计量模型。政府政策绩效评价的需求函数可用下式表示：

$$Q_d = f(I, S, P, L, G, T)$$

式中：Q_d 代表政府政策绩效评估需求量；I 为政府政策投入；S 为政府政策影响范围；P 为公民社会发育程度（或公民对政策关注程度）；L 为法治环境；G 为政府主管部门的重视程度；T 为政府政策绩效需求评估技术。

如果涉及到需求预测，则需进一步选择需求函数估计的定性和定量方法，因为预测方法跟预测精度有很密切的关系。表9-1列出了常用评估需求预测方法的特征以作比较。在选择预测方法时，除了分清预测方法的适用条件及范围外，还应综合考虑各项因素，主要包括决策问题的要求（如决策的层次与范围、决策的时间长短等）、数据的可获得性与准确性、数据的散布形式、预测人员对预测方法的掌握水平、预测成本等。

表9-1 常用评估需求预测方法的特征

预测方法	技术知识要求	数据类型	计算能力要求	预测水平	预测成本	适用范围
时间序列模型	低—中	时间序列数据	弱	短期	低	简单、稳定或周期性
灰色预测模型	中—高	时间序列数据	一般	中、短期	一般	变动性大
回归模型	中—高	时间序列和截面数据	一般—高	长期	高	复杂、有已知的定量的关系
德尔菲法	低—中	事实和观点	无	长期	不确定	有已知的定性关系及很强的不确定性因素

二、政府政策绩效评价分类

（一）作为评价客体的政府政策类型

政府政策是为预防和应对各种社会问题而制定的，政府政策的分类应以社会问题的类型为基准。考虑政府政策作为政府干预社会问题的手段，从政府职能角度看，常见的是从政策涉及的经验领域将之分为政府经济政策、政府社会政策、政府环境政策和其他政府政策。

一是经济政策，是指国家或政府为了达到充分就业、价格水平稳定、经济快速增长、国际收支平衡等宏观经济政策的目标，为增进经济福利而制定的解决经济问题的指导原则和措施。[1]国家或政党制定的经济政策在形式或内容上主要有经济社会发展战略方针（调控总供需平衡）、产业政策（规划和调整产业布局）、财政政策、货币政策、财政与信贷综合平衡政策（调节积累与消费比例均衡）、收入分配政策（引导消费需求及结构）等。如按其作用的层次，还可分为宏观经济政策和微观经济政策，后者跟具体的经济问题相对应。经济政策既有一般政府政策的特点，又有自身的特征，包括其具有一定的灵活性和时效性，政策之间具有相互关联性，政策制定与实施是一个连续、开放和动态调整的循环运动，政策影响因素复杂、变动性大。

二是社会政策，是通过国家立法和政府行政干预，解决社会问题，促进社会安全，改善社会环境，增进社会福利的一系列政策、行动准则和规定的总称。社会政策按其作用领域主要分为社会救助政策、就业政策、卫生政策、教育政策、住房政策、老年保障政策等方面。在一些国家或地区，社会政策还包括个人社会服务政策等内容。不同领域社会政策存在的目的与其实现功能的工具手段迥异。社会政策的核心是解决市场经济下公民的社会风险，以增进社会整合、促进社会进步为目标；其天然具有满足社会主体多层次需要的多元性，也有集中于"公平"和"权利"的本质属性，因而是和谐社会中不可缺少的政府政策成分。

二是环境政策。"广义的环境政策指国家为保护环境所采取的一系列控制、管理、调节措施的总和，包括法律法规和政策，它代表了一定时期内国家权力系统或决策在环境保护方面的意志、取向和能力。狭义的环境政策是与环境法律法规相平行的一个概念，指在环境法律法规以外的有关政策安排"[2]。政策绩效评价倾向于采用其广义的概念。有学者将环境政策按纵向原则和横向原则进行了分

1　蔡荣生.经济政策学[M].北京:经济日报出版社,2005:4.

2　夏光.环境政策创新[M].北京:中国环境科学出版社,2001:55-56.

类[1]：纵向包括总政策、各个部分或领域的基本政策、各个部分或领域的具体政策3个层次，构成环境政策体系；横向分为环境政策、环境保护技术政策和环境管理政策（含环境社会政策）等。环境政策的核心是规范公众对待自然环境的行为与态度，准确处理人与自然的关系。解决生态环境保护与经济发展之间的矛盾。环境政策的基本特征：一是公众参与性，二是客观科学性，三是稳定连续性，四是交互关联性。[2]

四是其他政府政策。除了上述类型以外，公共管理实践中还存在许多涉及到其他领域的政府政策。政治政策与文化政策则是最重要的两类。

（二）基于不同标准的政府政策绩效评价分类

基于上述政府政策外延的理解，结合政策绩效评价理念技术，可进一步将政府政策绩效评价划分成不同的类型。其中分类标准不同，分类结果及其相应的评价思路也迥异。一些学者通过对政策分析经验概括，认为政府政策绩效评价分类可按政策社会范畴、政策系统构成和政策过程环节三种视角进行。

一是从政策社会范畴来看，基本对应于社会问题的领域划分，政府政策绩效评价也可分成经济政策绩效评价、社会政策绩效评价、环境政策绩效评价、其他政府政策（如政治政策与文化政策）绩效评价等类型。这种分类标准所带来的启示主要在两个方面。第一，不同领域政策内容及其形式载体具有重大差异，涉及的利益相关主体与政策职能不同，在政策绩效评价活动中与它们打交道及需要关注和学习的要素应当具有针对性，比如跟政法类公共部门（政治类的政府政策）进行评价业务协调，与跟环境类公共部门所采取的策略必然不同。第二，不同类型政策绩效的真实含义即评价关注的重点有别，简言之，公共经济政策应主要关注其经济绩效，公共环境政策应主要关注其环境绩效，以此类推，那么针对这些内容设计的评价指标及权重应该占据更大分量。

二是从政策系统构成来看，主要指向政策主体、政策客体、政策环境、政策工具等方面。与之对应的，政府政策绩效评价也可分成政策主体评价、政策客体评价、政策环境评价和政策工具评价等类型。这种分类标准需要注意的是，被划分出来的每一种具体类型可能未必独立形成一项评价活动，它们更多只是完整政府政策绩效评价当中的一个层面。然而，这种分类所提供的重要启示，是政策绩效评价必须深入到政府政策体系组成的基本要素，因为政策主体、客体、环境和

1　李康. 环境政策学 [M]. 北京：清华大学出版社 ,1999:49.

2　熊跃根. 社会政策：理论与分析方法 [M]. 北京：中国人民大学出版社 ,2009:25.

工具都是影响政府政策绩效生产的重要因素，只有基于对政策本体的深刻理解，才能有效开展评价设计。

三是从政策过程环节来看，主要包含政策制定、执行、监控、评价、问责、终结等阶段。据此可将政府政策绩效评价分为政策制定绩效评价、政策执行绩效评价、政策监控绩效评价、政策评价绩效评价（也称为"元评价"）、政策问责绩效评价等类型，或合并简化为政策目标决策绩效评价、政策实施监管绩效评价、政策执行结果绩效评价，也有的称为政策决策绩效、监督绩效、执行绩效评价。实际上，这些不同环节在传统的非以绩效为导向的政府政策评价活动中已有深入探讨，它们都蕴藏着丰富内涵，并且彼此联结，你中有我。以政策目标（决策）绩效评价为例，有学者进一步将其分成三个层次：目标本体评价致力于回答目标"是什么"，重点考察目标有无、是否清晰及可衡量，作为一种事实判断；绩效目标评价致力于回答目标"怎么样"，重点考察目标的必要性、目标指标的科学性（全面性与关键性）、目标值的合理性及目标决策机制的民主合法性等，涉及相对的价值立场和判断标准；目标管理评价致力于回答政策绩效目标"有何影响"，包括揭示目标决策的影响因素，基于这些因素的目标如何演变，以及目标设置与政策落实、政策绩效之间关系等。[1]

最后综合起来，作为整体的政府政策绩效系统评价和政府政策绩效评价的"元评价"值得关注。目前实务界所进行的政策绩效评价，绝大多数为针对特定社会问题领域，通过将解决这些问题而制定的政府政策框定一个范围而进行全面系统的评价，这就需要同时关注政策决策、执行、监督，以及结果、问责等环节，并涉及政策本体要素的事实厘清和政策必要性、功能定位、目标效益等价值判断。为什么需要框定一个范围，因为与社会问题直接或相关的政策有很多，它们包含的行政层级、职能系统边界常常是模糊的，受限于绩效评价资源，则必须选择一个可操作的限度。所谓"元评价"即对评价的评价，主要针对特定系列政府政策绩效评价体系与实践的有效性再进行检视，包括主客观评价技术的选择、效度与优化。元评估理念出自美国 Michael Scriven 等的创建和应用，国内最早由盛明科、彭国甫引入并介绍应用。但由于目前政府政策绩效评价中围绕相近政策范畴重复开展多次评价的实践并不多，所以政策绩效元评价尚处于发育阶段。

---

1 卢扬帆，郑方辉. 区域科技创新政策目标力及其演变评价——基于广州近 16 年政策文本的分析 [J]. 中国科技论坛，2021(2).

第三节　政府政策绩效评价维度与结构

一、政府政策绩效评价内容指向

政府政策绩效评价内容指向是承接对政府政策绩效内涵的理解并导向评价技术指标设计的关键部分。政府政策绩效评价与传统公共政策评价的不同之处在于，前者是结果取向，而后者多为过程取向。根据前述政府政策及其绩效评价分类，一些学者对具体类型的绩效评价内容指向进行了总结。其中：政策系统指向的政策主客体与环境工具，评价标准可采用合法性、合理性、适当性、有效性、回应性、适宜性、充分性、社会发展总指标等；政策过程指向的政策制定、执行、监控、评价等环节，评价标准可采用执行能力、反应度、可行性、执行力、充分性、适当性、公众参与度、可预见性、程序公正性、政治和社会可接受性、经济可承受性、政策影响、社会可持续发展等指标；政策结果的评价标准则包含效率、效益、效能、工作量、公平性、充足性、回应性、适宜性、绩效、有效性、生产力等方面。"这些评价标准围绕不同政府政策类型还有一个选择、排序和组合的过程，如政治性政府政策以过程评价为重点，相应的评价标准选择也就侧重于公众参与度、程序公正性、政治可接受性、社会可接受性等评价标准"[1]。根据现有文献和实践经验，有关政府政策绩效评价内容的建构还有按社会问题、按 4E 原则和按指标属性等多种维度及组合视角。

（一）按社会问题划分的维度

任何一项政策的执行，在实现其自身目标的过程中必然会带来连锁结果，对包括政治、经济、文化、环境在内的整个社会系统产生重要影响。绩效评价则理应以政府政策在政治、经济、社会、环境等领域实际发挥的作用、产生的结果为内容指向，以期对政府政策的结果和效果做出综合性的整体评价。因此，按照社会问题划分的维度，政府政策绩效评价内容指向主要包括政治绩效、经济绩效、社会绩效和环境绩效。

政府政策的政治绩效直接关系到执政党和政府的合法性与政权稳固性，是指政策主体、受众及所有利益相关者因政策的实施影响政治秩序而产生的态度、倾向性、行为和各种权力关系的总和。衡量政府政策的政治绩效内容主要包括：一是政府政策的公众满意度，二是政府政策对社会稳定的影响（以利益相关者或不

1　高兴武. 公共政策评估：体系与过程 [J]. 中国行政管理 ,2008(2).

同目标群体的差异心理作为追踪决策和决定政策去向的依据），三是政府政策目标的实现程度（需对具体指标进行定性或定量分析），四是政府政策对党和政府公信力的影响，五是政府政策对建设廉洁高效行政的影响，六是公民参与和回应。

政府政策的经济绩效用于描述特定宏观或微观经济政策对经济运行产生的影响及预期政策目标的实现程度。其衡量标准包括国际上通行的"3E"标准，对政府政策实施地区的经济发展、居民生活水平的影响，以及政府对市场干预所产生的对资源配置方式的影响。具体而言：一是政策成本，二是政策效率，三是政策效果，四是对经济发展的推动作用，五是对居民生活水平的影响，六是对市场失灵的干预作用。

政府政策的社会绩效主要关注于政策的社会影响、对基本人权的尊重和保护及社会正义的实现，将重点放在对政府政策其他方面的绩效结果所引发的社会评价，公众对政府政策在其他方面的绩效的感知度与支持度，以及政策的政治、经济等绩效对公民权利和社会正义的影响等方面。具体可从政府政策的社会评价和社会影响、社会公正的实现两个方面加以衡量。

政府政策环境绩效的评估则是一种对政府政策实际产生的环境影响进行的综合评估，实施于政策执行的一定时期之后，关注于被评政策"实际怎样"，即对环境影响的实然性。其评价内容主要包括：一是政府政策符合可持续发展理念的程度，二是政府政策实施的自然资源消耗水平和资源利用效率，三是政府政策实施的污染治理等环保情况。

（二）按 4E 原则划分的维度

20世纪60年代，美国会计总署率先建立了以经济（Economy）、效率（Efficiency）和效益（Effectiveness）为主的 3E 评价法。到了 60 年代末 70 年代初，新公共行政学派提出社会公平价值观，偏向经济性等硬指标而忽视了公平、民主等软指标的 3E 评价法因此受到了质疑。在随后的政府绩效评价体系中便纳入了公平（Equality）指标，逐渐发展为福林于 1997 年所概括的 4E 评价法。4E 原则已成为当前公共部门绩效评价实践中构建或检验指标体系的基本框架，自然也可当作是查找政府政策绩效评价内容指向的重要指南。也就是说，无论对何种类型的政府政策开展绩效评价，均可在 4E 的每一项原则（维度）下逐步搜索可用的评价指标，最终形成完整的绩效测量体系。

"4E"原则具体是指经济性、效率性、效果性、公平性。对政府政策来讲：经济指标一般指组织投入到政策项目管理中的资源量，要求以尽可能低的投入或成本，提供与维持既定数量和质量的公共产品或服务；效率指标也是指投入和产出的关系，侧重以一定量（较低）的消耗提供尽可能高质量的公共产品和服务，通常从服务的提供、活动的执行、服务与产品的数目、服务的单位成本等角度衡量；效果则是指政府政策在多大程度上达到了预定目标和其他预期结果，关注政策实现目标的程度及已实现目标符合政策的程度；公平关心的主要在于接受服务的团体或个人能否都受到公平的待遇，需要特别照顾的弱势群体是否得到了更多的社会照顾。现代政府政策的公平性一般包含横向与纵向两个维度，前者指向不同群体利益的平衡，后者指向短期与长期利益的平衡。

（三）按政策过程或指标属性划分的维度

政府政策绩效生产过程也可根据其资源载体的形态变化分成投入、过程、产出、影响等环节，或者根据政策主体行动逻辑分成目标设置、行动过程、结果分配等环节，这些环节构成按政策过程组装政策绩效评价内容的基本维度。在现行评价中，对政策资源投入的评价可能具体化为论证充分性、决策民主性、预算完备性、资金到位率、支付及时性等衡量指标，对政策目标设置一般测量目标的完整性、科学性及可衡量性，对政策实施过程的评价可能具体化为组织健全性、制度完备性、财务合规性、实施规范性、监管有效性等，对政策产出及影响可能从预算成本节约、完成进度与质量、社会经济生态效益、公众满意度等方面测量。

不仅如此，政府政策绩效评价内容通过具体指标来体现，但各项指标蕴含不同的属性，从而构成一定的层次与梯度。例如，在反映政策绩效结果的指标中，多数按照产出、效益、影响等进行分类。产出是指政策相关工作的结果，有时延伸至政策资源投入，又包含数量与质量两个层面，可能具体为支持项目数、资助金额与完成业绩等内容。效益是指政策实施带来对经济社会不同方面的作用，又包含经济效益、社会效益、生态效益等层面，可能具体为拉动增长、创造就业、节能降耗等内容；影响或其他指标测量内容，其中包含但不限于政策的时效性、效益可持续性与社会满意度等。

二、政府政策绩效评价涉及的重要关系

政府政策绩效评价作为政府绩效评价的一种基本类型，在政策实践与评价活动开展中需要协调好若干组重要关系，对这些关系的取向和定位即对评价技术体系构建形成规限。

一是政府政策与财政资金关系。政府政策是政府为解决公共问题，实现公共

利益目标，经过政治过程所确认的作为或不作为。所谓作为，即用以解决问题的原则、方针、策略、措施和办法；财政资金可视为这种"作为或不作为"的资源及工具。从绩效评价的视角看，财政资金（不论收支）的目标较为明确、用途较为具体、流向较为清楚、量化特征比较明显等。但政府政策有所不同，理论上属于更高层次的范畴，甚至与财政资金存在包含的关系。具体来说，其一，政府政策绩效目标往往更为广泛，也更加难以量化。"公共政策的理想职能在弥补市场缺憾，体现为普惠性而非竞争性、福利性而非效率性、保障性而非效益性导向"[1]。显然，这样的目标属性不容易被简单量化。其二，财政资金存在使用绩效和监管绩效，政府政策并非如此，未必存在使用绩效。因为政策受益者（使用者）并非是政策责任主体，反而是为政府服务的对象，因此，管理绩效和监督绩效是评价的主要指向。其三，财政资金一般不存在直接的受损者，但政府政策不同，涉及更广泛的利益群体，外部性明显，有受益者也有受损者，绩效评价需要平衡政策效应的正负关系。

二是宏观绩效与微观绩效、经济目标与社会目标关系。绩效是责任主体的作为。政府政策绩效评价涉及不同层次和层级的责任主体，亦可区分为宏观绩效和微观绩效。简单而言，宏观绩效指向政策决策，更多是对政策的价值判断，微观绩效对应于政策执行结果，关注合法合规程度与政策具体目标的完成情况。在两者之间，即对政策实施过程的监督控制也可称为中观绩效。逻辑上，政府政策绩效评价更加强调宏观绩效评价，体现决策的科学性与民主性，但同时关注微观绩效和中观绩效，宏观绩效是构成微观绩效的基础。一般而言，一项特定政策的总体绩效与所有责任主体不可分割，但微观绩效累加并不等同于宏观绩效，多余或错位的政策，微观绩效越高，宏观绩效可能为零甚至为负，区分它们之间的差异有助于发现问题，明确责任及改进绩效。同时，政府政策一般兼具经济目标和经济之外的社会目标。经济目标体现于政府政策促进经济发展的功能，社会目标强调政策效益的社会福利最大化。问题在于，市场经济条件下，凡是市场能解决的问题，政府不应干预，因此，理论上，政府政策目标应立足于社会目标（包括环境目标）实现。但目前我国不少政府政策针对经济领域，包括竞争领域，难以有效界定经济目标与社会目标的边界，从而对绩效评价带来挑战。

三是内部评价与外部评价、主观评价与客观评价关系。内部评价即政府作为

---

1 黎江虹. 新《预算法》实施背景下的预算权配置 [J]. 税务研究 ,2015(1).

评价主体评价政府政策，体现政府组织管理属性，追求政策的执行力，但亦存在上级政府对下级政府政策开展评价，形成政策的纠错纠偏压力，同时引入外部评议者，增强评价的公信力；外部评价即政府系统之外的主体评价政策绩效，强调结果导向及社会感受与认同。应该说，我国探索中的政府政策评价大都为内部评价模式，服务于决策辅助、执行监督和工作推进。学界在肯定评价功效的同时，对评价过程的专业性与评价结果的公信力存有质疑。由此，依据不同情况与要求，将内部评价与外部评价有机融合是一种现实选择。另一个关联问题是，由于政策产出和效果难以量化，既然政府政策以公众依归，那么，社会公众主观评价成为政策评价的主要方式，也是各国的普遍做法。其中涉及满意度测评，即由社会公众对政府政策绩效产生过程与结果进行满意度评分。一般而言，针对满意度调查内容，结果性指标应将客观性指标与公众评价相结合，公众对象及范围应覆盖不同的利益群体，包括利益受损群体，主客观指标互证互补。过程性指标一般具有较强的专业性，如政策的公共属性、可持续发展等，应选择具有专业认知与判断的专业人士作为调查及评议对象。

四是政策评价与政府规制关系。政府规制又称为政府管制，是市场经济条件下政府干预市场活动的总称，指政府为弥补市场失灵，确保微观经济有序运行，运用法定的权利对社会经济主体的经济活动所施加的限制和约束。进一步而言，是行政机构依据法律授权，通过制定规章、设定许可、监督检查、行政处罚和行政裁决等行政处理行为，对特定经济主体与个体活动进行限制和控制的行为。按照斯蒂格勒的观点，政府管制属于政府微观经济管理职能，它与旨在促进经济稳定增长的宏观调控一起构成政府干预经济的两种主要方式。从某种意义上说，政府政策是一种政府管制手段，但也未必如此，部分政策成为宏观调控的工具，如财政对产业的倾斜性补贴、对企业研发投入资助等政策类别，就展现了促进经济长期稳定发展的功能。应该说，针对体制内部，政府政策绩效评价可成为政府规制的新手段，政府规制为绩效评价提供了现实依据。同时，政府管制与充分竞争背向，管制存在着走样的风险和代价，尽管依法行政是管制的前提，但在法律体系不完善，执行不到位的现实条件下，政府政策绩效评价承担着遏制政府通过公共政策实行"乱管制"的重要使命。

三、政府政策绩效评价指标框架

（一）指标层级结构

遵循前述内容指向和关系定位，国内相对成型的政府政策绩效评价技术体系基本逻辑为：从某项政策的共性过程和关联主体出发，通过划分不同主体在不同环节应承担的责任，形成分类别的评价内容，进而转化为规范的评价指标。从大的方面讲，前沿实践所采用的政策绩效评价指标体系分为宏观、中观、微观三个层面。宏观上，评价指向政府政策决策的论证过程及其民主程序，主要包含政策目标设置的科学性、可行性与公共属性等内容，并且衡量政府政策设立论证的充分性与管理制度的可操作性，乃至政策总体目标的实现程度及其可持续性水平，可称为政府政策的"管理绩效"，这一层面评价服务于政府政策整体的公信力和治理合法性目的。中观上，评价主要指向对政府政策的过程监控，对政策实施所需的资源保障与配置落实负责，强调政策监管的有效性，服务于政府政策的执行力目的，可称为政策的"监督绩效"。微观上，评价指向政府政策是否按既定目标和规则严格执行（出现特殊事项依程序报批），服务于政策管理的合规性目的与绩效目标完成，可称为政策的"执行绩效"。总体而言，宏观层面的"管理绩效"和中观层面的"监督绩效"旨在提供一种价值判断的客观标准，而微观层面的"执行绩效"旨在保证事实完成的精准有效。这样，借鉴绩效评价规范的技术方法，充分考虑可操作性，即可构建由管理绩效、监督绩效和执行绩效三个维度（三种评价方式）组成的政府政策绩效评价指标体系。

（二）关键指标维度

对应三个评价层级，可进一步明确政府政策绩效评价指标体系形成的思路，其中关键指标维度又是支撑整个指标体系的支柱，需要优先探讨。通过借鉴财政预算绩效评价成熟经验，政策绩效评价前沿实践已普遍采用的关键指标有以下6项；应该说，它们是贯穿宏观、中观、微观不同层面评价的共同标准，只是在相应层级中具体指向及评分标准有别。

一是政府政策设立论证。政府政策本质上是政府介入市场、社会的一个界面，政策手段和工具具有多元选择性，所以特定政府政策应不应该存在和以什么样式存在，成为相比其他类型评价更值得关心的问题。政策科学理论和现代政府体制要求公共政策的设立必须经过民主程序充分论证，因此这方面是政策绩效评价首要考察的标准。一般来讲，政策设立论证评价包含两个方面，即政策设立必要性和规划论证充分性。前者主要从政策方向、功能定位及预期效果来把握，要求政策是政府非做不可的事项，符合政策主体相应职能且预期能够带来成效；后者则是要将这些可能转化为现实所做的准备，包括提供完整的可行性研究报告与实施方案，经过科学论证及民主程序审议等。

二是政府政策目标设置。政策绩效目标作为政府政策功能发挥的预设，某种程度讲是政策必要存在的标志。目标体系对政策实施具有强大的引导效力，因此政策目标科学形态对政策绩效评价而言至关重要。绩效评价对政府政策绩效目标设置存在一般性的要求。其一为目标完整性，即有无绩效目标和绩效目标的构成问题。通常情况下，应当按照政策的类别、方向和具体内容设立相应的总体或战略性绩效目标，在此基础上分解为各子系统与阶段性绩效目标。其二为目标科学性，即目标值的设定是过高或过低的问题，涉及总体目标和具体目标两个层面。对于两者，其目标值定位都应当既不能过高，也不能过低，以"跳起来能够得着"为宜。其三为目标可衡量性，对目标可量化的，应尽可能提出用以衡量的关键指标及其定量目标值，对目标不可量化的，也应提供完整、清晰、具体的定性描述与明确的检验要求（或可等级化）。

三是政府政策管理规制。政府政策从理想变为现实必须依赖于强大的组织资源投入和科学的制度保障，许多政府政策执行起来跟先期预想大相径庭，往往源自政策配套的组织管理规则"不接地气"，缺乏可操作性。因此这方面内容在政策绩效评价中也必须重点关注。从其构成要素来看，政府政策管理规制指向一为组织模式，即政策责任落实的各类机构与个人所组成的整体系统及其相互关系；二为制度机制，即这些机构和个人运转所需遵守的规则、程序与纪律，以及违反后的处理办法。从前者看，各级各环节都应成立专门的绩效管理组织（领导小组），或指定专人负责且分工明确；从后者看，各级各环节都应制定有关的管理办法、财务管理制度及其他（如监督／检查／验收等）管理要求，不仅其形式完整（覆盖不同效力等级与行政层级，具有针对性），而且其功能完善（在普遍约束的基础上保持灵活弹性，即力求各类监管规则、程序、措施科学合理）。

四是政府政策实施监管。政府政策系统运行表现为各类主体、资源相互协调行动的动态过程。在政府体制内，这一过程必须遵循有（边界）约束的轨道，即蕴含成本、效率和规范性要求，确保政策持续存在和绩效目标完成。政府政策绩效评价中的实施监管评价一般对应中观层面，主要涉及政策系统运转协调性、流畅度、制度被遵守的程度、相关主体监督职能履行等。具体而言：一为实施程序上，政策资源投入所支持（相应）的任务或项目应按计划推进落实，包括按要求完成论证申报、审核批复、推动执行、调整变动、验收评估、违规问责等，同时讲究经济效率（节约时间成本）；二为监督控制上，应投入必要的人力、物力对政策实施进行监督，主要是为保证前述各项要求都能如愿达成，但也需避免管得过急过死，过于生硬或过于松散；三为财务管理上，政策资金应及时足额到位与支付，并符合国家相关法律法规与地方预算管理要求，支出流程规范，凭证健全有效，账目记录清晰。

五是政府政策目标效益。这是政府政策存在价值得到确认的标志性环节，也是政策能否存续发展的重大影响因素。政府政策目标效益应当包含两个层面，一为对应政策预设目标的完成情况，二为政策实施（延伸）带来的经济社会环境等效益，后者可能未必写入政策目标体系，却是政策实施必然会有的结果。政府政策目标效益评价在根源上遵循3E原则，或说3E标准最集中且直接体现在这个维度。其中：一为政策结果的经济性，要求政策所支持（相应）的任务、项目完成应作必要的成本控制，即以固定产出为衡量基准力求耗费的资源数量达到最低；二是政策结果的效率性，包括任务完成进度及质量两个方面，即应在计划的时间内（或按照预定进度）推进任务落实，并且这一过程应体现科学性、规范性和相对于目标的有效性，可以固定投入为衡量基准力求获得的产出数量达到最大（需以质量、有效为导向，避免简单数字追求）；三为政策结果的有效性，即相对于政策所需完成的目标（如促进经济社会等某方面事业发展）而言应是真实有效的（与理想距离尽可能小），一般通过其发挥的经济社会效益来衡量，具体又分为经济效益、社会效益、生态效益和可持续性等，可针对预算类别或目标任务的具体内容设置个性化的关键指标来反映。

六是政府政策可持续性。任何政府政策都不能只着眼于短期效益，因为政策运行带来沉默成本，必须要通过其长远效益来逐步化解。政策可持续性以其公平性为重要内容，有时候也放在目标效益里衡量，创造4E标准。政府政策实施的公平性蕴含横向与纵向两个标准；横向公平即政策必须设法协调和保护不同利益群体的诉求，有时候需要通过配套政策来实现对利益受损者的补偿；纵向公平是指政策必须平衡当代人跟子孙后代的利益，不可竭泽而渔。毫无疑问，这两个方面都是政策能够长期存在并健康发展的关键保证。从评价操作来看，这一方面不好以纯客观的方式加以衡量，可通过利益相关者的主观满意度（社会满意指标）来反映。

政府政策绩效评价技术框架结构如图9-2所示。

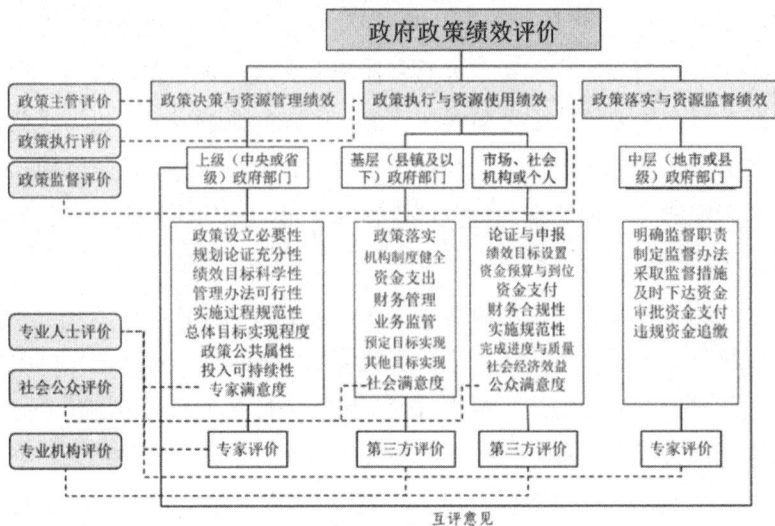

图 9-2 政府政策绩效评价技术框架结构

（三）指标框架示例

在评价内容及关键指标维度的指示下，通过借鉴国内外公共政策评价经典模型，进一步运用层次分析法和专家咨询论证等技术手段，形成相对完整的政府政策绩效评价指标体系。

这里主要参考帕顿、萨维奇等人关于公共政策需求的识别分析，以及波伊斯特关于公共政策执行的评价标准，结合费希尔提出的"项目论证—情景确认—社会论证—社会选择"四层次政策评价模型，把政策绩效评价指标划分成政策需求评价、政策目标评价、政策执行评价、政策效果评价四个领域层，分别下设若干评价指标，如表9-2。在这方面，近年广东、河北等省市已有相应建构并付诸实践，尽管尚未在更高层次和更大范围内取得通用，这些评价维度设计与政府政策绩效评价的理念目的、功能定位及评价需求高度契合，结构相对完整，操作较为简便，故有广泛的适用性。当然，考虑不同政策类型及其不同维度绩效的差异，其中部分指标尤其是社会经济效益维度仍需加强个性化，从而实现评价标准统一性和针对性的平衡。

表 9-2 政府政策绩效评价指标框架示例

评价维度／一级指标	评估内容／二级指标	三级（共性）指标
政策需求	必要性	对特定社会问题的回应性
		与政策主体职能的相关性
	充分性	政策规划论证的充分性
		政策方案设计的完备性
	协调性	与其他政策法规的协调性
政策目标	目标设置	目标完整性
		目标科学性
		目标可衡量性
	目标分解	目标任务的细化分解程度
		目标任务与对象的适配性
政策执行	执行规范性	预算管理规范
		业务管理规范
	执行效率性	阶段性投入达标
		是否按预定计划实施
		阶段性目标完成情况
政策效果	目标实现程度	预设目标总体完成
		政策实施对特定问题解决有帮助
	社会经济效益	政策投入—产出比较
		直接经济、社会、生态效益
		间接经济、社会、生态效益
	可持续发展	政策环境、条件持续保障
		政策效益持续发挥
	社会满意度	当前不同利益相关群体意见反馈
		对未来社会利益的增进或损害

第四节　政府政策绩效评价实践探索

一、国外实践阶段与特点

现代意义的公共政策绩效评价始于 20 世纪中叶，背后的动因在于：面对复杂的社会、经济、环境等问题，政府公共政策的干预规模扩大，过程日益复杂，政策实施的各种风险增加，社会对政策效果的要求和预期提高，同时计算机技术的日臻完善为政策绩效评价提供了手段和条件。20 世纪 60 年代，美国联邦政府颁布专门行政命令，要求各部门建立计划规划预算制（Planning–Programming–

Budgeting System），国会则立法要求对特定领域政府政策进行评估，日本、法国、韩国等其他国家亦各具特色。自此以后，公共政策绩效评价得以迅速发展，并成为建立高效、廉价、透明政府的必要路径之一。

世界范围的公共政策绩效评价实践在 20 世纪 70 年代取得较大发展，在不同类型政策科学、评价技术方法等新近成果的支持下，政策绩效评价体系趋于成熟。1993 年，美国国会通过《政府绩效与结果法案》，全面建设绩效型政府，以"绩效途径"取代传统"效率途径"的公共政策评价全面置于绩效的导向下，并成为政府绩效评价的基本内容。从历史进程看，政策评价与绩效评价的起点与路径有异，目标层次有别（政策评价追求政策执行力，绩效评价追求政府公信力），但涉及的问题相近，它们的融合具有逻辑的一致性和现实的必然性。

西方国家的政策绩效评价大致可分为单项评价和全面评价两种类型。美国的政策规定绩效分析、韩国的制度评估、日本的政策评价、法国的政策评估规范化具有代表性，其主要特征是：政策绩效评价作为政府绩效评价的重要分支，贯穿政府绩效评价全过程；评价由专门部门负责，以法律规章作为保障，成为监督政府公共开支、促进政策规划的系统工程；评价技术体系更强调指标体系科学性和针对性，组织体系突出主体多元化；评价机制更加完善，包括健全评价责任机制、申诉机制、监督机制、资源调适机制、反馈机制等。

二、国内实践经验及问题

我国政策科学研究发展时间不长，民主、法治、科学决策的诉求在改革开放之后日趋高涨。在政府政策领域导入绩效评价尚处于探索阶段。步入 21 世纪后，通过绩效评价来检验政府政策成败的研究日益增加，如胡凯和屠蒙尔以江西省级农业龙头企业为例进行了技术创新政策绩效评价，使用满意度主观评价指标。[1] 王勤等报告了 A 省科技创新强省政策绩效评价实践，讨论政策项目特征和绩效评价技术过程。[2] 张永安等人评价了北京市 2007—2016 年的区域创新发展政策绩效，张再生以 25 家企业孵化器为样本分析了天津市创业扶持政策绩效，高涓基

1　胡凯,屠蒙尔.技术创新政策绩效评价——以江西省省级农业龙头企业为例 [J].华东经济管理,2016(4).

2　王勤等.科技创新强省政策绩效评价实践探索：基于 A 省的实证 [J].科技管理研究,2017(15).

于 2016 年省级众创空间数据评价了创业团队的财政引导政策绩效等。[1] 归纳这些成果的特点：一是政策案例选择带有区域性，二是评价技术方法具有典型性。

另一方面，从整体角度对政府政策实施效果（或绩效）评价，代表性研究有三个方面。一是针对政府政策结果效力的评价。王帮俊和朱荣认为其包含政策目标明确性、政策支持力度、政策措施的整体协同性与反馈机制完善等内容，籍此开发了量化测评指标。[2] 郭本海等理解的政策实施效果主要指各环节政策措施间的耦合协调度及其对产业创新绩效的影响。[3] 这种观点较为普遍。二是针对政府政策过程执行的评价。丁煌等认为，政策执行效力是指"理解政策并有效执行、达成预定目标的能力"。[4] 其他学者多从下级对上级政令的贯彻执行效率来定义或测度政策过程绩效，触及政策网络中的目标分解、资源配置与业务协同机制。三是针对政府政策社会回应性或公信力的评价。司林波认为政策信任是依赖政策公正性、回应性及政策绩效等形成的施信者主观信任与受信者客观值得信任双合状态。[5] 也有学者将公信力与执行力联结起来，指出后者限定在政策系统内部，而前者凸显系统外看系统内的立场，故政策有执行力未必有公信力，但有公信力必定有执行力。[6]

针对我国政府政策绩效评价的存在问题。王建容认为，一是缺乏对公共政策评价的科学认识和认真态度；二是公共政策评价多处于自发状态；三是公共政策评价缺乏系统的理论指导；四是政策评价主体以官方为主；五是缺乏独立的政策评价组织；六是评价标准以价值判断为主，评价方法多为定性评价；七是评价信息的短缺性。[7] 相应地，也有学者提出进一步完善我国政府政策绩效评价的对策思路，如贠杰提出建立和完善中国政策绩效评价体系的框架，包括理论体系、法律与制度体系、组织体系和方法体系。[8]

1　丁珮琪，夏维力.基于 D⁵NLDS 模型的技术创新政策绩效评价研究 [J].统计与信息论坛,2020(2).

2　王帮俊，朱荣.产学研协同创新政策效力与政策效果评估——基于中国 2006—2016 年政策文本的量化分析 [J].软科学,2019(3).

3　郭本海等.基于关键技术链的新能源汽车产业政策分解及政策效力测度 [J].中国人口·资源与环境,2019(8).

4　丁煌，李晓飞.中国政策执行力研究评估：2003—2012 年 [J].公共行政评论,2013(4).

5　司林波.基于公共政策过程的政府公信力生成机理研究 [J].行政论坛,2013(6).

6　郑方辉，邱佛梅.法治政府绩效评价：目标定位与指标体系 [J].政治学研究,2016(2).

7　王建容.我国公共政策评估存在的问题及其改进 [J].行政论坛,2006(2).

8　贠杰.论现代社会条件下的政府政策评估 [J].江苏行政学院学报,2005(4).

三、实践发展趋势

随着治理范式的转型，政府政策绩效评价经历了一个新的治道变革进路。经济社会事务的日趋复杂，社会需求的多样化，过度的市场竞争造成的经济危机及不均衡发展造成的社会冲突，具有自治性和自主性的利益集团和非政府组织乃至社会个体在社会政治经济生活中的地位愈加重要，这些都使西方国家开始改良传统的政府管理模式：限制垄断，强调均衡，支持多元参与。在这种背景下，重新启用"治理"这个法语古词[1]并赋予其独特的理念和范式意义，是对人类社会发展危机和传统范式缺陷的积极反应，适应新的需要。治理更多地强调一种行政理念，这种理念的推行必须经由政府政策及其政策过程来实践。治理思维更多地强调除了主权国家政府以外其他治理层次的作用，即超国家、次国家、非政府组织乃至个体的作用与责任；倡导新的治理手段和评价方法；主张建立一套多元化、分散化和网络化的政府政策体系，这才是政府政策朝向治理转向的必由之路。政府的公共政策行为实际上就是为了实现各种利益主体合作治理（collaborative governance）的一种过程及其结果。[2]

从20世纪80年代中期开始，治理理念引导的政府绩效评价改革措施为政府行政和政府政策提供了新的发展思路和进阶向度，政府绩效评价对于政府政策执行质量、效果、能力的提高等具有重要的理论指导与实践价值。随着民众对政府政策绩效评价诉求增多，公众导向理念日益增强，不少国家开始引入公民参与政府绩效评价工作，从而使政府战略和工作更好地反映公众的需要，有利于突破在政府政策的博弈过程中决策难以反映公众意愿的困境。在实施评价的阶段，也让公民作为考官评价政府的工作，强化公民对政府绩效的发言权。[3]

首先，绩效评价主体逐渐多元化。在相当长时间内，政府政策绩效评价主要采用自上而下的单向反馈方式，评价主体单一。随着治理取向的行政改革逐渐深入，政府政策绩效评价由以政府为中心转变为以服务对象为中心，评价主体由公共组织自身扩展到社会公众。公民和服务对象的广泛参与，使单纯的政府机关内部的评价发展到社会机构共同参与评价。政府、媒体、公众和研究部门都可以成

1　"治理"的法文原词为 Gouvernance。

2　阮守武，陈来．关于构建公共政策评估机制的理论思考 [J]. 经济研究参考 ,2009(29).

3　陈天祥．不仅仅是"评估"：治理范式转型下的政府绩效评估 [J]. 公共管理研究 ,2008.

为评价者，并且引进第三方进行评价发挥着越来越重要的作用。[1] 正是在治理转型的进程中，政府政策绩效评价逐渐走向由单一主体评价到多元主体评价，由官方的评价到官方与非官方相结合的评价转变。

其次，政策评价过程日益注重扩大公众参与，增加透明度。公众参与不仅可以保证评价的客观公正，提高评价质量，而且有利于真正实现政策制定过程和执行过程的责、权、利相统一。"参与式"绩效评价最大的特色就是一改昔日政府内部自我封闭式评价的方式，将公共产品和公共服务的享用者——民众纳入到正式的绩效评价机制中。公众或者行政相关人成为各种绩效评价活动中不可或缺的评议主体，公众参与、民众满意度几乎成为所有绩效评价的"关键词"，甚至相当的绩效评价活动直接将不确定的公众作为唯一的评价主体展开评价。[2]

最后，政府政策绩效评价方法和技术路线沿两条进路创新：一是价值评价，主要从政治公平、正义，社会回应性和适应性等价值观层面上来评判政府政策；二是事实评价，主要评价政策结果与政策目标之间的对应关系，以验证政策的实际效果，表现为一系列实证与技术的结合，广泛运用"成本—收益"分析、民意调查研究、数学模型和系统分析等方法。[3] 事实评价在 20 世纪 50 年代公共政策学产生以后，受行为主义和理性主义的影响而流行起来，并逐渐取代价值分析，成为公共政策绩效评价的主流。20 世纪 70 年代，后行为主义和政治哲学的复苏促使公共政策绩效评价技术路线走向统一，即坚持事实评价与价值评价相结合。

总之，政府政策绩效评价已经由传统带有浓厚政策工具色彩的政府管理之器，演进成为兼顾公共性和技术理性的治道之术。这种治道变革的路径体现了治理取向的政府管理在社会公平的基础上对公共责任和民主参与的强调，使效率、秩序、社会公平和民主成为了政府政策绩效评价的基本价值取向。效率价值取向反映了社会对政府管理绩效量的要求；秩序、社会公平和民主的价值取向是一种解决各种社会关系和利益冲突的互动行为模式，反映了社会对政府管理质的要求。

1　孙洪敏，刁兆峰 . 国外地方政府绩效评估及其对我国的重要启示 [J]. 社会科学辑刊 ,2008(6).

2　王锡梓 . 公众参与专业知识与政府绩效评估的模式——探寻政府绩效评估模式的一个分析框架 [J]. 法制与社会发展 ,2008(6).

3　[美] 弗兰克·费希尔 . 公共政策评估 [M]. 北京 : 中国人民大学出版社 ,2003:11-12.

第十章　法治政府绩效评价

　　法治政府绩效评价是法治政府建设的内在要求。所谓法治政府绩效评价，是指基于结果导向和公众满意度导向，依据既定的指标体系，对法治政府建设的投入、产出及效果进行综合性测量的活动。评价融入价值理性与工具理性，体现政府履行法治职能的经济性、效率性、有效性与公平性，旨在提升政府法治的公信力和执行力。法治政府绩效评价的对象、理念、方法、流程与政府绩效评价具有一致性和同构性，但评价内容拥有自身特色。从某种意义上说，法治政府建设推动了法治政府绩效评价的理论发展，丰富了政府绩效评价的内容体系。本章参考作者已发表的学术论文，简述法治政府绩效评价的理念、体系与实践。[1]

第一节　法治政府建设与评价概述

　　法治是现代政府建设的重要价值目标，也是国际上衡量一个国家(地区)民主、文明及治理现代化的重要标准。1999 年，国务院首次提出"依法行政"的概念，要求各级政府全面推进依法行政。2004 年，第十届全国人大二次会议首次将"建设法治政府"确定为新一届政府的施政目标，同年国务院印发《全面推进依法行政实施纲要》，这标志着我国法治政府建设工作正式提上议事日程。此后，国务院又于 2008 年和 2010 年先后颁布了《关于加强市县政府依法行政的决定》和《关于加强法治政府建设的意见》，进一步明确了要将法治政府建设落实到全国各级政府的改革目标。党的十八大又明确了建成法治政府的时间表，即在 2020 年基本实现法治政府建设，达成法治政府建设的基本目标。2013 年，党的十八届三中全会通过的《关于全面深化改革若干重大问题的决定》将"建立科学的法治建设指标体系和考核标准"作为推进依法行政与法治政府建设的重要举措，2015

1　两篇学术论文分别是：郑方辉，尚虎平. 中国法治政府建设进程中的政府绩效评价 [J]. 中国社会科学 ,2016:117-139; 郑方辉，邱佛梅. 法治政府绩效评价：目标定位与指标体系 [J]. 政治学研究 ,2016:67-79.

年中共中央、国务院印发的《法治政府建设实施纲要（2015—2020年）》要求，到2020年基本建成以"职能科学、权责法定、执法严明、公开公正、廉洁高效、诚实守信"为目标体系的法治政府。在党的纲领性文件中，将法治政府建设与考评体系联系起来，以微观手段驱动宏观目标实现的要求符合管理科学原理，契合20世纪80年代以来在全球兴起的以"评估国家"来代替"管制国家"的改革浪潮[1]，是中国版的法治政府建设方略。

一、法治政府建设

（一）法治政府建设内涵

法治政府作为理论主张和政府模式是一种理想的政府运行状态，或者说，是按照法治原则运作的政府。法治政府既可指广义政府行使国家公权力的法治化，也可指狭义政府行使国家行政权的法治化。[2] 在法治国家、法治政府和法治社会一体建设部署中，法治政府主要指已实现国家行政权行使的法治化的政府。我国是社会主义国家，法治政府建设主要体现于三个层面：一是执政党依法执政，建立和完善保障执政党在宪法和法律范围内活动的体制、机制和制度；二是政府依法行政，健全、完善及控制政府权力范围、边界，规范政府权力行使的行政组织、行政程序、行政法制监督和问责的法律制度；三是公民依法参与国家管理，在国家政治生活中真正享有知情权、表达权、参与权和监督权。

（二）法治政府建设历程

改革开放为我国法治政府建设提供了历史机遇。建立社会主义市场经济体制以及对外开放的全球视野客观上要求政府必须顺应法治潮流。四十多年来，我国法治政府建设与经济建设、社会开放大致同步，历经四个主要阶段，对应四个节点：

其一，恢复重建阶段。1978年，党的十一届三中全会提出"有法可依"的法治建设目标。1982年颁布的国家新宪法标志着我国社会从法律虚无主义状态回归到法治建设状态。重新修订的宪法确立了法律的至高地位和权威，并明文规定：一切国家机关，包括国家行政机关都必须在法律范围内活动，任何组织和个人都没有超越宪法和法律的特权。这从根本上改变了我国政治、经济和社会领域无法可依的局面。同时，提出改革政府机构和转变政府职能。

1　陈振明,薛澜.中国公共管理理论研究的重点领域和主题[J].中国社会科学,2007(3):140–152+206.

2　姜明安.论法治国家、法治政府、法治社会建设的相互关系[J].法学杂志,2013,34(6):1–8.

其二，初现效果阶段。1990年《行政诉讼法》开始实施，这是我国法治建设进程中的里程碑事件，标志着我国法治政府建设进入实质发展阶段。此后，我国法治建设开始主动适应市场经济的模式，传统计划经济体制所确立的全能政府开始向责任政府、有限政府、诚信政府、透明政府、服务政府转变。

其三，实质法治阶段。十四届三中全会后，陆续出台了《行政处罚法》《国家赔偿法》等法律法规。1997年，党的十五大提出"依法治国，建设社会主义法治国家"方略，强调要完善中国特色社会主义法律体系，并将"建设社会主义法治国家"确定为社会主义现代化的重要目标，拉开我国的法治路径。1999年，国务院印发《关于全面推进依法行政的决定》，详尽规范和细化了我国依法行政的范围、方向、手段，确立了切实推进法治政府建设、政府信息公开、行政诉讼、行政赔偿等制度。之后颁布的《全面推进依法行政实施纲要》（2004）、《国务院关于加强市县政府依法行政的决定》（2008）和《国务院关于加强法治政府建设的意见》（2010），进一步明确将法治政府建设落实到全国各级政府的改革目标上。

其四，全面推进阶段。党的十八大提出了我国建成法治政府的时间进度表，即在2020年达成法治政府建设的基本目标。2013年，中共中央《关于全面深化改革若干重大问题的决定》要求"建设法治中国，必须坚持依法治国、依法执政、依法行政共同推进，坚持法治国家、法治政府、法治社会一体建设"，同时，必须"建立科学的法治建设指标体系和考核标准"。2014年，党的十八届四中全会审议通过了《中共中央关于全面推进依法治国若干重大问题的决定》。这是中国共产党第一次将法治作为核心主题的中央全会。2015年，党的十八届五中全会再次强调实现法治政府的建设目标及时间进度表。党的十九大以来，新时代的法治政府建设要求坚持以习近平法治思想为指导，从统筹推进全面依法治国的大格局和大背景出发，既要深入推进依法行政、加快建设法治政府，努力实现到2020年法治政府基本建成的奋斗目标，又要充分发挥法治政府建设的示范、支撑和带动作用，着力实现到2035年法治国家、法治政府、法治社会基本建成的奋斗目标。

（三）法治政府建设意义

首先，是建设有限政府、责任政府和服务型政府的必由之路。实现国家发展目标需要一个和平稳定的社会环境及强有力的政府，从而客观上要求建设法治政府。历史经验表明：法治政府之本在于以人民为中心，政府有效运作及合法性取决于人民满意。法治政府建设旨在以法治约束政府的权力，最大限度地减少政府越权越界的可能性，增进社会公共利益。

其次，有利于完善社会主义市场经济体制。市场经济在某种程度上就是法治经济，社会主义市场经济的进一步发展需要有完备的法治保障。建设法治政府，依法界定政府与企业、政府与市场、政府与社会的关系，更多地运用法律手段管理经济社会事务，充分发挥市场在资源配置中的基础性作用，调动市场主体的积极性，规范市场秩序，促进经济发展。

再次，提高政府的执行力与公信力。政府的执行力是公信力的基础，主要包括政府自身行政能力和管理水平。法治政府的建设，也是提高政府自身行政能力和管理水平的基本要求和重要途径。同时，法治对于政府来说并不完全是工具性的。政府权力是人民通过宪法和法律的形式赋予的，依法行政是其权力属性的本质要求。因此，政府各项工作的法治化程度，本身也是衡量其能力与水平的重要指标。

最后，有利于构建和谐社会，带动建设法治社会。和谐社会是民主法治、公平正义、诚信友爱、充满活力、安定有序、人与自然和谐相处的社会——政府作为行政管理者和公共服务的重要提供者，各项法律和制度能否完善并得到有效实施，很大程度上取决于政府的履职状况。因此，建设法治政府是构建和谐社会的重要保障。

二、法治政府评价

（一）法治政府评价的概念与功能

作为组织管理的核心环节和基本手段，法治政府评价既是对法治政府建设水平的测量，也是对法治政府建设目标实现程度的检验，是体制内部自上而下推进法治政府建设工作的有效手段。一般认为，法治政府评价是指依据一定的导向、标准和程序，对法治政府建设成效及价值进行评判。服务于推进法治政府建设，法治政府评价的主要功能有：

第一，导向功能。考核性评价是评价主体意志的体现。不论是组织管理考评，还是第三方评价，其本身都有着指挥棒和风向标的作用，潜含着评价主体意图达到的方向和目标，法治政府评价瞄准了法治政府建设的方向和目标。

第二，激励功能。激励是组织管理的基本手段。通过评价结果应用产生激励功能，尤其当公共利益与私人利益发生冲突时，评价的正面激励具有决定性影响，通过激励引导，有效提升法治政府建设的效能。

第三，监督功能。评价过程本身是对政府法治建设工作成效的监督。同时，在多元主体的评价模式下，政府受到权力和权利的双重监督：权力监督表现为立法权对行政权的有效监督，以及行政权之间的有效监督。权利监督包括社会公众对政府的监督和第三方评价机构对政府的监督。

第四，公开性也是法治政府评价的一项基本功能。美国学者富勒很早就论述过"法律的公开是法律能够成立的基本前提"[1]，法治政府评价一般都在一定范围内公开，甚至向全社会公开，从而发挥社会监督功能。此外，评价还具有优化功能、纠错功能等。

（二）我国法治政府评价历程

国内有关法治政府评价起步较晚。自2004年国务院在《全面推行依法行政实施纲要》中提出推进依法行政，建设法治政府的目标，之后又在相关文件中多次提到要"建立科学的法治建设指标体系和考核标准"。此种背景下，学术界和政府对于法治指数、法治评价的关注度越来越高，有关"城市法治环境评价""法治建设指标体系""法治政府评价指标""法治指数"等研究开启了中国法治评价之路。从发展历程来看，中国第一个法治指数产生于香港（2005）。在内地，2007年，安徽省宣城市发布的《宣城市人民政府关于印发宣城市依法行政考核指标体系的通知》是公开可见的第一份官方文件。总结地方探索经验，2008、2009年国务院法制办在湖北省、深圳市、重庆市三地率先开展法治政府评价试点工作。在试点工作的推动下，深圳于2008年底出台全国首个地方性法治政府建设指标体系，之后湖北、广东也相继推出了类似的评价体系。2008年，杭州市余杭区公布了"余杭法治指数"，这是我国最早的较为系统的法治政府评价探索。2010年，国务院正式出台了《国务院关于加强法治政府建设的意见》，明确要求科学设定依法行政工作考核指标，并将其纳入各级政府目标考核、绩效考核评价体系，对政府领导班子和领导干部综合考评也将考核结果作为重要内容。在中央指引下，法治政府建设评价在全国迅速普及。2011年，有超过20个省份颁布了有关评价的"通知""意见""办法"。此后，我国法治政府评价逐渐细化，各地方政府以"决定""办法"的方式来规范评价活动，旨在构建体制内自上而下的刚性约束机制，把法治政府建设的成效纳入地方政府的"成绩单"。从

1　[美]富勒：法律的道德性[M]，郑戈译，北京：商务印书馆，2005:59-62.

考评办法来看，各省（自治区、直辖市）的考评主体均是上级党委、政府（领导小组，党委书记为组长），考核属性为目标性年度考核，考评对象大都是下属政府及部门。2019年，中央依法治国办在全国范围启动法治政府建设示范创建活动，同时公布全国层面市县两级法治政府建设指标体系，将《市县法治政府建设示范指标体系》作为开展示范创建活动的评估标准。这意味着法治政府建设已经从制度机制建设转变为以指数衡量法治政府建设质量的新阶段。

（三）我国法治政府评价特征

首先，本质上为目标考评。实践中，国内考评大多围绕《关于加强法治政府建设的意见》和《法治政府建设实施纲要（2015—2020年）》等中央文件相关目标要求，对制度上的目标进行细化分解，来构建评价指标体系，以是否实现法治政府建设的规划和要求为评判标准，重点审查职能的落实。这样的法治政府仍然属于传统的目标管理模式。按这种思路设计的评价内容及指标体系，具有高度的趋同性。总体上，目前法治政府评价的实践难以反映法治的核心诉求，考评某种程度上成为政府内部自上而下组织控制的理性工具。虽然这种理性工具致力于追求法治政府的执行力，但有执行力未必有公信力。

其次，技术体系不完善。具体表现为指标体系庞杂，实际操作困难，指标权重带有较大的随意性，评价周期与法治周期规律不一致、不配套，民意调查的技术条件不成熟。在任何一项评价中，指标体系都是服务于评价目的的，由于当前我国法治政府评价的目的导向不清晰、过于强调执行力过程展示，使得依照目标分解的指标大多为过程性指标。此外，当前不少地方还根据国务院文件的内容规定，机械地对依法行政的意识和能力、制度建设等七个方面、二十多项具体要求进行分解，将其简单转换成一两百项甚至更多的指标。这种转化缺乏科学逻辑及科学工具的支持。

再次，评价主体单一。评价主体决定评价的公信力。我国目前组织考评的主要特征是考评权集中，组织权分散，实施权单一。"考评主体过于单一的内部取向直接损害了党政组织考评的公允性、科学性和连贯性。"[1]一方面，体制内部的法治政府评价主体为上级党委、政府（一般冠以领导小组的称谓），评价组织权名义上属于"领导小组"办公室，但实际由牵头部门（一般为政府法制办）所行使，这样必然导致角色错位。即使引入社会评议，包括公众满意度测量和专家

1　邱法宗，张霁星：关于地方政府绩效评估主体系统构建的几个问题 [J]. 中国行政管理,2007(3).

评议，这些群体也只是参与评价，而非评价主体；另一方面，外部评价受制于环境、技术、专业性等因素影响，加之政府信息开放度低，实际上难以独立开展评价活动。主体单一导致缺乏评价的驱动力及结果的公信力。

最后，以定性描述为主，凸显过程控制。考评体系以定性描述指标占绝大多数，定量指标较少。定性指标导向性明确，但主观性较强，不利于反映被评价对象之间的实质差别。例如：湖北省指标体系中三级指标"权责一致、分工合理、决策科学、执行顺畅、监督有力的行政管理体制基本建立"等，主观性太强，难以把握，易出现偏差导致考评缺乏科学性和公信力。实践中很多具体指标的设定都以定性描述为主，未能量化、细化，因此更多体现处在过程控制，以过程为导向，重在考核"政府做了什么"，而忽略了工作的实际效果。

三、以评价推进法治政府建设

作为法治政府建设的核心环节和基本手段，法治政府评价通过指标体系促使法治政府建设的过程、机制与运行结果形成循环系统，既评估了法治政府建设水平，也检验了目标实现程度。法治政府建设与法治政府评价之间的关系，概而言之，就是建成法治政府是总体目的，法治政府评价是促进法治政府建设及实现法治秩序的一种手段。二者共同构成政府法治建构现象，共同推进政府法治化进程。当前我国各层级制定的法治政府评价机制，实际上是法治政府建设的可操作化机制，重点在于把法治政府建设工作按照各个职能部门的职责对其进行分解、分工、落实和管理，使之具体化。可将二者关系概括为：第一，法治政府评价推进法治政府建设，表现为法治政府评价有助于提升政治合法性，从而促进法治政府建设的最终目标实现，亦有助于强化公共责任，从而确保法治政府建设的方向；第二，法治政府评价保障法治政府建设成效，法治政府评价对法治政府建设各项工作的效率、效益、效果、质量等进行测量评判，这个过程本身即是对法治政府建设的监督，并形成一个制度反馈与改善机制。

法治政府绩效评价与法治政府评价具有较大差别。法治政府评价是指依据一定的标准和程序，对法治政府建设成效及价值进行判断的一种评价行为，目的在于取得相关信息作为决定政策变化、政策改变和制定新政策的依据。法治政府绩效评价可视为法治政府评价的延伸和拓展，即政府绩效评价的理念方法对法治政府建设成效和政府法治职能的实现程度。相对于法治政府评价，法治政府绩效评价针对政府法治的理想职能实现，更加凸显效果、回应性和公平性，以及政府服务的质量[1]。从法治政府评价向法治政府绩效评价的转型具有必然性，折射了民主法治的进程。首先，法治政府绩效评价强调公众满意度导向，是民主范畴的技术工具，涉及政府与公众的本质关系，旨在提升政府公信力，体现法治政府固有内涵。目标考评为组织内部评价，它假定了上级目标的正确性，而政府绩效评价强调公众对目标的认同性，涉及组织内外的关系，换言之，政府目标是什么、如何制定应该由公众决定与检验。其次，法治政府绩效评价强化结果导向，要求过程控制服务于法治结果，它采用的是关键指标评价，可实现评价技术的科学性与可行性。奥斯本认为，绩效评价是为了改变照章办事，谋求有使命感的政府；改变以过程为导向、谋求以结果为导向的控制机制。结果导向并非是对过程的否定，而是对过程的导航，因为过程可能出错，并且增加行政成本。最后，法治政府绩效评价强化评价权与组织权的统一，强调多元评价主体，它超越了政府部门和上下级格局，以评价过程的公正与评价结果的公信倒逼法治政府目标的实现。就我国现实状况而言，由政府法制部门牵头实施的评价具有正当性与可行性，但不可避免受其他平级政府组织及部门的制约，造成组织管理紊乱。绩效评价的方式可以突破当前窘境。

第二节　法治政府绩效评价经验与定位

一、法治政府评价经验审视

逻辑上，法治政府绩效评价是法治政府建设与评价的延伸，从世界范围来看，法治政府建设具有普遍性，为共同的社会发展趋势，评价作为衡量建设成效的手段，亦为法治政府建设的客观要求。当然，世界各国（地区）法治政府建设及评价与法治政府评价虽存在关联性，但并非同一概念。

（一）国际法治政府评价

国际上的法治评价探索已有上百年的历史。[2] 据世界银行专家统计，目前涉及法治政府相关指标、指数的研究报告与出版物有几十种之多，其中影响最大的有《国家风险评论》《世界自由度指数》《世界发展报告》《全球竞争力调查》

1　[美]尼古拉斯·亨利：公共行政与公共事务[M]. 北京：中国人民大学出版社，2006:284.

2　Schwartz, Bernard, and William Wade, "Legal Control of Government: Administrative Law in Britain and the United States", Oxford University Press, USA, 1972, pp.55.

《欧洲自由指数》《全球国家风险指南》《世界竞争力年刊》等。[1] 2005 年，世界银行在《国别财富报告》中提出并阐述了"法治指数"概念，并界定了有关法治政府评价的范围和标准。2007 年，基于《世界人权宣言》等相关国际法文件对法治的要求，美国律师协会等组织发起了世界正义工程项目，开发了一套衡量全球法治程度的法治指数，该评价体系包含了 100 多项指标。[2] 与此同时，不少发展中国家及非政府组织也积极展开法治评价工作。2008 年，拉丁美洲 18 个智库联合推出"制度质量指数"，对各国基本制度框架进行了评估。非洲公共调查机构 Afrobarometer 耗时 10 多年，于 2009 年完成了"Afrobarometer 指数"，该指数包含了人们对警察与税吏执法情况的看法等法治政府的内容。境外不同国家及地区法治评价的形式各有特色，其主题、目的、内容、程序、对象及关注点也不尽相同，但均强调评价主体与指标体系的重要性，因为前者决定评价的公信力，后者支撑评价的科学性。这些特色各异的评价模式的共同点是：首先，评价主体相对独立，大都为独立的第三方评价，以保证评价的公正性和认同性；其次，强调及运用量化评价，将主观评价定量化，以问卷的方式来测评公众的看法，并将其态度定量计分；最后，虽然评价结果并不直接用于政府管治，但由于这些评价结果具有较强的社会公信力，使得它们成为一个国家或地区法治水平的风向标和倒逼政府推进依法行政的利器。

西方发达国家的法治政府评价工作一般由多元主体机构协同进行，这些主体包括隶属立法机关的审计部门和隶属行政机关的预算管理部门等，公众和第三方研究机构也是评价的重要力量，同时以法律制度的形式明确评价主体的职责、关系与地位。总体而言，西方国家的评价主体呈现多元化、制度化、专业化的特点。2008 年，美国律师协会联合国际律师协会、泛美律师协会等律师组织，发起了"世界正义工程"(the World Justice Project)活动并先后举办了两届"世界正义论坛"(the World Justice Forum)，号召各国政府和非政府机构作出长期承诺，一同促进"法治"在世界范围内的不断发展、促进公平正义的早日实现。其中，"世界正义工程"的重要贡献之一是提出并不断完善"法治指数"（the Rule of Law Index）这

1　Daniel Kaufmann, Aart Kraay, Pablo Zoido-Lobaton. "Aggregating Governance Indicators", World Bank Policy Research Working Papers", No. 2195, http://www.researchgate.net/publication/23549117_Aggregating_Governance_Indicators_Volume_1.

2　Romero S. Martinez, "New Index Links Development to Strong Institutions", 2007-05-08, http://www.as-coa.org/articles/new-index-links-development-strong-institutions.

一评估体系，作为衡量一国法治状况的重要"量化"标准。[1]"世界正义工程"经过与100多个国家的17个专业领域的领导、专家、学者、普通工作人员的长期考察研讨，规范了为各国普遍接受的"法治"内涵4项基本原则，即：政府及其官员均受法律约束；法律应当明确、公开、稳定、公正，并保护包括人身和财产安全在内的各项基本权利；法律的颁布、管理和执行程序应公开、公平、高效；司法职业担任者应由德才兼备、独立自主的法官、律师和司法人员组成，这些人员应数量充足、资源充沛并具有一定代表性。

（二）中国法治政府评价实践

从全国范围内观察，我国法治政府评价指标体系按照评价性质不同可以分为两类：一类是体制内以依法行政考评、法治政府建设评价等命名的指标体系，主要是围绕某一地区的法治政府建设目标而构建指标体系；另一类是体制外第三方评价指标体系，针对某一地区法治政府建设水平进行量化评价。

一是体制内开展法治政府建设评价。据不完全统计，目前全国内地大多数省（自治区、直辖市）出台了有关法治政府建设考评指标体系及依法行政考评办法，对考评目的、组织、过程、指标、方法等进行了规范要求。总体来看，我国法治政府考评已成为体制内部的重要考评项目，它逐渐融入了政府绩效评价的一些理念与方法，尝试以政府绩效评价来推动法治政府建设进程。表10-1为几项代表性地方法治政府建设评价特征及指标结构，均为体制内自上而下的目标评价。

二是体制外第三方法治政府评价，又分为独立第三方评价和委托第三方评价。独立第三方评价目前较有影响的项目主要有：中国政法大学法治政府研究院从2013年开始到2020年已连续8年在全国范围内开展的法治政府评估（包括公众满意度调查）运动。此外，还有中国社会科学院法学研究所法治指数创新工场项目组开展的"中国政府透明度指数""中国司法透明度指数"等法治政府专项评估活动。委托第三方评价代表性项目有：由余杭法建领导小组与浙江大学光华法学院成立的法治余杭评估体系课题组开发的"余杭法治指数"等。表10-2为几项代表性体制外第三方法治评价特征及指标结构。体制外第三方法治政府评价的特征：一是以量化指标为主。主要以考察量化内容的指标为主，价值性判断的指标较少；二是指标体系通常包含三个层级，或称为三级指标体系；三是指标体

1　The World Justice Project ｜ Rule of Law Index™ 世界正义工程 [N]. 人民法院报,2010-6-18(5). 法治指数：可以量化的正义.

系具有更强的可检验性；四是公众参与度较高；五是评价指标偏重于执法领域，依法行政仍然是评价的重心。[1]

表 10-1 代表性地方法治政府建设评价特征及指标结构

序号	评价名称	评价性质	评价主体	评价方式	指标结构及特点
1	湖北省法治政府建设指标体系	体制内自上而下的目标评价	湖北省依法治省工作领导小组	内部考核和民意调查相结合，其中民意调查有人大代表、政协委员、机关工作人员和普通市民	8项一级指标、35项二级指标、160项三级指标。一级指标有：政府职能与职责；制度建设；行政决策；行政执法；行政服务；社会矛盾防范和化解；行政监督；依法行政能力建设
2	广东省法治政府建设指标体系	体制内自上而下的目标评价	广东省依法行政工作领导小组	内部考核与社会评议相结合，社会评议随机抽取6146名党代表、人大代表和政协委员，以及在各地抽选住户访问	8项一级指标（制度建设、行政决策、行政执法、政府信息公开、社会矛盾防范与化解、行政监督、依法行政能力建设、依法行政保障）、40项二级指标、108项三级指标，一级指标对应公众满意度测评
3	深圳市法治政府建设指标体系	体制内自上而下的目标评价	深圳市法治政府建设领导小组	内部考核和法律专家评价相结合，后者2014年包括人大代表、政协委员、律师、法官、行政机关法制工作人员及其他法律专家共计258人	12项一级指标、44项二级指标、225项三级指标，一级指标包括：政府立法工作；机构、职责和编制；行政决策；公共财政管理与投资；行政审批；行政处罚；行政服务；政府信息公开；行政救济；行政监督；行政责任；依法行政观念和能力
4	江苏省法治政府建设指标体系	体制内自上而下的目标评价	推进依法行政工作领导小组	内部考核与外部评议相结合	7项一级指标、29项二级指标、124项三级指标，一级指标包括：依法全面履行职能；提高制度建设质量；行政决策依法科学民主；严格规范公正文明执法；强化权力制约监督；依法防范和化解社会矛盾；完善依法行政保障措施
5	吉林省法治政府建设指标体系	体制内自上而下的目标评价	内部考评与外部评价结合，评议主体包括人大代表、政协委员，企事业单位、新闻媒体和社会公众，委托专业机构实施		9个体系和2个机制。包括：法治思维、制度规范、行政决策、政务公开、行政执法、行政监督、综合保障、评价考核等体系建设；政府职能转变和行政管理方式创新机制建设

1　何志强，邱佛梅.国内法治评价指标体系：现状与评析[J].华南理工大学学报（社会科学版），2016,18(3).

表 10-2 代表性体制外第三方法治评价特征及指标结构

序号	评价名称	评价性质	评价主体	评价方式	指标结构及特点
1	广东省法治政府绩效满意度评价	独立第三方评价	华南理工大学政府绩效评价中心	评议主体针对全省18-70岁常住人口；2015年有效问卷24706份	政策公平、执法公正、政务公开、政府服务态度、服务效率、政府廉洁、市场监管、社会治安、依法行政等10项满意度
2	中国法治政府评估指标体系	独立第三方评价	中国政法大学法治政府研究院	采用资料分析、文献检索、实地考察以及发放问卷等方式（2015年）	客观评价共包含8项一级指标、26项二级指标、72项三级指标；主观评价的一级指标即"公众满意度"，下设了10个问题
3	上海法治建设指标体系	独立第三方评价	法治评估创新课题组	评议主体针对社会公众、执业律师和法律专业人士；2014年共收集问卷5877份	4个一级指标、22个二级指标、52个三级指标组成，一级指标包括：民主政治、法治政府、司法公正、社会治理
4	法治湖南建设考核指标体系	委托第三方评价	湖南大学中国法治评价研究中心	评价主体包括官方考评组、公众和介于两者之间的其他群体，其中主体是官方考评组	党委依法执政、人民民主、地方立法、法治政府、公正司法、权力制约与监督、经济法治、社会法治、文化法治等12项内容
5	余杭法治指数	目标评价及委托第三方评价（后期）	余杭法治评估体系课题组	政府参与法律工作的成员，非政府机关的教授、企业家、记者等，余杭区内百姓(2007年1003人)	包含9项一级指标、27项二级指标以及77项三级指标，加上4个层次和9项群众满意度

二、我国法治政府绩效评价目标定位

技术手段和工具服务于特定的目标，法治政府绩效评价亦如此。《全面推进依法行政实施纲要》《关于加强法治政府建设的意见》《法治政府建设实施纲要（2015—2020 年）》等制度性安排和宏观设计，为法治政府考评目标定位提供了导向。但法治政府绩效评价有别于法治政府建设考评，它不仅能检验法治政府建设目标的完成情况，更重要的是确保目标的合理性、民主性与公信力。

（一）以政府职能法定为基础

界定政府职能是政府绩效评价的前提。"政府应该干什么"可视为行政机关在法定职权下行使行政权力的职责和功能，是"行政管理最基本的要素，是"政治——行政"的结构性制度实现的依据，是政府合法性的基础"[1]。政府绩效评

---

1 高小平,朱世欣,郑方辉.构建政府职能转变评估体系的思考 [J].行政管理改革,2015(7).

价指向政府职能的实现程度。从民主政治、市场经济、有限政府的理念出发，现代政府职能不外乎是促进经济发展、维护社会公正、保护生态环境。法治政府要求职能法定以及依法行政，法治被涵盖到政府各种不同的职能中，形成所谓的矩阵结构。同时，评价对象指向作为责任主体的政府及其部门。"监督逻辑和管理逻辑，是政府绩效评价发展的最主要动因"[1]，原因在于，"推进政府绩效管理的目的，是为了充分保证政府的权力真正用于为人民服务，确保权力的公众导向"[2]，避免政府职能的越位、错位、缺位。绩效评价作为监督政府的有效手段，与第三方评价及公众参与密不可分，从特定角度体现了法治的本质及法治政府建设的基本目标。尽管民主法治的进程取决于众多影响因素，但"对于民主制度的绩效来说，至关重要的要素是普通公民在公民社会中充满活力的群众性基层活动"[3]。建设法治政府本质上是将公权力置于法律的约束之下，依法治权，以实现和保障民主。显然，以政府为对象的绩效评价与法治政府的理念一脉相承。

法治是政府职能转变的基本路径。我国体制改革的核心任务是转变政府职能，本质上要求转变政府的职权与职事，将两者纳入法治的轨道，以法定契约规则的方式确定和运行政府职能。由此，政府职能转变是一项法治化变革，是政府职能与权责法定有机结合的变革。[4]法治政府绩效评价更加追求政府法治的公信力，关注价值目标实现。具体涉及三个问题：

一是政府公信力与政府执行力的关系。政府公信力指向政府与公众的关系，是公众及社会组织对政府行为所持的信任态度，即对政府信誉的价值判断，也是社会性秩序和权威被自觉认可和服从的性质和状态，体现政治合法性。[5]政府执行力属于政府组织管理的范畴，体现政府决策及实现目标的执行能力。一般而言，政府公信力以政府执行力为前提，但有执行力未必有公信力。政府绩效评价是对目标评价的纠错机制，即是对偏离公信力的执行力纠错。衡量对错与否的标准在于公众满意度，因为没有什么比公众更了解自身需要什么样的法治政府以及政府的服务是否符合法治的要求。

1　周云飞.中国政府绩效评价发展的动因 [J]. 云南社会科学 ,2010.

2　孙洪敏.让人民监督权力是推进政府绩效管理的根本路径 [J]. 南京社会科学 ,2014.

3　[美] 罗伯特·帕特南.使民主运转起来：现代意大利的公民传统 [M]. 南昌：江西人民出版社 ,2001:100–103.

4　王浦劬.论转变政府职能的若干理论问题 [J]. 国家行政学院学报 ,2015.

5　郑方辉，廖鹏洲.政府绩效管理：目标、定位与顶层设计 [J]. 中国行政管理 ,2013.

二是民主与法治的关系。民主是"谁来统治"的理论，法治是"如何统治"的学说。一切制度的改进都应该落实到法治的指标上。法治的目的在于防止滥用国家权力，保障人民权利。作为社会调控方式，法治在我国体现为"依法治国"；作为行为方式，法治体现为"依法行政"。同时，社会主义法治需要全体人民的共同参与，成果亦惠及全体人民。从这个角度来看，法治为实现民主提供必要的保障，民主是法治追求的必然目标。

三是法治政府目标的衡量。制度上的法治如何在一个特定的或具体的社会或者国家中运作起来及其实现的程序，是分析和评价法治存在的实证标准。"[1]法治政府目标衡量是法治政府评价的技术问题。作为组织管理手段，法治政府绩效考评主体属于上级党委政府或部门，公众及社会组织参与评价过程，拥有评议权；作为民主监督的工具，公众拥有评价政府法治绩效的权力，亦可成为评价主体。

（二）绩效导向的目标考评

从法治政府评价到法治政府绩效评价具有客观必然性。作为组织内部管理的手段，我国法治政府绩效评价的目标定位为绩效导向的目标考评，既强调结果导向及公众满意度导向，又落地于目标考评，体现政府执行力与体制内部管理目的相匹配，获得体制性的推动力。

一是目标考评具有激励、驱动的功能，以确保2020年的法治政府建设目标实现。目标考评是目标管理的重要内容，源自于企业管理，20世纪60年代后迅速延伸至政府组织。目标考评强化结果的可检验性，依据政府工作路径，对应关键节点设定子目标，即将整体目标逐级分解，作为管理控制的工具。在目标分解过程中，权力、责任、利益三者明确统一。过去半个世纪的经验表明，目标考评能有效汇聚组织动能，优化流程，提升效率。法治政府建设有着明确的目标任务，考评的第一要务是推进目标实现，同时关注政府行为过程的合理性与合法性。相对于过程导向式考评，目标考评更强化目标的指标化及其可测量性，避免抽象和概括式要求，提出如合法行政、合理行政等不易检验的空泛的目标。[2]

二是法治政府绩效导向强调结果导向与公众满意度导向，更加注重公众参与，不局限于自上而下的单向考评，体现民主法治精神，以及政府与公众的本质关系。20世纪80年代后，政府绩效评价与外部主体密不可分，从而形成对目标考评的纠错机制。因为单向的目标考评隐含了决策及目标的正确性，但一旦目标失当，

1　李林.法治的理念、制度和运作 [J].法律科学（西北政法学院学报）,1996.

2　郑方辉,冯健鹏.法治政府绩效评价 [M].北京：新华出版社,2014:16-17.

政府履职出现问题，执行力变成破坏力。法治政府绩效评价指向法治的政府"应该做什么"，并非"正在做什么"，评价要求过程控制服务于结果导向，是关键指标评价，可实现评价技术的科学性与可行性，形成可持续的外部压力。[1] 同时，在我国多层级政府，中央的宏观性战略性目标随层级下移而可能产生变异，即所谓"上有政策，下有对策"，对地方政府法治目标纠错是现实的需要。

三是法治政府绩效评价的目标定位应能推进"良法之治"。目前地方政府存在无法可依、有法不依等比较普遍的现象，但更棘手的是有些"法"依不了，即所谓法规本身出现问题。背后的原因在于：社会转型过程中，静态的法规难以适应动态的社会关系利益调整的需要；同时部门式立法凸显与固化了部门利益，目标性考评进一步强化部门利益的合法性。法治政府绩效评价不假设这些地方法规（目标）的必然正确性，要求对法规本身进行审视和纠错，推进了"良法之治"。

（三）指标体系是实现目标定位的技术工具

法治政府绩效评价的目标定位对指标体系产生重要影响，即不同的目标定位采用不同的指标体系。从实证的角度看，在评价体系中，技术体系（包括技术路径、指标体系、评价周期等）居于核心地位，但技术体系作为一项工具，服务于评价目的，是实现目的的手段。绩效导向的目标考评定位对指标体系的影响包括：一是要求指标体现考核与评价的双重功能，评估现状、激励进步、推进建设。同时，指标体系要兼顾结果导向和过程控制，满足法治政府建设中不同阶段、不同节点、不同部门的任务所需，成为上级党委政府的"驾驶窗"和"信息盘"，以及重大决策和决策调整的可靠依据。这样，过程性指标与目标性指标同等重要；二是指标体系应体现绩效导向，凸显关键性指标评价以及社会回应和公众满意度的特殊地位。尽管我国信息开放程度有待提高，公众理性表达偏好的条件、民意调查环境与技术尚不成熟，但不论从技术的角度还是服务于评价目的要求，主观指标评价在法治政府绩效评价体系拥有不可替代的作用；三是指标体系应对应于法治政府建设纲要的目标要求，成为实现 2020 年法治政府目标的助推器及风向标。

第三节　法治政府绩效评价指标体系

作为实现目标的技术工具，指标体系包含指标、权重、评分标准三项基本要

1　郑方辉，卢扬帆．法治政府建设及其绩效评价体系 [J]．中国行政管理，2014(6).

素，其中指标是评价内容的分解，体现评价理念，符合技术要求。法治政府绩效评价基于法治政府评价，但并非目标性考评的简单延伸。

一、评价内容、维度与指标结构

现代法治的内涵包括作为一种价值原则、具备形式功能和成为实践精神等三方面，要求良法之治、普遍守法、限制权力和保障民主。由此，法律价值（Law Value）、法制功能（Legislative Function）与法治实践（Legal Practice）是法治评价的三个维度，也可作为法治政府绩效评价内容的分析框架。如图10-1。

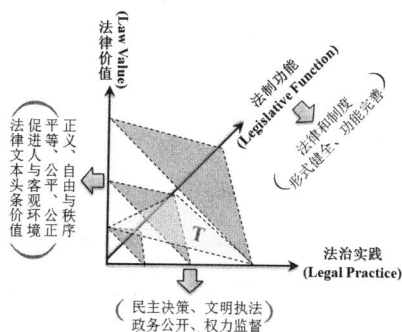

图 10-1　法治政府绩效评价内容与维度

在三维坐标轴中，维度的质指向评价的核心内容，量体现程度的差异，任一点组成的平面即可表示特定的评价内容或指标体系。首先，法律价值以人与法的关系为基础，是满足人对法的需求及其法律化[1]，包含正义、自由、秩序、平等、公平、公正等基本法律价值。它不仅要求法的价值能在国家或政府各项立法中得以彰显，即实现良法之治，而且强调培育全社会的法律意识。其次，法制功能涉及范围包括两个层面：一是法律法规与政府规章；二是行政机关制定或发布的规范性文件。法制功能（维度）要求在法治建设进程中，不断规范和健全法制形式、完善法制功能，简言之，即建立一个价值合理、形式完备与功能完善的法制体系。最后，法治实践可视为法治的动态过程。政府法治职能涉及规范立法、民主决策、文明执法、政务公开与权力监督等。法治实践要求国家立法及政府建章立制遵循法定权限和程序，也要求政府严格依法行政以及社会普遍守法、护法、尚法，使各项法律制度有效落实。

1　卓泽渊. 法的价值论 [M]. 北京：法律出版社,2006:45.

上述理念从逻辑上解构法治政府评价指标体系的构建路径。如台湾地区公共治理指标体系中，评价内容主要指向法治实践（政府法治职能），关注法制功能实现，较少涉及法律价值（图10-1中颜色较浅的平面T）。但法治政府绩效评价不同于法治政府的目标性评价，评价维度及一级指标不仅要对应评价内容（这些内容作为体制内部考评一般延伸为法治政府建设目的），而且要服务于评价目的，体现政府绩效的内涵以及技术的可行性。其一，作为体制内部考评，评价旨在推进法治政府建设，实现预设的目标，不能偏离目标评价的定位；其二，体现政府绩效评价的内涵要求，即关键指标评价，并非日常管理考核；其三，技术层面要求指标具有明晰的内涵，指标值取得具有稳定、及时、可信的数据源。

进一步考虑到法治政府不易测量的内在属性，以及评价的终极目的在于人民满意，本书将评价维度确定为法制建设、过程推进、目标实现、法治成本、结果满意，并分为主观评价与客观评价，主观评价包括公众满意度评价与专家评议，有关指标结构与维度如图10-2。其中：法制建设指向各级政府（部门）建章立制；过程推进指向组织机构及人员等保障条件；目标实现体现为法治政府建设的产出和效果，即目标的实现程度；法治成本是绩效评价的内在要求，对应于政府为履行各项法定职能及责任所产生的支出及社会代价；结果满意包含专家评议和公众满意度，具有双重功能，一是与客观评价互补互证，二是体现评价的终极目的。相对而言，专家评议指向专业性较强的内容，是法治评价不可或缺的方式。由此不难发现，评价维度和指标体系反映了法律价值、法制功能与法治实践三项内容。

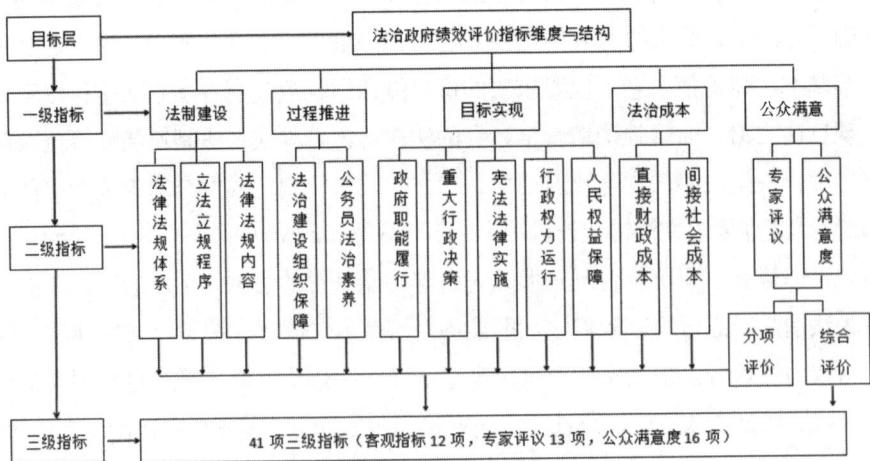

图 10-2　法治政府绩效评价指标维度与结构

法治政府绩效评价的指标维度释义：

一是法制建设。法治政府绩效评价关于制度建设的内容，主要针对各级政府及其部门通过建章立制的方式确立相关规则的行为。在形式上，这些规则包括行政法规、部门规章、地方政府规章、规范性文件等，在法律效力和制定程序上都存在区别；但从评价的角度，都包括了制定和落实两个方面：制定方面，要求严格遵守法定权限和程序，并且体现制度建设的科学性和民主性。一方面，完善公众参与政府立法的制度和机制，保证人民群众的意见得到充分表达、合理诉求和合法利益得到充分体现；另一方面，推行立法工作者、实务工作者和专家学者相结合的起草工作机制，加强必要性、可行性论证和成本效益分析。落实方面，一方面要求规范性文件监督管理制度得到有效落实，严格执行法规规章备案、条例和有关规范性文件备案的规定，加强备案审查工作，切实维护法制统一和政令畅通；另一方面要求规范性文件的清理、评估机制健全，坚持"立新"与"改旧"并重，对不合法或不适当的规范性文件及时修改或者废止，建立规章和规范性文件定期清理制度，清理结果及时向社会公布。

二是过程推进。法治政府绩效评价关于过程保障的内容，主要针对确保行政过程得以符合法治要求的各项保障机制；具体而言，主要包括依法行政、民主决策、政务公开、权力监督等。依法行政方面，要求忠实履行宪法和法律赋予的职责，保护公民、法人和其他组织的合法权益，提高行政管理效能，降低管理成本，创新管理方式，增强管理透明度；切实遵守合法行政、合理行政、程序正当、高效便民、诚实守信、权责统一等原则。民主决策方面，要求行政决策规则明确、程序完备，依法、科学、民主决策机制基本形成；民意调查、听取意见、专家论证、社会听证、风险评估、合法性审查、集体讨论决定成为重大行政决策的必经程序；行政决策后评估、跟踪反馈、责任追究等制度得到有效落实。政务公开方面，要求严格执行《政府信息公开条例》，健全政府信息公开工作机制，完善配套制度；坚持依法主动公开政府信息，严格落实政府信息公开责任制度；在法定时限内处理和答复社会公众依法提出的政府信息公开申请，充分保障公民、法人和其他组织获取政府信息的法律权利。权力监督方面，要求完善行政监督制约机制，健全行政问责制度；自觉接受人大及其常委会监督、政协和民主党派监督、司法机关监督和新闻舆论监督，依法保障人民群众对政府行为的知情权、参与权、表达权和监督权；加强政府内部层级监督和专门监督，提高监督效能。

三是目标实现。法治政府绩效评价关于目标实现的内容，主要针对法治政府各项目标的实现程度。根据《国务院全面推进依法行政实施纲要》的要求，法治政府的建设目标除了前述内容外，还包括：政企分开、政事分开，政府与市场、政府与社会的关系基本理顺，政府的经济调节、市场监管、社会管理和公共服务职能基本到位。中央政府和地方政府之间、政府各部门之间的职能和权限比较明确，法律、法规、规章得到全面、正确实施。公民、法人和其他组织合法权益得到切实保护，违法行为及时纠正、制裁，经济社会秩序得以有效维护。政府应对突发事件和风险能力明显增强。高效便捷、成本低廉的防范、化解社会矛盾机制基本形成，社会矛盾有效防范和化解。行政权力与责任紧密挂钩、与行政权力主体利益彻底脱钩。行政监督制度和机制基本完善，政府的层级监督和专门监督明显加强，行政监督效能显著提高。行政机关工作人员特别是各级领导干部依法行政观念明显增强，尊重法律、崇尚法律、遵守法律氛围基本形成；依法行政能力明显增强，善于运用法律手段管理经济、文化和社会事务。

四是法治成本。法治政府绩效评价关于法治成本的内容，主要为政府在履行各项法治职能过程中所投入的成本。法治成本包括政府在履行各项法治职能过程中投入的公共财政资源，如维护社会治安所投入的行政成本、建设法律服务站所投入的财政支出等，以及政府完成各项法治职能时所耗费的社会资源，如政府"限牌""限外"等决策给社会公众造成的负担。

五是公众满意。法治政府绩效评价关于公众满意的内容，主要为公众对政府各项法治职能履行情况的满意程度。公众满意可分解为三个层面：一是与"法治政府"直接关联的政府作为满意度，如政策公平、执法公正、政务公开满意度等；二是"法治政府"要求的政府具体表现满意度，如政府服务态度、政府服务效率、政府廉洁、市场监管满意度等；三是对"法治政府"产出关联较大的社会状态与政府总体表现满意度，如社会治安、政府总体表现满意度等。

二、指标构建方法和专家咨询调查

量化评价是政府绩效评价的内在要求，指标体系构建有赖于研究方法创新。运用"直接观察法"和"比较研究法"取代长期以来的"范式转换法"，以经验性研究为基础和手段，遵循从 Know-how 到 Knowledge 的研究路径是创新方法的基本理念。[1] 狭义上，指标是一种反映事物性质的量化确定手段，"是一种

---

1 房宁. 构建国家治理的政治学基础 [J]. 红旗文摘,2015(10).

量的数据，它是一套统计数据系统"[1]，或者是"通过定量分析以评价社会生活状况的变化"[2]。但并非所有的事务及行为均能量化，也不应简单地被量化，因此，广义上，指标反映事物的一种价值，对法治评价更应如此。在图 10-2 中，目标层之下，一级指标即评价维度，重点关注评价的目标理念与战略路径；二级指标指向评价内涵层，侧重于评价的目标结构；三级指标即具体指标，是评价内涵层的任务分解。

指标及权重是指标体系构建的重要内容。遵循系统性、典型性、独立性、可比性、可操作性等原则，层次分析法在政府绩效评价指标体系设计中简便可行。它将与决策有关的元素逐步分解成目标、准则、方案等层次，借此进行定性和定量分析，包括按"两两比较"的原则确定层次中诸因素间的相对重要性，再转为对这些元素排序，以确立各元素的权重。"两两比较"的基础数据来源于专家座谈会或专家问卷调查。具体过程包括：一是基于评价目标与理念，设计一级指标；二是考虑指标独立性与相互隶属关系等因素，遵循一定原则对一级指标进行分解，形成二级、三级指标体系结构；三是经过专家论证（咨询调查），计算各项指标权重。但现实条件下，很难通过专家咨询对指标重要程度逐个进行"两两比较"。为此，先对预设指标进行初选，然后利用专家问卷调查，一次性得到指标的相对重要性评分，变"两两比较"为单一比较，进而确定权重系数，相应地，简化了指标的相关性、隶属度等分析过程，降低了其预设条件，可视为层次分析法的一种特例情况。

本书采用上述方法，以有别于地方政府的经验性做法及理想化的"两两比较"的层次分析法，衔接备选指标体系的设计调查问卷（量表）[3]。其中二级指标设计以一级指标为导向："法制建设"是法治政府建设的前提，分解为法律法规体系、立法立规程序和法律法规内容；"过程推进"是建设成效（产出效果）的保障条件，对应于法治建设组织保障与公务员法治素养；"目标实现"基于中共中央、国务院 2015 年颁布的《法治政府建设实施纲要(2015—2020 年)》要求，

1　朱庆芳，吴寒光.社会指标体系 [M]. 北京：中国社会科学出版社,2001:3.

2　邓国胜.非营利性组织评估 [M]. 北京：社会科学文献出版社,2001:13.

3　调查对象为熟悉法治政府及其评价领域的专业或职业人士。分为理论专家（高校及科研机构相关领域学者）、行业专家（法官／检察官／律师及其他法律工作者）、党政官员及社会人士（包括人大代表、政协委员、企业家和一般公众）。回收有效问卷 218 份，执行时间为 2015 年 10 月 –11 月.

确定为政府职能履行、重大行政决策、宪法法律实施、行政权力运行和人民权益保障；"法治成本"包含直接财政成本和间接社会成本；在"结果满意"维度，考虑到评价涉及内容的专业性，以及现实条件下民意调查的环境条件和公众理性表达偏好的能力，采用专家评议和公众满意度评价相结合的方式，以降低系统误差。同时，为进一步贴近实际，互补互证，专家评议和公众满意度又划分为整体和分项评价。

三级指标是对二级指标的内涵再分解，指标设计还要考虑指标的独立性、指标的数据来源等因素。以"目标实现"维度为例，五项二级指标中，"政府职能履行"包含人均 GDP 增速、生产安全事故死亡人数、"三废"排放及治理率和治安刑事案件发生率（客观指标）、行政审批规范性（专家评议）以及收入、市场监管、环境保护和社会治安满意度（公众满意度）。对其他维度的指标做同样的处理，并转化为咨询问卷（在上述三级指标基础上各增加若干项独立指标，确定供遴选的三级指标有 60 项，其中客观指标 20 项、专家评议指标及公众满意度指标各 20 项）。

三、指标及权重确定

将专家咨询调查回收的有效问卷进行统计，可得到全部指标的相对重要系数。一级、二级指标权重分配参照统计结果均值设计。由调查结果可知，受访者普遍认同法治政府绩效评价应由客观评价与主观评价两部分组成，两者权重均值分别为 45.3% 和 55.7%，进一步比照部分省市体制内部依法考评体系中主观评价的权重，以及公众知情程度的有限性、专家评议的重要性、客观数源不易获取性等现实因素，最终确定客观评价与主观评价权重分别为 40% 和 60%。在主观评价中，专家评议占比 30%，公众满意度占比 30%。

在上述框架下，三级指标遴选及权重分配参考专家对三级指标的赋值，指标权重取决于最终采用的指标数量及其相对重要程度[1]，同时遵循以下原则：一是体现关键指标评价理念，克服现有体制内考评指标体系庞杂的缺陷，以方便操作、降低工作成本；二是每项二级指标至少对应一项三级指标，以确保二级指标内涵

---

[1] 专家咨询调查问卷中有关问题（备选三级指标）采用李克特 5 级量表（5 分制），由受访者进行评分（但一二级指标评分采用百分制）。指标权重计算自上而下，先直接计算一级指标权重，每项下级指标权重由其对应的上级指标权重和它在本级同属指标中的重要性加权均值计算，并尽可能取整数.

的全面性和有效性，使评价目标得以全面落地执行；三是指标应有稳定可靠数据来源，以保证评价的可行性及结果的可信度，如在"法治成本"一级指标对应"直接财政支出"二级指标中，三级指标遴选的理想方案是"政府用于法治的支出占财政总支出的比重"，但现实条件难以获取此项指标值，进而替换为"一般公共服务支出占财政总支出的比重"；四是主客观指标互补与互证，相对而言，公众满意度侧重于对客观评价指标的互补，专家评价（专业性判断）强化对客观评价指标的互证，因为公众能评价的内容，则无须由专家来评价，而专家评议一般公众难以判断及评价的内容。基于上述考虑，最终确定的指标体系，见表10-3。值得说明的是，政府绩效评价针对增量，兼顾存量，指标评分标准应充分体现在评价周期内（如一年），因政府作为而导致的社会、经济、环境、法治等方面的变化情况，非政府作为而出现的变化不能成为政府的绩效，同时，主观指标评分标准由10级量表问卷直接生成，12项客观指标评分标准应兼顾存量和增量的变化情况及指标属性，可分为线性评分、分段评分和目标值评分等情况。

表 10-3 法治政府绩效评价指标体系（权重：%）

一级指标		二级指标		三级指标					
				客观评价		主观评价			
指标名称	权重	指标名称	权重	指标名称	权重	专家评议		公众满意度	
						指标名称	权重	指标名称	权重
法制建设	15.0	1.法律法规体系	3.0			1.法律法规体系完整性	3.0		
		2.立法立规程序	7.0	1.法规听证公示清理完成量	4.5	2.立法立规程序合法性	1.0	1.立法立规公众参与满意度	1.5
		3.法律法规内容	5.0			3.法律法规内容科学性	3.5	2.法规政策公平性满意度	1.5
过程推进	9.0	4.法治建设组织保障	5.0	2.组织机构设置完备	4.0	4.相关措施有效性	1.0		
		5.公务员法治素养	4.0			5.公务员法治意识	2.0	3.公务员守法意识满意度	2.0
目标实现	59.0	6.政府职能履行	18.0	3.人均GDP发展速度	3.0	6.行政审批规范性	2.0	4.公众收入满意度	1.5
				4.生产安全事故死亡人数	2.0			5.市场监管满意度	1.5
				5."三废"排放及治理率	2.0			6.环境保护满意度	2.0
				6.治安刑事案件发生率	2.0			7.社会治安满意度	2.0
		7.重大行政决策	9.0	7.重大民生决策咨询听证率	3.5	7.重大决策充分性	2.5	8.政府决策科学性满意度	1.5
								9.政府决策民主性满意度	1.5
		8.宪法法律实施	8.0	8.违法违纪追究问责率	4.0	8.法律法规实施全面性	2.0	10.执法公正性满意度	2.0
公众		9.行政权力运行	14.0	9.政府网站绩效指数	4.0	9.信息公开力度	2.3	11.政务公开满意度	2.0
				10.行政业务办理及时率	2.0	10.行政监督有效性	2.0	12.行政权力监督满意度	1.5
		10.人民权益保障	10.0	11.行政诉讼胜诉率	5.0	11.行政救济有效性	1.5	13.政府诚信满意度	1.5
								14.政府廉洁满意度	2.0
法治成本	9.0	11.直接财政成本	4.0	12.一般公共服务支出占财政支出比	4.0				
		12.间接社会成本	5.0			12.社会维稳成本	3.0	15.政府服务效率满意度	2.0
结果满意	8.0	13.专家整体评议	4.0			13.法治政府建设成效	4.0		
		14.公众整体满意度	4.0					16.政府依法行政满意度	4.0

第十一章 政府绩效评价报告

政府绩效评价报告是政府绩效评价成果的重要体现形式。政府评价是评价主体有目的性的主动行为活动，评价报告服务于评价目的，以特定的方式和规范回答评价提出的问题。一般而言，评价报告包括评价说明、评价结果、成绩、问题与原因分析、改进建议等组成部分。政府绩效评价体现"结果导向"和"公众满意导向"，是责任主体因自身努力作为而带来的产出和影响，追求政府的公信力和执行力的有机统一，因评价目标、理念和流程等有异，其评价报告亦凸显自身的特色。同时，内部评价与外部评价，整体绩效评价、部门绩效评价、项目绩效评价与政策绩效评价，不同的评价指向和范畴，各种评价报告所涵盖内容和侧重点也各不相同。值得注意的是：评价报告根据功能及使用者要求，还可以区分为评价简报、专业技术报告和专项报告，一些重要技术数据作为报告的附件。

第一节 政府整体绩效评价报告

将一级地方政府作为被评对象是政府整体绩效评价的基本特点。这类评价在体制内较为常见，国内每年度自上而下对下级政府的综合性考评可归类于此种情况，其评价指标体系不尽相同，但评价规则及功能基本相近，评价报告主要包括评价说明（背景、缘由、目的、指标、方法、流程及实施方案）、评价结果、成绩问题及原因、改进建议等。本节以广东省为例，展示独立第三方评 2018–2019 年度广东省 21 个地级以上市政府整体绩效评价报告。

一、评价说明
（一）评价特点

本项评价始于 2007 年，由华南理工大学政府绩效评价中心独立完成，被学界称之为"广东试验"。本次评价针对 2018–2019 年度（以两年为周期），其主要特点：一是独立第三方评价。由高校学术团队自选题目，独立操作。理论上，评价就是一种权力，评价主体居于权力关系的核心位置。独立第三方评价体现人民为中心的发展理念，落地人民知情权、监督权、主导权和选择权。二是基于公众满意导向，重构评价理念。评价直指政府"应该做什么"，检验政府"应该做什么"与"已做了什么"的成效及差距。三是针对整体绩效，立足增量，兼顾存量，形成整体绩效指数。四是优化评价路径，作为层次分析法特例建立评价指标体系，以主观指标与客观指标相结合弥补统计数据不足或失真。五是公开评价结果。

本质上，政府整体绩效评价是公民对政府表现的综合评价，其过程承担民意表达的功能，其结果成为民主政治发展和行政体制改革的内在动力。"通过社会评价的方式施加对政府政策的影响，就成了一种最可常规执行的公民政治参与方式"[1]。独立第三方评价的动力源自民间，虽在信息的全面搜集方面存在障碍，"但民间评价所需的独立性因此保全，而独立性恰恰是评价的生命力所在"。"民间对政府的看法能否带来实际变化，其希望并不在于民间的评估体系能否进入体制内部，或代替主流评价标准，而在于坐实民间机构的本分，坚守民间的价值立场。"[2]

本次评价对象为广东省 21 个地级以上市政府。按照社会经济发展程度及区域位置，广东可划分为四个区域，即珠三角（粤港澳大湾区内地组成城市）、粤东、粤西和粤北。历史上，岭南文化重商、开放、兼容、务实，但不同区域各有特色：珠三角毗邻港澳，开放兼容，务实敬业，粤西和粤北有着艰苦奋斗、吃苦耐劳、安于现状、因循守旧的民风；粤东根植于潮汕文化，表现出重商、刻苦、勤俭、精明等特质。

（二）指标体系

为维持评价体系的稳定性与评价结果的可比性，本次评价技术方案 50 项评价指标及权重如表 11-1。其中，五项一级指标中，"促进经济发展"包括 13 项指标（X_1-X_{13}），"维护社会公正"为 10 项（X_{14}-X_{23}），"保护生态环境"为 8 项（X_{24}-X_{31}），"节约政府成本"为 4 项（X_{32}-X_{35}），"实现公众满意"为 15 项（X_{36}-X_{50}）。

---

1 唐昊. 红皮书是有益的社会评价体系 [N]. 羊城晚报（A2 版），2007-11-14.

2 社论. 评价政府绩效，民间机构应恪守独立性 [N]. 南方都市报（A2 版），2009-10-13.

表 11-1　2019 年度广东省地方政府整体绩效评价指标体系（指标与权重）

评价维度	二级指标	三级指标			
		客观指标	权重（%）	公众满意度	权重（%）
促进经济发展（28%）	经济增长	X₁.GDP 增长率（%）	2.1		
		X₂. 人均 GDP（元）	2.3		
		X₃. 实际利用投资增长率（%）	2.1		
		X₄. 营业税收入（万元）	2.1		
	质量结构	X₅. 全员劳动生产率（元／人）	2.1		
		X₆. 第三产业增加值比重（%）	2.2		
		X₇. 旅游业收入占 GDP 比重（%）	2.2		
	人民生活	X₈. 城镇居民人均可支配收入（元）	2.4	X₃₆. 收入	1.1
		X₉. 城镇化率（%）	2.1		
	发展潜力	X₁₀. 专利授予量（件）	2.3	X₃₇. 市场监管	1.1
		X₁₁. R&D 经费占 GDP 比重（%）	2.3		
		X₁₂. 教育经费占 GDP 比重（%）	2.0	X₃₈. 政府廉洁	1.1
		X₁₃. 新增内资企业注册户数（户）	1.8		
维护社会公正（25%）	民主法制	x₁₄. 政府网站绩效指数	2.5	X₃₉. 执法公正性	1.1
	公共服务	x₁₅. 人均文体与传媒支出增长率（%）	2.0	X₄₀. 社会治安	1.1
		X₁₆. 人均社保及就业支出（元）	2.5		
		X₁₇. 基本养老保险基金征缴率（%）	2.5		
		X₁₈. 人均医疗卫生支出增长率（%）	2.5		
		X₁₉. 工伤保险参保率（%）	2.2		
		X₂₀. 亿元 GDP 生产安全事故死亡	2.0	X₄₁. 医疗保障	1.1
		X₂₁. 千人拥有病床数（张）	2.1		
	共同富裕	X₂₂. 城镇登记失业率（%）	2.5	X₄₂. 工作机会	1.1
		X₂₃. 城乡居民收入差异（倍）	4.2	X₄₃. 政策稳定性	1.1
保护生态环境（15%）	环保投入	X₂₄. 人均节能环保支出增长率（%）	2.0	X₄₄. 环保宣传	1.1
	资源消耗	X₂₅. 单位 GDP 能耗增长速度（%）	1.8		
		X₂₆. 单位 GDP 电耗增长速度（%）	1.7		
	污染治理	X₂₇. 城镇污水处理率（%）	1.9		
		X₂₈. 城镇生活垃圾无害化处理率（%）	2.0		
	环境水平	X₂₉. 年日照时数（小时）	1.9		
		X₃₀. 空气污染指数 API 大于 100 天数	1.9	X₄₅. 自然环境	1.1
		X₃₁. 平均造林面积（平方米／人）	1.8		
节约政府成本（12%）	政府消费	X₃₂. 一般公共服务支出占财政支出比重（%）	4.8		
	成本控制	X₃₃. 财政赤字占 GDP 比重（%）	2.5		
		X₃₄. 国有单位人员占总人口比重（%）	2.5		
		X₃₅. 公务员工资与平均工资差异（倍）	2.2		
	财政透明			X₄₆. 政务公开	1.1
实现公众满意（20%）	幸福感			X₄₇. 公众幸福感	2.6
	满意度			X₄₈. 政府部门服务态度	1.1
				X₄₉. 政府部门服务效率	1.1
				X₅₀. 当地政府总体表现	3.1

二、评价结果

（一）总体结果

2019年度全省总体绩效指数为0.71，相比2017年度（0.734）有所降低。在21个地级以上市中，深圳市居首，指数达0.82，比最低的云浮市（0.64）高0.18，差值占全省均值的25.4%。进一步看，深圳之外，指数超过0.75的有广州（0.77）、佛山（0.75）和珠海（0.75），如表11-2。从指数排名看，珠三角地区优势明显，粤东西北差距不大。其中，前9位中有7席为珠三角地区城市，排名后5位的揭阳、茂名、汕尾、潮州、云浮分别分布于粤东和粤西，并且这些地市年度排名有较大波动性，与2017年度相比，粤西的湛江上升9位，茂名下降8位，粤东的潮州下降5位。另外，领域层绩效指数排名与总体绩效指数排名反差较大。

表11-2　广东省2019年度21个地级以上市政府绩效评价结果

地市	总体得分	排名	促进经济发展	排名	维护社会公正	排名	保护生态环境	排名	节约政府成本	排名	实现公众满意	排名
广州市	0.77	2	0.78	1	0.79	3	0.79	8	0.70	15	0.81	3
韶关市	0.69	16	0.68	8	0.75	7	0.76	18	0.62	20	0.63	11
深圳市	0.82	1	0.76	2	0.81	2	0.87	1	0.71	13	0.93	1
珠海市	0.75	4	0.73	3	0.79	4	0.79	9	0.68	18	0.75	5
汕头市	0.73	6	0.65	13	0.66	19	0.78	11	0.74	10	0.80	4
佛山市	0.75	3	0.69	7	0.74	8	0.75	21	0.74	9	0.82	2
江门市	0.72	9	0.66	12	0.83	1	0.75	20	0.75	7	0.59	14
湛江市	0.72	8	0.65	14	0.70	13	0.77	14	0.78	3	0.70	6
茂名市	0.67	18	0.61	20	0.66	18	0.76	19	0.76	4	0.58	15
肇庆市	0.69	15	0.67	10	0.74	10	0.77	16	0.60	21	0.69	7
惠州市	0.73	5	0.64	16	0.74	9	0.82	3	0.75	5	0.68	8
梅州市	0.69	14	0.60	21	0.70	12	0.83	2	0.76	5	0.58	16
汕尾市	0.67	19	0.67	9	0.65	21	0.76	17	0.73	11	0.56	17
河源市	0.70	11	0.64	15	0.76	6	0.80	6	0.67	19	0.64	10
阳江市	0.70	12	0.70	6	0.66	17	0.80	5	0.86	1	0.47	20
清远市	0.71	10	0.72	4	0.70	14	0.79	7	0.71	14	0.62	12
东莞市	0.72	7	0.71	5	0.73	11	0.78	13	0.75	8	0.65	9
中山市	0.69	13	0.62	19	0.78	5	0.78	12	0.69	16	0.60	13
潮州市	0.66	20	0.64	17	0.69	16	0.77	15	0.73	12	0.48	19
揭阳市	0.68	17	0.63	18	0.69	15	0.78	10	0.79	2	0.49	18
云浮市	0.64	21	0.67	11	0.65	20	0.81	4	0.69	17	0.40	21

（二）主要特点

一是地市之间及其年度变化较大。全省 21 个地级以上市政府总体绩效指数区间为 0.64–0.82。均值为 0.71，与 2017 年度（0.73）相比略有下降。但有 4 个地市指数呈增长势态，另有 17 个地市指数较前年略有下降。如图 11–1 所示。在四大区域之间，各区均呈下降趋势，其中珠三角指数下降最明显。珠三角、粤北、粤东和粤西 2017–2019 年度的整体绩效指数增长率分别为 –5.97%、–0.93%、–0.99%、–0.82%。

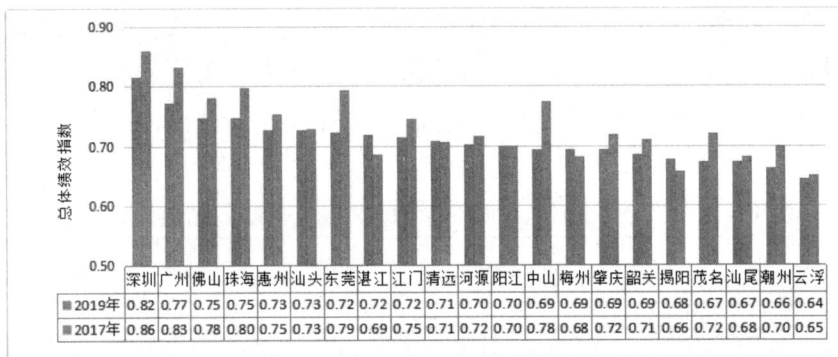

	深圳	广州	佛山	珠海	惠州	汕头	东莞	湛江	江门	清远	河源	阳江	中山	梅州	肇庆	韶关	揭阳	茂名	汕尾	潮州	云浮
■2019年	0.82	0.77	0.75	0.75	0.73	0.73	0.72	0.72	0.72	0.71	0.70	0.70	0.69	0.69	0.69	0.69	0.68	0.67	0.67	0.66	0.64
■2017年	0.86	0.83	0.78	0.80	0.75	0.73	0.79	0.69	0.75	0.71	0.72	0.70	0.78	0.68	0.72	0.71	0.66	0.72	0.68	0.70	0.65

图 11–1　两个评价周期 21 个地级以上市政府总体绩效指数比较

二是珠三角城市领先全省，经济发展与政府绩效表现存在关联性。珠三角地区绩效指数（0.74）明显超过其他三个区域，粤北（0.69）、粤东（0.69）、粤西（0.70）比较接近。同时，人均生产总值较高，经济相对发达的地市，绩效指数排名亦相对靠前，反之亦然。

三是不同区域、不同城市指数结构表现不同。首先，就四大区域内部结构看，珠三角地区 9 市反差较大，粤北、粤东和粤西内部各地市指数分化程度较小。其次，五个领域层指数表现不一。高于整体绩效指数均值的有维护社会公正（0.73）、保护生态环境（0.79）、节约政府成本（0.72）；低于均值的为促进经济发展（0.67）、实现公众满意（0.64）。最后，一些地市分项排名与整体排名反差较大。如广州市促进经济发展排全省第 1、维护社会公正和实现公众满意排第 3，但节约政府成本排第 15；梅州市保护生态环境排全省第 2，节约政府成本排第 5，但促进经济发展排第 21 等。

四是主观指数低于客观指数。全省主观指数为 0.64，客观指数为 0.73。主观绩效指数明显低于促进经济发展（0.67）、维护社会公正（0.73）、保护生态环境（0.79）、节约政府成本（0.72）等客观领域层。从地市来看，深圳、广州、佛山和汕头主观指数高于客观指数，珠海和肇庆两者相近，其余地市反之，其中云浮市两者差距达 0.30。

（三）50 项指标评分结果

根据评价方案，计算 21 个地级以上市政府 50 项指标得分如表 11-3（百分制评分乘以权重系数，50 项指标以 $X_1 - X_{50}$ 标识见表 11-1）。

表 11-3　21 个地级以上市政府 50 项指标得分情况

	广州	韶关	深圳	珠海	汕头	佛山	江门	湛江	茂名	肇庆	惠州	梅州	汕尾	河源	阳江	清远	东莞	中山	潮州	揭阳	云浮
X_1	1.98	1.82	1.87	1.85	1.64	1.90	1.27	1.32	1.30	1.88	1.29	1.12	1.91	1.67	2.10	1.89	1.95	0.84	1.54	1.20	1.85
X_2	2.00	1.91	1.74	1.51	1.81	1.77	1.90	1.72	1.64	1.81	1.80	1.48	2.02	1.66	1.77	1.90	2.17	1.43	1.78	1.81	1.74
X_3	0.14	0.13	0.22	0.14	0.08	0.09	0.15	0.20	0.08	0.10	0.11	0.09	0.10	0.10	0.09	0.10	0.11	0.12	0.09	0.11	0.14
X_4	1.70	1.67	1.96	1.59	1.26	1.80	1.52	1.53	1.14	1.66	1.44	1.11	0.95	1.49	1.72	1.79	1.87	1.35	1.25	0.88	1.50
X_5	1.29	1.34	1.33	1.21	1.38	1.25	1.12	1.18	1.16	1.37	0.84	1.60	1.25	1.07	2.10	1.37	1.24	1.14	1.11	1.34	1.63
X_6	2.07	1.43	1.87	1.66	1.53	1.44	1.57	1.74	1.51	1.40	1.39	1.68	1.55	1.68	1.55	1.66	1.30	1.61	1.39	1.77	1.74
X_7	1.47	1.69	0.92	1.56	1.75	1.12	1.79	1.67	1.45	1.39	1.37	1.96	1.46	1.84	1.83	1.67	0.93	1.11	2.20	1.51	1.84
X_8	2.39	1.87	2.06	2.39	1.54	2.39	2.06	1.86	2.04	2.05	2.05	2.02	2.38	1.86	2.19	2.19	1.72	2.37	1.85	2.33	1.86
X_9	1.58	1.29	1.68	1.72	1.38	1.55	1.33	1.29	1.43	1.29	1.72	1.31	1.06	1.38	1.31	1.41	1.84	1.56	1.38	1.06	1.27
X_{10}	2.10	1.85	2.10	1.83	1.83	1.96	1.83	1.65	1.38	1.79	1.77	1.60	1.84	1.61	1.70	1.73	1.91	1.88	1.70	1.71	1.48
X_{11}	2.03	1.84	2.28	2.30	1.85	2.04	2.06	1.46	1.43	1.81	2.05	1.08	1.42	1.10	1.21	1.50	2.28	1.93	1.63	1.67	1.06
X_{12}	1.24	1.32	1.61	1.73	1.36	0.97	1.17	1.67	1.10	1.41	1.14	1.16	2.00	1.97	1.36	1.67	1.10	1.18	1.47	1.36	1.95
X_{13}	1.80	0.90	1.63	1.15	0.92	1.16	0.77	0.87	1.34	0.86	1.08	0.63	0.87	0.66	0.94	1.30	1.42	0.95	0.62	0.93	0.70
X_{14}	1.35	1.20	1.35	1.35	1.20	2.35	2.35	1.20	1.20	2.35	1.35	1.20	1.20	2.20	1.20	1.20	1.35	1.35	1.20	2.20	1.20
X_{15}	1.71	1.57	1.85	1.87	1.38	1.52	1.61	1.20	1.39	1.05	1.54	1.58	1.58	1.43	1.25	1.39	1.54	1.74	1.40	0.90	1.44
X_{16}	1.99	2.10	1.80	2.19	1.83	1.94	2.02	2.00	1.95	2.06	1.98	1.90	1.96	2.02	2.04	2.00	1.43	2.30	1.84	1.87	2.05
X_{17}	2.30	1.63	2.13	2.00	2.24	1.96	2.12	2.00	1.80	2.10	2.12	1.79	1.34	1.96	1.47	2.08	1.97	2.02	1.80	1.51	1.21
X_{18}	2.33	2.14	2.43	2.39	1.34	2.10	2.00	1.74	1.72	1.65	1.80	2.09	1.99	2.07	1.90	1.94	1.70	2.10	1.73	1.86	1.90
X_{19}	1.39	0.87	2.07	1.60	0.87	1.22	1.07	0.70	0.70	0.89	1.35	0.65	0.70	0.70	0.65	0.89	1.73	1.80	0.88	0.50	0.70
X_{20}	1.88	2.00	1.78	1.70	1.75	0.98	1.79	1.56	1.73	1.56	1.61	1.61	1.49	1.25	1.38	1.33	1.75	1.50	1.55	1.51	1.28
X_{21}	1.79	1.86	1.41	1.49	1.39	1.46	1.64	1.70	1.65	1.64	1.34	1.58	1.47	1.82	1.95	1.62	1.41	2.10	1.28	1.46	1.48
X_{22}	2.05	2.07	1.98	1.76	1.35	1.79	2.05	2.05	1.37	1.58	1.59	1.83	1.58	1.82	1.39	1.57	2.50	1.56	1.66	1.57	1.37
X_{23}	3.04	3.25	3.36	3.44	3.20	3.25	4.01	3.40	3.06	3.54	3.81	3.35	2.84	3.77	3.39	3.41	2.94	3.06	3.89	3.99	3.64
X_{24}	1.29	1.29	1.75	1.30	1.08	1.07	1.09	1.05	1.11	1.13	1.20	1.04	1.15	1.11	1.37	1.11	1.29	1.06	1.09	1.14	1.08
X_{25}	1.60	1.69	1.60	1.60	1.57	1.61	1.58	1.80	1.60	1.64	1.07	1.53	0.94	1.55	1.01	1.60	1.61	1.57	1.61	1.73	1.61
X_{26}	1.26	1.15	1.31	1.21	1.64	1.69	1.29	1.05	1.06	1.40	1.34	1.14	1.32	1.08	1.04	1.05	1.45	0.95	1.31	1.40	1.13

X_{27}	1.54	1.17	1.69	1.70	1.75	1.14	1.40	1.38	1.33	1.55	1.69	1.69	1.56	1.37	1.74	1.73	1.55	1.88	1.28	1.27	1.70
X_{28}	1.87	1.82	2.00	2.00	1.48	2.00	2.00	2.00	2.00	2.00	2.00	2.00	1.38	2.00	2.00	2.00	2.00	2.00	2.00	1.63	2.00
X_{29}	1.42	1.42	1.74	1.54	1.41	1.58	1.61	1.74	1.63	1.48	1.90	1.59	1.74	1.39	1.72	1.06	1.77	1.53	1.54	1.80	1.68
X_{30}	1.55	1.52	1.71	1.53	1.71	1.37	1.37	1.54	1.71	1.53	1.89	1.88	1.71	1.88	1.70	1.90	1.36	1.37	1.71	1.71	1.89
X_{31}	1.35	1.32	1.35	0.93	1.07	0.79	0.93	1.08	0.92	0.77	1.22	1.61	1.58	1.59	1.50	1.49	0.62	1.35	1.08	1.07	1.05
X_{32}	3.95	3.11	3.36	3.41	3.64	3.60	3.69	4.09	4.27	2.82	3.28	4.32	3.90	3.57	3.99	3.87	3.98	4.03	3.80	4.10	3.55
X_{33}	1.73	1.04	2.08	1.55	1.56	1.94	1.75	1.37	1.58	1.38	1.77	0.96	1.04	0.88	2.50	1.16	1.93	1.83	1.30	1.38	1.09
X_{34}	1.42	1.68	1.77	2.15	1.85	2.04	2.01	1.89	1.86	1.90	1.86	1.86	2.04	1.82	1.93	1.84	2.12	1.63	2.09	2.05	1.84
X_{35}	1.31	1.60	1.40	1.06	1.82	1.34	1.63	2.00	1.46	1.20	2.18	2.00	1.86	1.81	1.99	1.67	0.96	0.88	1.60	1.97	1.83
X_{36}	0.87	0.66	0.90	1.08	0.67	1.06	0.51	0.77	0.61	0.72	0.84	0.55	0.78	0.42	0.35	0.82	0.51	0.97	0.80	0.64	0.54
X_{37}	0.92	0.66	1.02	0.68	0.86	0.88	0.69	0.79	0.59	0.84	0.74	0.71	0.57	0.84	0.52	0.64	0.84	0.50	0.49	0.50	0.35
X_{38}	0.92	0.82	1.09	0.68	0.93	0.91	0.76	0.69	0.62	0.78	0.81	0.63	0.52	0.89	0.42	0.64	0.85	0.44	0.37	0.44	0.37
X_{39}	0.86	0.81	1.03	0.70	0.91	0.86	0.82	0.71	0.74	0.65	0.82	0.60	0.60	0.78	0.43	0.63	0.96	0.47	0.55	0.52	0.42
X_{40}	0.95	0.66	1.10	0.89	0.95	0.96	0.58	0.70	0.60	0.76	0.73	0.39	0.58	0.61	0.41	0.68	0.64	0.75	0.42	0.49	0.48
X_{41}	0.88	0.53	1.10	0.77	0.86	0.96	0.50	0.75	0.63	0.68	0.66	0.53	0.59	0.59	0.52	0.64	0.55	0.59	0.52	0.62	0.35
X_{42}	0.80	0.48	0.94	0.84	0.79	1.01	0.42	0.72	0.57	0.93	0.60	0.54	0.69	0.52	0.45	0.68	0.53	0.69	0.62	0.52	0.35
X_{43}	0.83	0.78	0.96	0.69	0.88	0.69	0.83	0.61	0.51	0.76	0.75	0.68	0.75	0.92	0.42	0.66	0.98	0.48	0.51	0.61	0.56
X_{44}	0.87	0.70	1.07	0.88	0.93	0.91	0.71	0.80	0.60	0.73	0.79	0.73	0.59	0.82	0.51	0.64	0.90	0.64	0.44	0.46	0.40
X_{45}	0.85	0.59	1.10	0.95	0.85	0.97	0.53	0.77	0.53	0.73	0.79	0.51	0.54	0.57	0.53	0.66	0.65	0.73	0.43	0.49	0.40
X_{46}	0.94	0.67	1.08	0.80	0.89	0.93	0.64	0.80	0.58	0.73	0.78	0.70	0.59	0.83	0.44	0.79	0.91	0.51	0.52	0.48	0.35
X_{47}	2.34	1.81	2.15	2.32	2.30	2.28	1.50	2.29	1.83	2.23	1.91	1.74	1.64	1.19	2.10	1.55	0.83	1.96	1.92	1.76	1.63
X_{48}	0.84	0.71	1.10	0.77	0.87	0.85	0.59	0.64	0.53	0.60	0.68	0.60	0.57	0.76	0.43	0.67	0.83	0.58	0.46	0.51	0.52
X_{49}	0.85	0.66	0.90	0.78	0.92	0.75	0.72	0.66	0.58	0.75	0.74	0.64	0.53	0.78	0.47	0.69	0.73	0.59	0.43	0.44	0.35
X_{50}	2.45	2.09	3.10	2.18	2.45	2.42	1.94	2.22	2.10	1.93	2.02	2.05	1.62	2.22	1.44	2.07	2.34	2.04	1.22	1.41	0.99

（四）历年评价结果比较

就全省总体而言，比较自 2007 年以来的 13 次评价结果，2006 年度绩效指数为 0.55，2009 年度为 0.62，2012 年度达到 0.70，2018—2019 年度为 0.71，整体上呈逐年上升趋势，但 2019 年度与 2017 年度相比降低了 2.7%、与 2006 年度相比增长了 29.1%。

三、发现与建议

评价是手段不是目的，目的在于发现问题，驱动政府改进工作。梳理十几年的评价结果，置于现代化进程中，我们有以下发现和建议：

一是各地政府绩效表现差距较大，绩效指数与人均 GDP 关联密切。自 2007

年以来的 13 次评价中，珠三角地区政府绩效明显优于粤东西北，与广东经济发展不平衡异曲同工。同时，21 个地级以上市中，人均 GDP 较高的市，整体绩效指数相对靠前，反之亦然。由此，提高全省整体绩效指数，从宏观策略来看，一是要发展经济，二是要区域均衡。

二是环境状态与环保绩效指数、公众环境满意度形成悖论。改革开放以来广东社会经济取得了巨大成就，但同时，几乎所有的环境指标已近"临界点"，主要污染物超过环境的承受容量，珠三角作为工业中心尤为如此。然而，与环境污染的事实形成悖论，环保绩效指数较高，13 次评价均值为 0.73，高于整体绩效指数（0.66）。

三是促进经济发展绩效指数与保护环境绩效指数错位，甚至反向。评价结果显示，地区生产总值排名靠前的地市，总体绩效指数相对较高，但保护生态环境指数较低，经济增长的环境代价从政府绩效指数中得到印证。尤其是发达地市单位 GDP 能耗增长速度、城镇生活垃圾无害化处理率、空气质量达标天数等指标明显短项，因此，强调科学、绿色和可持续发展的理念是广东不二的选择。

四是主观指数与客观指数相对背离，医疗保障与政府廉洁的公众满意度较低。在本次满意度调查分项指标中，环保宣传满意度最高（6.55），政府廉洁（6.32）和医疗保障满意度（5.99）较低。这些情况说明，反腐败力度和公众观感存在距离，廉政建设任重道远。同时，医疗等社会保障是社会进步文明的标志，应进一步完善社会保障制度机制，加大医疗保障方面的改革力度，促进社会公平正义。

第二节　财政支出绩效评价报告

财政支出绩效评价是落地全面预算绩效管理的价值工具，通常指基于结果导向和公众满意度导向，运用科学方法、规范流程、相对统一的指标及标准，对财政资金支出的产出与效果进行综合性测量与分析的活动。评价更加凸显宏观性、整体性、前瞻性和政策效应，特别关注宏观层面上，财政资金立项决策与管理办法设定目标的科学性及可行性；中观层面上，各级政府责任主体资金落实、管理的有效性；微观层面上，资金使用的合规性与绩效目标达成情况。本节展示某省级人大常委会委托华南理工大学政府绩效评价中心完成的空气污染防治省级财政资金支出绩效评价报告。理论上，财政资金是财政政策的"血脉"和工具，对资金绩效评价和对政策绩效评价具有高度的关联性。

一、评价说明

（一）评价目的

本项评价作为省人大加强对重要财政资金支出绩效监督的常态性工作，旨在为强化人大预算监督权、优化全省财政资金分配机制与合理配置公共财政资源提供科学依据。评价遵循"评估水平、识别问题、方便操作、驱动进步"的原则，采用科学、规范的方法，依据既定指标体系，基于预定绩效目标，对各地该项资金（政策）实施的经济性、效率性、效果性和公平性进行评析，评估整体绩效水平，发现存在问题，提出绩效改善与预算优化的对策建议。

（二）评价范围与对象

纳入本次第三方评价范围的是省财政在 2018-2019 年安排的某区域九市空气污染防治省级专项财政资金，共 341410.6 万元，涉及 13 项政策任务，5 个省级主管部门，资金用途（政策任务）及分配情况见表 11-4。鉴于部分政策任务内容相同或相近，评价将所有政策任务合并为 9 项。

表 11-4 资金用途（政策任务）及分配情况一览表

序号	资金用途（政策任务）	主管部门	安排资金（万元） 2018	安排资金（万元） 2019	支出金额	资金支出率(%)
1	新能源汽车推广应用（中央）	发展改革部门	79731	129744.6	131043.6	62.56
2	新能源汽车推广应用（省级）	发展改革部门	833	2076	2909	100
3	新能源汽车生产企业贴息（省级）			19604	15401.06	78.56
4	充换电设施补贴资金（中央）	能源局部门		11060	31869.72	97.15
5	充换电设施补贴资金（省级）		21745			
6	节能与新能源公交车运营补助（中央）	交通运输部门		37017	37017	100
7	建筑陶瓷行业清洁能源改造			16700	8300	49.70
8	重型柴油车 OBD 远程在线监控			3300	2080.3	63.04
9	秸秆粉碎机还田试点	生态环境部门		200	199.92	99.96
10	空气质量未达标城市达标攻坚			10000	9605.65	96.06
11	机动车遥感监测系统建设		6000		5151.124	74.65
12	大气污染防治（中央、省级）		900			
13	工业绿色化循环化升级改造	工信部门		2500	2168	86.72
小计			109209	232201.6	/	/
合计			341410.6		245745.374	71.98

（三）指标体系

指标体系决定评价的科学性与可操作性。本项评价采用目标与实施效果比较法，涉及定性评价与定量评价、主观评价与客观评价、单位自评与专家评价等多种方式，力图使评价结果客观真实。评价指标结构及权重见表 11-5。

表 11-5　评价指标体系（指标结构及权重）

评价维度	一级指标（分值）	二级指标（分值）		三级指标	
				指标名称	权重（%）
资金使用绩效	前期工作(20)	论证决策	10	论证充分性	5
				计划安排合理性	5
		目标设置	10	合理性	5
				可衡量性	5
	实施过程(25)	资金管理	15	资金到位率	3
				资金到位及时性	3
				资金支出率	4
				资金支付合规性	5
		项目管理	10	实施程序规范性	10
	目标实现(55)	经济性	10	预算控制	6
				成本控制	4
		效率性	10	完成进度	5
				完成质量	5
		效果性	30	社会效益（个性指标）	
				经济效益（个性指标）	
				生态效益（个性指标）	
				可持续发展	5
		公平性	5	公共属性（满意度）	5
自评质量	报送及时性(10)、基础信息表完整性(20)、自评报告质量(30)、佐证材料有效性(20)、个性化指标设置合理性(20)				
管理绩效	论证决策充分性(15)、管理办法可行性(2)、资金分配合理性(15)、专项资金公共属性(15)、目标设置合理性(15)、监督有效性(15)				

（四）评价流程

一是制定评价实施方案，组织实施预调研；二是分类制定自评方案，组织开展自评工作；三是开展现场核查。范围覆盖专项资金分配的各个地市；四是书面咨询。针对政策规划、资金分配、扶持方式和项目运营等问题，向省级主管部门进行书面咨询；五是撰写报告。评价报告分为主体报告和分项报告。

二、评价结果

（一）整体评价结果

整体绩效得分由资金使用绩效（45%）、管理绩效（45%）和自评质量（10%）

构成。依据指标体系，计算 2018—2019 年珠三角空气污染防治省级财政资金支出绩效得分为 82.00，等级为"良"，其中：资金使用绩效为 83.30，管理绩效为 80.14，自评质量为 84.54。如图 11-2。

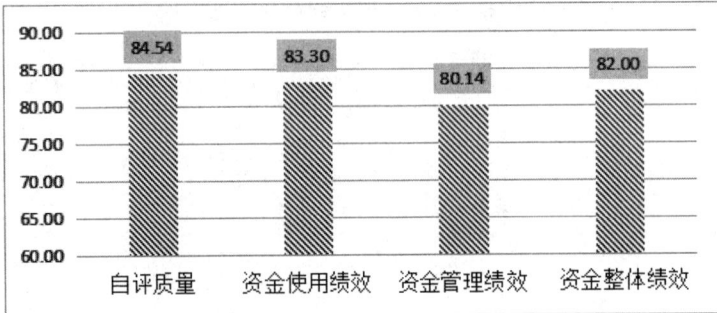

图 11-2 评价指标得分率（%）

（二）各项政策任务评价结果

依据指标体系，采用自评材料审核、专业人士集中座谈及访问、代表性项目实地勘察等方式，取得各政策任务的绩效评分，结果见表4。其中：绩效等级为"优"的政策任务有1项，占比11.11%；绩效等级为"良"的政策任务有5项，占比55.56%；绩效等级为"中"的政策任务有3项，占比33.33%。

表 11-6 各项政策任务绩效评价结果

序	评价政策项目	使用绩效（%）	管理绩效（%）	自评质量（%）	加权值	等级
1	新能源汽车推广应用企业贴息	83.00	90.00	88.00	85.60	良
2	充换电设施补贴	86.22	73.00	84.00	80.05	良
3	节能与新能源公交车运营补助	92.00	88.75	91.00	90.44	优
4	建筑陶瓷行业清洁能源改造	73.22	83.00	81.40	78.44	中
5	重型柴油车 OBD 远程在线监控	81.5	78.00	86.00	80.38	良
6	秸秆粉碎机还田试点示范	81.00	75.00	77.00	78.2	中
7	空气质量未达标城市达标攻坚	84.00	64.00	83.00	74.00	中
8	机动车遥感监测系统建设	83.79	81.50	80.50	82.43	良
9	工业绿色化循环化升级改造	85.00	88.00	90.00	86.95	良
整体绩效		83.30	80.14	84.54	82.00	良

三、主要成绩

（一）效果方面

一是区内五项空气质量指标达到国家二级标准。2019 年，区内 SO_2 年平均浓度为 7 微克 / 立方米，各地市均达到国家《环境空气质量标准》一级标准；NO₂ 年平均浓度为 33 微克 / 立方米，除两市外，各地市均达到了国家一级标准；PM10 年平均浓度为 47 微克 / 立方米，各地市均达到国家二级标准；PM2.5 年平均浓度为 28 微克 / 立方米，各地市均达到了国家二级标准；CO 日均浓度第 95 百分位数平均为 1.2 毫克 / 立方米，各地市均达到了国家二级标准。

二是主要空气质量指标呈现逐年向好趋势。（1）2019 年区内 SO₂ 年平均浓度为 7 微克 / 立方米；2020 年上半年为 6 微克 / 立方米。（2）2019 年区内 NO₂ 年平均浓度为 33 微克 / 立方米；2020 年上半年为 25 微克 / 立方米。（3）2018 年区内 PM2.5 年平均浓度为 32 微克 / 立方米；2019 年为 28 微克 / 立方米；2020 年上半年为 20 微克 / 立方米，相比上年分别下降了 12.5% 和 28%。此外，2019 年全省 PM2.5 年平均浓度创造了历史新低，并且全省地市首次实现全部达标。（4）2018 年区内 PM10 年平均浓度为 50 微克 / 立方米；2019 年为 47 微克 / 立方米；2020 年 1–6 月为 35 微克 / 立方米，相比上年分别下降了 6% 和 25%。（5）2019 年区内 CO 日均浓度第 95 百分位数为 1.2 毫克 / 立方米；2020 年上半年为 0.9 毫克 / 立方米，下降了 25%。

（二）产出方面

截至 2020 年 9 月初，整体支出率为 71.98%，具体而言：

一是节能与新能源公交车运营补助项目。2018 年全省新增及更换公交车 13966 辆，其中新能源公交车 13918 辆，新增及更换比重达到 99.66%，2019 年为 6814 辆，新能源公交车 6751 辆，新增及更换比重达到 99.08%，均达成《新能源公交车推广应用考核办法（试行）》要求；2018—2019 年，区内均达成省下达的新能源车辆更新比例目标（2019 年达到 100%，其中纯电动公交车比重不低于 90%）。截至 2019 年底，区内新能源公交车保有量占比 91.36%，其中纯电动公交车占比 83.52%。各项指标均已达到有关文件提出的比例要求（区内新能源公交车保有量占比超 85%，其中纯电动公交车占比超 75%），提前完成发展目标。

二是机动车遥感监测系统建设项目。区内共投入 6900 万建设机动车遥感监测系统，截至 8 月底，共建成各类遥感监测系统 34 套。包括：A 市建成 3 个机动车排气遥感监测点位并与省厅平台联网；B 市在规定时间内，先完成 3 个机动车遥感监测点位建设并与省厅联网，随后完成 2 个机动车遥感监测点位及两个黑烟车抓拍点位建设并与省厅联网；C 市在三区各建设 1 套固定垂直式遥感监测系统，完成项目初步验收；D市2020年6月底完成5个遥感监测点部署安装，并将数据上传省厅；E市已建成5个遥感点位，并完成验收等。

三是建筑陶瓷行业清洁能源改造项目。五市共需完成334条建筑陶瓷燃煤生产线清洁能源改造，截至2020年7月31日，已完成239条。

四是新能源汽车推广应用项目。2018—2019年区内中央财政资金补贴新能源汽车28086辆，省级财政资金补贴新能源汽车1882辆，新能源汽车生产企业贴息资金补助8001辆。

五是重型柴油车OBD远程在线监控示范项目。有三市被列为重型柴油车OBD远程在线监控示范项目试点，共安排省级财政资金4150万元。

六是秸秆粉碎机还田试点示范项目。一市对该项目财政补助资金200万元。截至2020年6月底，项目已完成验收，共购买600台秸秆粉碎机和600张物联网卡，定制开发了一套农机综合多功能监控平台。

七是充换电设施补贴项目。2018-2019年共补贴直流桩9942个，交流桩7253个。

八是工业绿色化循环化升级改造项目。省工业绿色化循环化升级改造资金500万元加快了某经济合作区集中供热工程进度，目前工程已基本完工。

四、存在问题

（一）针对总体目标

臭氧（O₃-8h）作为首要污染物的占比不断提高。2010年以来，区域臭氧浓度呈上升趋势，2019年首要污染物为臭氧的天数占比达64.1%，区内2019年臭氧浓度与2015年相比提升了32.3%。受臭氧问题影响，2019年有两个地市未能完成空气质量六项指标全面达标的目标，但2020年1-6月臭氧浓度显著改善。此外，区内2019年空气质量优良天数比例（83.4%）相比2018年（85.4%）略有下降，空气质量优良天数比例均值与全省均值存在明显差距，但2020年1-6月全省空气质量优良天数比例显著转好（97%）。

（二）针对资金监管

一是资金投入来源单一，一些地市面临较大的财政压力。区内外向型经济占比高，所受负面影响较大。目前，生态环保领域市场化机制尚未建立，社会资本参与大气污染防治项目不多。考虑到生态环境治理资金投入需求大，区内部分市财力较薄弱，在新能源公交车项目上已面临较大压力，况且，生态环境治理需要持续投入，从长远来看，仅依靠地方财政投入难以为继。

二是省级财政资金分配和支出结构有待优化。首先，省级财政资金在地市间分配未充分考虑地市财政能力。区内 2019 年各市财力悬殊（一般公共预算收入最多达 1697.2 亿元，较少者仅 114.2 亿元），因此，一些项目省级财政采用同一标准进行补助难以发挥省级财政通过转移支付统筹全局、调节资源配置的功能。从实践来看，省级财政补助如果不明确具体用途和绩效目标，又会加剧地市项目库储备不足与省级财政资金支出率刚性考评之间的矛盾。其次，省级财政资金与任务不匹配。例如，在充换电设施技术标准参差不齐、总体数量"供过于求"、少数废弃的情况下，继续补助企业建设充电设施并不合理。与此对照，对公交企业购置和更换新能源公交车补助相对不足。另外，空气质量未达标城市达标攻坚资金用于设备购置资金比重较大。

（三）针对项目管理

一是部分政策任务必要性、可行性或经济性论证不充分，政策反馈及调整机制不健全。例如，秸秆粉碎机还田试点示范项目、重型柴油车 OBD 远程在线监控示范项目，省级财政资金投入后均形成一定产出，但效果尚未显现。又如节能与新能源公交车运营补助、建筑陶瓷行业清洁能源改造和充换电设施补贴项目，实施方案（如补助的条件和标准）不尽合理，影响了政策落地的效果。同时，由于上下级政府之间、上下级主管部门之间存在信息不对称、沟通不及时的问题，缺少有效的政策"执行—反馈—调整"机制，一些项目如充换电设施补贴，尽管地方主管部门认为将充电桩运营作为补贴标准要比补贴充电桩建设更为合理，但受限于本地财政能力及省级财政资金使用权限，却不能够对政策做出及时调整。

二是重支出率、轻绩效，重产出、轻效果。各种考评有增无减，基层迎评迎检压力大，消耗大量的人力、物力和时间。同时，包括绩效评价在内财政部门考核注重资金支出率，导致产生所谓"突击花钱"现象层出不穷。资金使用单位普遍存在重产出、轻效果的问题，购买设备对资金使用单位而言成为最安全、省事的选择。事实上，尽管各种考核五花八门，但真正能够对基层工作发挥指导作用的却不多。

三是加码提标、过度治理造成资源浪费和企业不满，加剧财政资金压力。压力型体制的突出特点是目标任务自上而下逐级加码。以地市推广新能源公交车为例，短短几年经历三次加码提标。之前要求 2019 年新增和更换公交车中，区内各市达标率为 100%，而按 2018 年生态环境厅和省交通运输厅要求，2020 年年底前实现公交车纯电动化，但后来政策目标要求 2020 年 8 月底前率先完成公交车 100% 电动化。

四是政策标准缺少灵活性，向下放权后监管工作弱化。执行统一的补助标准忽视了各地市和补助对象的差异。例如，建筑陶瓷清洁能源改造没有考虑改造成本以及地市财力基础，新能源公交车运营补助情况同样如此。为解决政策"一刀切"问题，目前多采用"因素法"分配财政资金，增加地方自主权，初衷虽好，但个别政策任务"放权"后的实际效果与预期存在一定差距，出现财政资金使用缺乏整体规划，或缺少绩效目标等问题，如空气质量未达标城市达标攻坚资金，由于地方项目库建设滞后，出现"钱等项目"的现象。

（四）针对其他问题

一是跨地域间和跨部门间协同治理不足。大气污染具有显著公共性、外部性和跨越行政边界等特点，来自邻近城市的"传输性"污染，会抵消本地的治理成果。属地治理模式无法解决重复治理和污染扩散问题。同时，大气污染治理涉及产业结构、消费结构、城市布局等方方面面，周期长、成本高、见效慢，单个城市缺乏足够且持续的改进动力。源头防治是关键，非单个地市或部门所能。如，区内的臭氧污染有明显的区域性特征，由本地的前体物排放及跨区域输送复合而成。

二是越是欠发达基层，专业技术能力和工作主动性越弱。基层反映，一些科室工作人员专业技术能力跟不上大气污染防治工作的新形势、新需求。例如，不能胜任一些先进技术设备的使用和运营工作。同样是机动车遥感监测系统建设项目，有关地市通过地方立法等举措落实数据应用，但其他一些地区却做不到。为规避责任，有些地市由于启动资金和技术力量限制，担心承担审计、绩效评价和各种问责风险，申请资金、组织项目的积极性不高，存在"不想要、不敢要"的问题。按因素法向下切块分配资金，其支出率存在"假象"。

三是技术局限制约大气污染防治工作进展。例如，新能源汽车的推广主要局限于公交车、专用车、网约车等。出于对新能源汽车电池等技术方面的顾虑，公众购买新能源汽车的意愿不高；充电桩建设"适度"超前之所以不可行，主要是因为技术更新换代快。又如，近地面臭氧污染的顽疾，除了与臭氧前体物排放相关外，也与区内气象因素（日照时长、气温）和气象条件（台风、副热带高压等）有关，推动区域臭氧污染防控亟须技术支撑。

五、若干建议

一是加强政策任务事前调研论证和专业评估，做好中长期项目库储备。事前评估不足，事后考核过多，是政策过程频现的突出矛盾。应根据政府阶段性工作重点以及部门职能和任务，重视部门战略规划，着眼建立3—5年中长期项目库，助益解决财政预算和政策任务"短视"问题；按照轻重缓急对项目进行系统梳理，确定项目优先顺序；省级财政加大对项目前期论证、立项、入库评审等项目库建设经费的支持力度，把项目库建设前期资金纳入专项资金安排，用于项目可行性报告编制、绩效目标设定、专家论证，同时，简化资金拨付流程。

二是重新审视部分政策任务必要性和经济性，优化部分政策任务实施方案。首先，应进一步确定某些研究政策任务的必要性，以确定是否继续；其次，对于有必要延续但需调整的政策任务，应将实施方案和细则的改进优化作为省级财政资金支持的前置条件。以充电设施补贴资金为例，发展改革部门认为随着国家将充电桩列入"新基建"领域，需要省财政支持充电桩适度超前发展。

三是优化省级财政资金安排结构，省级主管部门统筹跨域治理和技术服务。首先，应厘清职能部门在大气污染防治工作中的职责和任务，明确省市县三级政府财政事权和支出责任，更加注重发挥省级财政资金的引导和杠杆作用。省级财政资金安排要综合考虑各地市大气污染防治资金需求和地方财力，对空气质量达标攻坚任务重的地市要采用"一市一策"。进一步做好三个统筹：统筹负责大气污染跨域治理；统筹具有共性的治理难题（如臭氧超标）的技术攻关和方案制定；以及统筹开展业务技能培训。

四是深化预算管理"放管服"改革，推动财政资金管理精细化。深化预算编制执行管理改革，进一步简政放权，提高地方政府使用省级财政资金的能动性和灵活性。凡直接面向市县并由其实施更为便捷有效的资金，应按照"应放尽放"的原则，采取市县整体竞争立项的方式或因素法分配下达。市县政府应结合当地实际，在规定权限内自主安排使用资金，并对项目安排和资金使用的真实性、合规性及有效性负责。同时，在完成任务目标的前提下，允许地方适当调整资金使用范围，加快资金使用。对历年地方已统筹使用的结余结转资金按规定由地方统筹使用，不应再由地方财政垫资收回省级。

第三节　政府部门绩效评价报告

评价结果应用居于政府绩效管理及评价全过程的特殊地位。税务系统实行垂直管理，是近几年推行绩效管理最全面及持久的部门之一。2012 年，按照国家税务总局"三步走""四部曲"的布局，自 2013 年起，全国国税系统全部实施绩效管理，搭建了横向到边、纵向到底，覆盖全系统、全过程、全人员的绩效管理考评体系；2014 年，"一年试运行"实施绩效管理 1.0、2.0 版本；2015 年，以"两年见成效"为目标实施了 3.0 版；2016 年至今围绕"三年创品牌"升级实施了 4.0 版。对于这项工作的成效，某省国税局引入第三方评价结果显示：外部评议者对"绩效结果适用性认可度"及"考评结果应用有效性"等两项指标得分率最低；内部员工问卷调查中，"考评结果反馈及运用"满意度得分居后。由此，以基层为案例，对税务部门绩效考评结果运用的"绩效"再评价具有重要意义。

一、H 区税务局绩效考评结果应用的具体做法

以基层税务部门为例。H 区税务局为广州市辖的区级税务机关（体制改革前为区国税局），下设 11 个科室，8 个直属税所，辖区内约 10 万户纳税人。按照国家税务总局部署，H 区税务局自 2015 年开始全面推行绩效考评，考评结果主要运用于三个方面：一是作为评价业绩、改进工作和激励约束的重要依据，具体适用于干部任用、评先评优、公务员年度考核；二是组织绩效考评结果与个人绩效成绩挂钩；三是针对存在问题制定改进措施，并纳入下一年度绩效考评内容。2017 年 1 月，H 区税务局修订了原《绩效考评结果运用办法（试行）》，进一步明确结果应用的适用条件，强化个人绩效运用，扩大奖惩覆盖范围，更加鲜明地体现了激励先进、鞭策后进的管理导向。

（一）考评结果的内部运用范围及做法

针对系统内部，H 区税务局绩效考评对应于征管方案、机关方案、基层方案、个人方案四个层级的结果应用，层级间互有影响。征管方案涉及广州市税务局对 H 区税务局等下属单位的考评，机关方案针对 H 区税务局对其下设的科室考评，基层方案指 H 区税务局对其下属基层单位（如税务所、办税服务厅等）的考评，个人方案即个人绩效考评。各方案涉及的考评结果运用如下。

一是征管方案考评结果运用。主要特点：（1）考评结果与机关科室绩效考评成绩直接挂钩。（2）考评结果与单位主要负责人及分管局领导个人绩效成绩

直接挂钩。（3）考评结果通过内部绩效管理信息系统进行定期公开，供被考评单位实时查阅。（4）形成绩效改进制度，各单位根据绩效考评情况按年度报送绩效改进台账，对年度绩效工作进行总结，分析存在问题，提出改进思路，为上级单位决策和改进绩效工作提供参考。

二是机关方案考评结果运用。主要特点：（1）机关绩效考评结果与机关部门人员个人绩效成绩直接挂钩。（2）机关绩效考评结果与机关部门人员干部任用直接挂钩。（3）机关绩效考评结果与机关部门人员年度考核直接挂钩。（4）机关绩效考评结果与机关部门人员评先评优直接挂钩（如机关科室年度绩效考评排名前两位的，组织综合类评选表彰项目时为其增加1个评先评优名额，相应减少排名末两位的名额）。（5）考评结果通过内部绩效管理信息系统进行定期公开，供被考评部门实时查阅，以及建立相应绩效改进制度。

三是基层方案考评结果运用。与机关考评方案大体类似，主要运用于：（1）基层绩效考评结果与基层部门人员个人绩效成绩直接挂钩。（2）绩效考评结果与基层部门人员干部任用直接挂钩。（3）基层部门绩效考评结果与基层部门人员年度考核直接挂钩。（4）基层部门绩效考评结果与基层部门人员评先评优直接挂钩。（5）考评结果通过内部绩效管理信息系统进行定期公开，供被考评部门实时查阅，以及建立相应的绩效改进制度。

四是个人绩效考评结果运用。个人绩效考评成绩一定程度上来源于组织绩效考评成绩，同时组织绩效考评成绩影响部门"优秀"者指标，具体做法：（1）将个人绩效考评结果在全局范围内予以通报。（2）将个人绩效考评结果运用于干部任用方面（如干部任用审核上两年及当年个人绩效考评成绩，个人绩效考评成绩"五必看"（即"提拔必看""转任必看""调任重要岗位必看""试用期转正必看""推荐选拔后备干部必看"）。（3）将个人绩效考评结果运用于年度考核。（4）将个人绩效考评结果运用于评先评优。

（二）考评结果的外部运用

一是对外公开。虽然在H区税务局绩效考评办法未涉及结果对外公开，但依据《H区国家税务局政务公开实施细则》的相关规定，绩效考评应当将工作目标及执行情况向社会公众予以公开（实际操作中，并未如此）。除了主动公开，H区税务局还适用依申请公开政府信息，即纳税人就绩效信息相关内容可申请公开。

二是公众参与。主要表现于两个方面：（1）纳税人满意度评价。具体做法是被评者年度纳税人满意度在均值以上者计满分，在均值以下者最多扣标准分值的 5%。（2）纳税服务投诉及表扬。主要根据市局 12366 转发投诉工单数量计分（政策及服务措施类投诉除外），每发生一单投诉，核实后扣 1 分，扣完为止，对涉及部门分别扣分，扣完为止；加分项规则是每接收一表扬工单加 0.5 分，加分不超过 1 分。

二、H 区税务局绩效考评结果运用效果再评价

绩效考评重在结果运用。H 区税务局的做法是否如预期那样，以考评奖优罚劣、激励干部不仅直接影响系统内部目标实现，而且备受学界及上级部门关注。由此，对绩效考评"绩效"再评价具有现实意义及理论价值。基于绩效评价的结果导向和满意度导向理念，针对绩效考评结果运用成效，H 区税务局分别于 2017 年、2018 年两次组织问卷调查，调查对象覆盖系统内部全体部门和员工，包括 11 个科室，8 个基层单位。

（一）考评结果运用的满意度评价结果

2017 年问卷调查统计结果显示：整体满意度均值为 62.23（百分制），刚过"及格线"，说明系统内干部员工对绩效考评及其结果运用的认同度较低。具体而言，仅有 21.33% 的干部了解绩效考评办法中的相关内容，44.67% 的人认为评价体系中领导评价具有客观公正性。同时，66.46% 的人不了解自己的考评结果，23.33% 的人对考评及其结果运用的公开性和透明度表示不赞同。简言之，调查结果表明，考评透明度不高，参与度较低。进一步而言，对于考评认可程度，仅有 26.67% 的人认为 H 区税务局的绩效考评指标的设计合理，73.33% 的人持保留态度。有 27.02% 的人认同绩效考评制度能代表广大干部员工的利益，但有 42.64% 的人持否定态度。这一结果说明干部员工对绩效考评认同度较低，普遍存在反感情绪。对于考评结果的激励程度，有 55% 的人表示会为了获得更好的考评结果而努力提高工作能力，但有 21% 的人认为自己的付出和努力没有在绩效考评中得到公平公正的认可，25.34% 的人认为即使是优秀的考评结果也难以评优。除此之外，还有 55.33% 的人认为优秀的工作表现并不能得到应有的绩效加分和奖励。2018 年的问卷调查结果显示：满意评分均值为 58.11，低于及格线，比 2017 年下降 6%，这一年中，H 区税务局通过采取相关措施细化绩效指标分解，明晰操作流程，强化绩效指挥棒作用，尤其是 85% 的人对绩效考评办法的了解程度有所提升，但仍有 58.33% 的人表示不了解自己的绩效考评结果。

比较两次满意度调查结果，被访者的认可度和考评结果运用的激励度均大幅下降，其中，有50.58%的人认为绩效考评指标设计不合理，比上年增加了33.25%；82%的人对优秀的工作表现与实质性绩效奖励的关联程度持保留意见。同时，如果将被访者分为领导干部和普通干部两个群体，两者满意度差异较大，领导干部满意度为87.96，普通干部为54.03，这从一个角度折射"上级领导热衷"与"基层苦不堪言"的两重现象。

（二）考评结果运用存在问题

梳理近几年H区税务局绩效考评结果运用，应该说取得了成绩，但也存在突出问题：

一是结果运用的公信力不足。主要表现为前期方案论证不足，考评流程不够公开透明，缺乏群众信任基础。虽然出台公开绩效考评结果运用办法等相关文件，以及考核指标和用于痕迹化管理的统计表格，但考评过程和依据等透明度不足，往往是在基层干部没有察觉的情况下阶段性绩效考评已经结束了。多数员工认为现行绩效考评结果不尽合理，难以完全反映工作表现，以此作为衡量部门及个人的业绩有失公允。如个人日常绩效考核，50%的分数来自领导评鉴，主观性和平均主义倾向较强，并且获取绩效加分难度较大，个人付出和努力难能体现于绩效中。同时，对于"纳税人满意度"调查，调查方式局限于前台叫号系统，评价对象仅限于前台窗口人员，没有及时将电话工单、大厅意见簿、意见箱等采集的反馈意见纳入考评等。

二是结果运用偏离初衷。受制于传统的思维惯性影响，一些领导认为目前推行的绩效管理是目标考评的翻版，只重视本单位排名，忽略基层税务干部的绩效和个人价值的实现。"就指标论指标"，指标完成与税收工作"两张皮"，与税收事业发展大局不大沾边。在这种认识下，税务干部惧怕、逃避和拒绝融入绩效管理，加深管理矛盾，并影响队伍士气和战略实现。同时，由于组织绩效与上级领导的个人绩效挂钩，上级领导从更上一级接受的考核压力通过区局绩效指标层层下压到基层，基层干部更多是对上负责，而从组织绩效中获取的加分和奖励则很少，对绩效考评总是感到压力大于动力。特别是在2018年的国税地税机构合并、个人所得税改革、社保非税收入职责划转等一系列改革后，绩效指标较2017年呈现爆炸式增长，工作层层加码、压力层层传导的现象愈演愈烈，绩效考核指标设置复杂，但结果运用却不了了之，考评形式化愈渐严重，基层干部对绩效考评及其结果运用的认同感进一步降低。

三是结果运用范围有限。具体表现为"雷声大雨点小"，运用范围较窄，且缺乏实质性奖励效果。主要运用于内部通报、责任落实、评奖评优以及年度考核方面，即使如此，实际执行过程中，考核结果也仅为评优评先的基础门槛，为基础指标而非加分指标，形式性大于实质性。对于"干部任用、评先评优、作为公务员年度考核依据"等绩效激励的措施，虽有相关规定，但基层税务机关自主权有限，本身晋升职数少，此项激励无实际意义。对于干部职工最为关心的绩效工资及奖金，决定权不在基层局，事实上难以落地。

四是结果运用的沟通机制运行不畅。如考核办法要求"上级在制定考核方案时应征求被考核部门的意见"，但实际上"征求意见的时间很短，部门来不及充分考虑就匆匆提交意见"，而且"部门多是被动地接受上级的各种考核，事前对于考核的内容、具体要求以及时间等大多都不知情"，同时，"提出的意见大多数没有被采纳"。由于缺失考评者和被考评者之间有效的反馈沟通，结果是为了考评而进行考评，既无法发现问题，也就谈不上绩效改进。

三、完善绩效考评结果运用的若干建议

绩效评价重在结果应用。科学的评价结果既是驱动绩效改善的标准，又是目标实现的动力。但实践表明，把奖惩作为评价结果运用的唯一形式，简单化的"荣光或现丑"（fame or shame）会导致相关人员对组织绩效评价的抵触情绪，加剧弄虚作假并形成"破坏性竞争"，抵消组织绩效评估的效果。[1]从绩效改善的视角，要强化考评结果应用，应进一步明确考评的思路与定位，立足税务系统的实际情况，改革及完善目前的一些做法。

（一）进一步完善考评结果运用的激励机制

一是明晰绩效考评的价值取向。首先，应强化"以人为本"的价值理念，以系统内部组织与员工协同进步为目标，扩大个人绩效中有关组织部门绩效结果的占比，将个人目标与组织目标结合起来，进而激发公务员主动作为和积极作为；其次，强化绩效加分应用范围，实现绩效加分项目与专项工作、重要工作、关键工作的挂钩，使考评结果能充分体现公务员的努力及贡献程度；最后，涉及上级对下级评价中，应增加可量化指标，完善上层级领导评议的科学性、可操作性和公平性，避免"印象评分"或"形式考评"。

---

1 Behn, Robert. Why Measure Performance? Different Purposes Require Different Measures[J]. Public Administration Review, 2003,63(5).

二是丰富考评结果运用的激励手段。应将考评结果运用切实落实到基层公务员管理活动中，拓宽激励范围。进一步将考评结果与公务员的物质激励、晋升调薪激励、精神激励、培训激励以及假期奖励等相联系，提高结果运用对公务员自我增值、身心健康和职业发展的正激励效应。同时，依据考评结果从体制上放松一些无必要规制约束，尤其是下放财政、采购、人力资源管理等权力，使基层具有更多的自主权。

三是拉开考评结果运用的利益差距。改变为评价而评价、形式主义和指标粗放的现状，细化考评分级分档，使考评结果真正做到与公务员利益紧密联系。对于同一地区、同一部门、同一级别的公务员之间，要提高考评结果运用的区分度，拉开公务员利益所得的差距，特别在总体财政供给不变的情况下，通过考评结果落差改变同一级别公务员的薪酬水平差距，驱动公务员努力工作与提升工作责任感。

四是科学平衡正激励与负激励的组合关系。强化考评结果应用中的奖优罚劣的效果和效应，注意平衡正激励与负激励的使用比例，结合领导风格与被领导对象的个性特征，恰当运用正激励与负激励，做到赏罚比例适度。同时，平衡物质激励与精神激励在结果运用中的比例，关注公务员社会价值追求和高层次的精神需求。

五是实现方法激励和体制激励相结合。一方面，通过典型强化、增益分享、共享节余、能力开发与提高等奖惩措施将考评结果与公务员的物质激励、精神激励相联系；另一方面，改革体系，依据责权利对等的管理原则，结果应用应呈现层级性，由此应下放应用权力。

（二）提高考评结果运用的透明度

一是拓宽信息公开渠道。消除政府和公众之间信息不对称现象。应加大政府绩效考核和公务员考核工作的公开性和透明度，可通过新闻发布会、网站公示、听证会、培训会以及专家咨询等方式公开绩效考评办法、绩效管理报告等信息，并通过互联网、电话邮件、意见箱、意见簿等方式建立切实可行的公众投诉建议渠道，考评结果应如实地在官方网站或内部刊物上予以公布，接受公务员和社会公众的监督。

二是增加纳税人满意度比重。一方面，扩大纳税人满意度的构成要素，除了窗口满意度评价器和电话工单，还应包括网站、微博、公众号等第三方平台的评价信息，以及现场意见箱和意见簿等渠道信息，以确保评价信息收集的完整性。

另一方面，设置相应考评指标，将纳税人表扬及投诉建议体现于绩效考评结果中，将满意度作为公务员绩效评价的"硬指标"。

（三）建立考评结果运用的沟通机制

一是评价责任机制。建立以公民为本、以结果为依据的评价责任机制。以公众需求为导向，建立服务标准及满意度评价制度，既要放松繁杂的规制，又要谋求使命的实现；既要增强公务员的自主性，又要保证公务员对结果负责；既要提高效率，又要切实保证效能。

二是沟通反馈机制。构建绩效考评、结果公示、绩效反馈、结果运用的闭环。通过沟通反馈机制使评价对象更具体地了解到任务目标实现情况与组织期望间的差距。特别要建立绩效考核的双向互评和面谈制，评价者与被评价对象就绩效指标、流程节点以及新一轮的工作计划制定等问题进行广泛而深入的沟通，增强公务员归属感和参与感。

三是评价申诉机制。建立有效申诉机制。促进评价双方的良性互动，保障评价的顺利进行。此外，应建立发现问题和解决问题的沟通互动机制、有效的监督和规范机制以及资源的整合调适机制等。出台相关法律法规，在制度层面保障绩效评价运行及结果应用的有效性及权威性，确保考评结果客观公正，并真正落到实处。

第十二章　政府绩效评价案例

政府绩效评价具有计划辅助、预测判断、监控支持、激励约束、资源优化等功能，是一项实证、实践性极强的工作，案例研究主要针对特定的政府绩效管理及评价，回答"如何改变""应该是什么""为什么变成这样"及"结果如何"等问题。随着西方公共管理运动的兴起，政府绩效评价作为一项有效管理及监督工具得到广泛研究和使用。政府绩效评价案例研究探讨政府绩效评价工作中出现的与理论相符或相悖的现象，是公共部门管理和监督公共部门工作的具体实践，是对政府行为进行评价和规范的典型，是对政府绩效管理的工作进行经验总结的成果。相对于其他研究方法，政府绩效评价案例研究通过具体的实践案例进行具体的描述和系统的理解，对动态的相互作用过程与所处的情境脉络加以掌握，可以获得对政府绩效管理问题较全面与整体的观点。同时，依据信息数据收集方式，政府绩效评价案例研究可分为实证研究和非实证研究，或将两种方法嵌套于研究中，形成了以案例为导向的文献计量范式、文献荟萃分析范式、实地观察与访谈范式、问卷调查范式、混合研究范式等典型范式。案例研究包含主题选择、收集数据、分析资料、撰写文本等环节。一般而言，政府绩效评价案例研究应特别关注：（1）问题是什么，即案例研究的目的。（2）研究者主张，包括现存的理论或假设。（3）分析对象，涉及的主体和研究对象。（4）命题的逻辑和佐证材料。（5）解释案例研究发现的问题，响应原来的理论命题。（6）案例选择的典型性。

第一节　深圳市区级政府绩效评估指标体系修订

一、案例导读

深圳市政府自 2007 年启动绩效评估与管理工作，在市政府原 16 个职能部门及 6 个区政府进行了试点，取得了较好成效；2008 年对评估指标体系进行修订，并纳入电子评估系统，将原来的电子监察系统更名为电子评估系统；2009 年实行目标责任制，根据中央、广东省有关文件以及《关于印发深圳市政府绩效评估与管理暂行办法等"1+3"文件的通知》精神，2010年，深圳市政府将绩效管理工作从局部的绩效评估试点转向在市政府工作部门和各区政府、新区管委会全面试行。为进一步总结经验，完善体系，提升水平，充分发挥绩效管理在深圳新一轮发展中提效率、保落实、促发展的作用，市绩效办与专业研究机构联合成立课题组，对2011年指标体系进行完善修订。

二、案例正文

自2007年以来，深圳市的政府绩效评估与管理工作逐步规范化、常态化、成熟化，成为了政府部门管理的重要手段，促进了各项工作责任的落实，提高了公共服务的质量和效率，得到了各单位领导的高度重视，并以社会公众及人大代表、政协委员参与的方式，加快形成了行为规范、运转协调、公正透明、廉洁高效的行政管理体制，有利于政府信誉和形象的提升。深圳市政府绩效评估覆盖面广，同时，建立电子评估系统提高了评价的实时性、高效性及民众的参与度，经过三年的试点和2010年的全面试行，深圳市政府绩效评估与管理信息化程度居全国前列。

但是试行三年来，原有指标体系（见表12-1）的弊端也逐渐暴露，成为制约政府绩效管理进一步发展的瓶颈。一是原有指标体系没有明确绩效内涵，其中存在个别与绩效关系不大的指标。二是原有指标体系设计未充分考虑被评单位规模大小，有失公平。指标体系权重分配不合理。重大改革及工作创新、廉政状况、法治政府建设权重较大，三项共占16%，评估标准也很难量化和定性。三是原有指标体系缺少对政府工作的连续性与动态性监测。更为注重部门与部门之间、区与区之间的横向比较，但对某一指标所指向工作的改进情况缺少动态监测。四是原有指标体系缺少各区尤其是各部门的个性化指标。由于各部门职能不同，与社会及群众关联度差异很大，不应一概而论。五是原有指标体系的周期设置不合理，数据采集与报送与各区各部门的工作周期存在时差。为此，深圳市在政府绩效导向下的目标考核定位下，强调过程控制，维持原有电子评估系统特色和一级指标不变；理顺指标结构之间的逻辑关系；梳理三级指标，保持相对稳定性；规范和统一评估周期，提高评估的有效性、科学性和导向性。

表 12-1　2010 年深圳市区级政府绩效评估指标体系框架

一级指标	二级指标	序号	三级指标	数据采集责任单位	报送频度	权重（%）
公共服务（50%）	重点工作	1	公共服务白皮书	被评估单位	季度	20
		2	政府投资项目（A 类）完成率	市发展改革委	季度	3
		3	临时性专项工作	牵头单位	季度	2
	改革创新	4	重大改革及工作创新	市委政研室	半年	5
	社会事业	5	财政性教科文卫体人均支出水平	市财政委	季度	2
		6	社会保障和就业人均支出水平		季度	2
	服务保障	7	政府信息网上公开	市监察局	月度	2
		8	政府督查事项	市政府督查室	季度	3
		9	廉政状况		季度	5
		10	公共安全责任事故问责	市监察局	季度	4
		11	其他问责		季度	2
社会管理（30%）	公共安全	12	刑事警情报警发生率	市公安局	月度	2
		13	各类安全生产事故死亡人数控制	市应急办	季度	4
	环境保护	14	财政性环保投入支出水平	市财政委	季度	2
		15	城市污水集中处理率	市水务局	季度	2
		16	河流平均综合污染指数	市人居环境委	季度	2
	城市管理	17	城市市容环境卫生状况	市城管局	月度	2
		18	水行政违法事件处理率	市水务局	月度	2
		19	政府储备土地移交率	市规划国土委	双月	2
		20	分区域人口调控计划完成率	市发展改革委	年度	2
		21	流动人口政策外生育率	市人口计生委	季度	2
	依法行政	22	法治政府建设	市法制办	年度	6
		23	信访投诉处理	市信访办	季度	2
经济调节（10%）	经济效益	24	每平方公里 GDP 产出增长率	市统计局	年度	2
	低碳经济	25	万元 GDP 能耗下降率		年度	2
		26	万元 GDP 水耗下降率	市水务局	年度	2
		27	工业固体废物综合利用率	市人居环境委	年度	2
		28	工业用水重复利用率		年度	2
市场监管（10%）	行政执法	29	违法建筑纠正率	市规划国土委	月度	3
		30	无证无照发生率	市市场监管局	半年	3
		31	食品安全事故	人口计生委	月度	2
		32	药品安全抽样合格率	市药品监管局	季度	2

　　2010 年 10 月，深圳市政府绩效办召开了包括 6 个区、2 个功能区和 32 个职能部门和相关专家参加的 5 场座谈会，围绕政府绩效评估的指标体系展开讨论。

　　反映最强烈的问题是被评估单位的个性化问题，有部门说到："有的部门与公众接触的少，公众在不了解的情况下会给一个较高的分数，然而像我们与公众经常打交道的部门自然会得罪群众，分数偏低。"也有新区反映："我们这些新成立的功能区基础差，肯定拼不过中心城区，这样一起比较难免有失公允。"可见原有指标体系对差异性与个性化有所忽略。有的部门或区规模大有的规模小，而且职能也不尽相同。基于这样的问题，很多部门要求调高公共服务白皮书所占比重，因为公共服务白皮书是各部门根据自身实际职能制定的本年度要完成的工作；同时，将各部门分为对外部公众办事的部门和对内职能部门，两种情况区别对待；也可以设置增量与存量指标，强调自己和自己比。

区级政府还反映有些指标的完成程度并不受区政府自身控制，需要市直有关部门的审批与配合，但是也用来考核区政府绩效情况显得不合适。可见有些指标涉及多个单位，考核还需慎重。对于这些年度专项工作的考核，各单位认为应加大权重，同时应注意对各单位评估的公正性；对于创新性工作指标的考核，有的单位指出指标应清晰，目标应明确、可量化。

无论是市级有关部门还是区级政府都在抱怨的问题就是结果运用，很多单位强调结果运用应该淡化排名、引导改善，但是也有单位反映结果运用一旦流于形式，只打分排名不用于奖惩，很难调动积极性。同时，数据报送时间也存在争议，多家单位反映数据报送与本单位工作冲突，存在一个时间差，不能够及时报送等等。

座谈会不仅有来自深圳市政府机关的工作人员，也有政府绩效评估方面的专家，专家指出政府绩效评价是一定时期内，对特定政府对象的成绩和效益的测量与分析，强调结果导向、公众满意度与结果问责。深圳市政府绩效评估指标体系没有明确绩效内涵，其中存在个别与绩效关系不大的指标，未能理清逻辑关系。

深圳市政府绩效评估定位于政府绩效导向下的目标考核，评估应维持其原有特色，强调过程控制，继续使用原有电子评估系统。根据现实情况，指标体系的原则：一是维持一级指标不变；二是理顺指标结构之间的逻辑关系；三是梳理三级指标，保持相对稳定性；四是规范和统一评估周期。主要思路是：

（一）优化精简指标，完善指标框架

本次修订工作对原有指标的表述和顺序进行了梳理、归类和增删，对原有指标的评估周期进行了简化、调整。经过修订，评估指标之间的逻辑关系更加清晰，市政府部门客观评价中的三级指标由 23 个精简为 18 个；各区政府（新区管委会）客观评价中的三级指标由 32 个精简为 29 个；指标周期由原来的"月度、双月、季度、半年和年度"5 种简化为"季度和年度"2 种。同时，将主观评价指标与客观评价指标结合，使整体框架更清晰和完整。

（二）围绕中心工作，科学确定指标内容和权重

明确将转变经济发展方式、特区一体化建设任务及市委市政府其他重大工作部署作为重要内容写入各部门、各区年度白皮书，将其纳入政府绩效管理体系，加强对市委市政府重要部署的评估，强化执行力建设。同时，新增了新兴产业增加值增长率、支柱产业占 GDP 比重、专利授予量增长率等指标。还根据指标的属性、指标所反映工作的重要程度，结合咨询调查的结果，对指标的权重进行综合平衡与全面调整，使之更能够反映被评估对象的个性化、差异化，更能够体现市委市政府中心工作及重要部署的要求。

（三）优化评分方法，突出自身的增长性评估

原有指标评分采用目标对比法，方法较为单一，主要表现为对工作目标实现程度的评价，但由于不同部门和地区存在客观方面差异性，简单的横比不能真正比出实绩，因此，本次修订对指标的评分方法进行了全面优化，突出对被评估对象的增长性评估，强调"自己和自己比"。原则上每个指标的评分由"水平分＋横比分＋纵比分"构成，全面反映被评估对象的工作目标完成程度、横向排序、工作改进情况，为被评估对象树立了绩效改进目标与工作标杆，从而实现了标杆管理与目标管理的结合。同时，根据指标的实际情况，合理调整水平分、横比分和纵比分三项分值的比重，凡是实行纵向比较的，将纵比的分值定位在 60% 以上，重点评估被评估单位自身工作的进步情况。

（四）实行个性化、差异化评估，凸显绩效管理的针对性

本次修订秉持共性与个性相结合的理念，在坚持共性的前提下，针对各部门工作内容、各区功能的不同，通过增加个性化指标数量或权重、实行分类评估、设定不同的评分方法等形式体现个性化和差异性，从而增强评估的针对性。一是加强个性化指标。在个性化指标"白皮书任务完成率"中进一步明确具体内容，充分体现个性。对各区的评估，还增加了对各区支柱产业、新兴产业的评估指标，分区、分项评估各区支柱产业、新兴产业发展，体现了评估的个性化。二是实行分类评估。为充分尊重市政府部门、各区政府（新区管委会）在工作内容、发展阶段与任务等方面的差异性，同时又能够实现不同政府部门、不同区政府（新区管委会）绩效评估结果的可比性，修订采用分类评估的方法，即根据是否有行政执法权和行政审批权，将政府工作部门由原来的"委、局、办"划分改为 A、B

两类划分：A类是对外进行公共管理和服务的部门；B类是对政府内部进行协调管理的部门；根据发展水平与法律地位的不同，将各区分为行政区和功能区两类，使每类单位之间更具有可比性。同时，对不同类别的被评估对象的评估指标设置不同的权重，体现了评估的差异化。三是实行有差别的评分方法。由于被评估对象的客观差异性，此次修订对不同被评估对象的评估标准有所不同，如"流动人口政策生育率"指标评分，根据各区情况和条件不同，确定了不同的达标比例等。而实行"自己与自己比"的纵比评分方法也是差异化评估的体现。

此外，拓宽了公众参与政府绩效管理的途径，在原有的社会公众满意度调查内容的基础上，将办事大厅日常满意度电子记录列为公众评价组成部分，并将电子民调常态化，常年进行，方便公众参与，体现公民导向的原则。

三、总结与讨论

基于多方面原因，深圳原有的评价体系未能清晰界定政府绩效评估与目标责任考评的差异，存在的问题：一是评估主体权威性不足。表现为：大多数分项指标的数据来源及评分实际上由被考评部门提供及决定，存在角色交叠；同时，评价体系不统一，缺乏整合与规划，指标缺失或内涵重叠较多。二是指标体系结构与维度出现错位。三个层级的指标之间逻辑关系不够严谨。部分指标较多考虑可操作性（背后是部门的考评权力），未能平衡指标设置的"必要性"。三是指标体系经验成份较大，公信力不足。指标遴选未能经过量化过程，亦未能经过结果检验，但同时却相对固化定位。

修订后区级政府（功能区）指标体系维度与结构具有以下特点：一是符合政府绩效的内涵，区分政府绩效评价与目标考核的关系，体现结果导向和公众满意导向。二是体现体制内评价特点。包括：评价目标完成程度，强调上级领导评价全面性，指标数据可得性。三是反映政府投入、过程与结果的逻辑关系。各评价维度内涵清晰、互不重叠，实现主观评价与客观评价的互补互评。四是指标评分尽可能针对增量、兼顾存量，增强评价体系的科学性。

总结深圳的做法，讨论以下问题：

1. 深圳市政府绩效评价有什么特点？它的导向是什么？

2. 如何看待深圳市政府绩效评价体系的数据来源？评估主体与客体应该是何种关系？

3. 按照政府绩效评价理念，指标体系构建原则与障碍是什么？

第二节　"民评官"与官民互动反应

一、案例导读

审视新世纪以来，我国地方政府绩效评价活动，大体三种做法或模式：一是"自上而下"。由上级政府或部门将年度目标分解、落实到下级政府（部门）及工作岗位，对目标完成情况进行考核评价。二是"自下而上"。由群众评价政府机关的作风，出现所谓"万人评政府"活动。三是"准第三方"模式。委托专业机构进行评价，如"甘肃模式"等。其中，2007年以来，华南理工大学政府绩效评价中心连续多年向社会公布"广东省地方政府整体绩效"年度评价结果，并出版绩效红皮书，引起了社会公众与地方政府的极大关注和反响，被誉为"广东试验"。

二、案例正文

广东被视为中国走向现代化的缩影，所谓"广东试验"，即在广东率先由独立第三方对地方政府整体绩效进行评价的探索性实践，它的内涵特点是：独立的第三方评价；基于公众满意导向，重组评价指标体系；针对整体绩效，立足增量，兼顾存量，形成年度整体绩效指数；覆盖全省所有的市、县两级政府；优化评价路径，以主观指标与客观指标结合弥补统计数据不足或失真；定期公开评价结果，形成"公众参与动力—政府感受压力—产生改进绩效需求"的激励与驱动机制。

（一）地方政府的反应

历经几年，各地市县政府开始关注并逐渐接受这一绩效排名，并尝试通过各种渠道表达对于排名结果的"关切"。应该说，这一评价的社会效应表现在地方政府越来越感受到"被考评"的压力，并在各级地方政府领导讲话和政府工作报告之中得以反馈，此外，也包括以本地时政热点的形式刊载于地方党报党刊以及官方新闻之中，并对本地排名进行深度解析。多数地方市县每年均在当地报刊头条报道第三方评价结果，并以此作为评判本地区年度发展、展开横向纵向比较的重要参考范本。

以2008年为例，当年11月13日，深圳新闻网以"广东市县政府绩效评价排名：深圳第一，广州第二"为题，转载《新快报》的有关报道。广州视窗深圳新闻11月14日以"深圳政府绩效全省第一"为题予以评述：作为社会发展的管理者和决策者，政府在对社会管理中的成绩和效益如何，已逐渐成为衡量政府是否"合格"的标准；深圳的政府整体绩效在所有考察的全省市级政府中排名第一；深圳福田区、珠海香洲区、深圳罗湖区位列121市县前三甲。并认为"深圳在政府绩效方面排名第一是实至名归"。《东莞日报》于同日以题为"广东市县政府绩效评价排名东莞第三"进行报道：华南理工大学课题组正式对外发布《2007广东省市、县两级政府整体绩效评价指数研究红皮书》。报道醒目地指出：广东全省21个地级市的政府整体绩效排名，深圳居首，广州第二，东莞、佛山紧随其后，汕尾市排名全省最末。佛山电视台佛山新闻也专题报道了《红皮书》的内容，特别将佛山的排名做了重点报道，指出全省21个地级市排名中，佛山排第四；佛山在促进经济发展、维护社会公正、保护生态环境三个指数排在中间；节约政府运行成本最好，实现公众满意度排在最后；121个县级政府比较中，佛山五个区排名都相对靠前。《江门日报》则连续几年对《红皮书》所涉内容予以报道。

从地方市、县党报党刊等官方媒体的报道来看，地方政府非常注重自己的排名，不仅出于政府形象与威望的考虑，也在一定程度上反映了地方政府间的竞争意识和对外界激励的反应。当然，一般情况下，大多数地方政府对于排名是"报喜不报忧"。排名在前的市县，通过各种媒体，包括报纸、视频以及网络迅速对自己的成绩予以强势宣传，普遍报道比较多，而那些成绩不理想，或者与自己预期不符的市县就不报道，保持低调。这一现象反映出地方政府对待绩效评价结果的不同心态。总结归纳原因，不外乎这种政府绩效考评，在考评的主体、考评的标准以及考评的目标上不断地优化，不断地回归公众本位，最终产生了应有的"考评绩效"。"毋庸置疑，以政府绩效来看待及评判发展有着现实意义，它为政府的理想职能、政府竞争的方向、政府变革等抽象议题增添了具体的民间标准。这是比排行榜更核心的价值，显示了社会力量对好政府的期待。"

（二）公众与媒体的反应

政府绩效考评的生命力，在于回归公众本位。政府的权力来自公众的授权，自然要对公众负责，因此公众是考评政府政绩当之无愧的主体。而由独立第三方来对政府进行评价，其客观性和权威性都会有质的提升；对政府造成影响，民众可依赖的，当属舆论最为重要。

自2007年以来，媒体将此项评价视为"第一个吃螃蟹"，赞誉"广东为全国提供了'试验田'"等。中央媒体更多站在宏观和价值角度，关注政府绩效评价的深远意义，并引伸到民主政治、法制建设等深层次的理论层面，更多地关注这种评价对中国行政管理改革的促进作用，以期营造一种"顾客导向"和"人性化"的行政文化。

2007 年 11 月 13 日，新快报首次独家报道了《广东省市县两级政府整体绩效评价年度报告》。之后，《新快报》又于 11 月 14 日、11 月 15 日、11 月 17 日、11 月 21 日、11 月 26 日对《红皮书》展开全方位追踪报道，从各级政府部门回应、网友热议、排名效应等方面着手，使报道更加立体和丰满。应该说，《新快报》的推介与报道"开了全国之先河""绝对是全国第一家"。中央及地方媒体反应热烈，给予肯定，并引向更深入的讨论。此后几年，中央电视台、法制日报、工人日报、南方日报、羊城晚报、南方都市报、21 世纪经济报道、人民网、新华网、南方网等中央和地方媒体都先后对此项评价进行了报道和宣传，此外，这些报道和宣传有图表、有数据、有说明、有访谈，兼有课题组答疑及各方专家评说，立即在公众和媒体中引起强烈反响，各地网站或其他媒体纷纷转载或评价，仅在网易上就留下数百条评论。

中央电视台新闻频道《朝闻天下》栏目于 2008 年 11 月 18 日援引《法制日报》的评论员文章予以报道。报道盛赞此举为"地方落实十七大精神的做法"，赞扬"广东为全国提供了'试验田'""第一个吃螃蟹"。《南方都市报》以"'政府成绩'放榜，深圳第一"为题予以报道："作为社会发展的管理和决策者，政府在对社会管理中的成绩和效益如何，已逐渐成为衡量政府是否'合格'的标准""广东对官员正实行新的评价指标和考核体系。由官员政绩而至于政府绩效，报告所量化的指标显露出行政的动机、行动及成果的社会评价。报告执着于此，自然能产生恒久的推动力。这绝非是对体制内评价的简单补充，它及其凭依的力量是独立奏效的。"《大洋网》于 11 月 13 日以"'政府成绩单'深圳 No.1，广州 No.2 你相信吗？"为题全文转载了《新快报》的文章等。

在广东省地方政府整体绩效评价中，广大群众不仅通过满意度调查行使着自己的"评价权"，而且也在评价结果公布之后，通过自己的方式作出回应，对"评价"进行"再评价"。广东是中国改革开放的前沿阵地，公众对政府的监督、评分与建言已成常态。而通过满意度评价来给政府整体绩效打分、进而通过评价结果"品评"政府，就成为了公众实现自身利益表达的又一新的途径。整体而言，大部分普通公众对评价持欢迎、赞许乃至悦纳的态度。以粤东为例。广大网友对于本地区在排名榜中的位次做了深入分析和热烈讨论。在金羊网 QQ 报料平台上，不少网友感叹："此现象实在是太耐人寻味了！""群众的眼睛是雪亮的。"揭阳的网友"萤火虫"一针见血指出："这正好说明粤东几市浮夸风严重啊！"潮州的 QQ 友"平平淡淡"认为，这说明当地官员对民生较少体恤，尤其是对于相当一部分国营、集体工厂下岗职工的一系列问题高高挂起，"试问：这如何能给大众带来福祉呢？"汕尾公众意见表达更有特色："唉，汕尾不是尾是什么呢？"身为汕尾下辖海丰县人，网友"老七"很无奈地在"海丰人社区"自我解嘲。"这是意料中的事，心已麻木，不想再多言了。"这些"牢骚式"的感性反馈或多或少体现了公众对于评价的认可，以及据此对于本地政府所施加的"民意压力"，这在一定程度上是对评价的一种回应和潜在的"声援"，其舆论的影响不容小觑。

此外，也有不少普通公众用更加理性的眼光来审视评价结果。例如：每年政府绩效排行榜公布之时，陆河县人"幽壹"都来一番评论。2006 年度排行榜汕尾倒数第一，"幽壹"曾经写过一篇《汕尾：你将何去何从？》的贴子，稍后被纸质媒体刊出，并受到汕尾各界的热议。2007 年度排行榜推出的时候，汕尾再次倒数第一，"幽壹"又写过一篇《当汕尾脱掉最后的裤衩》的贴子，倾吐内心痛苦和对汕尾的期待。第三次看到汕尾排名倒数第一，他表示本不想多费口舌，但"爱之深，责之切，谁叫汕尾是生我养我的家乡呢"，最终还是忍不住多言几句，并开了"药方"：从粤东现实情况出发，加入所谓"海西经济区"是不现实的；自力更生搞粤东经济圈也不太可能。如果要实现大发展，关键还是要融入珠三角，成为珠三角不可或缺的协作伙伴。而"融珠"的主要障碍：一是缺乏大项目的拉动；二是交通、港口等基础设施不完善；三是行政管理水平有限，缺失长远规划和政策的连续性；四是各类人才奇缺，本地人才流失严重。

三、总结与讨论

民意表达是公民政治参与的基本形式。政府的公共属性、目标的多元性、运作的非交易性带来了绩效测量的复杂性；但从导向上看，代政府绩效评价指向"公众满意"和"实现政府责任"。由此，地方政府整体绩效评价便被赋予了表达民意的内涵。同时，地方政府整体绩效评价能够强化民意表达，对公民有序政治参与具有促进作用。要实现公民的政治参与，政府必须创造有效政治参与的渠道和途径，并提出切实可行的方案，以保障所有公民在政治权利和经济权利上的平等，以及参与政治和社会生活管理的权利。透析案例，值得讨论的问题：

1. 如何理解政府绩效评价中的公民参与？其意义和实效性如何？
2. 如何看待"民评官"和体制内评价的关系？
3. 政府和公众应该在第三方政府绩效评价中达成何种理想关系？

第三节　以绩效评价强化对慈善资金监管

一、案例导读

2020 年初，一场因新型冠状病毒感染的肺炎疫情席卷全国，让武汉这座中国中部最大城市陷于瘫痪，也深刻改变了人们的生活方式。期间，慈善组织打响全民抗疫战，以各种基金会为代表的公益组织迅速涌现于抗疫的第一线。但与此同时，我国慈善资金（包括捐赠货币和物资）管理及使用中的问题——资金拨付缓慢、拨付率不高、物资分配不合理等问题不断暴露，湖北省红十字会因慈善资金接收、使用情况而接连陷入舆论漩涡，慈善组织公信力备受考验。由此引发了如何对慈善组织及资金进行有效监管的讨论。有学者提出，慈善资金绩效评价为慈善资金监管提供了价值导向、度量标准和动力机制。

二、案例正文

2020 年的新冠肺炎疫情是全国乃至全世界面临的一次重大公共危机。初期一度以为，只要筹到足够的物资，紧急情况出现困难即可以得到缓解。新冠肺炎疫情暴发后，各大医院发布的口罩等医疗物资非常不足的物资募集公告在微信群、朋友圈、QQ 等网络社交平台上疯狂传播的时候，公众都以为缺乏的只是物资而已，殊不知，数以千计的捐赠物资涌入与万分火急命悬一线的医院之间，还存在着红十字会这一关口。

2020 年 1 月 29 日晚，湖北省红十字基金会官方微博发布的一张慈善资金退还单被网友质疑造假，引发网络热议。善款退还单上开户行赫然写着"中国银行北京幸福之行"，网友指出"之行"说法不对并质疑图片存在修图痕迹。更有网友质疑，写错银行名后，收款方无法正常收到款项，真正返还的善款去向究竟如何？29 日当晚，湖北省红十字基金会删掉了微博。30 日上午，其再发微博表示，昨天因工作失误把回单的"支行"写成了"之行"，现已经跟财务和银行沟通，稍后会公示正确回单及思源工程扶贫基金会的捐款。虽然善款疑造假事件得到了解释，但备受关注的湖北省红十字会远没能逃离舆论漩涡中心。

30 日，因寿光捐赠武汉的 350 吨免费蔬菜被武汉市商务局售卖后，收入钱款去向模糊，武汉红十字会再次被推上了风口浪尖。虽然，武汉红十字会辟谣"并未收到蔬菜售卖收入"，同时也得到武汉市商务局确认，但武汉红十字会自此算是正式成为了网友"深扒"的对象。

2020 年 1 月 29 日和 1 月 30 日，湖北省红十字会分别在"博爱荆楚"微信公众号和门户网站上公布了第一批次防控新型冠状肺炎捐赠物资使用情况。《物资使用情况公布表（一）》中第 14 条记录 "N95 口罩 36000 个" 的接收和使用显示，主打不孕不育诊疗的武汉仁爱医院和武汉科技大学附属天佑医院各收到了 1.6 万个 N95 捐赠口罩，而武汉市 61 家发热门诊之一的协和医院仅收到 3000 个口罩。此外第 14 项口罩总数量与发送数量总和不一致。网友纷纷对湖北省红十字会捐赠物资分配的原则和标准进行质疑。

1 月 31 日，武汉仁爱医院方回应称，医院也开通了发热门诊，但考虑疫情严重，处理不了这个病情，目前暂未接受发热病人。而其官网及武汉市非公立医疗机构协会官网曾提及，1 月 26 日官方文件显示，武汉市拟征用 25 家民营医疗机构（包含武汉仁爱医院）作为第四批发热病人定点收治医院。1 月 31 日湖北省红十字会发布通告回应物资使用情况质疑：针对网友提出的疑问，当事方对有关信息进行了复核，发现确因工作失误导致公开的信息不准确。

2 月 1 日下午，央视新闻的记者走进武汉市红十字会仓库探访物资的接收和分发情况。在直播过程中，记者试图探访仓库物资分发处受到保安阻拦，记者表明身份并请旁边的工作人员帮忙解释，保安大叔以 "没有牌子的不能进来，否则我的饭碗就丢了。" 为由坚决不允许，之后央视的直播中断。因红十字会已成为舆论焦点，采访时记者明显感受到现场工作人员的压力和对媒体的防备。记者始终没有在现场见到红十字会的工作人员，一位从其他部门抽调来的工作人员私下感慨，"红十字会几十年没打大仗了，一打仗就有点乱。"

从现实状况来看，我国现代意义上的慈善事业发展历程较短，透视新冠疫情期间慈善危机事件，概括来说，当前我国慈善资金管理存在以下问题：

一是透明度低。信息公开透明是社会监督的前提。对慈善资金而言，由于信息不对称，捐赠者无法通过直观感受来判断慈善组织是否代为实现捐赠目的；受助者处于被动接受地位，也难以了解慈善资金及物资的全部状态，而作为中介的慈善组织管理者自身具有逐利性。利益相关者和慈善组织之间存在的明显信息不对称和代理成本。因此，信息全面及时准确公开至关重要。湖北省红十字会在此次抗疫中每日公示捐赠明细，但对慈善资金的使用明细公示不足；对善款退还单出现失误，被网友质疑造假。

二是规范性差。慈善事业的发展需要政策法规的规范与推动，总体上看，我国目前慈善事业的政策法规仍滞后于慈善事业发展的客观需要，慈善捐赠、物资分配、慈善事业监管等方面的规定散见于法律、行政规章和有关通知等条款中，相关规定不具体、不完备，整体法治环境欠优。而随着慈善捐赠数额增长，现有的资金分配使用机制不完善，难以匹配迅速增长的慈善资金规模，对慈善资金的监管又未形成完善的政策法规体系，极有可能在物资的分配和使用上出现问题，影响慈善资金使用效果和慈善组织公信力，打击公众慈善热情。

三是管理成本高。机构运作费用规定不明确、不严格。据披露，武汉市红十字会作为财政拨款单位，全部收入来自财政拨款，2018 年和 2019 年工资福利支出多，人均工资福利远超武汉市城镇单位就业人员和非私营单位就业人员平均工资水平。《慈善法》规定，慈善组织中具有公开募捐资格的基金会年度管理费用不得超过当年总支出的百分之十，特殊情况下，年度管理费用难以符合前述规定的，应当报告其登记的民政部门并向社会公开说明情况。查阅中国红十字会 2018 年部门决算报告，仅外交支出（2229.87 万元）、社会保障和就业支出（5928.65 万元）、住房保障支出（294.5万元）合计 8453.02 万元，占红十字总会总支出（56148.59 万元）的 15%。

四是使用效率低。应急事件中，效率即是生命。衡量效率的核心指标是资金拨付的及时性。疫情暴发的最初阶段是防止扩散、控制恶化的黄金时期，此时物资及时到位能够发挥最大的使用价值。本次疫情暴发后，中央政府反应迅速，1 月 25 日成立中央应对新型冠状病毒感染肺炎疫情工作领导小组，1 月 27 日，总理到武汉考察指导疫情防控工作，截至 1 月 29 日，全国内地 31 个省区市均已启动突发公共卫生事件一级响应。但是，截至 1 月 30 日，武汉市红十字会接收善款近 5 亿，拨付指挥部只有 5000 多万元，使用率仅十分之一。

五是缺失效果评价。资金使用效果评价不仅体现资金使用公开透明、提升慈善组织公信力，还是资金使用的反馈环节，有助于形成慈善资金高效使用的循环机制，促使机构聚焦于有效慈善服务，减少无效、冗余服务支出，节约资金，提高资金使用效益。究其原因，我们认为现有的慈善组织物资分配能力不足以支撑对巨额善款的分配和使用，且尚未形成成熟的资金绩效评价技术和机制。

透析近些年社会对各地红十字会的质疑，回应公众强烈关切，强化对慈善资金监督管理是促进慈善事业健康发展的客观要求。理论上，慈善资金的筹集推动了社会财富在政府和企业以外的聚集，并通过公益运作转移其支配权，从而缓解社会保障资金的不足，促进社会公平。基于慈善资金和政府财政资金一样具有公益性、社会性和非营利性，引入财政绩效评价的理念方法，建立相对统一的评价技术体系和机制，通过慈善资金绩效评价提高慈善资金的监管效果具有必要性，为社会洞察慈善组织的公信力和执行力，驱动慈善事业的功能实现提供价值工具。

三、总结与讨论

慈善资金是连接捐赠者、受助者和慈善机构的纽带，是慈善事业发展的血液。慈善事业发展中的核心在于善款的来源与合理使用，目前慈善组织出现的问题也都集中在善款的使用、运作和去向等方面。在政府主导的监督体制机制中，监督主体以政府部门和组织本身为主，强调自律，外部监督不完善，捐助主体本身自监督地位被边缘化。面对慈善资金规模不断扩大和慈善组织信任危机不断加剧之间的矛盾，以绩效评价促进慈善资金监管，对于实现慈善资金的公益价值、健全监管体系、提高慈善组织公信力具有重要意义。值得讨论的问题：

1. 慈善资金绩效评价的依据是什么？内在动力来自哪里？

2. 慈善资金绩效评价的意义与价值？

3. 参照财政支出绩效评价理念，如何构建慈善资金绩效评价指标体系？

第四节　基层减负为什么越减越重

一、案例导读

俗话说"上面千条线，下面一根针"。面对政府基层工作人员任务多、负担重的现实问题，各地方政府三五年开展一次基层减负活动，但往往是"雷声大、雨点小"，实际效果并不明显，难以跳出"基层减负又增负、负担越减越重"的怪圈。近些年来，中央出台若干政策文件，要求"切实减轻基层人员负担，破除形式主义和官僚主义。"尤其针对督察考核方面的工作，强调利用好"互联网+政务"、第三方评估、媒体跟踪报道、随机暗访等措施，切实减少各自为政、五花八门的各种考核评价活动，改变各种新的"形式主义"给基层带来的负重。据不完全统计，近年来，一些基层政府每年接受上级考评超过百项，指标几千项。每年花费三分之一的时间与精力应付各项考核、评比与检查。S市T镇的情况颇有代表性，为探究基层负担"增—减—增"周期发生的逻辑、从源头上遏制"基层负担越减越重"困境、提出政策措施提供了案例。

二、案例正文

S市位于G省的东部，属于四线城市，GDP年总量在全省排名靠后。T镇是S市内一个以农业种植为主的乡镇，下辖14个行政村，人口超7万。目前，T镇镇政府有正规编制 29 人，非正规编制 15 人。2018 年 10 月，中共中央办公厅发布《关于统筹规范督查检查考核工作的通知》，提出要严格控制督查检查考核的总量和频次，防止重复扎堆、层层加码的各种检查考核。2019 年 3 月，中共中央办公厅又印发《关于解决形式主义突出问题为基层减负的通知》，为基层松绑减负制定具体举措。虽然顶层三令五申，但在基层推进过程中，却不同程度地存在着"中梗阻"，甚至用形式主义来解决形式主义问题。具体体现于以下方面：

一是在督察检查考核的方式上。一名党政办的工作人员说到，"虽然中央三令五申要求各业务部门尽可能地减少综合性的督察检查考核，合并同类事项。但结果是政府的督察检查考核有所减少，第三方评估、人大政协调研、纪委监督等其他督察却增加了，同事们均觉得实施减负过后，所面临的督察检查考核负担甚至还高过于上一阶段，各种问责压力也越来越大。"比方说，T 镇开展创文创卫工作，除了应付省级相关部门的常规性检查评比之外，还要应付第三方机构考核、新闻媒体公开报道、督查组暗访等其他检查。据了解，部分省里下派的第三方检查机构仅仅花费几个小时便结束了对 T 镇一些重点街道的环境卫生情况检查。对基层的考核检查工作，不外乎"翻材料、开座谈、转一转"三部曲，为了能有好的评价结果，基层在把大量时间精力用在美化材料的同时，也开始选取一些善于表达的基层群众作为"座谈专业户"，并琢磨出了相对固定的"黄金线路"作为迎检路线。

二是在督察检查考核的次数上。按照基层减负的相关要求，省级业务部门对于基层政府原则上每年只搞 1 次综合性督查检查考核，一定时间内同一事项不得重复督查。而据 T 镇某位副镇长反映，"省里面的考核虽然次数上是控制住了，但实际上在考核力度方面却远远超过了之前每一次的督察检查。为此，省级部门年度的单次考核所带给基层工作人员的紧迫感、压力感和危机感并不亚于以往不定期的多次考核""在多次考核中还可以有一定的容错空间，而单次考核往往就是造成一票否决，只要有点差错，直接就是定为不及格""如此，基层为应付年度考核，往往需要提前很长一段时间准备材料，确保不出任何差错，这样算起来一次考核带来的工作量并没有比多次考核带来的工作量少"。譬如，2021 年 2 月底 T 镇收到了省级部门下发的乡村振兴发展督察检查通知，而为了迎接此次省级部门的考核活动，T 镇所在区级政府立即成立了专项行动小组，不断督促 T 镇和 T 镇所在辖区内的各个村委会、居委会开展自查工作。在短短的两周准备时间内，进行了 10 多次自我巡查、美化装饰。同时，为了避免被问责，基层人员也只能报喜不报忧，有意无意掩盖矛盾和问题。

三是智慧赋能的失效。围绕着基层减负的命题，地方政府做过诸多尝试，智慧赋能便是其中一种。由于科层绩效考核目标的多重性，对下级官员的考察愈加依赖于数据的摆放、程设甚至是内容的丰富程度。治理能力的强弱和效能变换为眼花缭乱的监控抓拍，甚至是对城市各个窨井盖的 GPS 定位。[1]T 镇的党政办主任表示，"近几年我们也开始利用大数据和信息网络平台实施互联网＋政务，但现阶段部门各自为政，资源不共享，数据不互通，反而造成数据重复采集，工作重复，基层疲于应付。"比如，建立微信工作群来检验政策任务完成情况，基层人员每执行一项工作或开展一个事项，都需要在工作群中打卡，晒出成绩，完成"留痕"任务。另外为凸现信息化治理水平，要求基层人员将各类事项数据列入信息化平台，以供随时对比、追踪和审查。但由于跨部门的数据和资源尚无法做到互联互通共享，基层人员只能在职责权限内去尽可能地搜集和整理数据，才能最终汇总到平台上。类似扶贫惠民资金项目，涉及公安、民政、房管等相关单位，基层人员在收集和汇总该部分项目信息时工作量较大，再加上人手本来就不足，导致"数据治理、网络督察"反而加重了基层的负担。

此外，在 T 镇基层减负中，还存在着诸如精简了文件却提高了标准、精简了会议却提高了频次、精简了调研却增加了名目、精简了惯例却增添了新规等现象，基层干部普遍反映这是"换汤不换药""摁下葫芦浮起瓢"，是典型的以形式主义来解决形式主义的做法。

三、总结与讨论

基层政府作为国家政策落地的"最后一公里"，承担着大量的行政事务。近年来，为缓解基层人员的心理负担和工作压力，依据中央文件精神，地方政府制订措施为基层减负，表象看似认知清、决心强、力度大，但实际效果不尽人意。基层一线仍不乏苦不堪言的连轴转和留痕现象，基层人员也并未真正感觉到减负获得感，甚至抱怨反而带来形式更多样、隐蔽性更强的"创新型"指示、要求、考察与调研，引致越减越负的怪象。究其原因在于：

其一，基层考核强调过程管理，忽视结果导向。目前针对基层工作的考核检查，容易出现过度留痕的问题。要求基层政府工作过程留下痕迹，不能简单否定，如宣传材料、会议记录、资金凭证等应有佐证，但过程管理式考评往往异化为时

---

1 张园园, 李萌欣. 基层负担周期性发生的生成逻辑及其治理——以"黄宗羲定律"为观察视角 [J]. 社会主义研究, 2020(6):151-159.

时讲痕迹、事事讲痕迹，把做事过程如何、痕迹是否明显视为考核评价的必要标准和关键指标，而对于工作的最终成效却只是"走马观花"式的审查，从而背离了考核评价的初衷。同时，过多强调痕迹的考核工作还造成了基层人员和精力的浪费，名为减负，实则增负减效。而重"痕迹"不重"实绩"的考评方式，实际上归因于避责的心态。背后成因在于一票否决制、压力型体制。

其二，考评督察成为上级的控制手段。自20世纪80年代以来，我国各地逐渐兴起了目标管理责任制、指标考核、评比奖惩等做法，实际是利用"数目字的管理"的方式来对下级的行政过程、任务达成等加以监控。但上下级政府之间存在着天然的信息不对称，上级政府难以直接获取基层工作的真实信息。为了更好地达成层层分解的政策目标，上级政府只得充分利用政治巡视、考核督察等控制手段，不断施加责任和压力，督促基层政府完成目标任务。

其三，"自上而下"的惯性思维。在我国现行的行政管理体制中，"权力金字塔式"的层级架构决定了一项政策任务必须经由各级政府的"层层推进"。而上级政府具有权力回旋余地，在下传任务压力的同时，通常也会把相关责任搭便车式地"打包"，传递给下级政府。因此，"层层推进"的行政任务执行过程，很可能变成了"层层压力增加"和"层层责任下卸"的双重传导过程。基层乡镇对上级下达的各项任务，只能无条件照单接收。

其四，考核激励机制不健全，基层不敢担当、不愿作为。一些部门热衷于用"一阵风式的考评"来推动"一阵风式的发展"，只重视显性的、表面的、外延式的工作成果，忽略隐性的、长远的、内涵式的发展效益。此种考评机制下，基层干部习惯于通过"形象工程"来博取上级认可，尤其是以材料"图文兼具""内容丰富"作为考核基层人员工作认真与否的核心依据。这就造成虽然考核频次少了，但却增加了不少形式主义的名目事项。

显而易见，基层负担过重的症状虽然在下面，但根源主要还是在上面。破除形式主义与官僚主义的障碍，防止基层减负越减越重，关键在于从"源头"整治，纠正错位的考评观与政绩观，尽量减少非必要的任务、不着边际的要求和言之无物的指示命令等。同时，进一步厘清权责关系，完善问责约束制度和激励关怀机制，为基层政府营造担当作为、干事创业的良好氛围。

值得讨论的问题是：

1. 如何看待"以考代管"现象？为什么考核评价权是最直接、最有效的行政权？

2. 政府绩效评价作为一项新的评价手段，与目标式、过程式考评有何异同？

后 记

自 2006 年开始，我们率先在全国开展独立第三方评价地方政府（广东省市、县两级政府）整体绩效的活动，每年出版评价报告，公开评价结果。十几年来，我们一直专注于此，尝试通过理论、方法与实证研究，构建地方政府绩效评价的标准体系，推动政府改革和管理创新。在这个过程中，我们建立了研究平台（华南理工大学政府绩效评价中心，广东省重点智库，CTTI 来源智库），承担国家社会科学基金重大项目、教育部重大攻关项目，在《中国社会科学》（2016、2017、2019）等重要刊物发表一系列学术论文，出版著作及报告，获有十项省级人民政府与教育部的科研奖励。

本书即是我们开展政府绩效评价研究的经验和心得总结，力图为公共管理学科研究生、本科生提供一本参考读物。全书分为三个部分共十二章：一是理论方法，包括绪论、理论基础、评价体系、方法体系和公众参与等五章；二是评价内容，包括政府整体绩效评价、部门绩效评价、财政绩效评价、政策绩效和法治政府绩效评价等五章；三是评价报告和案例，包括评价报告和评价案例等两章。

本书是集体共同完成的成果，郑方辉教授、卢扬帆副教授、张兴博士后编著。参与团队及分工是：郑方辉（华南理工大学）负责第一章，卢扬帆（华南理工大学）负责第二章，费睿（广东金融学院）负责第三章，刘畅（华南理工大学）负责第四章，李莹（广西大学）负责第五章，张兴（华南理工大学）负责第六章，廖逸儿（汕头大学）负责第七章，郑鸿铭（华南理工大学）负责第八章，段静（华南农业大学）负责第九章，邱佛梅（深圳改革开放干部学院）和王正（广东外语外贸大学、华南理工大学）负责第十章，周如卉、刘璐、韩春旭（华南理工大学）负责第十一章，王佳兴、朱鑫（华南理工大学）、梁伟达（广西大学）负责第十二章。同时，魏红征、胡学东、胡映佳、刘承诚、罗仙慧、程佳圆、范嶙杰等研究生也参与部分工作。感谢各位对此做出贡献。

由于各种原因，主要是本人学识所限，本书尚存在不少问题。欢迎读者批评指正。

郑方辉

2021 年 7 月 28 日·广州

(fhzheng@scut.edu.cn)